jetzt lerne ich **CSS**

jetzt lerne ich

CSS

Webdesign mit Cascading Style Sheets

FLORENCE MAURICE, PATRICIA REX

Markt+Technik

Bibliografische Information Der Deutschen Bibliothek

Die Deutsche Bibliothek verzeichnet diese Publikation in der Deutschen Nationalbibliografie; detaillierte bibliografische Daten sind im Internet über <http://dnb.ddb.de> abrufbar.

Umwelthinweis:
Dieses Buch wurde auf chlorfrei gebleichtem Papier gedruckt. Um Rohstoffe zu sparen, haben wir auf Folienverpackung verzichtet.

10 9 8 7 6 5 4 3 2 1

10 09 08

ISBN 978-3-8272-4405-5

Lektorat: Boris Karnikowski, bkarnikowski@pearson.de
Fachlektorat: Angie Radtke, www.der-auftritt.de
Herstellung: Martha Kürzl-Harrison, mkuerzl@pearson.de
Korrektorat: Brigitte Hamerski, Willich
Coverkonzept: independent Medien-Design, Widenmayerstraße 16, 80538 München
Covergestaltung: Thomas Arlt, tarlt@adesso21.net
Satz: Reemers Publishing Services GmbH, Krefeld
Druck und Verarbeitung: Kösel, Krugzell (www.KoeselBuch.de)
Printed in Germany

jetzt lerne ich

Übersicht

Inhaltsverzeichnis

Kapitel 1

jetzt lerne ich

Einführung in CSS

Wer heute Webseiten erstellen möchte, kommt an CSS nicht mehr vorbei. Cascading Stylesheets (CSS) sind die Formatierungssprache für Webseiten und dienen zur Gestaltung von (X)HTML-Seiten. Der Einsatz von CSS bietet viele Vorteile: So lassen sich beispielsweise über CSS formatierte Webseiten besser warten, das Layout (Form der Seiten, Verteilung von textlichen und visuellen Informationen) lässt sich leichter modifizieren und die Dateien sind kompakter, was die Download-Zeiten verringert.

Dieses Kapitel zeigt Ihnen im Überblick, warum CSS »erfunden« wurde und wie es von den jeweiligen Browsern unterstützt wird. Außerdem lernen Sie ein erstes Beispiel kennen und erfahren mehr darüber, warum der Umstieg auf CSS sinnvoll ist.

1.1 Warum Stylesheets notwendig wurden

Ursprünglich, also bei HTML, der von Tim Berners-Lee entwickelten Beschreibungssprache für Internetinhalte, waren vorwiegend logische Auszeichnungen vorgesehen, die die semantische Bedeutung der Inhalte kennzeichnen sollten: `h1` für »heading 1« = Überschrift 1. Grades; `em` für »emphatic« = betont oder `strong` für stark betont. Wie diese Elemente letztendlich im Browser aussehen, kann der »Leser« in den Einstellungen seines Browsers selbst bestimmen, indem er z. B. die Schriftgröße festlegt oder die Farben für neue und bereits besuchte Hyperlinks definiert.

Dieses Konzept ignorierte jedoch die Bedürfnisse der Webseiten-Macher, deren Kreis sich schnell über die noch kleine Schar akademischer Internetnutzer hinaus auf Studenten und Geschäftsleute ausweitete: Wer gibt sich schon damit zufrieden, reine Informationen anzubieten? Man möchte doch auch darauf Einfluss nehmen, wie sie dargeboten werden. Daher erfanden die Browser-Entwickler weitere Elemente, mit denen sich Webseiten gestalten ließen, wie z. B. `i` für kursiven Text oder `font` zur Schriftgestaltung. d. h. für die physischen, also gestalterischen Auszeichnungen im Gegensatz zu den logischen Auszeichnungen. Die Betreuer von HTML, das W3-Konsortium (W3C), sträubten sich noch eine Zeit lang dagegen, aber die Wirklichkeit hatte sie längst überholt.

Nach wie vor war aber kein wirkliches Layouten möglich: Texte und Bilder einer HTML-Seite »fließen« mit, wenn man das Browser-Fenster verkleinert oder vergrößert. Man konnte zwar das Aussehen der Schrift beeinflussen, aber keine bestimmten Positionen für bestimmte Bereiche, z. B. für eine Navigation, und damit auch kein Layout. Da entdeckten die Gestalter zwei HTML-Elemente, mit denen man diese Relativität überwinden konnte: `img`, das HTML-Element für Bilder, und `table`, die Tabelle. Das Bild war das einzige HTML-Element mit einer festen Größe, die in Pixeln angegeben wurde, und mit den einzelnen Zellen von Tabellen konnte der Textumbruch erzwungen werden. Da sich Bilder im Gif-Format durch transparenten Hintergrund unsichtbar machen lassen, war mit unsichtbaren Bildern in ebenfalls unsichtbaren Tabellenzellen ein Gestaltungsraster möglich, mit dem man nun auch Layoutbereiche definieren konnte, die sich nicht mehr verschoben. Dabei handelt es sich um einen typischen »Hack« – eine Notlösung, bei der Elemente zweckentfremdet werden.

Dieses Verfahren führt zu durch `font`-Elemente aufgeblähten Dokumenten, tief verschachtelten Tabellenlayouts, die nur schwer zu warten und anzupassen sind. Die enge Verzahnung von Inhalt und Layout bedeutet, dass größere Änderungen am Layout immer eine vollständige Neuerstellung erforderlich machen. Gleichzeitig ist diese Technik auch ineffektiv, da jede Seite eines Projekts neben den unterschiedlichen Inhalten dieselben nur für das Layout erforderlichen Elemente beinhalten muss, die immer neu geladen werden müssen.

Diese komplexen Strukturen können ebenfalls Probleme bereiten, wenn es um die Ausgabe auf einem anderen Medium – auf Handhelds oder durch Webseiten-Vorleseprogramme (Screenreader) – geht.

Hier heißt die rettende Lösung: Inhalt von Layout trennen! Dieser Grundgedanke der Trennung von Darstellung und Dokumentstruktur existierte schon seit der ersten Version von HTML, also lag es nahe, eine eigene Formatierungssprache dafür einzusetzen. Das war die Geburtsstunde von CSS. CSS bietet »echte« Lösungen für das Layouten und wird mittlerweile auch von allen aktuellen Browsern – außer Spezialisten wie reinen Textbrowsern – unterstützt.

CSS steht für **Cascading Stylesheets**: Der zweite Teil des Namens lässt sich einfach und treffend mit »Formatvorlagen« übersetzen. Der erste Teil heißt so viel wie »kaskadierend«. Kaskadierend bezieht sich darauf, wie und in welcher Reihenfolge einzelne Elemente im Dokument unterschiedlichen Formatierungsregeln folgen.

Der erste Entwurf von CSS wurde 1994 präsentiert, und im Dezember 1996 wurde CSS 1.0 offiziell als Empfehlung (Recommendation) des W3-Konsortiums publiziert.

1.2 Das W3-Konsortium (W3C)

Das W3-Konsortium (W3C = W3-Consortium) wurde im Oktober 1994 von Tim Berners-Lee gegründet, dem Erfinder des WWW. Es arbeitet an der Entwicklung neuer Protokollspezifikationen und Architekturen für das World Wide Web. Das Rückgrat bilden neben den festen Mitarbeitern die Mitglieder, die sowohl Firmen als auch Organisationen sind.

Die De-facto-Standards, die vom W3C entwickelt werden, nennen sich »Recommendation«, zu Deutsch Empfehlung; die Rolle des W3C ist es nämlich nicht, Standards vorzuschreiben, sondern nur, sie zu empfehlen.

Damit eine Technologie zur Recommendation erhoben wird, muss sie einen vorgegebenen Prozess durchlaufen, den so genannten »W3 Recommendation Track«, der folgende Stufen beinhaltet:

- Working Draft
- Last Call Working Draft
- Candidate Recommendation
- Proposed Recommendation
- Recommendation

Den Standardisierungsprozess sollten Sie kennen, um einschätzen zu können, was es heißt, wenn eine Software oder auch eine Anleitung auf einer Vorstufe eines Standards beruht und nicht auf einer Recommendation. Denn dann ist immer damit zu rechnen, dass bis zur Recommendation noch wesentliche Änderungen erfolgen.

1.3 CSS-Versionen

Nach der ersten Version von CSS aus dem Jahr 1996 wurde die zweite Version von CSS, CSS level 2, im Mai 1998 zur Recommendation gekürt. CSS 2 führt viele attraktive Funktionen und weitreichende Neuerungen ein. So wurde es unter anderem möglich, verschiedene Stylesheets für unterschiedliche Ausgabemedien (z. B. für den Druck, Bildschirm etc.) festzulegen, die Positionierung von Elementen lässt sich besser bestimmen und es wurde beispielsweise das Pseudoelement `hover` eingeführt, mit dem sich dynamische Linkformatierungen realisieren lassen (siehe Kapitel 8). Man kann sagen, dass sich CSS erst in der Version 2.0 wirklich zu einer interessanten Formatierungssprache entwickelt hat.

Im Frühsommer 2008 ist CSS 2.1 kurz davor, ebenfalls zur Recommendation erhoben zu werden; die letzte Version datiert vom 19. Juli 2007. Dass diese Version 2.1 und nicht 3 heißt, zeigt schon, dass es sich hierbei um eine nur leicht modifizierte Version 2.0 handelt. Einerseits sind Fehler der Version 2.0 korrigiert und andererseits einzelne Bestandteile der Browser-Realität angepasst worden: Man hat Elemente aufgenommen, die bereits viele Browser implementiert haben, umgekehrt wurden andere Eigenschaften wegen mangelnder Browser-Unterstützung entfernt.

Trotzdem wird parallel dazu an CSS level 3 (CSS 3) gearbeitet, wobei die Spezifikation hier in verschiedene Bereiche aufgeteilt wurde, die sich in unterschiedlichen Stadien des Standardisierungsprozesses befinden.

1.4 Browser-Unterstützung

Spezifikationen und De-facto-Standards sind eine schöne Sache. Bei der Realisierung von Webprojekten wird man sich aber immer daran orientieren müssen, was die aktuellen und gängigen Browser auch tatsächlich unterstützen, welche Browser also welche CSS-Version richtig interpretieren.

1.4.1 Internet Explorer

Der Microsoft-Browser, der Bestandteil des Betriebssystems Windows ist, unterstützt CSS seit seiner frühen Version 3, als CSS 1.0 noch keine Recommendation war. Die Unterstützung für CSS 1.0 ist dann in der Version 4.0 verbessert worden, obwohl es auch hier noch Einschränkungen gibt.

Heute relevant sind der Internet Explorer 6 und der Internet Explorer 7, der Internet Explorer 8 steht im Frühsommer 2008 erst in den Startlöchern. Ebenfalls taucht in den Statistiken noch der Internet Explorer 5 auf – obwohl es sich hier inzwischen wirklich um eine veraltete Version handelt.

Bei den Internet Explorer-Versionen gilt: Je neuer, desto besser ist die CSS-Unterstützung. Der derzeitige Marktführer Internet Explorer 6 bietet für CSS 2 eine recht gute Unterstützung, es fehlen jedoch einige der eher fortgeschrittenen Möglichkeiten. Das liegt daran, dass er aus dem Jahr 2001 stammt, d. h. für das Internet mit seiner Entwicklungsgeschwindigkeit recht alt ist. Mehr Möglichkeiten bietet der Internet Explorer 7 (erschienen Herbst 2006) und besonders der für 2008 geplante Internet Explorer 8. Der Internet Explorer 7 korrigiert einige Bugs in der CSS-Implementation und bietet auch eine weiter gehende Unterstützung von CSS 2.1, zusätzlich werden Attributselektoren (siehe hierzu Kapitel 8) aus CSS 3 unterstützt. Eine vollständige CSS 2.1-Unterstützung soll hingegen der Internet Explorer 8 bieten: Er besteht – auch schon in der Beta-Version – als erster Microsoft-Browser den Acid2-Test (*http://www.webstandards.org/action/acid2/*). Der Acid2-Test prüft, ob ein Browser alle CSS-Standards richtig implementiert.

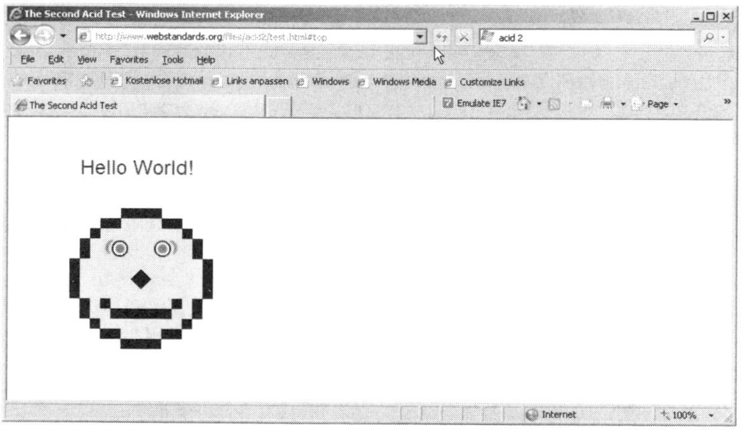

Abb. 1.1: So soll es aussehen: Der Internet Explorer 8 besteht den Acid2-Test.

Teilweise gesondert zu behandeln sind die Internet Explorer-Versionen für den Mac, weil sie vollständige Eigenentwicklungen sind. Die 5.x-Versionen sind in ihrer CSS-Unterstützung besser als die 5-er Versionen oder sogar 6-er Versionen unter Windows. Die Entwicklung des Internet Explorers für Mac OS X hat Microsoft jedoch im Sommer 2003 eingestellt.

1.4.2 Netscape/Mozilla/Firefox

Die Unterstützung für CSS beginnt beim Netscape Navigator in der Version 4.0. Für heutige Verhältnisse ist die CSS-Unterstützung von Netscape Navigator 4 äußerst mangelhaft. Welche Techniken Sie anwenden können, um die fehlerhafte CSS-Implementierung vom Netscape zu umgehen, erfahren Sie in Kapitel 14.

Im Jahre 1998 beschloss die Firma Netscape, den Quellcode ihres Browsers offenzulegen, der unter dem Codenamen »Mozilla« weiterentwickelt werden sollte. Das Mozilla zugrunde liegende Programm wird als Gecko-Engine bezeichnet und in unterschiedlichen Produkten verwendet (so genannten Gecko-Browsern), nicht nur bei Netscape, sondern auch bei Firefox oder auch Camino für Mac OS X. Firefox und Camino beinhalten nur die Browser-Komponente. Die Browser-Suite Mozilla – sie enthält neben dem Browser auch ein Mail-Programm, eine News-Komponente und einen IRC-Client – wird inzwischen unter dem Namen SeaMonkey weitergeführt. Weiterentwicklung und Support für Netscape wurde im März 2008 eingestellt.

Die Unterstützung von CSS 2 ist in den heute relevanten, auf Gecko basierenden Browsern sehr gut. Es werden auch Teile von CSS 3 unterstützt. Firefox 3, der für den Sommer 2008 geplant ist, besteht ebenfalls den Acid2-Test.

Wenn Sie mit CSS arbeiten, sollten Sie unbedingt den Firefox-Browser installieren, weil er wesentlich standardkonformer ist als der Internet Explorer. Firefox ist kostenlos, und Sie können ihn problemlos zusätzlich verwenden. Es gibt ihn für alle gängigen Plattformen, von Linux, über Mac OS bis Windows. Sie finden Firefox auf der Buch-DVD.

1.4.3 Opera

Opera ist ein Webbrowser aus Norwegen mit einer ausgewiesenen Fangemeinde. Im Gegensatz zu den anderen bisher vorgestellten Browsern war Opera bis zur Version 8.5 nicht kostenlos – außer Sie akzeptierten ein Werbebanner. Opera hat traditionell eine sehr gute CSS-Unterstützung, wobei diese bei jeder Version besser geworden ist. Ab Version 7 wird CSS 2.1 stabil unterstützt. Opera ist sehr fortschrittlich in Bezug auf CSS-Eigenschaften für den Druck. Der im Juni 2006 herausgekommene Opera 9 bietet auch einen erweiterten Support für CSS 3-Selektoren und hat schon früh den Acid2-Test bestanden. Im Frühsommer 2008 steht Opera kurz davor, den fortgeschrittenen Acid3-Test zu bestehen.

1.4.4 Konqueror/Safari

Konqueror ist der Standardbrowser unter KDE, einer Desktop-Umgebung von Linux. Seine Unterstützung für CSS 2 ist ebenfalls sehr gut. Die Basis vom Konqueror ist

KHTML; eine Abzweigung davon, Webkit, bildet auch die Basis für Safari. Safari ist der Standardbrowser für den Mac seit MacOS X, es gibt ihn inzwischen jedoch auch für Windows. Die CSS 2-Unterstützung ist sehr gut, einiges von CSS 3 wird ebenfalls unterstützt. Safari war übrigens der erste Browser, der den Acid2-Test bestand, im Frühsommer 2008 steht Webkit kurz davor, den Acid3-Test zu bestehen.

1.4.5 Browser-Marktanteile

Wichtig ist natürlich nicht nur, welche Browser es auf dem Markt gibt, sondern wie deren Verteilung ist. Webhits liefert unter *http://www.webhits.de/* (beim Link »Webbarometer«) aktuelle Statistiken zu den verwendeten Browsern. Im März 2008 dominiert immer noch der Internet Explorer 6 mit 46,9%, der Internet Explorer 7 kommt immerhin schon auf 17,6%. Der Internet Explorer 5.x wird von 3,5% der Surfer benutzt. Firefox hat mit 22,2% die zweitstärkste Position. Unter 3% sind Netscape 7 (1,9%), Safari (2,8%). Netscape 4.x kommt auf 1,3%. Bei weniger als einem Prozent bewegen sich die drei erfassten Opera-Versionen (Opera 7 mit 0,4%, Opera 8 mit 0,3% und Opera 9 mit 0,5%).

In Anbetracht dieser Zahlen spricht nichts gegen einen Einsatz von CSS. Der derzeitige Marktführer Internet Explorer 6 hat eine sehr gute CSS-Unterstützung, wenn sie auch in manchen Bereichen nicht so fortschrittlich ist wie die von Firefox und Opera. Firefox mit seiner sehr standardgetreuen CSS-Implementierung kommt immerhin auf knapp 22,5%. Auch mit der CSS-Implementierung des Internet Explorers 5.x lässt sich notfalls arbeiten, wenngleich man gelegentlich dessen Eigenheiten mit ein paar Tricks überlisten muss – die wir Ihnen natürlich vorstellen werden.

Safari und Konqueror führen nach der Statistik eher ein Nischendasein, aber da sie eine sehr gute CSS-Unterstützung bieten, sind für diese Browser ohnehin keine Anpassungen erforderlich. Problematisch sind höchstens die 1,3% Marktanteile des Netscape 4.x. Jedoch unterstützt er CSS 1, d.h., dass Schriftformatierungen relativ problemlos auch für den Netscape 4.x durchgeführt werden können. Bei fortgeschrittenen CSS-Layouts hingegen hat es sich eingebürgert, dem Netscape 4.x eine einfach formatierte, gut benutzbare Textversion der Seiten zu bieten und die anderen, komplex gestalteten Layouts den Benutzern anderer Browser vorzubehalten. Wie Sie so etwas ohne größeren Aufwand realisieren können, erfahren Sie natürlich auch in diesem Buch.

Um CSS zu erlernen, sollten Sie unbedingt mit den standardkonformen Browsern, d. h. Firefox und Opera, arbeiten. Sie finden aktuelle Versionen auf der Buch-DVD.

> Solche Statistiken wie die oben zitierte verraten immer nur Tendenzen und sind nicht absolut zu nehmen. Bei Webseiten kann man je nach Zielgruppe zu ganz anderen Zahlen kommen. Bei Technik-Seiten ist üblicherweise der Anteil von Firefox höher etc. So surfen knapp 26% der Besucher der Website von *http://www.heise.de/*, dem Computerzeitschriften-Verlag, mit dem Internet Explorer, über 55% hingegen nutzen einen Gecko-Browser (Firefox, Netscape, Mozilla usw.). (Statistiken hierzu finden Sie unter: *http://www.keks.de/web/heise-browser*.)

1.5 Ein Beispiel

Wie anfangs erwähnt, wird durch den Einsatz von Cascading Stylesheets eine Trennung von Inhalt und Form ermöglicht.

Ein kleines Beispiel soll dies veranschaulichen. Als Basis dient eine Webseite mit folgenden Formatierungen (vgl. Abbildung 1.2):

- Die Überschriften sind in Arial, größer als der normale Text, weiß, zentriert und haben eine dunkle Hintergrundfarbe.
- Der Text ist eingerückt, in Times, andersfarbig und ebenfalls farbig hinterlegt.

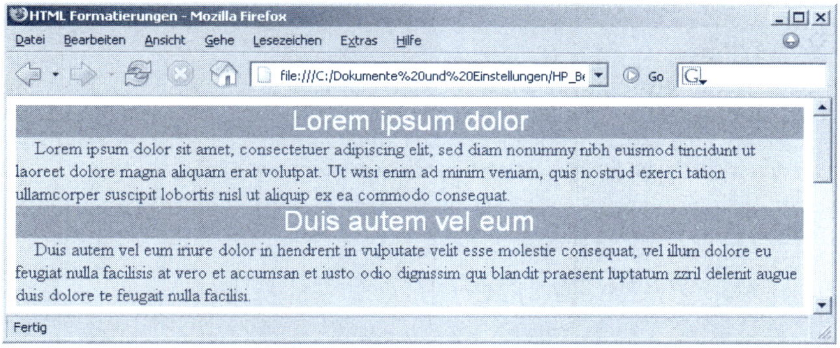

Abb. 1.2: Ein minimal formatierter Text als Beispiel

Wie wird man das mit HTML realisieren? Um die Hintergrundfarben der einzelnen Bereiche gestalten zu können, benötigt man Tabellen. Die Schriftformatierungen werden über `font`-Elemente realisiert.

Das könnte dann folgendermaßen aussehen (die Teile, die der Formatierung dienen, wurden hervorgehoben):

Listing 1.1: Per HTML formatierter Text

```
<html>
<head>
<title>HTML Formatierungen</title>
</head>
<body>
<table cellpadding="0" cellspacing="0">
<tr>
<td align="center" bgcolor="gray"><font face="Arial" color="white"
size="5">Lorem ipsum dolor</font> </td>
</tr>
<tr>
<td bgcolor="#cccccc"><font face="Times" color="blue"
size="3">    Lorem ipsum dolor sit amet, consectetuer
adipiscing elit, sed diam nonummy nibh euismod tincidunt ut laoreet
dolore magna aliquam erat volutpat. Ut wisi enim ad minim veniam, quis
nostrud exerci tation ullamcorper suscipit lobortis nisl ut aliquip ex ea
commodo consequat.</font> </td>
</tr>
<tr>
```

```
<td bgcolor="gray" align="center"> <font face="Arial" color="white"
size="5">Duis autem vel eum</font></td>
</tr>
<tr>
<td bgcolor="#cccccc"> <font face="Times" color="blue"
size="3">    Duis autem vel eum iriure dolor in
hendrerit in vulputate velit esse molestie consequat, vel illum dolore eu
feugiat nulla facilisis at vero et accumsan et iusto odio dignissim qui
blandit praesent luptatum zzril delenit augue duis dolore te feugait
nulla facilisi.</font></td>
</tr>
</table>
</body>
</html>
```

Sehen Sie sich jetzt dazu die entsprechende CSS-Lösung an. Da CSS zur Trennung von Inhalt und Formatierungen benutzt wird, bietet sich die Lösung mit zwei Dateien an: Eine beinhaltet den HTML-Code und die andere die CSS-Anweisungen zur Formatierung. In der HTML-Datei steht der **strukturierte Inhalt**:

Listing 1.2: HTML-Struktur

```
<html>
<head>
<title>CSS</title>
<link rel="stylesheet" type="text/css" href="stilvoll.css">
</head>
<body>
<h1>Lorem ipsum dolor</h1>
<p>Lorem ipsum dolor sit amet, consectetuer adipiscing elit, sed diam
nonummy nibh euismod tincidunt ut laoreet dolore magna aliquam erat
volutpat. Ut wisi enim ad minim veniam, quis nostrud exerci tation
ullamcorper suscipit lobortis nisl ut aliquip ex ea commodo consequat.
</p>
<h1>Duis autem vel eum </h1>
<p>Duis autem vel eum iriure dolor in hendrerit in vulputate velit esse
molestie consequat, vel illum dolore eu feugiat nulla facilisis at vero
et accumsan et iusto odio dignissim qui blandit praesent luptatum zzril
delenit augue duis dolore te feugait nulla facilisi. </p>
</body>
</html>
```

Innerhalb von `body` befinden sich zwei unterschiedliche, im Listing hervorgehobene HTML-Elemente: `h1` für die Überschrift und `p` für die einzelnen Absätze. Diese entsprechen der »natürlichen« Strukturierung des Dokuments.

Hinzugekommen ist eine Zeile im Kopfteil:

```
<link rel="stylesheet" type="text/css" href="stilvoll.css">
```

Sie beinhaltet einen Verweis auf die CSS-Datei. Die CSS-Formatierungsanweisungen befinden sich in einer eigenen Datei mit dem Namen `stilvoll.css` und sehen so aus:

```
h1, p {
   margin: 0;
   padding: 0;
```

```
}
h1 {
   font: 1.5em Arial;
   text-align: center;
   color: white;
   background-color: gray;
}
p {
   font: 1em Times;
   text-indent: 0.8em;
   background-color: #CCC;
   color: blue;
}
```

Das sind sämtliche benötigten Formatierungen. Wie der genaue Aufbau ist und was die einzelnen Befehle bedeuten, wird in den folgenden Kapiteln erläutert, hier geht es erst einmal nur um das Grundprinzip.

In sehen Sie links das unformatierte Dokument und rechts dasselbe Dokument mit den CSS-Formatierungen.

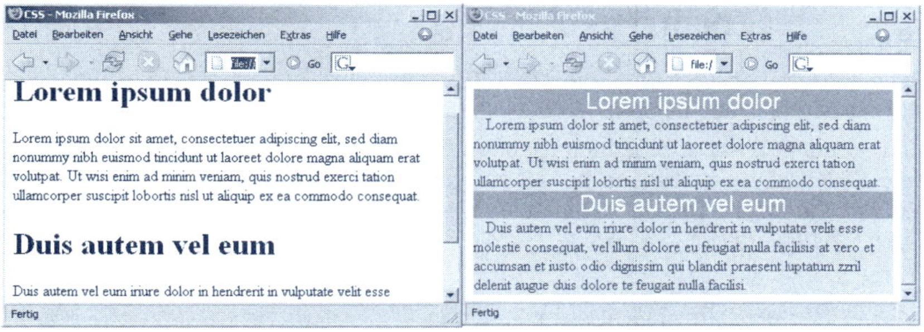

Abb. 1.3: Links ohne Formatierung Struktur pur – rechts mit Formatierungen

Das Ergebnis der beiden Methoden – Formatierung über HTML und Formatierung über eine externe CSS-Datei – ist dieselbe gestaltete Webseite. Dieses Beispiel wurde hier absichtlich so gewählt, um die Unterschiede zu verdeutlichen. Natürlich gibt es aber auch Layouts, die sich nur über CSS realisieren lassen.

Bei der HTML-Formatierung sind Inhalt und Layoutangaben untrennbar in einer Datei verquickt. Hingegen beinhaltet beim Einsatz von CSS die HTML-Datei nur den strukturierten Inhalt, sämtliche Formatierungsangaben stehen separat in einer eigenen Datei.

1.6 Vorteile von CSS

Sie haben am letzten Beispiel gesehen, dass man an sich dasselbe Ergebnis über CSS und über die HTML-Formatierungen erreichen kann. Hier sollen jetzt die wichtigsten Vorteile des Einsatzes von CSS angeführt werden.

1.6.1 Trennung von Inhalt und Layout

Durch CSS kann der Inhalt einer Seite von der eigentlichen Präsentation getrennt werden. Dadurch sind Änderungen an der Gestaltung möglich, ohne dass der (X)HTML-Code modifiziert werden muss.

Normalerweise gestaltet man natürlich nicht nur eine einzelne Seite, sondern viele Seiten eines Projekts. Wenn Änderungen am Layout erforderlich sind, muss man bei den über HTML realisierten Formatierungen bei jeder einzelnen Seite die entsprechenden Anpassungen vornehmen. Bei der Verwendung von CSS wird hingegen nur die CSS-Datei angepasst.

Wollte man im obigen Beispiel für die Überschriften anstatt der Farbe Weiß einen etwas gedeckteren Ton wählen, müsste man bei der HTML-Formatierung an zwei Stellen Änderungen vornehmen. Besteht das Projekt aus 20 Seiten, sind es schon 40 Stellen, die man ändern müsste ... Bei der CSS-Lösung beschränken sich die Änderungen auf eine einzige Stelle in der CSS-Datei – unabhängig davon, wie viele Seiten das Projekt hat.

1.6.2 Einfacher in der Wartung, leichter zu aktualisieren

Beim Einsatz von CSS wird die (X)HTML-Datei selbst einfacher, kürzer und verständlicher, was auch am obigen Beispiel deutlich zu sehen ist.

Und da bei CSS Änderungen am Layout nur an einer Stelle vorgenommen werden, sind CSS-basierte Webseiten besser zu warten. So lassen sich beispielsweise auf aktuelle Ereignisse Bezug nehmende Anpassungen des Designs mit minimalem Aufwand bewerkstelligen.

1.6.3 Einheitliches Layout

Da die CSS-Formatierungsangaben zentral in einer eigenen Datei untergebracht werden, die dann in jedes entsprechende (X)HTML-Dokument eingebunden wird, sorgt CSS für ein einheitliches Layout. Wie Sie eine CSS-Datei für mehrere Seiten verwenden, erfahren Sie in Kapitel 2.

1.6.4 Schluss mit Layouttabellen und anderen (faulen) HTML-Tricks

In CSS machen die meisten beschreibenden Eigenschaften das, was sie versprechen. Zur Einrückung von Text dient `text-indent`. Damit kann man auf Tricks wie etwa ` ` in HTML verzichten.

Und die gute Nachricht für alle, die Tabellen noch nie mochten: Beim konsequenten Einsatz von CSS brauchen Sie (X)HTML-Tabellen nicht mehr immer und überall, sondern nur noch dort, wo Daten tabellarisch präsentiert werden sollen.

Wie Sie Datentabellen über CSS formatieren, erfahren Sie in Kapitel 10. In Kapitel 15 wiederum geht es um vollständig über CSS-gestaltete tabellenfreie Layouts.

1.6.5 Kleinere Dateigröße = schnellere Download-Zeiten = weniger Traffic = geringere Kosten

Durch die Auslagerung der Formatierungsinformationen in eine eigene Datei wird nicht nur Ihr (X)HTML-Code schlanker: Auch wenn die CSS-Datei für mehrere Seiten gilt, muss sie nur einmal heruntergeladen werden. Danach befindet sie sich im Browser-Cache des Computers.

Dadurch reduzieren sich die Ladezeiten und der Traffic, für den Sie als Webseitenbetreiber zahlen. Das werden Sie bei einer eher kleinen, wenig frequentierten Seite vielleicht nicht merken, aber bei gut besuchten Seiten kann der Unterschied erheblich sein.

1.6.6 Für Suchmaschinen optimiert

Auch bei der Suchmaschinenoptimierung ist die konsequente Verwendung von CSS der richtige Weg. Für Suchmaschinen zählt einerseits die Schlüsselwortdichte, andererseits aber auch, wo die Schlüsselwörter stehen. Wenn Sie mit CSS arbeiten, haben Sie mehr wirklichen Text im Inhalt im Verhältnis zum Gesamtcode und damit eine höhere Schlüsselwortdichte. Da Sie in der Gestaltung frei sind, können Sie das (X)HTML-Dokument sinnvoll auch über Überschriftenelemente (`h1`-`h6`) strukturieren, und deren Inhalt hat für Suchmaschinen eine besondere Relevanz.

1.6.7 Barrierefreiheit (Accessibility)

Auch für die zunehmend wichtiger werdende Webseitengestaltung für Behinderte ist CSS Voraussetzung. Nur wenn der (X)HTML-Code wirklich zur Strukturierung und nicht zur Präsentation von Inhalten eingesetzt wird, können die Informationen einer Webseite auch gut von Hilfsprogrammen wie Screenreadern ausgewertet werden (mehr dazu in Kapitel 19).

1.6.8 Verschiedene Layouts für unterschiedliche Ausgabemedien

Für unterschiedliche Ausgabemedien wie Bildschirm und Druck können problemlos eigene Layouts entwickelt werden.

1.6.9 Kein Alles-oder-nichts-Prinzip

Der Einsatz von CSS ist keine Ganz-oder-gar-nicht-Frage. Man kann CSS zu Beginn bei einem bestehenden »klassischen« HTML-Layout verwenden und bereits von den Vereinfachungen profitieren. Hat man sich tiefer in CSS eingearbeitet, kann man nach und nach weiter gehende Features anwenden.

1.6.10 Formatierungen einfacher realisieren

Mit CSS lassen sich Formatierungen, die in (X)HTML sehr umständlich sind, einfacher realisieren. Zum Beispiel:

- Für Rahmen um einzelne Absätze müssen Sie in (X)HTML zu Tabellen greifen – in CSS können Sie die Eigenschaft `border` (Rahmen) Elementen nach Belieben zuweisen (mehr dazu in Kapitel 6).
- Die meisten Schriftformatierungen werden in (X)HTML umständlich über das `font`-Element realisiert. Das führt zu größeren Dateien. In CSS können Sie Formatierungen für einzelne Elemente datei- oder projektweit vornehmen; so lassen sich mit einem Befehl alle Überschriften des Projekts in einer bestimmten Farbe, Schriftart, Schriftgewichtung etc. auszeichnen (vgl. Kapitel 2, Kapitel 3).
- Für die Hervorhebung von einzelnen Teilen durch Hintergrundfarben muss in HTML, wie es im obigen Beispiel zu sehen war, eine Tabelle verwendet werden. In CSS gibt es wieder einen einfachen Befehl, der für Hintergrundfarben zuständig ist und der sowohl für das ganze Dokument, für einzelne Absätze oder auch für einzelne Wörter etc. angewendet werden kann.

1.6.11 Attraktive Formatierungen über CSS

Darüber hinaus lassen sich mit CSS Formatierungen vornehmen, die mit reinen HTML-Mitteln nicht oder nur sehr schwer möglich sind:

- Es gibt wesentlich mehr Möglichkeiten, Links zu gestalten, d. h. mit oder ohne Unterstreichungen; es können auch ganze Menüleisten mit dynamischen Effekten realisiert werden (vgl. Kapitel 8).
- Viele Textformatierungen sind über CSS komfortabel zu realisieren, wie beispielsweise Kapitälchen, Änderung von Wort- oder Buchstabenzwischenraum, Zeilenabstand (mehr dazu in Kapitel 3).
- Bei der Einbindung von Hintergrundbildern haben Sie die Wahl, wie und wo Sie das Bild platziert haben möchten oder ob und wie es wiederholt werden soll. Zudem lassen sich Wasserzeichen-Effekte realisieren (siehe Kapitel 7).
- Unterschiedliche Versionen lassen sich für verschiedene Ausgabemedien definieren, etwa ein eigenes Drucklayout (Kapitel 16).
- Eine Auswahl aus verschiedenen Designs kann den Surfern durch zusätzliche Techniken wie JavaScript oder PHP angeboten werden (Kapitel 19).

1.6.12 CSS als Teil von dynamischen Anwendungen

Auch wenn hier im Wesentlichen auf die Formatierungen von statischen Webseiten eingegangen wird, so lassen sich doch auch gerade im Zusammenhang mit Ajax (Asynchronous JavaScript And XML, siehe *http://de.wikipedia.org/wiki/Ajax_%28Programmierung%29*) und CSS beeindruckende visuelle Effekte erzielen.

1.7 CSS im Einsatz

Mit CSS lassen sich ganze Layouts realisieren. Wie das genau aussehen kann, zeigen die folgenden Beispiele.

Um einen Eindruck zu erhalten, was mit CSS alles möglich ist und wie schön CSS-Design sein kann, sollten Sie bei *http://www.csszengarden.com/* vorbeisurfen. Grundlage des Projekts ist eine einfach strukturierte HTML-Seite, für die Webdesigner aus aller Welt CSS-Layouts gestaltet haben. Inzwischen sind es an die 750 unterschiedliche Designs.

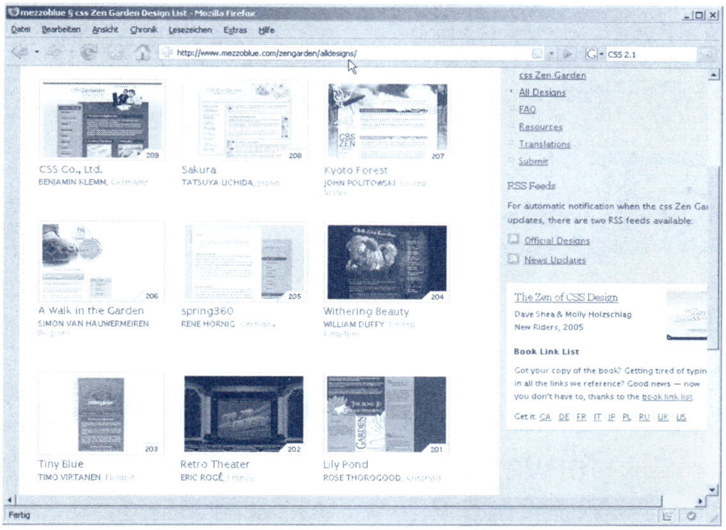

Abb. 1.4: Eine schier unglaubliche Fülle an unterschiedlichen CSS-Layouts für ein und denselben Inhalt bietet http://www.csszengarden.com/.

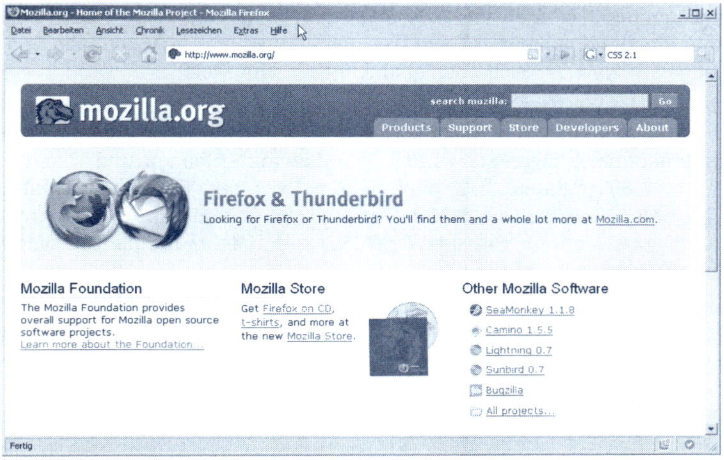

Abb. 1.5: Layout per CSS: http://www.mozilla.org/

Reines CSS-Layout finden Sie auch bei der Seite der Mozilla-Stiftung.

Eine ganz andere Ausrichtung hat die Seite von *http://www.stern.de/* – aber auch sie ist per CSS gestaltet. Und Tabellen werden hier nur zur Präsentation von tabellarischen Daten verwendet, wie beispielsweise der Wetterübersicht.

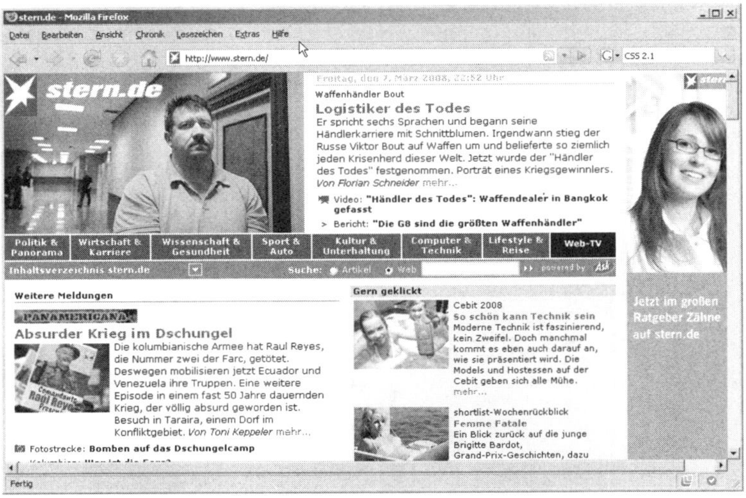

Abb. 1.6: Ebenfalls über CSS gestaltet: http://www.stern.de/: Layouttabellen sucht man hier vergebens.

1.8 Was Sie in den nächsten Kapiteln erwartet

Nach diesem ersten kurzen Einblick in die Möglichkeiten von CSS geht es in Kapitel 2 um die formale Seite von CSS, d. h. darum, wie Stylesheets mit (X)HTML-Dokumenten verknüpft werden und wie Stylesheet-Deklarationen grundsätzlich aufgebaut sind. Kapitel 3 behandelt Techniken zur Schrift- und Absatzformatierung – für diese Aufgaben wird CSS sicherlich am häufigsten eingesetzt.

In Kapitel 4 wird ein wichtiges Konzept erläutert: die »Vererbung«, d.h., warum und wann Formatierungen, die Sie für ein übergeordnetes Element definieren, auf untergeordnete Elemente wirken. Wie Sie Aufzählungen und Listen formatieren, erfahren Sie in Kapitel 5. Kapitel 6 widmet sich dem Boxenmodell: Hier lernen Sie, Elementen eine Breite und Höhe zuzuweisen und sie mit Abständen und Rahmen zu versehen. Darauf aufbauend geht es in Kapitel 7 um den Einsatz von Hintergrundbildern mit CSS.

Die nächsten drei Kapitel widmen sich wichtigen Gestaltungsaufgaben: Links ohne Unterstreichungen sowie die Realisierung von Navigationsleisten mit schicken Rollover-Effekten werden in Kapitel 8 behandelt, und in Kapitel 9 sehen Sie, wie sich Formulare gestalten lassen. Auch das Aussehen von Tabellen kann über CSS gesteuert werden – damit befasst sich Kapitel 10.

Um Layouts komplett über CSS zu realisieren, müssen Sie wissen, wie man Elemente anordnet (Kapitel 11). Die Kapitel 12 bis 14 sind fortgeschrittenen Themen gewidmet, die bei der Lösung von Problemen mit einzelnen Browser-Versionen wichtig werden: Kapitel 12 erläutert das Prinzip der Kaskadierung genauer, in Kapitel 13 geht es um Dokumenttyp-Angaben und in Kapitel 14 um Browser-Weichen und andere Tricks.

In Kapitel 15 erfahren Sie alles Notwendige zur Seitengestaltung – vom Zentrieren einzelner Elemente über die Realisierung von Zweispalten- bis hin zu Dreispalten-Layouts. Kapitel 16 zeigt Ihnen, was Sie bei der Erstellung eines Drucklayouts beachten müssen. An einem Praxisbeispiel sehen Sie in Kapitel 17, wie sich die einzelnen Komponenten zusammen verwenden lassen, ein Beispiel für ein anspruchsvolles CSS-Design führt Ihnen Patricia Rex dann in Kapitel 18 vor.

Die letzten vier Kapitel verraten Ihnen noch weitere Tipps und Tricks – beispielsweise die Programmierung eines Styleswitchers mit PHP (Kapitel 19). In Kapitel 20 geht es darum, was man macht, wenn eine CSS-Definition nicht zum gewünschten Ergebnis führt und wie man Fehler aufspürt. Kapitel 21 stellt Ihnen Tools vor, die Ihnen den Alltag mit CSS erleichtern. Im Kapitel 22 sehen Sie am Beispiel von YUI und YAML, wie Sie sich die Arbeit durch CSS-Frameworks erleichtern können.

In Kapitel 23 finden Sie schließlich eine Referenz der CSS-Eigenschaften zum Nachschlagen mit einer Übersicht über die Unterstützung in den verschiedenen Browsern. Im Anhang stehen die Antworten/Lösungen zu den Wiederholungsfragen und Übungen der einzelnen Kapitel und eine Aufstellung der Inhalte der Buch-DVD.

1.9 Wiederholungsfragen und Übungen

An dieser Stelle finden Sie in den folgenden Kapiteln jeweils Fragen zum Selbsttest und Übungen zur Vertiefung. Hier hingegen eine Anregung und eine Aufgabe:

Um einen ersten Eindruck von den Möglichkeiten von CSS zu erhalten, sehen Sie sich doch einmal ein paar Layouts von *http://www.csszengarden.com/* an.

Installieren Sie sich zur Vorbereitung für CSS – sofern das nicht ohnehin schon geschehen ist – den Browser Firefox. Zusätzlich empfiehlt sich auch die Installation von Opera. Sie finden beide auf der Buch-DVD.

Kapitel 2

jetzt lerne ich

CSS – formal

Bevor es in den nächsten Kapiteln um die Formatierung mit CSS geht, behandelt dieses Kapitel erst einmal die formale Seite von CSS, insbesondere die verschiedenen Möglichkeiten, CSS mit (X)HTML zu verknüpfen. Außerdem werden Sie den Begriff Selektor und die häufigsten Selektoren kennen lernen. In einem Exkurs werden zudem die Unterschiede zwischen HTML und XHTML dargelegt.

2.1 Aufbau einer CSS-Deklaration

CSS können Sie allein nicht verwenden, sondern Sie brauchen immer Elemente, die Sie formatieren, d. h. HTML-Code. Der HTML-Code dient dabei zur Strukturierung der Inhalte – er definiert, was eine Überschrift (`h1`), was eine Liste (`ul`/`ol`), was ein Absatz ist (`p`). Mit CSS hingegen bestimmen Sie das Aussehen, beispielsweise die Größe und Farbe der Überschrift, die Abstände der einzelnen Listenpunkte und eine mögliche Einrückung beim Absatz.

Eine CSS-Deklaration besteht immer aus einer Eigenschaft, dann folgt ein Doppelpunkt und darauf der Wert.

```
color: black;
```

In diesem Fall ist `color` die Eigenschaft, der der Wert `black` zugewiesen wurde. `color` bestimmt die Schriftfarbe. In späteren Kapiteln werden nach und nach alle relevanten CSS-Eigenschaften vorgestellt. In diesem Kapitel jedoch, in dem es hauptsächlich um die formale Struktur von CSS geht, werden im Wesentlichen nur zwei Eigenschaften benutzt: `color` für die Textfarbe und `background-color` für die Hintergrundfarbe. Farbwerte können in CSS genauso wie in HTML beispielsweise mit einem der festgelegten Schlüsselwörter oder über den hexadezimalen RGB-Wert angegeben werden.

Hinter einer Deklaration steht ein Strichpunkt, der aber auch fehlen kann, wenn es sich um die letzte Deklaration in einem Deklarationsblock handelt. Das folgende Beispiel zeigt einen Deklarationsblock, in dem einem Absatz eine Schrift- und eine Hintergrundfarbe zugewiesen wird:

```
p {
   color: black;
   background-color: white;
}
```

p werden verschiedene Formatierungen zugewiesen: Als Schriftfarbe wird Schwarz bestimmt, die Hintergrundfarbe ist Weiß. Was ist p? p bezieht sich auf das Absatzelement des HTML-Codes. Bei p spricht man von einem Selektor, er legt fest (eigentlich »wählt aus«), auf welche Elemente sich die Formatierungen auswirken sollen. Auf p folgt ein Block von Anweisungen, der in geschweifte Klammern eingeschlossen ist und alle Formatierungen beinhaltet, die für p gelten sollen. Innerhalb der geschweiften Klammern stehen die einzelnen Deklarationen, hier zwei. Jede Deklaration muss mit einem Semikolon abgeschlossen werden. Am Ende – d. h. vor der schließenden geschweiften Klammer – kann es auch fehlen.

> Am besten gewöhnt man sich an, jede Deklaration mit einem Strichpunkt zu beenden. Dann ergeben sich auch keine Fehler, wenn man nach der letzten Deklaration noch weitere ergänzt.

Leerzeichen oder auch Tabulatoren können Sie ganz beliebig einsetzen; sie werden von den Browsern ignoriert. Für Sie sind sie jedoch sehr wichtig, damit Sie den Überblick über Ihr Stylesheet bewahren und immer schnell erkennen können, wie weit ein Deklarationsblock geht und was er beinhaltet.

Bei kurzen, einfachen Beispielen wird in diesem Buch manchmal die ganze Regel auch in eine Zeile geschrieben, um Platz zu sparen; das Folgende funktioniert genauso wie das Beispiel oben:

```
p { color: black; background-color: white; }
```

Bei mehr Deklarationsblöcken und längeren Stylesheets ist jedoch die erste, ausführlichere und klarere Variante unbedingt vorzuziehen.

Bisher wurde jeder Eigenschaft immer genau ein Wert zugewiesen, es gibt aber auch Fälle, in denen mehrere Werte notiert werden. Wenn Sie beispielsweise eine Liste von Schriften zur Auswahl anbieten wollen, schreiben Sie diese durch Komma getrennt hintereinander:

```
p { font-family: Arial, Helvetica, sans-serif; }
```

Wenn Sie mehrere Eigenschaften zusammenfassen möchten, d. h. bei den so genannten Kurzschrifteigenschaften, werden die Angaben hingegen ohne Komma direkt hintereinander geschrieben. So lassen sich in einer Deklaration gleichzeitig die Schriftgröße und die Schriftart festlegen:

```
p { font: 16px Arial; }
```

Hierbei spielt teilweise die Reihenfolge eine Rolle. Auf diese Fälle werden wir noch im Einzelnen zu sprechen kommen.

Wenn Sie die Schreibung von Deklarationen mit der Schreibung von (X)HTML-Attributen vergleichen, z.B. mit `align="center"`, werden Sie einige wichtige Unterschiede feststellen.

- Bei (X)HTML-Attributen werden Eigenschaften hinter einem Gleichheitszeichen zugewiesen, bei CSS ist es ein Doppelpunkt.
- Außerdem stehen die Werte bei (X)HTML-Attributen in Anführungszeichen, bei CSS nicht.
- Zusätzlich haben viele Eigenschaften, die sich sowohl in (X)HTML als auch über CSS definieren lassen, unterschiedliche Namen. Gerade am Anfang muss man hier aufpassen, dass man sie nicht verwechselt.

Im Deutschen wird häufig nicht zwischen Elementen und Tags unterschieden. Streng genommen aber sind es zwei verschiedene Konzepte. Tags im eigentlichen Sinne gibt es nicht viele, nämlich nur Start-Tags und End-Tags und eventuell noch die verkürzte Schreibung bei leeren Tags. Hingegen handelt es sich bei `p`, `h2`, `a`, `link` usw. um Elemente, deren mögliche Anzahl von der verwendeten Version von (X)HTML abhängt.

2.2 Einbinden von CSS-Angaben

Sie können CSS-Formatierungen an verschiedenen Stellen in Ihre Dokumente einbinden. Davon abhängig ist dann auch, welche Formatierung bei mehreren Angaben gilt.

2.2.1 Innerhalb des (X)HTML-Elements: Inline-Stile

Über das Attribut `style` können Sie direkt innerhalb eines bestimmten (X)HTML-Elements Formatierungsregeln für das eine Element festlegen:

Listing 2.1: Inline-Stile

```
<!DOCTYPE html PUBLIC "-//W3C//DTD XHTML 1.0 Transitional//EN"
"http://www.w3.org/TR/xhtml1/DTD/xhtml1-transitional.dtd">
<html xmlns="http://www.w3.org/1999/xhtml" xml:lang="de" lang="de">
<head>
<meta http-equiv="content-type" content="text/html; charset=ISO-8859-1" />
<meta http-equiv="Content-Style-Type" content="text/css" />
<title>Inline-Stile</title>
</head>
<body>
<h2 style="color: #FFFF00; background-color: #3D005C">Bunte
&Uuml;berschrift</h2>
<p style="color: #3D005C; background-color: #FFFF00">Bunter Absatz</p>
<p>Hier folgt noch ein Absatz ohne style-Angabe</p>
</body>
</html>
```

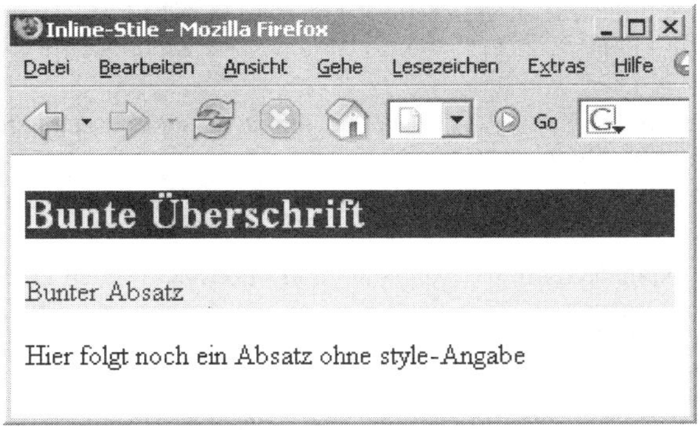

Abb. 2.1: Inline-Stile

HTML-Elemente haben Attribute, die Ihnen einen Einfluss auf deren Eigenschaften ermöglichen: Das Attribut `style` beeinflusst also die Formatierung des Elements selbst. `style` wird wie üblich im Start-Tag des Elements notiert. Bei dieser Schreibung benötigen Sie keinen Selektor und keine geschweiften Klammern, da durch die Position innerhalb eines Elements schon bestimmt wird, wofür die Formatangaben gelten. In unserem Fall wird der Absatz und die Überschrift mit einer anderen Schriftfarbe und einem anderen Hintergrund versehen.

> Außerdem muss – laut Spezifikation von HTML/XHTML – bei Verwendung des Attributs `style` die Stylesheet-Sprache über ein entsprechendes `meta`-Element bekannt gemacht werden.
>
> ```
> <meta http-equiv="Content-Style-Type" content="text/css" />
> ```
>
> Dies ist formal erforderlich, wird aber in der Praxis häufig weggelassen. Sehr strenge Überprüfungsprogramme für Webseiten wie Validome (*http://www.validome.org/lang/ge*) melden aber einen Fehler, wenn diese `meta`-Angabe fehlt und das `style`-Attribut eingesetzt wird.

Wenn Sie jetzt am Nutzen von `style` zweifeln – wesentlich praktischer als beispielsweise das `font`-Element ist es ja nicht –, dann haben Sie Recht. Wenn Sie nur mit `style`-Attributen arbeiten, werden Ihre Dokumente keineswegs schlanker oder besser zu warten. Ein Vorteil ist hier aber, dass Sie auf die CSS-Formate zurückgreifen können. In diesem Beispiel werden einem Absatz und einer Überschrift unterschiedliche Hintergrundfarben zugewiesen – das ließe sich mit reinen (X)HTML-Mitteln nur über Tabellen machen.

Wann setzt man das `style`-Attribut ein? Es bietet sich an, wenn man wenige Stildefinitionen einem Element direkt zuweisen möchte oder anders herum, wenn nur das vorliegende Element den Wert erhalten soll. Wir werden aber auch dafür wartungsfreundlichere Methoden aufzeigen. Inline-Stile können allerdings recht praktisch sein, um etwas schnell mal auszuprobieren. In diesem Buch werden sie manchmal eingesetzt, um unterschiedliche CSS-Effekte zu demonstrieren und gleichzeitig die Beispiele klein und überschaubar zu halten.

2.2.2 Am Dokumentanfang – eingebettetes Stylesheet

Eine weitere mögliche Platzierung von CSS-Angaben sind eingebettete Stylesheets. Diese stehen am Anfang des (X)HTML-Dokuments.

Neben dem `style`-Attribut zur Definition von Inline-Stilangaben existiert noch ein gleichlautendes Element `style`, das zusätzlich das Attribut `type` erhält. Bei `type` geben Sie den MIME-Typ an, der `text/css` ist.

MIME steht für *Multipurpose Internet Mail Extensions* und ist ein Standard zur Bezeichnung verschiedener Medientypen.

Das `style`-Element wird in den `head`-Teil des Dokuments geschrieben und beinhaltet dann die CSS-Regeln:

```
<style type="text/css">
...
Hier stehen die CSS-Deklarationen
...
</style>
```

Bei diesen Angaben steht zuerst der Selektor, dann folgt der Deklarationsblock. Im folgenden Beispiel werden als Selektoren `h2` und `p` eingesetzt. Damit werden alle Absätze und alle Überschriften der zweiten Ordnung entsprechend den Angaben formatiert.

Hier ist jetzt das komplette Listing; unten stehen einige Absätze und Überschriften. `h2`-Überschriften und `p`-Elemente sind entsprechend formatiert, die CSS-Angaben sind besonders hervorgehoben.

Listing 2.2: CSS-Angaben im Dokumentkopf

```
<!DOCTYPE html PUBLIC "-//W3C//DTD XHTML 1.0 Transitional//EN"
"http://www.w3.org/TR/xhtml1/DTD/xhtml1-transitional.dtd">
<html xmlns="http://www.w3.org/1999/xhtml" xml:lang="de" lang="de">
<head>
<meta http-equiv="content-type" content="text/html; charset=ISO-8859-1" />
<title>CSS-Angaben im Dokumentkopf</title>
<style type="text/css">
h2 {
   background-color: #E6DACF;
   color: #806040;
}
p {
   background-color:#CFDCE6;
   color: #406480;
}
</style>
</head>
<body>
<h1>Lorem ipsum dolor</h1>
<p>Lorem ipsum dolor sit amet ...</p>
```

```
<h2>Duis autem vel eum </h2>
<p>Duis autem vel eum iriure dolor in hendrerit ... </p>
</body>
</html>
```

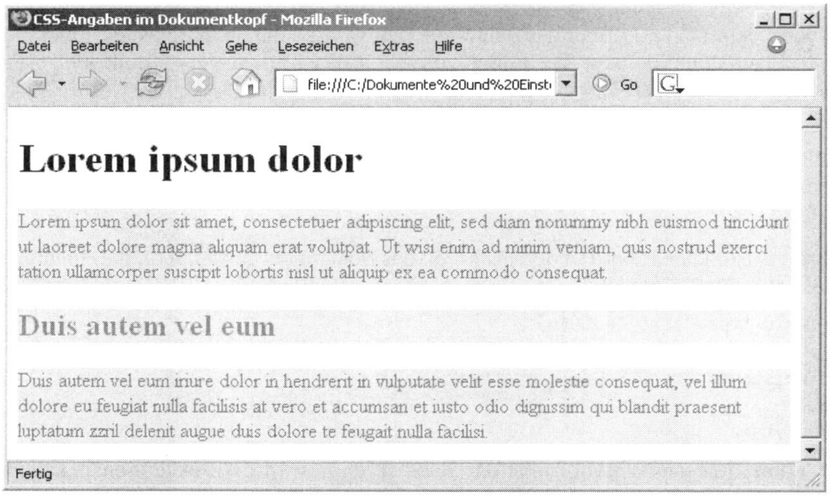

Abb. 2.2: Verschiedene Formatierungen für Absätze und Überschriften der zweiten Ordnung

Dieses Verfahren bringt schon einen Vorteil im Vergleich zu den Inline-Stilen. Sie müssen die Angaben nur an einer Stelle im Dokument notieren, und diese gelten dann für alle entsprechenden Elemente im Dokument. Sie können beliebig viele `h2`- oder `p`-Elemente ergänzen und werden immer dieselbe Formatierung vorfinden. Wenn Ihnen hingegen die Farben nicht zusagen, so müssen diese nur an einer Stelle, nämlich oben im eingebetteten Stylesheet, geändert werden.

Eigentlich ist das Beispiel nicht ganz vollständig. Es wurden hier jetzt die CSS-Regeln direkt innerhalb des Elements `style` geschrieben. Sie werden hier häufig aber andere Varianten finden, wie die folgende:

```
<style type="text/css">
<!--
h2 {
   background-color: #806040;
   color: #E6DACF;
}
-->
</style>
```

Hier wurden HTML-Kommentar-Zeichen verwendet, um die Formatierungsangaben vor ganz alten Browsern zu verstecken, die das `style`-Element nicht kennen. Browser haben nämlich die in diesem Fall unpraktische Eigenschaft, den Textinhalt von Elementen auszugeben, die ihnen unbekannt sind.

Wenn Sie jedoch den aktuellen Nachfolger von HTML, XHTML, verwenden, sollten Sie eine andere Schreibweise einsetzen; dann müssen nämlich Stylesheet-Angaben genauso wie auch beispielsweise JavaScript-Teile innerhalb von CDATA-

Abschnitten stehen, d. h. zwischen `<![CDATA[` und `]]>`. Die CDATA-Kennzeichnung selbst muss wiederum vor CSS mithilfe von CSS-Kommentaren versteckt werden. Dann ergibt sich folgende Schreibung – die zugegebenermaßen schon etwas an ASCII-Kunst erinnert:

```
<style type="text/css">
/*<![CDATA[*/
h2 {
   background-color: #806040;
   color: #E6DACF;
}
/*]]>*/
</style>
```

Listing 2.3: CSS-Deklarationen innerhalb von CDATA-Abschnitten

Mehr zu den Besonderheiten von XHTML erfahren Sie im Abschnitt 2.5.

Natürlich ist diese Schreibung etwas umständlich – am besten ist, man vermeidet sie. Das lässt sich einfach über die nächste Möglichkeit der Einbindung realisieren: die externen Stylesheets.

2.2.3 Einbindung externer Stylesheet-Dateien über link

Zur Einbindung externer Stylesheet-Dateien wird das (X)HTML-Element `link` benutzt, das ebenfalls im `head`-Bereich der Datei notiert wird:

```
<link rel="stylesheet" type="text/css" href="meinstil.css" />
```

Hierbei steht `link` für einen Verweis auf eine externe Datei, und die drei folgenden Angaben sind alle obligatorisch: `rel` bezeichnet die Art des Links. Bei `type` wird der MIME-Typ angegeben, der ebenfalls wie vorher für CSS `text/css` lautet. Das `href`-Attribut kennen Sie von Links in HTML, auch hier folgt dahinter die Pfadangabe zur CSS-Datei. Der Pfad kann relativ (z. B. `meinstil.css`), aber auch absolut im Verhältnis zum Webauftritt (`/css/meinstil.css`) oder ganz absolut angegeben werden (*http://meinedomain/css/meinstil.css*) – genau so, wie Sie es auch von Verlinkungen in HTML-Dokumenten kennen.

Die Stylesheet-Datei sollte die Endung `.css` tragen, und dort befinden sich direkt alle Formatierungsanweisungen. Ansonsten ist die Datei ebenso wie HTML-Dateien Text pur, d.h., Sie können sie auch einfach mit dem bei Ihrem Betriebssystem mitgelieferten Editor erstellen. Es gibt natürlich komfortablere Editoren für CSS, diese finden Sie in Kapitel 21, Tools.

Wenn wir noch einmal das Beispiel von eben verwenden, sieht die Stylesheet-Datei folgendermaßen aus:

```
h2 {
   background-color: #E6DACF;
   color: #806040;
}
p {
   background-color: #CFDCE6;
   color: #406480;
}
```

Listing 2.4: Ausgelagert: die Angaben in der externen Stylesheet-Datei `02_04.css`

Aus dem XHTML-Dokument sind alle Formatierungsvorgaben verschwunden, stattdessen wurde das `link`-Element eingefügt.

Listing 2.5: In der XHTML-Datei steht nur ein Verweis per `link` auf die Stylesheet-Angaben.

```
<!DOCTYPE html PUBLIC "-//W3C//DTD XHTML 1.0 Transitional//EN"
"http://www.w3.org/TR/xhtml1/DTD/xhtml1-transitional.dtd">
<html xmlns="http://www.w3.org/1999/xhtml" xml:lang="de" lang="de">
<head>
<meta http-equiv="content-type" content="text/html; charset=ISO-8859-1" />
<title>Externes Stylesheet</title>
<link rel="stylesheet" type="text/css" href="02_04.css" />
</head>
<body>
<h1>Lorem ipsum dolor</h1>
<p>Lorem ipsum dolor sit amet ...</p>
<h2>Duis autem vel eum </h2>
<p>Duis autem vel eum iriure dolor ... </p>
</body>
</html>
```

Das Ergebnis ist dasselbe wie im Beispiel davor. Die Vorteile liegen aber auf der Hand: Sie können Ihre Stylesheet-Datei in beliebig viele Dokumente einbauen. Ändern Sie dann beispielsweise die Textfarbe der Absätze in der CSS-Datei, so wirkt sich das auf alle Dateien aus, in denen die Stylesheet-Datei über das `link`-Element eingebunden ist. Außerdem sparen Sie Bandbreite: Ein externes Stylesheet muss nur einmal geladen werden und ist dann im Browser-Cache zwischengespeichert.

Innerhalb einer Datei können mehrere `link`-Elemente stehen. Dann werden im Normalfall die unterschiedlichen Angaben kombiniert, außer Sie schreiben alternative Stylesheets.

Im obigen Beispiel wurde beim Attribut `rel` der Wert `stylesheet` angegeben. Sie können hier aber bei einem weiteren `link` auch `alternate stylesheet` schreiben und erzeugen damit ein alternatives Stylesheet. Außerdem sollten Sie dann den unterschiedlichen Stylesheets noch über `title` einen aussagekräftigen Titel geben, der im Auswahlmenü erscheint.

Listing 2.6: Alternative Stylesheets angeben

```
<link rel="stylesheet" type="text/css" href="meinstil.css"
title="Standard-Layout" />
<link rel="alternate stylesheet" type="text/css" href="meinstil2.css"
title="Schwarz-Weiss" />
<link rel="alternate stylesheet" type="text/css" href="meinstil3.css"
title="Grosse Schrift" />
```

Sofern der eingesetzte Browser alternative Stylesheets unterstützt, kann der Benutzer zwischen den verschiedenen von Ihnen bestimmten Formatierungen wählen. So findet der Surfer bei Firefox die verschiedenen Layouts unter ANSICHT/WEBSEITEN-STIL. Damit das Ganze auch funktioniert, müssen natürlich die angegebenen Dateien auch existieren.

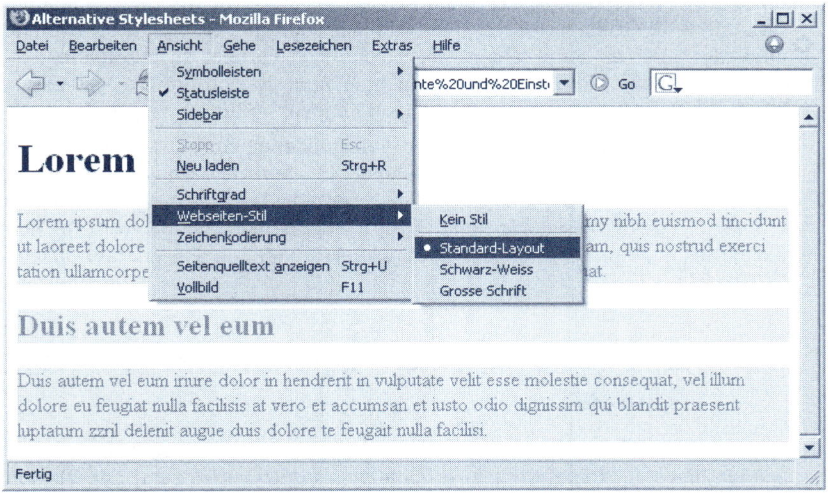

Abb. 2.3: Alternative Stylesheets zur Auswahl in Firefox

TIPP

Ein Beispiel zum Austesten von alternativen Stylesheets finden Sie beim W3C unter *http://www.w3.org/Style/Examples/007/alternatives.html*. Surfen Sie aber unbedingt mit Firefox oder einem ähnlichen Browser dort hin, damit Sie auch in den Genuss der Auswahl kommen!

Wenn Sie alternative Stylesheets auch für die Benutzer anderer Browser wie beispielsweise des Internet Explorers zur Verfügung stellen möchten, müssen Sie so genannte Styleswitcher einsetzen, die über JavaScript oder ähnliche Techniken realisiert werden. Styleswitcher haben gegenüber den alternativen Stylesheets auch den Vorteil, dass das ausgewählte Stylesheet auch dann aktiv bleibt, wenn man innerhalb der Website navigiert. (Mehr zu Styleswitchern lesen Sie in Kapitel 19.)

Außerdem gibt es für das `link`-Element noch das Attribut `media`, über das Sie festlegen können, für welche Art von Ausgabemedium – ob Bildschirm (`screen`), Druck (`print`) oder Sprachsynthesizer (`aural`) etc. – das Stylesheet gedacht ist. Standardmäßig, d.h., wenn Sie das Attribut nicht verwenden, wird als Medientyp `all` angenommen. Auf diese Art können unterschiedliche Formatierungen für den Druck und den Bildschirm festgelegt werden.

```
<link rel="stylesheet" type="text/css" href="druck.css" media="print" />
<link rel="stylesheet" type="text/css" href="meinstil.css" media="screen"
/>
```

Wie man im Detail Stylesheets für verschiedene Ausgabemedien erstellt, ist Thema von Kapitel 16.

TIPP

Übrigens können Sie jederzeit fremde Stylesheet-Angaben lesen und studieren. Die direkte Übernahme ist selbstverständlich aus urheberrechtlichen Gründen untersagt, aber es kann sehr hilfreich sein, sich darüber zu informieren, mit welchen Tricks andere arbeiten. Dafür brauchen Sie sich nur die Pfadangabe bei `link` anzusehen und die entsprechend angepasste URL aufzurufen.

Wesentlich komfortabler geht das mit verschiedenen Browser-Erweiterungen wie beispielsweise dem Web Developer für den Firefox, den Sie unter *http://www.erweiterungen.de/detail/Web_Developer/* herunterladen können. Wählen Sie dafür nach der Installation den Menüpunkt CSS/CSS ANZEIGEN. Mehr zu dieser und anderen nützlichen Browser-Erweiterungen erfahren Sie im Kapitel 21.

2.2.4 Einbindung externer Stylesheet-Dateien über @import

Es gibt noch eine zweite Möglichkeit, mit externen Stylesheet-Dateien zu arbeiten: Sie können diese auch über `@import` einbinden. Im Unterschied zum `link`-Element muss die `@import`-Direktive selbst innerhalb eines Stylesheets stehen und dort als Erstes, vor allen Formatierungsangaben.

Im `head`-Element eines Dokuments könnte das folgendermaßen aussehen:

```
<style type="text/css">
@import url(02_04.css);
p {
   color: yellow;
   background-color: black;
}
</style>
```

Hinter `@import` kommt das Schlüsselwort `url`, und dann folgen direkt ohne Leerzeichen Klammern mit der Pfadangabe zur CSS-Datei. Eine alternative Schreibweise von `@import` sieht folgendermaßen aus – ohne das Schlüsselwort `url` und ohne Klammern:

```
@import "02_04.css";
```

Die `@import`-Anweisung könnte ebenfalls in einem per `link` eingebundenen externen Stylesheet stehen. Dort muss sie genauso ganz am Anfang der Datei stehen:

```
@import url(02_04.css);
p {
   color: yellow;
   background-color: black;
}
```

Wenn Sie die `@import`-Anweisung innerhalb eines externen Stylesheets schreiben und eine relative Pfadangabe verwenden, dann muss diese relativ zum Stylesheet sein und nicht relativ zum (X)HTML-Dokument.

Es können jeweils genauso wie bei `link` auch mehrere `@import`-Anweisungen innerhalb eines `style`-Elements oder eines externen Stylesheets verwendet werden.

Es stellt sich natürlich die Frage, was `@import` bringt, wo es doch schon `link` gibt. Mit `@import` können Sie – wichtig bei komplexen Projekten – Stylesheet-Angaben modular aufbauen, indem Sie beispielsweise ein Stylesheet per `link` laden, das selbst wiederum weitere Stylesheets per `@import` einbindet usw.

Das Verfahren modular aufgebauter Stylesheet-Dateien wird beispielsweise auf der Seite *www.tagesschau.de* verwendet. Im Quelltext findet sich die folgende Angabe:

```
<link rel="stylesheet" type="text/css" media="screen, projection"
href="/resources/css/imp_1_textnav.css" />
```

Sieht man sich die Datei `imp_1_textnav.css` an, so enthält sie wiederum nur `@import`-Direktiven, um weitere Stylesheets zu laden:

```
@import '/resources/css/ts_prim.css';
@import '/resources/css/ts_textnav.css';
@import '/resources/css/ts_custom.css';
```

Ein weiterer Unterschied zwischen `link` und `@import` ist, dass ältere Browser wie Netscape 4.x zwar mit `link` zurechtkommen, die durch `@import` bestimmten Angaben aber ignorieren. Dieser scheinbare Nachteil ist meist ein Vorteil: So lassen sich per `@import` spezielle fortgeschrittenere Formatierungen einbinden, die ältere Browser nicht oder ganz falsch interpretieren. Dies wird auch noch Thema von Kapitel 14 sein.

TIPP

Wenn Sie `@import` verwenden, um ein Stylesheet einzubinden, kann es im Internet Explorer zu einem kurzen störenden Flackern kommen, wenn das Stylesheet zum ersten Mal geladen wird und sich noch nicht im Browser-Cache befindet. Sie vermeiden dieses Flackern, indem Sie neben der `@import`-Direktive noch ein `link`- oder `script`-Element einfügen.

Genaueres hierzu können Sie auch bei *http://www.bluerobot.com/web/css/fouc.asp* nachlesen.

Auch bei `@import` lässt sich festlegen, dass ein Stylesheet beispielsweise nur für den Druck gelten soll. Die entsprechende Angabe wird dann hinter die runden Klammern mit dem Pfad notiert:

```
@import url(druck.css) print;
```

Beim Vergleich der verschiedenen Angaben der Notierung von Stylesheet-Angaben ergibt sich folgendes Bild:

- Inline-Style-Angaben haben den kleinsten Wirkungsbereich. Sie gelten nur für das Element, in dem sie stehen.
- Mit Stylesheet-Angaben, die Sie innerhalb des `style`-Elements im Kopfbereich festlegen, können Sie hingegen schon Formatierungen für beliebig viele Elemente, wenn auch nur innerhalb dieses einen Dokuments, vorgeben.
- Die größte Flexibilität und die komfortabelste Verwaltung bieten externe Stylesheets, die Sie per `link` oder `@import` einbinden können. Mithilfe von `@import` lassen sich verschiedene Stylesheets auch modular integrieren.

Diese unterschiedlichen Methoden lassen sich auch kombinieren. Dabei stellt sich die Frage, welche Formatierung sich bei widersprechenden Angaben durchsetzt. Dafür gelten mehrere Regeln: Inline-Stile setzen sich immer gegenüber allen anderen Vorgaben durch. Und bei Formatierungen innerhalb einer Datei und aus einer externen Datei gelten diejenigen, die zuletzt im Dokument stehen.

Das folgende Beispiel zeigt ein eingebettetes Stylesheet, das als Textfarbe für Absätze Rot und als Hintergrundfarbe Gelb definiert. Im Dokument werden zwei Absätze zusätzlich mit Inline-Angaben erstellt, im ersten Absatz wird mit `color: blue` der Text blau – und nicht mehr rot. Die Hintergrundfarbe hingegen bleibt Gelb, da es hier keine anderen Angaben gibt. Der zweite Absatz enthält ebenfalls ein `style`-Attribut, in dem als Hintergrundfarbe Weiß bestimmt wird, die Textfarbe wird hingegen aus dem eingebetteten Stylesheet übernommen. Der dritte Absatz zeigt die unveränderten im eingebetteten Stylesheet definierten Formatierungen.

Listing 2.7: Konkurrierende Angaben im eingebetteten Stylesheet und im `style`-Attribut

```
<!DOCTYPE html PUBLIC "-//W3C//DTD XHTML 1.0 Transitional//EN"
"http://www.w3.org/TR/xhtml1/DTD/xhtml1-transitional.dtd">
<html xmlns="http://www.w3.org/1999/xhtml" xml:lang="de" lang="de">
<head>
<meta http-equiv="content-type" content="text/html; charset=ISO-8859-1" />
<title>Widersprechende Angaben</title>
<style type="text/css">
/* <![CDATA[ */
p {
   color: red;
   background-color: yellow;
}
/* ]]> */
</style>
</head>
<body>
<p style="color: blue">Ein Absatz mit der Inline-Stilangabe color:
blue</p>
<p style="background-color: white">Ein Absatz mit der Inline-Stilangabe
background-color: white</p>
<p> Ein Absatz ohne eigene Formatierung</p>
</body>
</html>
```

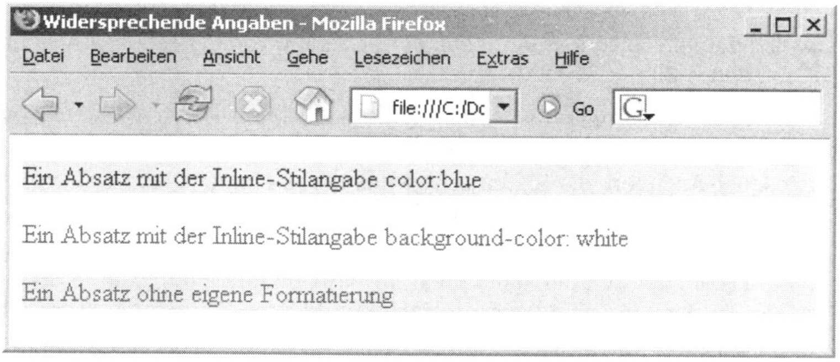

Abb. 2.4: Inline-Angaben haben Vorrang vor den Angaben im eingebetteten Stylesheet.

Sollten sich mehrere Angaben innerhalb eines Stylesheets widersprechen, so gilt diejenige, die zuletzt angegeben wurde, denn sie überschreibt die vorhergehenden Regeln. Steht beispielsweise innerhalb eines Stylesheets

```
p { color: black; }
p { color: blue; }
```

dann überschreibt die letzte Angabe die vorherige und der Absatz erhält die Schriftfarbe Blau.

2.3 Kommentare

Auch in CSS gibt es Kommentare. Sie haben eine eigene von (X)HTML-Kommentaren unterschiedene Syntax. Ein Kommentar beginnt mit einem Schrägstrich und Sternchen /* und wird durch ein Sternchen mit Schrägstrich */ beendet. Der Kommentar kann sich über beliebig viele Zeilen erstrecken.

Der Inhalt der Kommentare wird von Browsern ignoriert, und Kommentare werden dazu eingesetzt, Stylesheets zu strukturieren, zu erläutern und zu dokumentieren. Das ist insbesondere bei längeren Stylesheets notwendig – und echte Stylesheets werden meist etwas länger. Kommentare helfen Ihnen dabei, auch nach ein paar Wochen die Stelle zu finden, an der Sie eine Änderung vornehmen müssen, und helfen zu verstehen, was Sie mit den einzelnen Deklarationen bezweckt haben.

Kommentare können nicht bei Inline-Stilen selbst stehen, aber natürlich bei Stilangaben im Dokumentkopf und selbstverständlich in externen Stylesheets. Wenn Sie XHTML einsetzen, sollten Sie die CDATA-Syntax ebenfalls in einem Kommentar verbergen. So zeigt das nächste Beispiel drei CSS-Kommentare:

```
<style type="text/css">
/*<![CDATA[*/
/*Vorder- und Hintergrundfarbe Überschrift */
h2 {
   background-color: #806040;
   color: #E6DACF;
}
/*]]*/
</style>
```

Neben diesen echten Kommentierfunktionen können Kommentare zum Auskommentieren eingesetzt werden. So können Sie einzelne Code-Abschnitte temporär ausschalten, ohne die entsprechenden Zeilen zu löschen.

```
h2 {
   background-color: #806040;
   /* color: #E6DACF; */
}
```

Häufig findet sich auch am Anfang ein allgemeiner Hinweis zum Stylesheet in Kommentaren. Dies ist beim Einsatz von mehreren Stylesheets sinnvoll. So sollte etwa hier auch gleich stehen, dass ein bestimmtes Stylesheet beispielsweise für den Druck bestimmt ist.

Für die Übersicht und um Stylesheets besser pflegen und warten zu können, empfiehlt es sich, die einzelnen Formatierungsangaben zu gruppieren: alle Formatierungen für die Navigationsleiste in einem eigenen Abschnitt zu platzieren, ebenso beispielsweise die Formatierungen für den Kopfbereich, für Formulare etc. Diese Abschnitte sollten dann über Kommentare deutlich gekennzeichnet werden. Dabei ist es praktisch, als Bezeichnung für die Abschnitte Wörter zu nehmen, die ansonsten nicht selbst in der CSS-Datei vorkommen. So erspart man sich falsche Ergebnisse bei der automatischen Suche mit einem Editor.

Es empfiehlt sich, diese Sorte von Kommentaren deutlich zu gestalten und noch durch Querstriche o. Ä. hervorzuheben, beispielsweise so:

```
/* Kopfbereich
------------------------------------------------------
*/
```

oder

```
/* ------------------ Kopfbereich ------------------- */
```

Längere Kommentare können ebenfalls deutlicher hervorgehoben werden, indem weitere Sternchen am Zeilenanfang ergänzt werden:

```
/*
* Diese Konstruktion stellt sicher, dass die Höhenangabe
* auch im Internet Explorer funktioniert, und gleichzeitig
* wird dabei etc. etc. etc.
*/
```

Ein Entwurf für eine einheitliche Dokumentierung/Kommentierung von CSS-Dokumenten ist CSSDOC (*http://cssdoc.net/*). Gerade bei umfangreichen Projekten im Team kann es sinnvoll sein, sich diese Art der Dokumentation anzueignen.

2.4 Verschiedene Selektoren

In CSS gibt es verschiedene Selektoren, mit denen sich bestimmte Elemente oder Bereiche auswählen lassen.

2.4.1 Elementselektoren

Bisher wurden Elementselektoren vorgestellt: Sie bestehen aus dem Namen des Elements selbst wie h2 oder p und bestimmen die Formatierungen für alle entsprechenden Elemente im Dokument oder auch eventuell bei externen Stylesheets den ganzen Auftritt.

Nun kommt es aber häufiger vor, dass beispielsweise nicht alle Absätze gleich aussehen sollen, sondern einzelne mit wichtigen Informationen besonders hervorgehoben werden sollen. Mit den bisher vorgestellten Techniken könnte man das nur über Inline-Stile realisieren, was aber mühsam ist, denn diese müssen bei jedem einzelnen Element notiert werden.

2.4.2 Klassenselektoren

Genau für diesen Zweck gibt es die so genannten Klassenselektoren. Erst einmal müssen dafür die Absätze, die anders gestaltet werden sollen, in (X)HTML gekennzeichnet werden. Vergeben Sie zusätzlich das Attribut `class` und als Wert den Namen der Klasse, den Sie frei wählen können. Klassennamen dürfen jedoch nicht mit einer Zahl beginnen und keine Sonder- oder Leerzeichen enthalten:

```
<p class="wichtig">Wichtige Informationen</p>
```

In der Stylesheet-Definition legen Sie dann noch die Formatierungen für die Klasse fest. Hierfür benötigen Sie den Klassenselektor. Er besteht aus einem Punkt, gefolgt vom Namen der Klasse:

```
.wichtig { color: red; background-color: white; }
```

Wenn hingegen eine Klassendefinition nur für eine Art von Element gelten soll, beispielsweise wenn Sie wissen, dass die Formatierung von `.wichtig` sich nur auf Absätze bezieht, können Sie den Elementnamen vor dem Punkt und Klassennamen notieren:

```
p.wichtig { color: red; background-color: white; }
```

Jetzt würde eine Überschrift mit der Klasse wichtig `<h1 class="wichtig">` nicht rot eingefärbt werden.

Klassen können übrigens auch kombiniert werden. Angenommen, Sie haben folgende Klassendefinitionen in Ihrem Stylesheet:

```
.wichtig { color: red; }
.warnung { background-color: yellow; }
```

Dann können Sie diese einem Element gemeinsam zuweisen, und die Formatierungen von beiden kommen zum Tragen.

```
<p class="wichtig warnung">Ein hervorgehobener Absatz</p>
```

Dabei notieren Sie beide Klassennamen hintereinander, aber durch ein Leerzeichen getrennt. In diesem Fall erhält der Absatz eine rote Textfarbe und einen gelben Hintergrund. Kombinierte Klassenselektoren werden jedoch noch nicht von Netscape 4.x und Internet Explorer 5.0 (Windows) interpretiert.

Bisher können Sie Klassen aber immer nur auf bestimmte Elemente anwenden, die selbst wiederum schon vorgegebene Eigenschaften haben. So zeichnen sich Überschriften dadurch aus, dass sie etwas größer sind und fett dargestellt werden, Absätze `p` dadurch, dass davor und danach ein Zeilenumbruch erfolgt und zusätzlich ein Abstand erzeugt wird. Es gibt aber zwei (X)HTML-Elemente, die selbst kaum Eigenschaften besitzen und damit für den Einsatz mit CSS prädestiniert sind: `div` und `span`.

So können Sie beispielsweise `span` einsetzen, wenn Sie nur einen einzelnen Satz oder einzelne Wörter eines Absatzes besonders betonen möchten. Nehmen wir noch einmal an, Sie haben folgende Regel in Ihrem Stylesheet definiert:

```
.wichtig { color: red; background-color: yellow; }
```

Dann können Sie damit auch nur ein einzelnes Wort innerhalb eines Absatzes kennzeichnen:

Listing 2.8: span mit Klassenzuweisung (Ausschnitt aus dem Listing)

```
<p>Hier steht l&auml;ngerer Text. <span class="wichtig">Ein Teil davon
ist besonders wichtig</span>. Dann geht es wieder normal weiter</p>
```

Abb. 2.5: Ein mit span ausgezeichneter Textabschnitt

Sie sehen: Der Satz ist entsprechend eingefärbt, hat also die oben definierten Formatierungen angenommen; selbst beinhaltet `span` aber keine Formatierungen.

Im Unterschied zu `span` erzeugt `div` davor und danach einen Zeilenumbruch. Dies zeigt sich bei zwei `div`s hintereinander:

```
<div>Hier steht l&auml;ngerer Text. </div>
<div class="wichtig">Ein Teil davon ist besonders wichtig.</div>
<div> Dann geht es wieder normal weiter</div>
```

`p` und `div` haben gemeinsam, dass sie einen Zeilenumbruch erzeugen. Sie unterscheiden sich aber dadurch, dass `p` zusätzlich noch einen Abstand nach oben und unten einfügt.

Das folgende Beispiel führt zum Vergleich zuerst drei `p`s und dann drei `div`s auf. Im eingebetteten Stylesheet findet sich die Formatierung für die Klasse `wichtig`:

Listing 2.9: div und p im Vergleich

```
<!DOCTYPE html PUBLIC "-//W3C//DTD XHTML 1.0 Transitional//EN"
"http://www.w3.org/TR/xhtml1/DTD/xhtml1-transitional.dtd">
<html xmlns="http://www.w3.org/1999/xhtml" xml:lang="de" lang="de">
<head>
<meta http-equiv="content-type" content="text/html; charset=ISO-8859-1" />
<title>div und p</title>
<style type="text/css">
/* <![CDATA[ */
.wichtig {
   color: red;
   background-color: yellow;
}
/* ]]> */
</style>
</head>
<body>
<h2>Einsatz von div</h2>
<div>Hier steht l&auml;ngerer Text. </div>
<div class="wichtig">Ein Teil davon ist besonders wichtig.</div>
<div> Dann geht es wieder normal weiter</div>
```

```
<h2>Einsatz von p</h2>
<p>Hier steht l&auml;ngerer Text. </p>
<p class="wichtig">Ein Teil davon ist besonders wichtig.</p>
<p> Dann geht es wieder normal weiter</p>

</body></html>
```

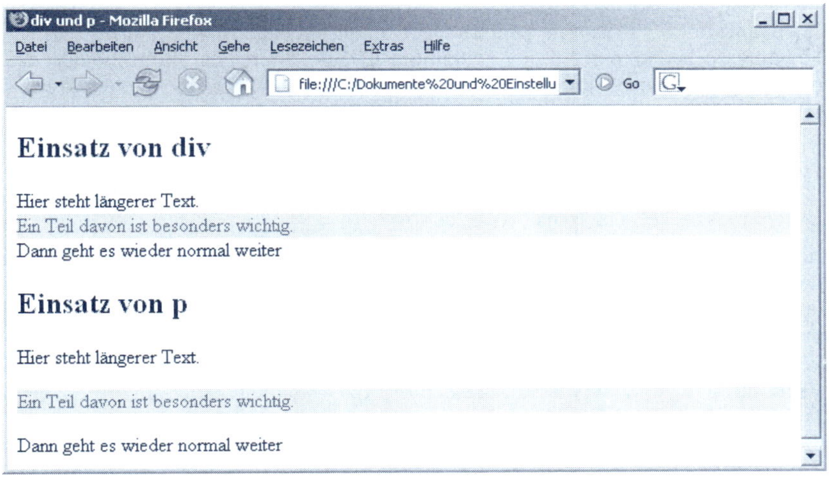

Abb. 2.6: `p` erzeugt vorher und danach einen Abstand, `div` nicht.

Angesichts dessen, dass jedes (X)HTML-Element selbst Eigenschaften hat, könnte man versucht sein, anstelle von `p` oder `h1` etc. einfach immer nur `div` zu verwenden, wenn ein Zeilenumbruch erwünscht ist, und `span`, falls nicht.

Das ist jedoch nicht sinnvoll, denn ein per CSS gestaltetes Dokument sollte sich stets auch ohne Stylesheet-Datei lesbar und strukturiert präsentieren. Warum? Die reine (X)HTML-Struktur ist die Minimalversion des Dokuments, die in besonderen Situationen verwendet wird, wenn jemand z.B. mit einem sehr alten Browser unterwegs ist. Auch Programme, die Webseiten vorlesen, arbeiten auf der Basis der (X)HTML-Struktur. Und eine gute logische Strukturierung erreichen Sie durch den Einsatz von (X)HTML-Elementen, die so benutzt werden, wie es auch vorgesehen ist. Bei der Verwendung von strukturierenden (X)HTML-Elementen ersparen Sie sich zudem viele `class`-Attribute.

Wofür dann überhaupt `div`s? Wenn es keine logische Struktur gibt, die besser mit einem XHTML-Element gekennzeichnet werden kann, oder auch zur Zusammenfassung von Bereichen sind `div`s die idealen Container.

Wie bereits erwähnt, besteht der Unterschied zwischen `div` und `span` darin, dass `div` einen Zeilenumbruch erzeugt, `span` hingegen nicht. Aus diesem Grund spricht man auch davon, dass `div` ein Blockelement ist, `span` hingegen ein Inline-Element. Auch für die anderen (X)HTML-Elemente gilt diese Unterscheidung. Typische Inline-Elemente sind `a`, `em`, `i`, `b`, aber auch beispielsweise `img`. `img` ist ebenfalls ein Inline-Element, denn wenn Sie es in ein Dokument ohne weitere Formatierung einbinden, wird das Bild in derselben Zeile wie der Text eingefügt. Beispiele für Blockelemente wären hingegen alle Überschriften (`h1`-`h6`), `p` oder `form`. Blockelemente können wiederum andere Blockelemente oder auch Inline-Elemente enthalten. Bei der Arbeit mit CSS kann es sinnvoll sein, Inline-Elemente als Blockelemente anzeigen zu lassen. Dazu dient die Eigenschaft `display`, auf die wir später noch zu sprechen kommen werden.

2.4.3 ID-Selektoren

Es existiert in CSS noch eine weitere Möglichkeit, Formatierungen nur für einzelne Elemente zu bestimmen: die so genannten ID-Selektoren. Sie unterscheiden sich formal von Klassenselektoren darin, dass in der CSS-Datei anstelle des Punktes ein Hash # geschrieben wird:

```
#fusszeile { color: white; background-color: black; }
```

Im (X)HTML-Dokument verwenden Sie anstatt des Attributs `class` das Attribut `id`:

```
<p id="fusszeile">Copyright XY 2008</p>
```

Die Wirkung ist in diesem Fall dieselbe, als hätten Sie `class` eingesetzt. Es gibt jetzt einen wesentlichen Unterschied: Mit `id` gekennzeichnete Elemente/Bereiche dürfen innerhalb eines Dokuments nur einmal vorkommen. In dem Beispiel oben wurde `id` eingesetzt, um den Fußzeilenbereich zu kennzeichnen, der logischerweise innerhalb eines Dokuments nur einmal dasteht. Eine andere typische Verwendung von `id` wäre die Kennzeichnung der aktuellen Seite innerhalb einer Navigationsleiste:

```
<a href="home.html">Home</a><br />
<a href="neues.html" id="aktuell">Neuigkeiten</a><br />
<a href="kontakt.html">Kontakt</a><br />
<a href="impressum.html">Impressum</a><br />
```

TIPP

Prinzipiell sollten Sie `id` anstelle von `class` verwenden, wenn es um die eindeutige Kennzeichnung von ganzen Bereichen geht (per `div`), die per se nur einmal pro Seite vorkommen, wie beispielsweise für den Inhaltsbereich, den Navigationsbereich, die Kopfzeile etc.

Das spielt besonders bei der Gestaltung eines vollständigen Layouts per CSS eine Rolle. Wenn Sie hier `id` anstatt von `class` einsetzen, ist auch Ihr Stylesheet besser zu lesen, weil man weiß, es handelt sich um einen Bereich, der pro Seite nur einmal vorhanden ist.

So wird man häufig bei einem tabellenfreien Layout mehrere `div`-Bereiche antreffen, die eindeutig durch `id`s gekennzeichnet sind:

```
<div id="kopfzeile"> ... </div>
<div id="navigation"> ... </div>
<div id="inhalt"> ... </div>
```

Ebenso wie bei Klassenselektoren können Sie auch bei ID-Selektoren zusätzlich das Element angeben, wofür die ID gilt:

```
div#navigation { color: red }
```

Damit die Formatierung zum Tragen kommt, müsste im (X)HTML-Quelltext Folgendes stehen:

```
<div id="navigation"> ... </div>
```

Im Unterschied zu Klassen können ids nicht kombiniert werden. Das heißt, IDs haben also immer nur einen Wert.

Bei der Vergabe von Namen für ids gibt es dieselben Beschränkungen wie bei class, nämlich dass sie mit einem Buchstaben beginnen müssen und keine Sonder- oder Leerzeichen enthalten dürfen. Zudem sind die Namen von ids und Klassen »case-sensitive«, d.h., dass Groß- und Kleinschreibung unterschieden wird. Am einfachsten ist es, Sie verwenden durchgehend Kleinbuchstaben. Wenn Sie dennoch eine gemischte Schreibung wählen, müssen Sie diese dann konsequent auch genauso in Ihren (X)HTML-Dokumenten einsetzen.

Nicht in allen Browsern spielt die Groß- und Kleinschreibung eine Rolle, beispielsweise nicht in Versionen des Internet Explorers kleiner als 6.

Abgesehen davon können Sie die Namen frei bestimmen. Es empfiehlt sich jedoch, als Name für Klassen oder ids nicht eine Beschreibung der Formatierung zu nehmen. Denn bei einem Projekt kann sich leicht einmal die Optik ändern – dafür sind ja Stylesheets gerade sehr praktisch.

Wenn Sie jedoch einen Klassennamen wie .blau verwenden und die Farbe geändert wird, müssen Sie weiter mit .blau arbeiten, obwohl die Überschriften inzwischen rot ausgezeichnet werden. Dadurch wird ein Stylesheet schwer lesbar und damit auch schwerer zu warten. Bessere Namen sind deswegen semantische Bezeichnungen, die sich auf die Funktionalität beziehen, wie .warnung, .wichtig, #navigation etc. Hier im Buch kann diese Regel jedoch nicht konsequent angewendet werden, da häufig in Beispielen Klassen oder ids rein zur Demonstration von Formatierungen eingesetzt werden und deswegen ein Name, der auf der Formatierung basiert, das Beispiel besser lesbar macht.

Alle bisher besprochenen Selektoren führt das folgende Beispiel noch einmal vor:

```
h2 { color: red; } /*Elementselektor */
p.wichtig { color: pink; } /*Klassenselektor mit vorgegebenem Element */
.warnung { color: red; } /*Klassenselektor für beliebige Elemente */
#fusszeile { color: black; } /*ID-Selektor */
```

2.4.4 Selektoren gruppieren

Wenn Sie zwei oder mehr Selektoren dieselben Formatierungen zuweisen möchten, so können Sie diese zwar auch als separate Einträge hintereinander schreiben:

```
h2 { color: red; }
.warnung { color: red; }
```

Kompakter ist es jedoch, die Selektoren zu gruppieren. Dafür notieren Sie einfach die betreffenden Selektoren hintereinander durch Komma getrennt und anschließend deren gemeinsame Formatierung:

```
h2, .warnung { color: red; }
```

Sie können hierbei so viele Selektoren, wie Sie brauchen, hintereinanderschreiben. Wichtig ist, dass Sie das Komma dazwischen nicht vergessen, sonst ergibt sich eine andere Bedeutung, die in Kapitel 5 vorgestellt wird.

Durch diese Gruppierungen lassen sich viele Angaben sinnvoll zusammenfassen und einfacher gestalten. Dafür kann es manchmal auch sinnvoll sein, zuerst einer Gruppe von Selektoren die gemeinsamen Eigenschaften zuzuweisen und dann die andersartigen Formatierungen für bestimmte Selektoren im Anschluss zu notieren. Ein einfaches Beispiel dazu: Anstelle von

```
h2 { background-color: yellow; color: red; }
p { color: red; }
```

lässt sich auch schreiben

```
h2, p { color: red; }
h2 { background-color: yellow; }
```

Bei komplexeren Beispielen kann eine solche Umstrukturierung Vorteile bringen.

2.4.5 Universalselektor

Soll eine bestimmte Formatierung für alle im Dokument vorkommenden Elemente gelten, können Sie diese einzeln aufführen wie gerade geschildert. Kürzer ist der universelle Selektor, der aus dem Sternchen * besteht. Er wählt alle Elemente aus.

```
* { color: blue; }
```

So erhalten alle Elemente als Textfarbe Blau. Der universelle Selektor wird häufig eingesetzt, um allen Elementen denselben Innen- und Außenabstand zu geben und damit Browser-Unterschiede aufzuheben:

```
* {
   margin: 0;
   padding: 0;
}
```

Wie sich Innen- und Außenabstände in CSS definieren lassen, erfahren Sie in Kapitel 6.

Die anderen in CSS üblichen Selektoren werden nach und nach in den weiteren Kapiteln vorgestellt, immer dort, wo es thematisch passt. Einen Überblick über alle Selektoren mit Informationen zur Browser-Unterstützung finden Sie in Kapitel 23.

Vielleicht ist Ihnen am (X)HTML-Code der Beispiele das eine oder andere aufgefallen, was Sie von HTML her anders kennen. Genau um diese Unterschiede geht es im nächsten Abschnitt.

2.5 Exkurs: Unterschiede zwischen HTML und XHTML

Lange Zeit schien es so, als würde die aktuelle Version von HTML – HTML 4.01 – die letzte bleiben. Als Nachfolger hatte das W3C XHTML bestimmt. Seit Frühjahr 2007 hat sich jedoch die Situation verändert: Es gibt wieder eine Arbeitsgruppe vom W3C zum Thema HTML 5 (*http://www.w3.org/TR/html5/*). Bis HTML 5 jedoch ein echter Standard wird und auch in den Browsern vollständig implementiert ist, wird sicher noch eine Zeit vergehen. Vorgesehen ist aber, dass man HTML 5 auch in einer XHTML-Variante schreiben kann.

Im Web verwendet werden derzeit HTML 4.01 und XHTML 1.0. In den Beispielen dieses Buchs wird durchgängig XHTML 1.0 benutzt. Ob Sie selbst lieber HTML oder XHTML einsetzen, liegt ganz bei Ihnen. Wichtig ist nur, die jeweilige Version korrekt zu benutzen und das bedeutet auch, die Unterschiede zu kennen.

Im Gegensatz zu HTML, das auf SGML (Standard Generalized Markup Language) basiert, bildet bei XHTML XML (eXtensible Markup Language) die Basis. Das X in XHTML steht wie in XML für eXtensible, also erweiterbar.

SGML und XML sind beides Metasprachen, d.h., sie sind nicht Auszeichnungssprache im eigentlichen Sinne, sondern stellen Regeln auf, wie Auszeichnungssprachen zu definieren sind. SGML wurde in den 80er-Jahren entwickelt; das W3C hat die Empfehlung für XML 1998 publiziert. SGML hat den Nachteil, dass es relativ komplex ist, sodass böse Zungen auch behaupteten, die Abkürzung stehe eigentlich für »Sounds great – maybe later«. XML hingegen ist eine strengere und gleichzeitig vereinfachte Version von SGML.

XHTML ist nur eine unter sehr vielen Sprachen, die über XML definiert ist. Weitere sind beispielsweise SVG (Scalable Vector Graphics), ein Format zur Beschreibung von zweidimensionalen Vektorgrafiken, MathML für mathematische Formeln oder auch RSS und Atom für Newsfeeds.

XHTML folgt den Regeln von XML, die Unterschiede zu HTML sind jedoch nicht sehr groß. Größtenteils sind sie syntaktischer Art. Gehen wir die Änderungen einmal durch.

2.5.1 XML-Deklaration

XML-Dokumente beginnen üblicherweise mit der XML-Deklaration, die, wenn vorhanden, als Allererstes im Dokument stehen muss (ohne Leerzeichen davor):

```
<?xml version="1.0" encoding="ISO-8859-15"?>
```

Am Anfang der XML-Deklaration steht `<?xml`, darauf folgen die eingesetzte Version und die Angaben zur Kodierung.

Oben wurde bewusst die Formulierung gewählt, dass XML-Dokumente »üblicherweise« mit dieser XML-Deklaration beginnen, denn obligatorisch ist sie nicht. In anderen XML-Sprachen als XHTML ist sie üblich und praktisch, weil darüber auch direkt die Angabe des Zeichensatzes erfolgen kann.

In XHTML wird diese XML-Deklaration jedoch häufig nicht eingesetzt, da der Internet Explorer 6, wenn sie vorhanden ist, in den nicht-standardkompatiblen Rendering-Modus schaltet und damit Seiten eventuell nicht wie gewünscht darstellt. Genaueres zu den verschiedenen Interpretationsmodi der Browser erfahren Sie in Kapitel 13.

Wenn Sie bei XHTML die XML-Deklaration nicht verwenden, müssen Sie eine andere Methode zur Angabe des Zeichensatzes wählen, z. B. über das `meta`-Element im `head`-Teil des Dokuments:

```
<meta http-equiv="content-type" content="text/html; charset=ISO-8859-1" />
```

Alternativ dazu können Sie den Zeichensatz auch über einen HTTP-Header senden. Das geht durch eine entsprechende Konfiguration des Webservers oder über eine Skriptsprache wie PHP. Details dazu unter: *http://www.w3.org/International/O-HTTPcharset*.

2.5.2 Dokumenttypangabe

Hinter der XML-Deklaration oder, wenn diese nicht vorhanden ist, ganz am Anfang eines XHTML-Dokuments steht die Dokumenttypangabe, die bestimmt, um welche Art XHTML es sich handelt. Für XHTML existieren drei Varianten:

- Variante Strict:

```
<!DOCTYPE html PUBLIC "-//W3C//DTD XHTML 1.0 Strict//EN"
"http://www.w3.org/TR/xhtml1/DTD/xhtml1-strict.dtd">
```

- Variante Transitional:

```
<!DOCTYPE html PUBLIC "-//W3C//DTD XHTML 1.0 Transitional//EN"
"http://www.w3.org/TR/xhtml1/DTD/xhtml1-transitional.dtd">
```

- Variante Frameset:

```
<!DOCTYPE html PUBLIC "-//W3C//DTD XHTML 1.0 Frameset//EN"
"http://www.w3.org/TR/xhtml1/DTD/xhtml1-frameset.dtd">
```

Beachten Sie, dass hinter `<!DOCTYPE` die Angabe **`html`** folgt – auch wenn es sich um XHTML handelt, denn hier wird der Name des Wurzelelements angegeben, und dieses ist auch bei XHTML `html`. Die drei Varianten unterscheiden sich genauso wie die HTML-Entsprechungen:

- Strict ist die strengste Variante und lässt viele Elemente und Attribute nicht mehr zu, die nur Layout-Zwecken dienen. Dazu sollen stattdessen Stylesheets eingesetzt werden. Nicht mehr erlaubt in XHTML Strict sind beispielsweise das `font`-Element oder die im `body`-Element eingesetzten Attribute `bgcolor`, `text` und `link`. Auch `target` zur Angabe des Linkziels bei Verlinkungen ist bei XHTML Strict nicht mehr vorgesehen.
- Transitional hingegen erlaubt noch die vom W3C als nicht mehr erwünscht/veraltet (deprecated) gekennzeichneten Elemente oder Attribute wie `font`.
- Frameset entspricht Transitional, zusätzlich existieren jedoch die für Framesets benötigten Auszeichnungen.

2.5.3 Namensraumangabe

Namensräume sind ein XML-Konzept und ermöglichen die gleichzeitige Verwendung von verschiedenen XML-Sprachen innerhalb eines Dokuments. So kann man beispielsweise mathematische Formeln aus MathML innerhalb von XHTML benutzen. Im HTML-Element, das das Wurzelelement darstellt, sollte ein Namensraum für den XHTML-Namensraum angegeben werden. In XHTML lautet das `html`-Wurzelelement mit Namensraumangabe dann folgendermaßen:

```
<html xmlns="http://www.w3.org/1999/xhtml" xml:lang="de" lang="de">
```

Zusätzlich können Sie – das ist aber nicht notwendig – noch die verwendete Sprache über `xml:lang` (XML-Syntax) und `lang` (abwärtskompatible HTML-Syntax) spezifizieren.

2.5.4 Kleinschreibung für Elemente und Attribute

In HTML kann man Elemente und Attribute sowohl in Groß- als auch in Kleinbuchstaben schreiben oder sogar beide Schreibungen mischen, z. B. `<table> </TABLE>`. In XHTML müssen hingegen alle Elemente und Attribute in Kleinbuchstaben geschrieben werden, d. h. `<table> </table>`.

2.5.5 Kein Tag ohne End-Tag

Zu jedem Tag muss in XHTML das dazugehörige End-Tag stehen. In HTML gibt es einige Fälle, in denen das End-Tag nicht obligatorisch ist wie beispielsweise beim Element zur Kennzeichnung eines Punktes in einer Liste `<li>`. In XHTML muss hier hingegen das End-Tag stehen, d. h. `<li> </li>`.

2.5.6 Leere Elemente

Das Element zur Kennzeichnung eines Zeilenumbruches heißt in HTML `<br>` und ist ein leeres Element. Leere Elemente zeichnen sich dadurch aus, dass sie weder Textinhalt noch andere Elemente beinhalten. Häufig haben sie jedoch noch Attribute, wie z. B. das ebenfalls leere Element `<img src="bild.gif">` etc. In XHTML müssen solche leeren Elemente besonders gekennzeichnet werden, um sie von normalen Start-Tags zu unterscheiden: `<br />`. Damit auch ältere Browser dies nicht falsch interpretieren, sollten Sie vor dem abschließenden /> ein Leerzeichen schreiben.

2.5.7 Korrekte Schachtelung

Wichtig ist bei XHTML auch, dass die Elemente korrekt ineinander verschachtelt sind. Das bedeutet, dass ein Element, das innerhalb eines anderen Elements geöffnet wurde, auch wieder innerhalb dieses Elements geschlossen wird.

Falsch wäre: `<p><em>...</p></em>`

Korrekt ist: `<p><em>...</em></p>`

2.5.8 Jedes Attribut muss aus Attributname und Attributwert bestehen

Attribute dienen zur genaueren Bestimmung von Elementen. Manche sind auch obligatorisch wie das `src`-Attribut im `img`-Element. Attribute setzen sich in XHTML ausnahmslos aus Attributname und Attributwert zusammen. In HTML gibt es kompakte Schreibweisen oder die so genannte Attributminimalisierung wie in folgendem Beispiel:

```
<hr noshade>
```

Dies muss in XHTML hingegen so heißen:

```
<hr noshade="noshade" />
```

Man beachte zusätzlich, dass das leere Element in XHTML entsprechend gekennzeichnet ist.

2.5.9 Attributwerte in Anführungszeichen

In XHTML müssen alle Attributwerte in Anführungszeichen stehen. Sie können sowohl einfache als auch doppelte Anführungszeichen verwenden:

```
<img height="11" width="22" src="katze.jpg" />
```

oder auch:

```
<img height='11' width='22' src='katze.jpg' />
```

2.5.10 name- und id-Attribute

In HTML verwenden Sie üblicherweise das Attribut `name`, um Bereiche eindeutig zu kennzeichnen. In XHTML muss hingegen hierfür `id` eingesetzt werden. Um die Abwärtskompatibilität zu gewährleisten, sollten Sie beispielsweise für Anker `id` und `name` parallel benutzen:

```
<a name="oben" id="oben">...</a>
```

2.5.11 Script- und Style-Bereiche

CSS-Definitionen und JavaScript-Code sollten bei XHTML in besondere Bereiche, die CDATA-Bereiche, eingefasst werden. Damit ist dann auch sichergestellt, dass beispielsweise im JavaScript-Code benutzte Kleiner-als-Zeichen (<) nicht fälschlich als Markup interpretiert werden. Für CSS sieht das dann folgendermaßen aus:

```
<style type="text/css">
/*<![CDATA[*/

/*]]*/
</style>
```

Sie ersparen sich diese umständliche Schreibung, wenn Sie mit externen Stylesheets arbeiten, die per `link` eingebunden werden. Innerhalb dieser externen Stylesheets können dann vor den einzelnen Deklarationen auch wiederum weitere Stylesheets per `@import` eingebunden werden.

Die Verwendung von HTML-Kommentarzeichen zum Verstecken von Stylesheet-Angaben vor älteren Browsern ist hingegen beim Einsatz von XHTML nicht zu empfehlen, da XML-Parser den Inhalt von Kommentaren wirklich ignorieren. Und sofern der eigentlich für XHTML vorgesehene MIME-Typ verwendet wird, setzen die Browser nicht ihren HTML-, sondern ihren XML-Parser ein.

2.5.12 MIME-Typ

Für XHTML ist ebenfalls ein spezieller MIME-Typ vorgesehen, nämlich `application/xhtml+xml`. Problematisch ist hieran einerseits, dass der Internet Explorer auch in Version 7 diesen MIME-Typ nicht unterstützt, und andererseits, dass dann das Dokument auch wirklich vollständig den XHTML-Regeln entsprechen muss. Browser verwenden bei diesem MIME-Typ den internen XML-Parser, der beispielsweise bei syntaktischen Fehlern die Verarbeitung einfach abbricht.

So werden derzeit die meisten XHTML-Dokumente mit dem auch bei HTML verwendeten Standard-MIME-Typ `text/html` ausgeliefert.

Wenn man den eigentlich für XHTML vorgesehenen MIME-Typ trotzdem einsetzen möchte, kann dies nur nach einer serverseitigen Überprüfung des Client-Browsers stattfinden. Das heißt, wenn der Browser diesen MIME-Typ unterstützt, erhält er ihn, sonst wird der klassische Typ `text/html` verwendet. Außerdem sollten Sie dann Ihr Dokument unbedingt validieren.

Es gibt immer wieder auch Stimmen, die von der gängigen Praxis, XHTML-Dokumente mit dem MIME-Typ `text/html` auszuliefern, abraten. Gründe, die dagegen sprechen könnten, lesen Sie beispielsweise unter: *http://www.hixie.ch/advocacy/xhtml*.

2.5.13 Unterstützung bei der Konvertierung

Wenn Sie HTML-Dokumente in wohlgeformte XHTML-Dokumente verwandeln wollen, so können Sie das per Hand machen – oder aber Sie verwenden dazu das überaus praktische Tool »Tidy«. Tidy stammt ursprünglich von Dave Raggett, einem Mitarbeiter des W3C, und steht kostenlos zur Verfügung (*http://www.w3.org/People/Raggett/tidy/*). Mehr zu Tidy oder zu anderen Hilfsmitteln lesen Sie in Kapitel 21.

2.5.14 Überprüfen von XHTML-Dokumenten

Schnell vertippt man sich oder verschachtelt Elemente falsch: Um zu überprüfen, ob Ihr Dokument auch wirklich XHTML-konform ist, sollten Sie es von einem der kostenlosen Online-Tools überprüfen lassen, beispielsweise von Validator des W3C (*http://validator.w3.org/*). Weitere Validatoren werden in Kapitel 20 vorgestellt.

2.6 Wiederholungsfragen und Übungen

1. **Welche vier Möglichkeiten gibt es, Stylesheet-Angaben einzubinden?**
2. **Wo muss die `@import`-Direktive stehen, damit sie funktioniert?**
3. **Welche Textfarbe erhält der zweite Absatz im folgenden Beispiel?**

Listing 2.10: Sich widersprechende Angaben

```
<!DOCTYPE html PUBLIC "-//W3C//DTD XHTML 1.0 Transitional//EN"
"http://www.w3.org/TR/xhtml1/DTD/xhtml1-transitional.dtd">
<html xmlns="http://www.w3.org/1999/xhtml" xml:lang="de" lang="de">
<head>
<meta http-equiv="Content-Type" content="text/html; charset=iso-8859-
1" />
```

```
<title>Stilangaben</title>
<style type="text/css">
/*<![CDATA[*/
p { color: red; }
/*]]>*/
</style>
</head>
<body>
<p>Hier steht l&auml;ngerer Text. </p>
<p style="color: blue">Ein Teil davon ist besonders wichtig.</p>
</body></html>
```

4. **Wie lautet die Syntax für Kommentare in CSS?**
5. **Was steht am Anfang eines XHTML-Dokuments?**
6. **Was sind die verschiedenen Möglichkeiten, in XHTML die Kodierung anzugeben?**
7. **Was muss am folgenden Dokument geändert werden, damit es gültiges XHTML wird?**

Listing 2.11: Noch kein XHTML ...

```
<html>
<head>
<Title>HTML in XHTML umwandeln</title>
<style>
<!--
h1 { color: #CC0133; }
body {
   color: #000080;
   background-color: white;
}
-->
</style></head>
<body>
<H1 align="center">HTML nach XHTML umwandeln</h1>
<p>Dieses HTML-Dokument soll in XHTML konvertiert werden.
<ul>
  <Li>Punkt 1
  <Li>Punkt 2
  <Li>Punkt 3</ul></body></html>
```

KAPITEL 3

jetzt lerne ich

Schrift- und Absatzformatierung

Das letzte Stündlein des font-Elements hat endgültig geschlagen. Mit CSS können Sie Schriftart, Schriftfarbe und Schriftgröße für das ganze Dokument, für bestimmte Elemente oder einzelne Bereiche festlegen. Sie können jedoch auch die Zeilenhöhe bestimmen und einzelnen Abschnitten eine Hintergrundfarbe zuweisen. Absatzeinrückungen lassen sich ebenfalls komfortabel vornehmen, ohne dass Sie zu Tricks wie mehreren geschützten Leerzeichen ( ) greifen müssen. Und positiv anzumerken ist außerdem: Die Unterstützung der Browser für die Schrift- und Absatzformatierungen ist durchweg so gut, dass die meisten Methoden problemlos eingesetzt werden können.

3.1 Schriftart

Natürlich konnten Sie die Schriftfarbe für das ganze Dokument auch in HTML festlegen, dazu diente das Attribut text im body-Element. Um hingegen die Schriftart/Schriftfamilie zu bestimmen, gab es in HTML nichts anderes als das font-Element. Dieses musste dabei für jedes Element bzw. jeden Bereich einzeln definiert werden – höchst unpraktisch, wenn man sich entscheidet, dass die Überschriften doch anders aussehen sollen. Zudem werden die Dokumente durch die vermehrte Verwendung von font-Elementen auch unnötig aufgebläht, was zu mehr Traffic führt.

In CSS dient font-family zur Bestimmung der Schriftart. Soll diese für das ganze Dokument gelten, so legen Sie diese Eigenschaft am besten für body fest. Hinter font-family können Sie die Schriftart angeben. Es empfiehlt sich, eine Schriftliste zu schreiben. Dann wird – sofern auf dem Computer vorhanden – die erste Schrift der Liste gewählt, ansonsten die zweite. Ist auch diese nicht installiert, wird die nächste genommen usw. So könnte eine Schriftdefinition für `body` aussehen:

```
body { font-family: Arial, Helvetica, sans-serif; }
```

Arial und Helvetica sind zwei bekannte Schriften. Aber wahrscheinlich haben Sie die Schriftart »sans-serif« noch nicht gesehen. Dies ist auch keine Schriftart im engeren Sinne, sondern eine generische Schriftangabe oder Schriftfamilie.

Die generischen Schriftangaben bezeichnen nur eine Art Schrift und nicht eine konkrete Realisierung und sorgen dafür, dass der Browser eine entsprechende Schrift wählt. Eine solche generische Schriftangabe sollten Sie zum Schluss angeben – damit stellen Sie sicher, dass eine Schrift verwendet wird, die ungefähr der gewünschten entspricht. Ansonsten würde nämlich die Standardschrift des Browsers benutzt, wenn die davor angegebenen Schriften nicht vorhanden sind.

In CSS stehen folgende generische Schrifttypen zur Verfügung:

Tabelle 3.1: Generische Schriftarten in CSS

Name der generischen Schriftfamilie	**Steht für**
`serif`	Schrift mit Serifen. Serifen sind kleine Verzierungen, die einen Buchstabenstrich am Ende abschließen. Eine typische Schrift mit Serifen ist Times oder Times New Roman.
`sans-serif`	Serifenlose Schrift. Typische Vertreter sind Arial, Verdana oder Helvetica.
`cursive`	Verbundene Buchstaben, die an eine Handschrift erinnern, typischer Vertreter ist Zapf-Chancery.
`fantasy`	Fantasie-Font mit dekorativen Elementen, z. B. Cotton Wood.
`monospace`	Diktengleiche Schrift: Alle Buchstaben nehmen gleich viel Platz ein. Erinnert an Schreibmaschinenschrift, Beispiele hierfür sind Courier oder Courier New.

Zur Demonstration der verschiedenen generischen Schriftarten lässt sich das folgende Listing verwenden:

Listing 3.1: Generische Schriftarten

```
<p style="font-family: sans-serif">sans-serif</p>
<p style="font-family: serif">serif</p>
<p style="font-family: cursive">cursive</p>
<p style="font-family: fantasy">fantasy</p>
<p style="font-family: monospace">monospace</p>
```

Abbildung 3.1 zeigt die Darstellung in den Browsern Firefox und Opera.

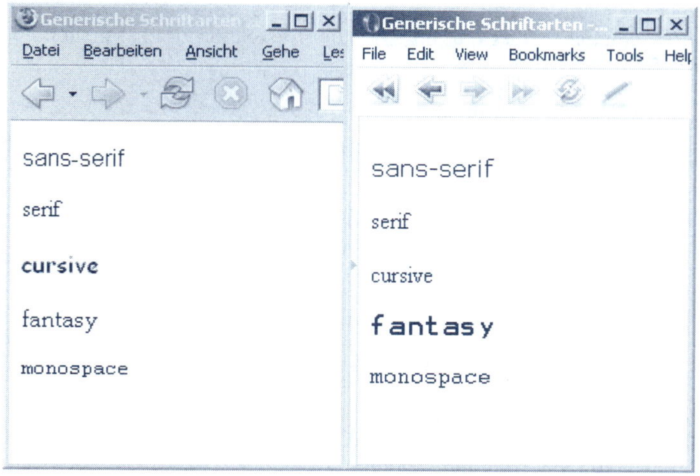

Abb. 3.1: Die verschiedenen Schriftarten und wie sie in Firefox (links) und in Opera (rechts) dargestellt werden

Besonders bei der Fantasy-Schrift sieht man deutlich, dass ganz unterschiedliche Schriften benutzt werden, und von einem Einsatz ist abzuraten. Abgesehen davon ist in der Abbildung klar erkennbar, dass bei derselben Schriftgröße die Schriften unterschiedlich groß wirken.

Wenn Sie eine Schrift verwenden möchten, deren Name aus mehr als einem Wort besteht, sollten Sie den Schriftnamen in Anführungszeichen setzen:

```
.qc { font-family: "Courier New", Courier, monospace; }
```

Beim Einsatz von Inline-Style-Angaben dürfen nicht dieselben Anführungszeichen verwendet werden wie zur Begrenzung der Attributwerte. Benutzen Sie am besten einfache Anführungszeichen um den Schriftnamen und doppelte Anführungszeichen um den gesamten Attributwert.

Das folgende Beispiel ist korrekt:

```
<p style="font-family: 'Courier New', Courier, monospace;">Monospace</p>
<!-- funktioniert -->
```

Hingegen wird das folgende Beispiel Probleme machen:

```
<p style="font-family: "Courier New", Courier, monospace;">Monospace</p>
<!-- funktioniert nicht -->
```

Einen Überblick über gängige Schriften unter Windows und Mac OS X finden Sie unter *http://www.ampsoft.net/webdesign-l/WindowsMacFonts.html.*

Übrigens gibt es bei Windows Vista standardmäßig sechs neue Schriften, die Sie einsetzen können: Cambria und Constantia sind zwei neue Serifenschriften; Calibri, Candara und Corbel sind neue serifenlose Schriften und Consolas ist eine neue Monospace-Schrift. Mehr Infos und Beispiele stehen unter *http://www.typografie.info/typowiki/index.php?title=Windows_Vista_ClearType-Fonts.*

Bevor wir zum nächsten wichtigen Thema bei der Zeichenformatierung, der Schriftgröße kommen, folgt erst einmal eine Vorstellung der möglichen Größeneinheiten in CSS.

3.2 Längenangaben/Größeneinheiten

In CSS stehen mehrere Maße für relative Angaben und verschiedene Maße für absolute Angaben bereit. Diese können Sie einerseits bei Schriften verwenden, andererseits auch für Abstände zwischen verschiedenen Elementen oder auch bei der Platzierung von Bereichen – die letzten beiden Themen werden etwas später behandelt.

Die Längeneinheiten lassen sich in zwei Gruppen teilen: in die absoluten und in die relativen Längeneinheiten. Zentimeter, Millimeter, Inch, Punkt, Pica sind absolute Längeneinheiten. Punkt und Pica sind übliche Maßeinheiten in der Typographie; Punkt kennen Sie wahrscheinlich aus Word oder einem anderen Textverarbeitungsprogramm. stellt die Längenangaben vor.

Tabelle 3.2: Mögliche Größeneinheiten in CSS

Abkürzung	Bedeutung
cm	Zentimeter
mm	Millimeter
in	Zoll/Inch. Ein Zoll entspricht 2,54 Zentimetern.
pt	Punkt. Ein Punkt ist 1/72 Zoll, d. h. ca. 0,35 mm.
pc	Pica. Ein Pica entspricht 12 Punkt, ergibt also 0,42 cm.
em	Entspricht der Größe der aktuell gewählten Schriftgröße.
ex	Die x-Höhe des entsprechenden Fonts. Ist meist ungefähr so groß wie die Höhe des x und ca. 1/2 em.
px	Pixel sind relativ zur Auflösung des Ausgabegeräts – in den meisten Fällen des Bildschirms.
%	Prozentangaben beziehen sich auf das Elternelement.

em, ex, px und % hingegen sind relativ. em und ex stammen ebenfalls aus der Typographie und bezeichnen die Höhe des großen M und des kleinen x. Sie sehen schon, warum em und ex relative Angaben sind: Sie bezeichnen keine feststehenden Werte, sondern Werte, die von der gerade verwendeten Schriftgröße abhängen.

Hingegen hängt die exakte Größe eines Pixels vom Umrechnungsfaktor des Ausgabegeräts ab. Bei einem 72-DPI-Ausgabemedium (Monitor) gibt es 72 Punkte je Inch. In Zentimeter umgerechnet bedeutet das: 72 Pixel/Inch entspricht 2,54 Inch/cm = 28,35 Pixel/cm. Dies ist eine häufige Einheit bei Macs, bei Windows-Rechnern ist sie jedoch 96-120 Punkt per Inch. Teilweise können Sie unter Windows die

DPI-Werte selbst festlegen. Unter Windows XP, sofern das unterstützt wird, finden Sie die Konfiguration unter Start/Systemsteuerung/Anzeige/Einstellungen/Erweitert.

Das Problem bei Pixeln ist jedoch, dass das, was unter der einen Auflösung noch eine akzeptable Größe darstellt, bei der anderen Auflösung schon zu klein sein kann.

Auch wenn Pixel vom Ausgabegerät abhängen und damit relativ sind, werden sie manchmal zu den absoluten Einheiten gezählt, da sie unabhängig von einzelnen Elementen der Webseite sind.

Prozentangaben sind ebenfalls relativ und beziehen sich auf das Elternelement.

Die Verwendung der einzelnen Längeneinheiten wird dann später am Beispiel deutlich, zuerst sollen die Längeneinheiten für die Schriftgröße erläutert werden.

Noch ein Hinweis: Bei Fließkommazahlen müssen Sie in CSS immer einen Punkt anstelle des im Deutschen und in manchen europäischen Ländern gebräuchlichen Kommas schreiben. Außerdem werden die Größenangaben immer ohne Abstand hinter die Zahl geschrieben. Ein Beispiel:

```
body {font-size: 100.01%;}
```

3.3 Schriftgröße bestimmen

Zur Definition der Schriftgröße dient `font-size`. Dahinter notieren Sie den gewünschten Wert in der gewählten Einheit:

```
h1 { font-size: 1.2em; }
```

Neben den oben aufgeführten Größenangaben, die Sie prinzipiell überall, wo solche Angaben erwartet werden, in CSS einsetzen können, existieren noch die folgenden speziellen Schlüsselwörter für die Schriftgröße:

- `xx-small`
- `x-small`
- `small`
- `medium`
- `large`
- `x-large`
- `xx-large`

Daneben gibt es auch die relativen Werte `smaller` und `larger`, bei denen die Schriftgröße um eine Stufe verkleinert oder vergrößert wird. Hat das Elternelement die Schriftgröße `medium`, dann würde die Schriftgröße `larger` bei einem Kindelement `large` entsprechen.

Der Skalierungsfaktor, um ausgehend vom mittleren Wert `medium` die anderen Größen zu berechnen, hat sich über die verschiedenen Versionen von CSS hindurch geändert. Bei CSS 1 wurde noch 1,5 vorgeschlagen, bei CSS 2 hingegen sind es 1,2. Entspricht `medium` 12pt, dann ergibt sich für `large` 12pt*1,2, d. h. 14,4pt. In CSS 2.1 hingegen wird nicht mehr von einem festen Faktor ausgegangen, sondern werden unterschiedlich große Stufen festgelegt.

Abbildung 3.2 zeigt die Interpretation der Schriftgrößen in Firefox und Internet Explorer 6.

Abb. 3.2: Schriftgrößenangabe über die Schlüsselwörter

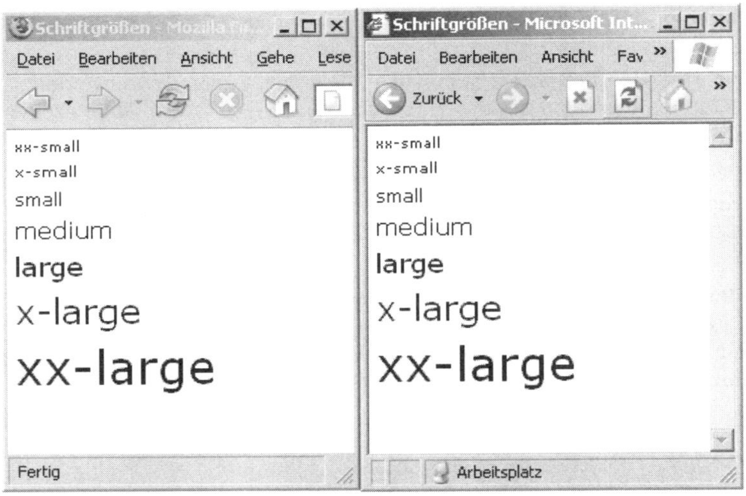

Der Standardwert bei der Schriftgröße ist `medium`. Alle CSS-Eigenschaften haben so genannte Standard- oder Defaultwerte, die verwendet werden, wenn nicht explizit eine andere Angabe erfolgt.

Leider werden im Internet Explorer 5.x alle Schriftgrößen über Schlüsselwörter in einer Stufe größer dargestellt als in anderen Browsern. Der Standardwert ist also nicht `medium`, sondern `small`. Wie Sie mit solchen Problemen umgehen und gesonderte Angaben für diese älteren Internet Explorer-Versionen machen, erfahren Sie in Kapitel 14.

Bei so vielen Möglichkeiten, die Schriftgröße zu bestimmen, stellt sich natürlich die Frage, welches denn die richtige Einheit für Schriften in CSS ist.

Zentimeter und Millimeter, ebenso wie die aus der Typographie stammenden Punkt und Pica, sind wie gesagt absolute Maßeinheiten, da sie von keiner anderen Angabe abhängen. So eignen sie sich auch dann, wenn das Ausgabemedium ebenfalls absolute, feste Maße hat, beispielsweise bei einem Stylesheet für die Druckversion. Denn bei einem Blatt Papier weiß man, wie breit und hoch es in Zentimetern ist. Für den Bildschirm hingegen sind sie weniger geeignet.

Pixel sind hingegen eine relative Angabe, da Pixel in Verhältnis zur Auflösung bestimmt sind. Auf den ersten Blick sind sie damit für Webseiten prädestiniert, und Sie benutzen Pixel üblicherweise beispielsweise bei der Angabe der Größe von Bildern. Es gibt jedoch zwei Nachteile, wenn Sie Pixel zur Angabe der Schriftgröße verwenden.

Normalerweise kann der Surfer die Schriftgröße von Seiten verändern. Beim Internet Explorer finden Sie diese Option unter ANSICHT/SCHRIFTGRAD und bei Firefox ebenfalls unter ANSICHT/SCHRIFTGRAD/VERGRÖßERN (ab Firefox 3 hingegen ANSICHT/ZOOM/NUR TEXT ZOOMEN).

Beim Einsatz von Pixel für Schriftgrößen funktioniert dies jedoch im Internet Explorer nicht: Die Schriftgröße ist dann im Internet Explorer fix und kann nicht verändert, d. h. nicht vergrößert werden. Die absoluten Einheiten wie pt etc. ermöglichen natürlich ebenfalls im Internet Explorer keine Skalierung durch den Benutzer.

Auch im Internet Explorer 7 können in px angegebene Schriften nicht vergrößert werden, jedoch verfügt der Internet Explorer ab Version 7 über eine zusätzliche Funktion: den Zoom oder Pagezoom. Damit wird die ganze Webseite vergrößert, inklusive der Grafiken. Die Zoom-Funktion finden Sie in der Statusleiste (vgl. Abbildung 3.3). Im Internet Explorer 8 ist sie verbessert, so dass weniger schnell Scrollbalken erscheinen.

Übrigens bietet auch der Opera-Browser eine solche Zoom-Funktion und auch in Firefox 3 ist sie implementiert.

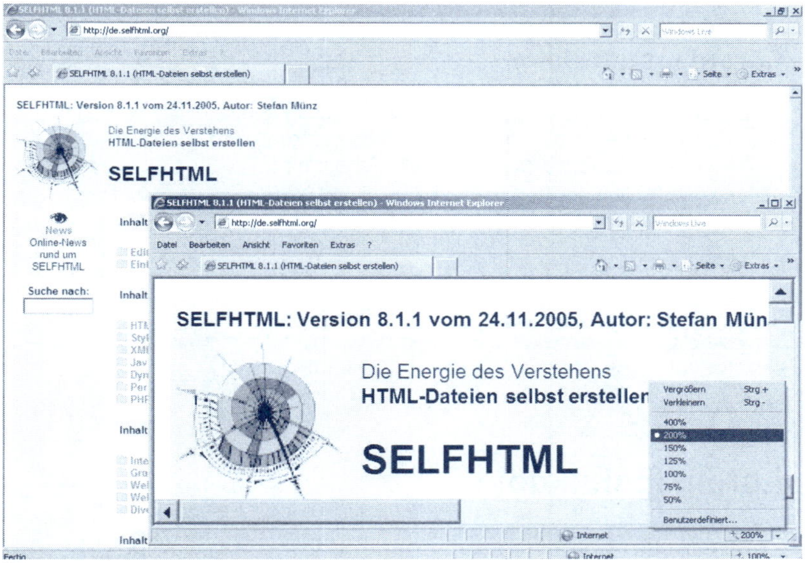

Abb. 3.3: Über die Zoom-Funktion im Internet Explorer 7 wird die gesamte Seite inklusive Grafiken vergrößert.

Solange jedoch Internet Explorer-Versionen kleiner als 7 so weit verbreitet sind, spricht die fehlende Möglichkeit der Schriftgrößenänderung gegen den Einsatz von px als Maßeinheit für die Schriftgröße.

Aber noch einen anderen Nachteil haben Schriftangaben in Pixeln: Es gibt heute immer mehr hochauflösende Displays, auf denen die Schrift in Pixeln eventuell unlesbar klein dargestellt wird.

Die Angabe em ist auf den ersten Blick ein bisschen gewöhnungsbedürftig. Wenn Sie für body eine Schriftgröße von 1em festlegen, ist die wirkliche Größe eine andere – je nachdem, was der Surfer als Standardschriftgröße eingestellt hat. Ist es 14 Punkt, so entspricht 1em 14 Punkt. Hat der Benutzer hingegen eine größere Schrift eingestellt, so verändert sich die Größe von 1em entsprechend. Üblicherweise, d.h., wenn ein Benutzer keine Änderungen an der Anzeige vornimmt, können Sie davon ausgehen, dass 16px einem em entsprechen. Das kann auch die Basis für Umrechnungen sein.

Durch den Einsatz von em kann gewährleistet werden, dass das Verhältnis der Schriftgrößen untereinander immer gleich wirkt, wie in dem folgenden Beispiel:

```
h1 { font-size: 1.3em; }
p { font-size: 1em; }
```

h1 erhält eine Schriftgröße von 1.3em, p hingegen 1em, d.h., die Schrift für h1 ist um 30% größer als die von p.

Abbildung 3.4 und zeigen das Ergebnis, einmal bei normaler Schriftgröße, einmal mit vergrößerter Schrift.

Abb. 3.4: Normale Schriftgröße

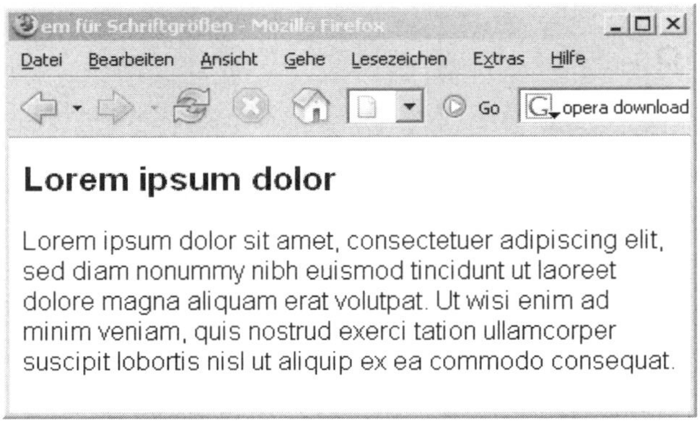

Abb. 3.5: Vergrößerte Schrift

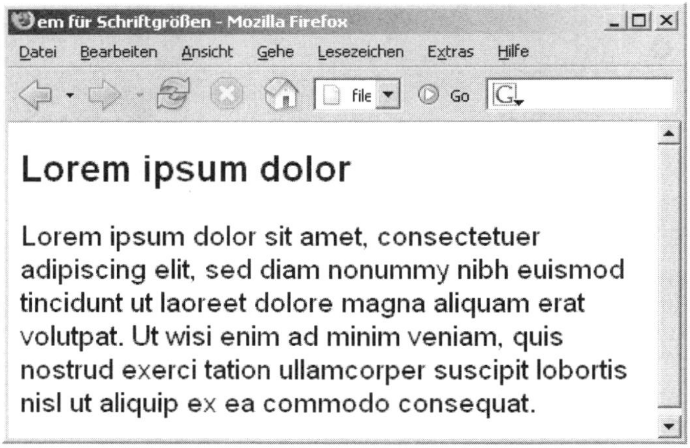

Genauso funktionieren die Prozentangaben, wenn sie auf die Schriftgröße bezogen werden. 100% entspricht der normalen Schriftgröße, die Angabe 80% würde eine um ein Fünftel kleinere Schrift bewirken.

Wenn das Projekt entsprechend angelegt ist, ist für Schriftgrößen die erste Wahl em und %.

Leider gibt es jedoch einen Bug beim Internet Explorer, der sporadisch auftritt, wenn man die Schriftgröße relativ angibt; es kann dann passieren, dass die Schriftgrößen unter ANSICHT immer auf SEHR KLEIN gestellt sind. Die Auswirkung: unleserlich kleine Schrift. Genaueres dazu können Sie unter *http://www.einfach-fuer-alle.de/artikel/ietext/* nachlesen.

Dies lässt sich jedoch durch einen Trick umgehen: Wenn man bei `body` für die Schriftgröße 100.01% angibt, kann man für die anderen Elemente ganz nach Belieben mit % oder em arbeiten, ohne dass der Fehler auftritt.

Für den Internet Explorer würde auch die Angabe 100% korrekt funktionieren, doch das könnte beim Browser Opera wegen eines Bugs zu einer falschen Skalierung führen. Angaben wie 101% wiederum sind für manche Safari-Versionen problematisch. Deswegen ist diese etwas komische Zahl 100.01% der richtige Wert.

Vergessen Sie bei den Größenangaben nicht die Maßeinheit. Das passiert einem besonders leicht am Anfang, weil man es von HTML anders gewohnt ist. Es gibt nur zwei Fälle, in denen Sie die Maßeinheit in CSS weglassen können: einerseits bei 0, denn 0px sind auch nicht mehr oder weniger als 0pt etc. Der andere Fall, in dem es auch ohne Maßangabe geht, sind die Zeilenhöhen. Dazu kommen wir im nächsten Abschnitt.

Sie sehen, CSS stellt einen mit seinen vielen Möglichkeiten vor die Qual der Wahl, welche man am besten einsetzt.

Absolute Einheiten sind für die Schriftgröße bei der Ausgabe an einen Monitor nicht sinnvoll, fallen also schon einmal weg.

Wenn Sie ein pixelgenaues Design einsetzen, wird wahrscheinlich bei der Schriftgröße ebenfalls Pixel die erste Wahl sein. Damit nehmen Sie jedoch wie erwähnt in Kauf, dass der Benutzer im Internet Explorer die Schriftgröße nicht mehr an seine Bedürfnisse anpassen kann und dass die Schrift auf hochauflösenden Displays sehr klein wirken wird. Abhilfe kann ein so genannter Fontsizer bieten.

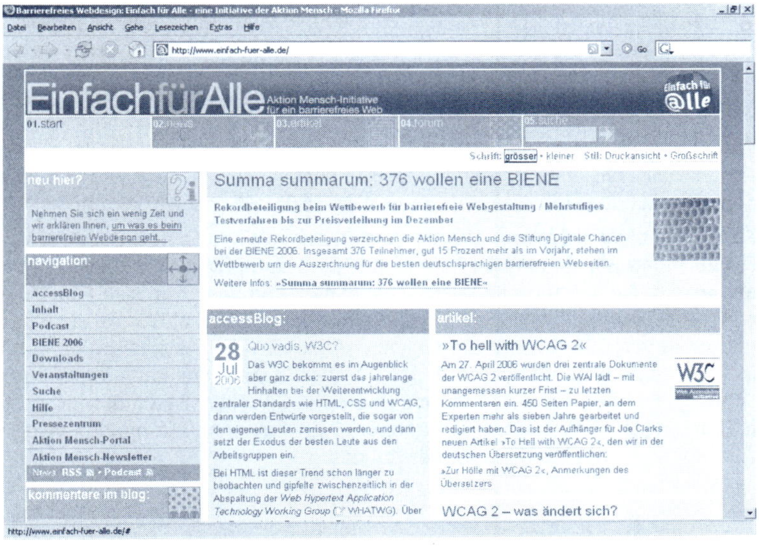

Abb. 3.6:
Der Fontsizer bei www.einfach-fuer-alle.de im Einsatz: vor dem Klick auf GRÖSSER

Beim Einsatz eines Fontsizers kann der Benutzer eine vergrößerte Ansicht der Webseite durch Klick auf einen Link erhalten, sozusagen eine Großdruckvariante gerade für die steigende Anzahl von Silver Surfern. Die Verwendung von Fontsizern hat prinzipiell auch einen Vorteil in Kombination mit relativen Maßeinheiten, da man nicht davon ausgehen kann, dass alle Surfer wissen, wie sie die Schriftgröße im Browser einstellen können.

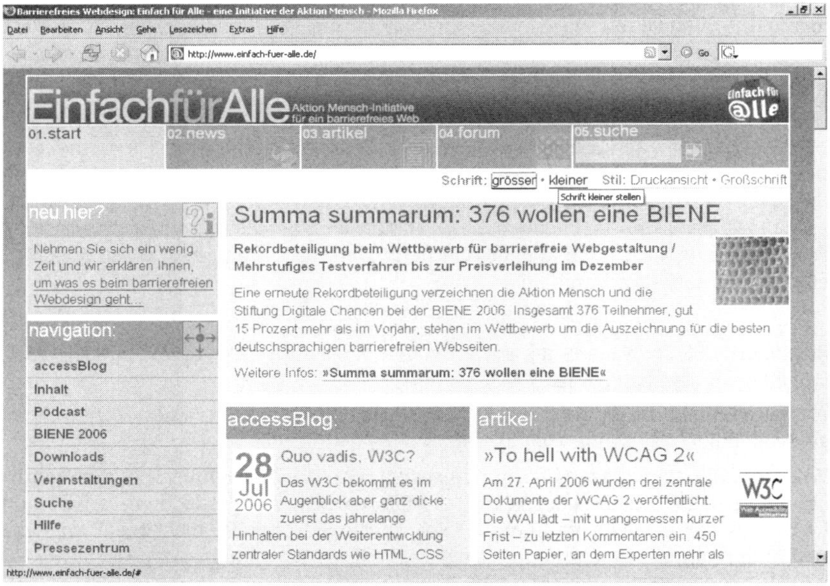

Abb. 3.7: Fontsizer: nach mehrmaligem Klick auf GRÖSSER

TIPP Den Efa-Fontsizer von *www.einfach-fuer-alle.de* können Sie übrigens in Ihren Projekten einsetzen. Sie finden ihn mit einer Anleitung unter *http://www.einfach-fuer-alle.de/artikel/fontsize/*.

Wenn möglich, sollten Sie jedoch bei der Schriftgröße auf em und % setzen. Damit es nicht zu dem oben geschilderten Bug kommt, muss jedoch die Schriftgröße für den `body` auf diesen etwas seltsamen Wert 100.01% gesetzt werden.

Prinzipiell muss man sich bei der Gestaltung von Webseiten überlegen, wie viel Freiheit man den Benutzern lassen möchte. Häufig ist es vom Design her gerade erwünscht, die Schriftgröße fest zu bestimmen, und das ist an sich – im Unterschied zum `font`-Element, wo das noch nicht ging – mit CSS machbar. An sich eine Errungenschaft von CSS – wenn die Ausgabegeräte und die Bedürfnisse der Surfer nicht so unterschiedlich wären. Und über beides haben Sie keinerlei Kontrolle. Die Schriftgröße hat nicht nur etwas mit Optik und Geschmack zu tun, sondern auch mit Lesbarkeit. Im schlimmsten Fall können Surfer manche Informationen nicht mehr aufnehmen – weil die Schrift ihnen zu klein ist.

3.4 Zeilenhöhe

Über `line-height` können Sie die Zeilenhöhe festlegen. Damit bestimmen Sie den minimalen Abstand zwischen den Grundlinien der Textzeilen. Ein größerer Wert bewirkt einen größeren Abstand, nicht nur zwischen den Zeilen, sondern auch nach oben und unten.

Im folgenden Beispiel wurde einem Absatz eine Zeilenhöhe von 1.5em zugewiesen, der Absatz darunter hat keine besonderen Angaben und zeigt die Standardzeilenhöhe im Browser:

```
<p style="font-size: 1em; line-height: 1.5em"><strong>font-size: 1em;
line-height: 1.5.em: </strong>Lorem ipsum et everti vituperatoribus vim,
eos ei nemore oportere ...</p>
<p><strong>Standardwerte des Browsers: </strong>Lorem ipsum et everti
vituperatoribus vim, eos ei nemore oportere ...</p>
```

Listing 3.2: Zeilenhöhe über `line-height` definieren

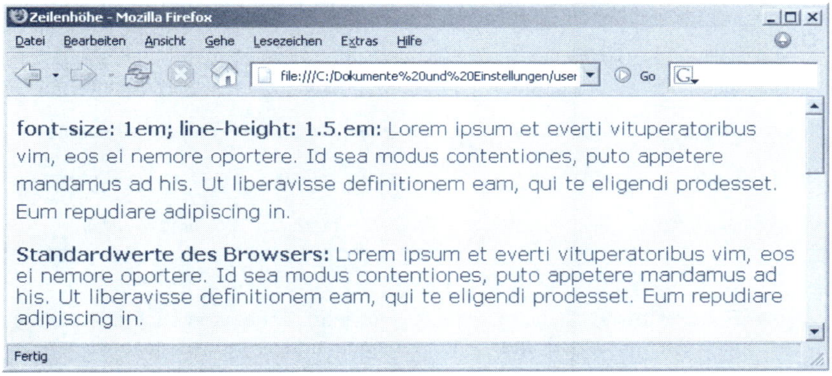

Abb. 3.8: Zeilenhöhe 1.5em und die Standardzeilenhöhe im Vergleich

Als Werte können Sie die üblichen Längenangaben einsetzen, daneben ist aber auch eine Zahl ohne Maßeinheit möglich, diese gibt dann einen Skalierungsfaktor an. So bestimmt `line-height:1.2` den Faktor 1.2 für die Zeilenhöhe, d. h. eine um 20% größere Zeilenhöhe. Sie sollten die Zeilenhöhe immer zusammen mit der Schriftgröße bestimmen.

3.5 Farbangaben

Aus HTML kennen Sie die Farbangaben über hexadezimale Werte, die ein #-Zeichen vorangestellt bekommen. Dabei bestimmen die ersten beiden Stellen den Rotwert, die beiden mittleren den Grünwert und die letzten beiden den Blauwert (RGB-Farbangaben). Wenn Rot, Grün und Blau im gesättigtsten Farbton addiert werden, ist das Ergebnis Weiß (additives Farbschema). So steht dann `#FFFFFF` für Weiß oder `#000000` für Schwarz. Auch in CSS ist das eine Möglichkeit, Farben anzugeben.

So wird dann die Hintergrundfarbe auf Weiß und die Textfarbe für ein Dokument auf Schwarz festgelegt:

```
body { color: #00000; background-color: #FFFFFF; }
```

Wenn bei hexadezimalen Werten bei den jeweiligen Farbangaben die beiden Stellen dieselbe Zahl oder denselben Buchstaben haben, können Sie das auch verkürzt schreiben: Die Kurzform für Weiß ist `#FFF` und für Schwarz `#000`, `#6699CC` und `#69C` sind äquivalent. Übrigens ist hier die Groß- und Kleinschreibung nicht relevant.

Rechnen Sie hingegen lieber mit den gewohnten dezimalen Werten, steht Ihnen folgende Syntax zur Verfügung: `rgb(255, 0, 0)` für ein reines Rot. Hier notieren Sie hinter dem Schlüsselwort `rgb` in Klammern die drei Werte für Rot, Grün und Blau als dezimale Zahlen zwischen 0 und 255 und trennen diese durch Kommas.

Anstelle der dezimalen Werte sind auch Prozente erlaubt, z.B. `rgb(100%, 0%, 0%)`. Hierbei steht 100% für die größtmögliche Intensität einer Farbe und 0% für die Abwesenheit der entsprechenden Farbe.

Eine weitere Möglichkeit besteht darin, einen der 16 ebenfalls aus HTML bekannten englischen Farbnamen einzusetzen. Diese sind:

Tabelle 3.3: Die 16 vordefinierten Farbnamen

`black` – schwarz	`green` – grün	`navy` – dunkelblau	`gray` – grau
`lime` – hellgrün	`blue` – blau	`maroon` – dunkelrot	`olive` – olivgrün
`purple` – violett	`red` – rot	`yellow` – gelb	`fuchsia` – magenta
`silver` – hellgrau	`aqua` – cyan	`teal` – blaugrün	`white` – weiß

In CSS 2.1 wurde zusätzlich zu diesen sechzehn Farbnamen auch noch `orange` definiert. Über diese 16 oder 17 Farbnamen hinaus gibt es noch wesentlich mehr, die zwar nicht offiziell standardisiert, jedoch von Browsern gut unterstützt werden.

Folgende Zeilen bewirken immer dasselbe: Für ein Dokument wird eine schwarze Textfarbe und eine weiße Hintergrundfarbe festgelegt.

```
body {color: black; background-color: white; }
body {color: #000000; background-color: #FFFFFF; }
body {color: #000; background-color: #FFF; }
body {color: rgb(0, 0, 0); background-color: rgb(255,255,255); }
body {color: rgb(0%, 0%, 0%); background-color: rgb(100%,100%,100%); }
```

Übrigens sollten Sie immer, wenn Sie eine Textfarbe bestimmen, auch gleichzeitig eine Hintergrundfarbe angeben. Falls nämlich ein Benutzer selbst eine Hintergrundfarbe über die Browser-Einstellungen festlegt und diese Ihrer Textfarbe sehr ähnlich ist, ist die Seite nicht mehr lesbar.

3.6 Weitere Zeichenformatierungen

Auch über CSS können Sie einzelne Zeichen fett oder kursiv machen. Alle Eigenschaften haben als ersten Bestandteil `font` und sind so gut zu merken.

Zur Bestimmung der Dicke und Stärke einer Schrift dient `font-weight`. Die wichtigsten Werte sind `normal` und `bold`.

```
.wichtig {font-weight: bold; }
```

Darüber hinaus können Sie auch hier mit relativen Werten operieren, `bolder` für fetter und `lighter` für weniger fett stehen zur Verfügung. Zudem gibt es die numerischen Werte 100, 200 etc. bis 900 – je größer die Zahl, desto fetter die Schrift. `normal` entspricht 400, `bold` hingegen 700. Zwar gibt es bei den numerischen Werten 9 verschiedene Möglichkeiten, die meisten Schriften unterstützen jedoch keine derart feine Abstufung bei der Schriftgewichtung. Abbildung 3.9 zeigt einen Beispieltext in allen Abstufungen – Unterschiede sind teilweise bei den einzelnen Zwischenwerten nicht auszumachen.

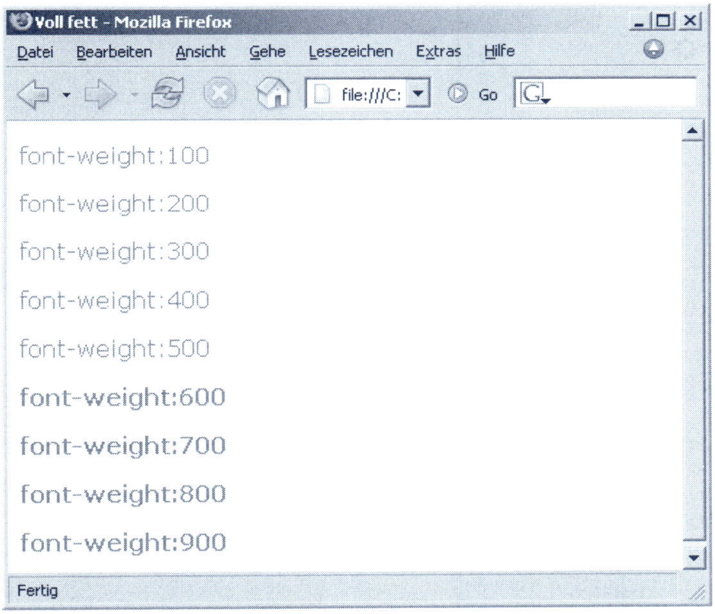

Abb. 3.9: Angaben für `font-weight`

Für kursiven Text ist `font-style` zuständig. Mögliche Werte sind `italic`, `oblique` und `normal`. Der Unterschied zwischen `italic` und `oblique` besteht darin, dass bei `italic` ein vorhandener kursiver Schriftschnitt verwendet wird, bei `oblique` hingegen die normale Schrift schräg gestellt wird. Wird `italic` eingesetzt und gibt es keinen vorhandenen kursiven Schriftschnitt, wird `oblique` benutzt. Sie sollten daher immer `italic` verwenden.

```
.bet {font-style: italic; }
<p class="bet">und hier folgt kursiver Text</p>
```

Kapitälchen (`font-variant`) eignen sich für Überschriften. Kapitälchen zeichnen sich dadurch aus, dass alle Buchstaben zu Großbuchstaben unterschiedlicher Größe werden. `font-variant` kennt nur zwei Werte: `normal` und `small-caps` für Kapitälchen.

```
h2 {font-variant: small-caps; }
```

Das folgende Beispiel demonstriert `font-style` und `font-variant`:

Listing 3.3: Ein Absatz mit kursiver Schrift, ein anderer in Kapitälchen

```
<p style="font-style: italic">font-style:italic: Lorem ipsum dolor sit
amet ... </p>
<p style="font-variant: small-caps">font-variant:small-caps: Lorem ipsum
dolor sit amet ... </p>
```

Abb. 3.10: Kursiv und Kapitälchen

> Neben diesen klassischen Zeichenformatierungen gibt es auch einige fortgeschrittene, die aus CSS 2 entfernt wurden und erst wieder in CSS 3 auftauchen. Sie werden jedoch erst von wenigen Browsern unterstützt:
>
> Über `text-shadow` können Sie Ihren Text mit einem Schatten versehen. Unterstützt wird es jedoch nur von Safari und von Opera ab Version 9.5. `font-size-adjust` dient dazu, die Schriftgröße anzupassen, um die Lesbarkeit zu erhöhen. In Firefox 3 ist es implementiert.

Wenn Sie für ein Element alle möglichen Schriftformatierungen vornehmen möchten, bedeutet das eine Menge Schreibarbeit.

```
.bet {
   font-family: Verdana, sans-serif;
   font-style: italic;
   font-weight: bold;
   font-size: 0.9em;
   font-variant: normal;
   line-height: 1.2;
}
```

Für diese sechs Eigenschaften, die alle mit Ausnahme von `line-height` mit `font` anfangen, gibt es auch eine verkürzte Schreibweise. Dafür notieren Sie alle Angaben direkt hinter `font`:

```
.bet { font: italic bold normal 0.9em/1.2 Verdana, sans-serif; }
```

Die Reihenfolge der ersten drei Werte, d. h. von `font-family`, `font-style` und `font-weight`, ist beliebig. Wenn Sie für einen oder mehrere dieser drei Werte nichts angeben, werden die Standardwerte genommen. Damit ließe sich das Beispiel folglich genauso ohne `normal` schreiben:

```
.bet { font: italic bold 0.9em/1.2 Verdana, sans-serif; }
```

Die letzten beiden Werte, `font-size` und `font-family`, hingegen müssen bei der verkürzten Schreibung über `font` immer angegeben werden und auch in dieser Reihenfolge, d. h. zuerst Schriftgröße, dann Schriftart. Wenn Sie die Zeilenhöhe definieren möchten, dann notieren Sie die Zeilenhöhe hinter der Angabe zu `font-size` nach einem Schrägstrich, beispielsweise so: `x-large/1.2`. Beachten Sie außerdem, dass bei der Angabe einer Schriftenliste wie gewohnt mehrere Schriften durch Komma getrennt werden.

Die kürzestmögliche korrekte Verwendung von `font` besteht demnach in der Angabe der Schriftgröße und der Schriftfamilie:

```
p { font: 80% sans-serif; }
```

3.7 Weitere Text- und Absatzformatierungen

Die bisherigen Formatierungen haben sich immer auf Zeichen bezogen. Jetzt geht es um Absatzformatierungen.

3.7.1 Absätze einrücken

In der Textverarbeitung oder auch in gedruckten Werken werden häufig zur besseren Lesbarkeit Absätze nicht nur mit einem Abstand oben und unten versehen, sondern zusätzlich eingerückt. Über `text-indent` können Sie das mit CSS machen. Damit wird die erste Zeile eines Absatzes links eingerückt – in Schriften mit umgekehrter Schriftrichtung wäre die Einrückung von rechts:

```
p { text-indent: 2em; }
```

Hierzu ein vollständiges Beispiel: Für die Absätze wird prinzipiell eine Einrückung von 2em festgelegt. Darüber hinaus gibt es jedoch die Klasse `.ne` ohne Einrückung. Für das ganze Dokument werden über den Selektor `body` eine Vorder- und Hintergrundfarbe sowie die Schriftart und -größe festgelegt.

Listing 3.4: Absätze einrücken

```
<!DOCTYPE html PUBLIC "-//W3C//DTD XHTML 1.0 Transitional//EN"
"http://www.w3.org/TR/xhtml1/DTD/xhtml1-transitional.dtd">
<html xmlns="http://www.w3.org/1999/xhtml" xml:lang="de" lang="de">
<head>
<meta http-equiv="Content-Type" content="text/html; charset=iso-8859-1" />
<title>Abs&auml;tze einr&uuml;cken</title>
<style type="text/css">
/* <![CDATA[ */
body {
   font-size: 100.01%;
   background-color: #FFF;
```

```
   color: #C63;
   font-family: Verdana, Arial, sans-serif;
}
p { text-indent: 2em; }
.ne { text-indent: 0; }
/* ]]> */
</style>
</head>
<body>
<p>Lorem ipsum ...</p>
<p class="ne">Lorem ipsum ...</p>
</body>
</html>
```

Abb. 3.11: Der erste Absatz ist um 2em eingerückt.

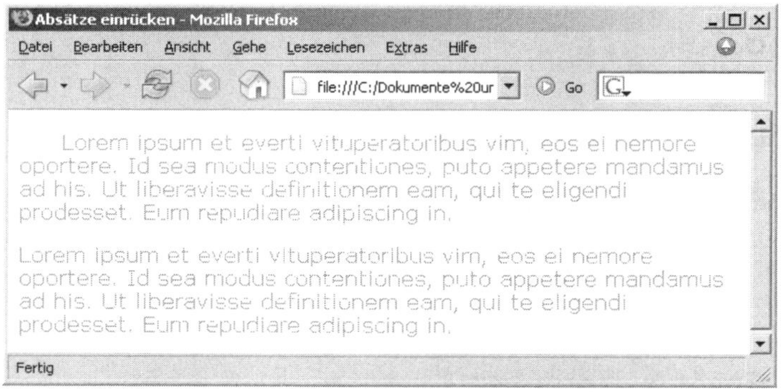

An den Absatzeinrückungen lässt sich schön die Wirkung der Größenangabe em verdeutlichen. Im folgenden Beispiel wird noch eine Überschrift `h1` ergänzt. Außerdem wird im Stylesheet definiert, dass die Überschrift `h1` dieselbe Einrückung wie die Absätze erhalten soll, nämlich `2em`:

Listing 3.5: Unterschiedliche Wirkung von em

```
p, h1 { text-indent: 2em; }
```

Abbildung 3.12 zeigt deutlich, dass bei der Überschrift, die standardmäßig eine größere Schrift hat, die Einrückung von 2em größer ist als beim Absatz.

Abb. 3.12: Einrückung 2em – unterschiedliche Wirkung in Relation zur Schriftgröße

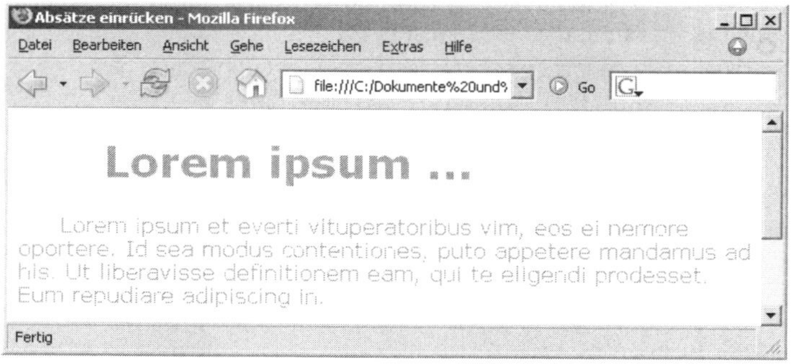

3.7.2 Absatz- und Textausrichtungen

Verwenden Sie zum Ausrichten von Absätzen die Eigenschaft `text-align`. Sie kann die Werte `left`, `right`, `center` und `justify` annehmen. `justify` bewirkt eine Blocksatzausrichtung. Das folgende Beispiel zeigt die verschiedenen Möglichkeiten von `text-align`.

```
<p style="text-align: left"><strong>text-align:left:</strong> Lorem ipsum
et ...</p>
<p style="text-align: right"><strong>text-align:right</strong>: Lorem
ipsum et ...</p>
<p style="text-align: center"><strong>text-align:center;</strong> Lorem
ipsum et ...</p>
<p style="text-align: justify"><strong>text-align:justify</strong>: Lorem
ipsum et ...</p>
```

Listing 3.6: Absatzausrichtung mit `text-align`

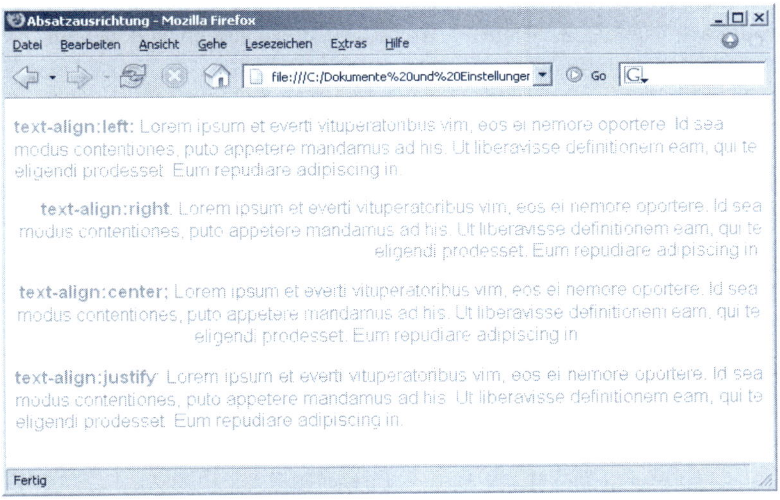

Abb. 3.13: Absätze mit CSS ausrichten

Blocksatz wird üblicherweise im Schriftsatz verwendet. Hierbei werden die Wörter getrennt, damit es nicht zu hässlichen großen Wortzwischenräumen kommt. Da jedoch im Browser keine Worttrennung stattfindet, ist `text-align: justify` mit Vorsicht zu genießen. Eine manuelle Trennung können Sie allerdings über das bedingte Trennzeichen `` durchführen – dieses ist allerdings in Firefox erst ab Version 3 unterstützt.

Zum Zentrieren beispielsweise eines Bereichs (`div`) auf einer Webseite können Sie in standardkonformen Browsern `text-align` hingegen nicht einsetzen. Welche Techniken man hierfür benötigt, steht in Kapitel 15.

Für die vertikale Ausrichtung von Text ist `vertical-align` zuständig. Sie können dahinter eines von acht möglichen Schlüsselwörtern (`baseline`, `sub`, `super`, `top`, `text-top`, `middle`, `bottom`, `text-bottom`) angeben oder die Höhe über einen exakten

Wert definieren. Bei der Angabe eines Wertes wird das Element entsprechend nach oben (positiver Wert) oder unten (negativer Wert) verschoben. Diese Eigenschaft ist nur für Inline-Elemente vorgesehen.

Noch einmal kurz zur Wiederholung der beiden Begriffe Inline-Element und Blockelement, die im letzten Kapitel bei der Beschreibung von `div` und `span` bereits eingeführt wurden: Inline-Elemente können innerhalb einer Textzeile angeordnet werden, der normale Textfluss wird von Inline-Elementen nicht unterbrochen. Typische Beispiele sind `strong`, `em`, `span` oder auch `a` zur Erzeugung von Links.

Dem gegenübergestellt werden die so genannten Blockelemente wie Überschriften (`h1-h6`), `div` oder `p` für Absätze. Diese erzeugen am Anfang und am Ende des bezeichneten Blocks einen Zeilenumbruch.

`vertical-align` kann also nicht verwendet werden, um den Inhalt innerhalb eines Blockelements auszurichten. Wie man Elemente auf Webseiten zentriert, wird Thema von Kapitel 15 sein.

Der Standardwert von `vertical-align` ist `baseline` (Grundlinie), d.h., dass ohne weitere Angaben Inline-Elemente an der Grundlinie ausgerichtet werden.

Am häufigsten werden Sie für Text `vertical-align: sub` und `vertical-align: super` benötigen. Damit kann Text tiefer- oder höhergestellt werden, er wird dadurch aber nicht automatisch verkleinert, das müssen Sie zusätzlich angeben:

Listing 3.7: Text höher- oder tieferstellen mit `vertical-align`

```
<p>Normaler Text und dann ein Span-Element mit <span style="vertical-
align: sub">vertical-align:sub</span>. Hier geht es wieder normal
weiter</p>

<p>Normaler Text und dann ein Span-Element mit <span style="vertical-
align: super">vertical-align:super</span>. Hier geht es wieder normal
weiter</p>
```

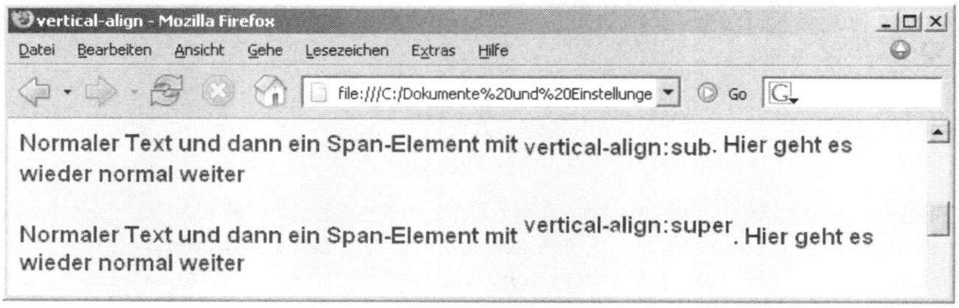

Abb. 3.14: Tiefer- und höhergestellter Text

Tabelle 3.4 führt noch einmal die einzelnen Werte mit ihrer Bedeutung auf.

Tabelle 3.4: Werte für `vertical-align`

Wert für vertical-align	Bedeutung
`baseline`	Grundlinie des Elternelements
`middle`	Der Mittelpunkt des Inline-Elements wird am mittleren Punkt des Elternelements ausgerichtet.
`sub`	Tiefergestellt

Tabelle 3.4: Werte für `vertical-align` (Forts.)

Wert für vertical-align	Bedeutung
`super`	Höhergestellt
`text-top`	Die Oberkante der Inline-Box wird an der Oberkante der Schrift des Elternelements ausgerichtet.
`text-bottom`	Die Unterkante der Inline-Box wird an der Unterkante der Schrift des Elternelements ausgerichtet.
`top`	Oberkante der Zeilenbox
`bottom`	Unterkante der Zeilenbox

Durch die vertikale Ausrichtung kann die Zeilenhöhe beeinflusst werden.

3.7.3 »Text-Ausschmückungen«

Unter dem Begriff »Text-Ausschmückungen« (`text-decoration`) werden ganz unterschiedliche Effekte zusammengefasst: Unterstreichungen (`underline`), Überstreichungen (`overline`), Durchstreichungen (`line-through`) und Blinken (`blink`). `blink` ist ein schneller Wechsel zwischen sichtbar und nicht sichtbar, so wie Sie es vielleicht noch von den browser-proprietären Elementen `blink` (Netscape) und `marquee` (Internet Explorer) kennen. In der CSS-Spezifikation heißt es explizit zu `blink`, dass es nicht von den Browsern unterstützt werden muss – und der Internet Explorer tut das auch nicht.

```
<p style="text-decoration: underline">underline - unterstrichen</p>
<p style="text-decoration: overline">overline - &uuml;berstrichen</p>
<p style="text-decoration: line-through">line-through -
durchgestrichen</p>
<p style="text-decoration: blink">blink - blinkend</p>
```

Listing 3.8: Verschiedene Werte für `text-decoration`

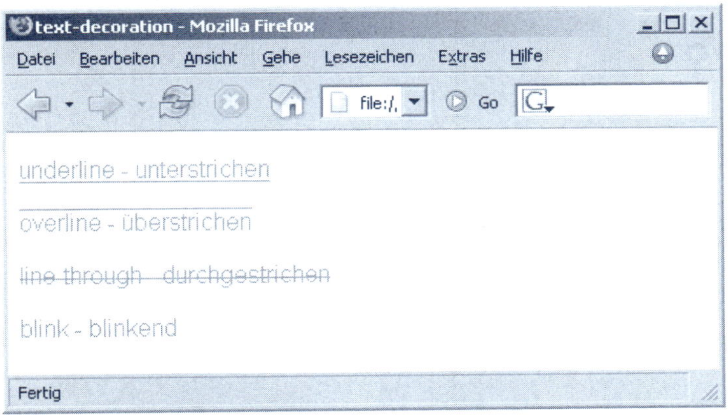

Abb. 3.15: Verschiedene Werte für `text-decoration`

Zugegebenermaßen kommt die Wirkung von `blink` im Druck nicht ganz zur Geltung. Wichtig ist auch noch der Wert `text-decoration: none`, um Unterstreichungen auszuschalten. Das ist gerade bei Links, die standardmäßig unterstrichen sind, eine interessante Alternative.

3.7.4 Abstände und andere nützliche Formatierungen

In CSS gibt es zwei Möglichkeiten, um den Abstand innerhalb von Absätzen zu definieren: `word-spacing` bestimmt den Abstand zwischen Wörtern. Sie geben als Wert an, um wie viel der normale Abstand verkleinert oder vergrößert werden soll. `letter-spacing` macht dasselbe wie `word-spacing` – aber jetzt bezogen auf die Abstände zwischen den einzelnen Buchstaben. Damit können Sie Wörter gesperrt ausgeben.

Das nächste Beispiel demonstriert die Wirkung: Der erste Absatz hat normale Werte, und im zweiten Absatz wird ein größerer Wert für `word-spacing` angegeben, der folgende hingegen zeigt die Wirkung eines negativen Werts. Im vierten und fünften wird `letter-spacing` angewendet, zuerst mit einem positiven, dann mit einem negativen Wert:

Listing 3.9: `word-spacing` und `letter-spacing` (Ausschnitt aus dem Listing)

```
<p style="word-spacing: normal; letter-spacing: normal"><strong>word-
spacing: normal; letter-spacing: normal</strong> Lorem ipsum ...</p>
<p style="word-spacing: 0.4em"><strong>word-spacing: 0.4em</strong>:
Lorem ipsum ...<p>
<p style="word-spacing: -0.4em"><strong>word-spacing: -0.4em</strong>
Lorem ipsum ...</p>

<p style="letter-spacing: 0.4em"><strong>letter-spacing: 0.4em</strong>:
Lorem ipsum ...</p>
<p style="letter-spacing: -0.05em"><strong>letter-spacing: -
0.05em</strong> Lorem ipsum ...</p>
```

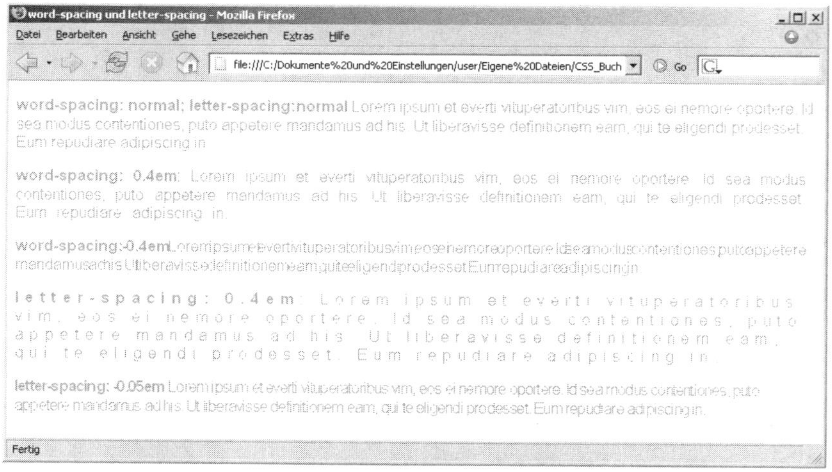

Abb. 3.16: word- und letter-spacing im Einsatz

`word-spacing` wird vom Internet Explorer erst ab Version 6 vollständig unterstützt.

Ebenfalls nützlich ist die Eigenschaft `text-transform`, um Text in Großbuchstaben (`uppercase`) oder in Kleinbuchstaben (`lowercase`) zu verwandeln. Bei `capitalize` wird jeweils der erste Buchstabe jedes Wortes großgeschrieben, eine Funktion, die für das Englische praktischer ist als für das Deutsche.

Auch für fremdsprachige Elemente im Dokument, die in einer Schrift mit anderer Schreibrichtung verfasst sind, ist eine Eigenschaft in CSS vorgesehen: `direction: ltr` ist der Standard und bestimmt die bei uns eingesetzte Schreibrichtung von links nach rechts. `direction: rtl` hingegen legt die Schreibrichtung von rechts nach links fest. Dies wird allerdings erst von neueren Browsern unterstützt.

Die letzte Eigenschaft, die hier erwähnt werden soll, ist `white-space`. Sie dient zur Festlegung, wie Browser mit den Zwischenräumen zwischen Wörtern und Textzeilen umgehen sollen. Der Standardwert ist `normal`, dabei werden mehrere Leerzeichen zusammengefasst. Daneben sind die folgenden Werte möglich:

Tabelle 3.5: Werte für `white-space`

Werte für `white-space`	**Bedeutung**
`nowrap`	Kein Umbruch auch bei langen Textzeilen – der Surfer muss im Zweifelsfall scrollen.
`pre`	Leerzeichen und Zeilenumbrüche werden nicht ignoriert, wie das standardmäßig der Fall ist. Damit hat der Wert `pre` dieselbe Funktion wie das (X)HTML-Element `pre`.
`pre-wrap`	Leerzeichen werden nicht ignoriert, Zeilenumbrüche schon.
`pre-line`	Zeilenumbrüche werden nicht ignoriert, Leerzeichen schon.

`pre-wrap` und `pre-line` sind erst in CSS Version 2.1 eingeführt worden und werden nur teilweise von den Browsern unterstützt. Der Internet Explorer kann beide ab Version 8, Opera ab 9.5; Firefox interpretiert ab Version 3 `pre-wrap`.

Im folgenden Beispiel sorgt `white-space: pre` dafür, dass die Leerzeichen und Zeilenumbrüche wie im Quelltext ausgegeben werden:

Listing 3.10: `white-space: pre` zur Formatierung von Quellcode

```
<!DOCTYPE html PUBLIC "-//W3C//DTD XHTML 1.0 Transitional//EN"
"http://www.w3.org/TR/xhtml1/DTD/xhtml1-transitional.dtd">
<html xmlns="http://www.w3.org/1999/xhtml" xml:lang="de" lang="de">
<head>
<meta http-equiv="content-type" content="text/html; charset=ISO-8859-1" />
<title>white-space: pre</title>
<style type="text/css">
/* <![CDATA[ */
body {
   font: 100.01% Verdana, sans-serif;
   background-color: #FFECBF;
   color: #12127D;
}
```

```
h1 { font-size: 1.1em; }
code { white-space: pre; }
/* ]]> */
</style>
</head>
<body>
<h1>ein Code-Beispiel</h1>
<code>
body { font-size: 18px;
       font-family: Verdana, sans-serif;
       background-color: #FFECBF;
       color: #12127D;
}
</code>
</body></html>
```

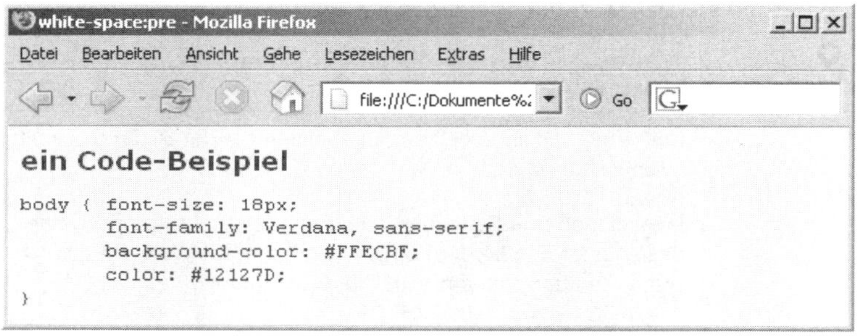

Abb. 3.17: `white-space: pre` sorgt für eine Formatierung von Leerzeichen und Zeilenumbrüchen wie im Quellcode.

TIPP

Wenn Sie einmal die verschiedenen CSS-Eigenschaften zur Schriftformatierung bequem austesten wollen, ohne selbst alles zu tippen, können Sie einen sehr schönen WYSIWYG-Editor benutzen, den Sie unter *http://csstypeset.com/* finden.

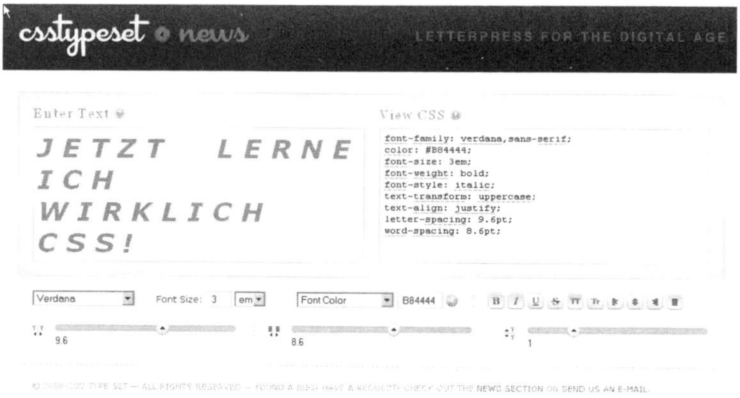

Abb. 3.18: Sie editieren den Text und csstypeset erstellt Ihnen die dazugehörigen CSS-Befehle.

3.8 Wiederholungsfragen und Übungen

1. **Welchen Nachteil hat die Verwendung von Pixeln für die Schriftgröße?**
2. **Wie groß ist ein em?**
3. **Wie lässt sich die folgende Farbe `#FF0000` (Rot) in CSS noch angeben?**
4. **Wie lässt sich der folgende Ausdruck kürzer schreiben?**

```
p {
   font-family: Verdana, Arial, sans-serif;
   font-size: 0.8em;
   font-weight: bold;
   line-height: 1.2;
   color: red;
   background-color: white;
}
```

5. **Wie schaltet man eine Unterstreichung aus?**
6. **Experimentieren Sie mit den unterschiedlichen Angaben!**

Kapitel 4

jetzt lerne ich

Vererbung

Nachdem im letzten Kapitel gezeigt wurde, wie Zeichen und Absätze in CSS formatiert werden können, widmet sich das nun folgende Kapitel einem ganz zentralen Konzept in CSS: der so genannten Vererbung. Würden Eigenschaften nicht »vererbt«, wäre es wesentlich mühsamer, mit CSS zu arbeiten. Neben den Grundprinzipien der Vererbung kommen in diesem Kapitel Besonderheiten bei der Vererbung von relativen Maßeinheiten zur Sprache.

4.1 Vererbung an untergeordnete Elemente

CSS-Eigenschaften werden teilweise an untergeordnete Elemente vererbt und teilweise nicht. Die Schriftgröße gehört zu den Eigenschaften, die vererbt werden. Konkret bedeutet das, dass wenn Sie für einen Absatz p eine Schriftgröße definieren, diese auch für die in p enthaltenen Elemente gilt:

```
<p>Absatz ohne Gr&ouml;&szlig;enangabe, noch einmal zur
<strong>Verdeutlichung: ohne Gr&ouml;&szlig;enangabe</strong></p>
<p style="font-size: 20px; ">Gr&ouml;&szlig;e des Absatzes 20px, noch
einmal zur <strong>Verdeutlichung: 20px</strong></p>
```

Listing 4.1: Schriftgrößen werden vererbt.

In diesem Fall erbt beim zweiten Absatz das Element strong, das sich innerhalb von p befindet, die bei p angegebene Schriftgröße: Beide sind 20px groß.

p ist das übergeordnete Element, strong das enthaltene oder untergeordnete Element. p wird auch als Elternelement und strong entsprechend als Kindelement bezeichnet.

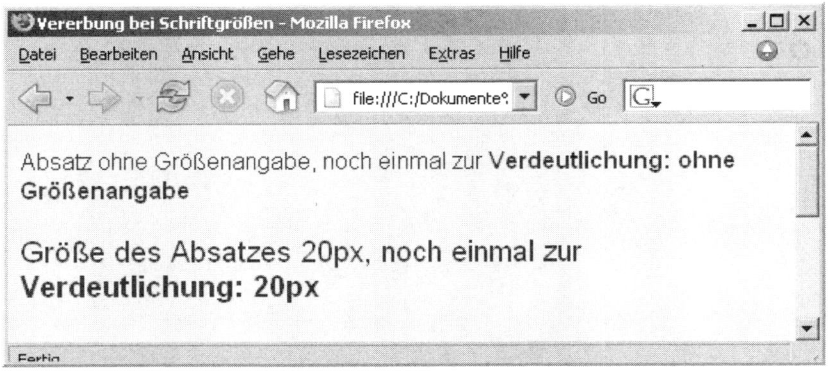

Abb. 4.1: Schriftgrößen werden vererbt.

Die Vererbung erleichtert Ihnen häufig die Arbeit. Wenn Sie allen Elementen innerhalb Ihres Dokuments dieselbe Schriftart zuweisen möchten, müssen Sie diese nicht einzeln aufzählen und auch nicht den Universalselektor * einsetzen – es genügt, die gewünschte Schriftart für `body` anzugeben.

```
body { font-family: Arial, Helvetica, sans-serif; }
```

Prinzipiell wird die Schriftgröße vererbt, wie es an dem in `p` enthaltenen `strong`-Element gezeigt wurde. Es gibt hier jedoch Ausnahmen. Wenn Sie für `body` eine Schriftgröße festlegen, so gilt sie nicht für alle in `body` enthaltenen Elemente, sondern nur für diejenigen Elemente, die keine eigenen Schriftgrößenvorgaben haben. Legen Sie für `body` 100.01% fest, so ist eine in `body` enthaltene Überschrift `h1` trotzdem größer, weil das den Browser-Voreinstellungen entspricht. Hier sollten Sie dann ebenfalls explizit eine Größe bestimmen.

Listing 4.2: `h1` erbt die Schriftgröße nicht von `body`.

```
<!DOCTYPE html PUBLIC "-//W3C//DTD XHTML 1.0 Transitional//EN"
"http://www.w3.org/TR/xhtml1/DTD/xhtml1-transitional.dtd">
<html xmlns="http://www.w3.org/1999/xhtml" xml:lang="de" lang="de">
<head>
<meta http-equiv="content-type" content="text/html; charset=ISO-8859-1" />
<title>Vererbung</title>
<style type="text/css">
/* <![CDATA[ */
body {
   font-size: 100.01%;
   font-family: sans-serif;
}
/* ]]> */
</style>
</head>
<body>
<h1>Lorem ipsum dolor</h1>
<p>Lorem ipsum dolor sit amet ... </p>
</body>
</html>
```

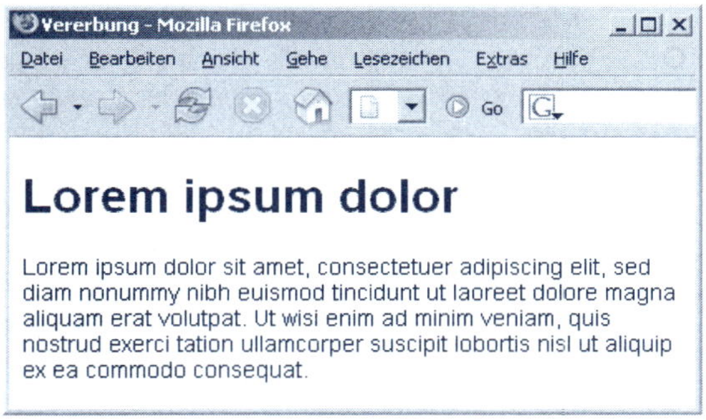

Abb. 4.2: Die Schriftgröße, die in body angegeben wird, wird nicht an h1 vererbt.

Wollen Sie erzwingen, dass der für das übergeordnete Element geltende Wert übernommen wird, können Sie auch das Schlüsselwort `inherit` einsetzen, das bei den meisten Eigenschaften möglich ist. Im folgenden Beispiel wird als Schriftgröße für `body` 18px festgelegt. Über die zusätzliche Angabe `h1 { font-size: inherit; }` wird für `h1` dieselbe Schriftgröße erzwungen.

Listing 4.3: Jetzt erbt h1 die Schriftgröße von body.

```
<!DOCTYPE html PUBLIC "-//W3C//DTD XHTML 1.0 Transitional//EN"
"http://www.w3.org/TR/xhtml1/DTD/xhtml1-transitional.dtd">
<html xmlns="http://www.w3.org/1999/xhtml" xml:lang="de" lang="de">
<head>
<meta http-equiv="content-type" content="text/html; charset=ISO-8859-1" />
<title>inherit bei Schriftgr&ouml;szlig;en</title>
<style type="text/css">
body {
   font-size: 18px;
   font-family: Verdana, sans-serif;
   background-color: #FFECBF;
   color: #12127D;
}
h1 { font-size: inherit; }
</style>
</head>
<body>
<h1>eine &Uuml;berschrift</h1>
<p>ein normaler Absatz</p>
</body>
</html>
```

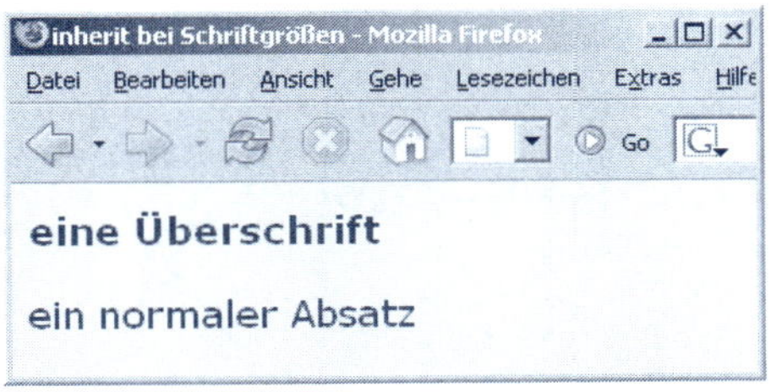

Abb. 4.3: Absatz und Überschrift haben dieselbe Größe.

`inherit` wird jedoch vom Internet Explorer erst ab Version 8 interpretiert.

Ähnlich wie mit der Schriftgröße verhält es sich auch mit der Textfarbe (`color`). Wenn Sie bei `body` eine Textfarbe festlegen, so gilt sie für alle Elemente – bis auf Links, die ihre Standardfarben beibehalten. Die Formatierung von Links wird ausführlich in Kapitel 8 behandelt.

Es gibt auch Eigenschaften, die nicht vererbt werden, wie Rahmen (vgl. Kapitel 6). Das ist auch intuitiv stimmig: Wenn die Eigenschaft Rahmen vererbt werden würde, hätte man bei der Festlegung eines äußeren Rahmens beispielsweise um das ganze Dokument auch um die einzelnen Abschnitte Rahmen, was nicht erwünscht ist. Ob eine Eigenschaft vererbt wird oder nicht, wird in der Referenz (Kapitel 23) immer angegeben.

4.2 Relative Einheiten bei der Vererbung

Eine Besonderheit ergibt sich jetzt bei der Vererbung in Kombination mit relativen Größen. Die vererbte Schriftgröße gilt dann als Maßstab für relative Angaben im untergeordneten Element.

Dies zeigt das folgende Beispiel:

```
<p style="font-size: 0.8em; ">Gr&ouml;szlig;e des Absatzes 0.8em, und
hier ebenfalls <strong style="font-size: 0.8em;">0.8em</strong></p>
```

Hier wurde sowohl bei `p` als auch beim darin enthaltenen Element `strong` als Schriftgröße 0.8em angegeben. Wie groß ist das überhaupt? Das hängt wiederum von der im übergeordneten Element definierten Größe ab, und wenn dort nichts angegeben ist, dann hängt es von der Standardgröße im Browser ab. Wird aber beispielsweise für `body` eine Schriftgröße von 22px definiert, so ist die Schriftgröße für `p` 0,8*22px, ergibt 17,6px. Was jetzt an `strong` in diesem Fall vererbt wird, ist dieser berechnete Wert, also die 17,6px. Jetzt ist wiederum für `strong` selbst die Schriftgröße auf 0.8em festgesetzt: 0.8em im Verhältnis zum berechneten Wert 17,6 ergeben 14,08px für `strong`. Das hätte man übrigens auch direkt berechnen können – über 0,8*0,8*22px, was ebenfalls 14,08px ergibt.

Im folgenden Beispiel können Sie vergleichen: Der eine Absatz enthält die eben vorgestellten Werte für `font-size` per em, im anderen Absatz wurden die berechneten Werte eingetragen. Da für `body` 22px festgelegt wurde, stimmt die Rechnung. Natürlich werden die Werte im Browser gerundet.

Listing 4.4: Relative Schriftgrößen bei der Vererbung

```
<!DOCTYPE html PUBLIC "-//W3C//DTD XHTML 1.0 Transitional//EN"
"http://www.w3.org/TR/xhtml1/DTD/xhtml1-transitional.dtd">
<html xmlns="http://www.w3.org/1999/xhtml" xml:lang="de" lang="de">
<head>
<meta http-equiv="content-type" content="text/html; charset=ISO-8859-1" />
<title>Vererbung bei Schriftgr&ouml;szlig;en</title>
<style type="text/css">
/* <![CDATA[ */
body {
   font-size: 22px;
   font-family: sans-serif;
```

```
    background-color: #FFECBF;
    color: #12127D;
}
/* ]]> */
</style>
</head>
<body>
<p style="font-size: 0.8em; ">Gr&ouml;szlig;e des Absatzes 0.8em, und
<strong style="font-size: 0.8em;">hier ebenfalls 0.8em</strong>?</p>
<p style="font-size: 17.6px; ">Gr&ouml;szlig;e des Absatzes 17.6px, und
<strong style="font-size: 14.08px;">hier 14.08px</strong></p>
</body>
</html>
```

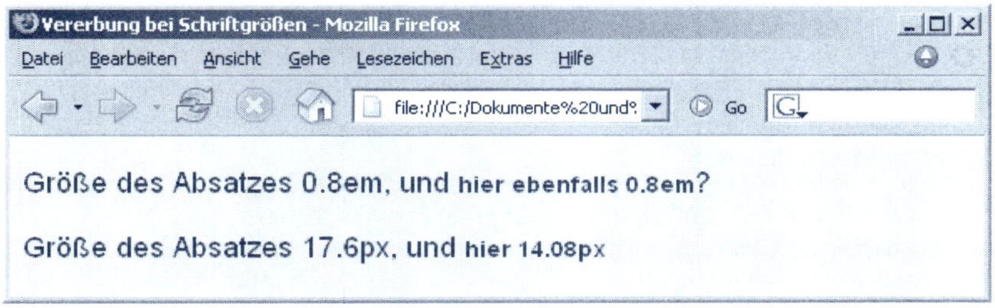

Abb. 4.4: Relative Schriftgrößen bei der Vererbung

Hätte man jetzt innerhalb von `strong` noch ein weiteres Element mit einer Schriftgröße von 0.8em, wäre es wiederum kleiner und so weiter.

Das Phänomen, das hier anhand von Inline-Stilen beschrieben wurde, würde genauso auftreten, wenn man mit einem eingebetteten oder externen Stylesheet mit folgender Angabe arbeitet:

```
p, strong { font-size: 0.8em; }
```

Diese unerwünschten Verkleinerungen lassen sich jedoch leicht vermeiden. Gerade in unserem Beispiel würde man für `strong` ja keine eigene Schriftgröße angeben, wenn man möchte, dass es dieselbe Größe wie das übergeordnete Element hat.

Wenn Sie bei Listen eine relative Größenangabe einsetzen, so werden verschachtelte Listenelemente dann ebenfalls wie oben im Beispiel entsprechend verkleinert. Um dies zu verhindern, hilft `ul ul { font-size: 1em; }`. Wie dieser Selektor `ul ul` funktioniert und mehr zur Formatierung von Listen, erfahren Sie in Kapitel 5.

4.3 Wiederholungsfragen und Übungen

1. **Nennen Sie zwei CSS-Eigenschaften, die vererbt werden!**
2. **Wie groß sind `div`, `p` und `em` im folgenden Beispiel?**

```
<!DOCTYPE html PUBLIC "-//W3C//DTD XHTML 1.0 Transitional//EN"
"http://www.w3.org/TR/xhtml1/DTD/xhtml1-transitional.dtd">
<html xmlns="http://www.w3.org/1999/xhtml" xml:lang="de" lang="de">
<head>
<meta http-equiv="content-type" content="text/html; charset=ISO-8859-
1" />
<title>Vererbung und relative Angaben</title>
<style type="text/css">
/* <![CDATA[ */
body { font-size: 30px; }
div, p, em { font-size: 0.6em; }
/* ]]> */
</style>
</head>
<body>
<div>Jetzt kommt gleich ein Absatz:<p>Ein Absatz mit
<em>Betonung</em>. Dann geht es normal weiter ...</p></div>
</body>
</html>
```

3. **Wie lassen sich Probleme mit relativen Maßeinheiten und der Vererbung wie im letzten Fall vermeiden?**
4. **Auf welche Elemente wirkt sich die Angabe `body { color: black; }` nicht aus?**

Kapitel 5

jetzt lerne ich

Listen und Aufzählungen

Auch für Listen und Aufzählungen bietet CSS viele Gestaltungsmöglichkeiten. Zudem werden Listen und Aufzählungen an Stellen eingesetzt, wo Sie sie vielleicht gar nicht vermutet hätten, z.B. bei Navigationsleisten – denn mit CSS kann man Listen auch so gestalten, dass sie gar nicht mehr wie Listen aussehen. Warum das sinnvoll ist, erfahren Sie in diesem Kapitel. Außerdem werden weitere, gerade für Listen nützliche Selektoren vorgestellt: die Nachfahrenselektoren.

5.1 Listen

Eine einfache ungeordnete Liste sieht in (X)HTML folgendermaßen aus:

```
<ul>
   <li>Ein Punkt</li>
   <li>Ein weiterer Punkt</li>
   <li>Ein weiterer Punkt</li>
</ul>
```

Standardmäßig werden die einzelnen Punkte mit einem gefüllten Punkt angezeigt. Über `list-style-type` können Sie jedoch andere Zeichen wählen, möglich sind die Werte `disc` (eigentlich Scheibe – gefüllter Kreis), `circle` (Kreis – nicht gefüllter Kreis) und `square` (Quadrat). Die Eigenschaft `list-style-type` bestimmen Sie für das Element `ul`, wenn es für alle Elemente der Liste gelten soll:

```
ul { list-style-type: circle; }
```

Sollen nur einzelne Elemente der Liste formatiert werden, können Sie die Angaben auch den einzelnen Punkten zuweisen:

Listing 5.1: Die Art des Aufzählungszeichens bei ungeordneten Listen über CSS festlegen

```
<ul>
   <li style="list-style-type: square">list-style-type: square</li>
   <li style="list-style-type: disc">list-style-type:disc</li>
   <li style="list-style-type: circle">list-style-type: circle</li>
</ul>
```

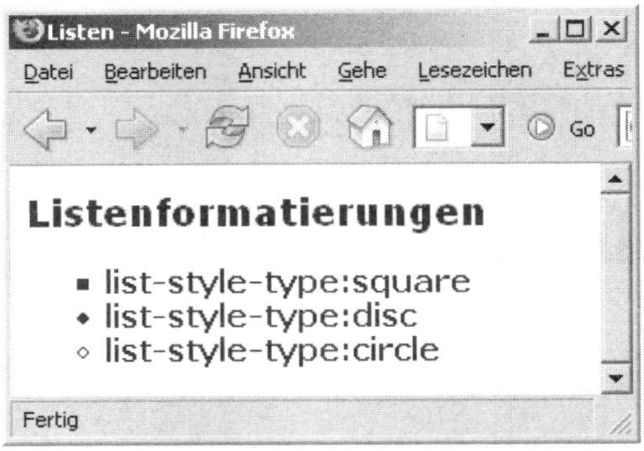

Abb. 5.1: Verschiedene Aufzählungszeichen über CSS formatieren

Bei geordneten Listen haben Sie sehr viele Möglichkeiten, die Art der Aufzählung festzulegen. So können Sie beispielsweise große oder kleine römische Ziffern (`upper-roman` oder `lower-roman`) anstelle der standardmäßigen Ziffern verwenden. Welche Optionen Ihnen zur Verfügung stehen, sehen Sie im Listing und in Abbildung 5.2, wobei man sich normalerweise natürlich bei einer Liste für durchgehend dieselben Zeichen entscheiden würde:

Listing 5.2: Formatierungsmöglichkeiten für geordnete Listen

```
<ol>
<li style="list-style-type: decimal">list-style-type: decimal</li>
<li style="list-style-type: decimal-leading-zero">list-style-type:
decimal-leading-zero</li>
<li style="list-style-type: lower-roman">list-style-type: lower-
roman</li>
<li style="list-style-type: upper-roman">list-style-type: upper-
roman</li>
<li style="list-style-type: lower-greek">list-style-type: lower-
greek</li>
<li style="list-style-type: lower-latin">list-style-type: lower-
latin</li>
<li style="list-style-type: upper-latin">list-style-type: upper-
latin</li>
<li style="list-style-type: armenian">list-style-type: armenian</li>
<li style="list-style-type: georgian">list-style-type: georgian</li>
<li style="list-style-type: lower-alpha">list-style-type: lower-
alpha</li>
<li style="list-style-type: upper-alpha">list-style-type: upper-
alpha</li>
<li style="list-style-type: none">list-style-type: none</li>
</ol>
```

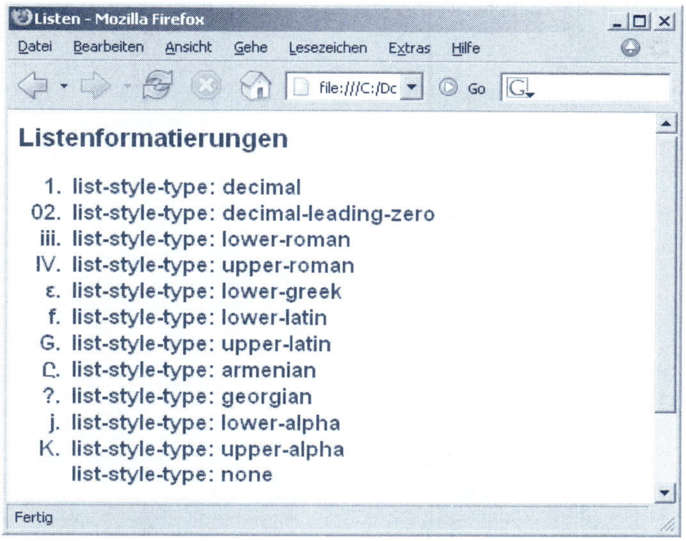

Abb. 5.2: Listenformatierung für geordnete Listen

Wie Sie sich denken können, werden nicht alle Werte von allen Browsern unterstützt. Die gebräuchlichsten, nämlich `decimal`, `lower-alpha`, `upper-alpha`, `lower-roman` und `upper-roman` können Sie jedoch getrost verwenden. Bei `list-style-type: none` wird kein Aufzählungszeichen angezeigt, die Einrückung ist jedoch dieselbe wie mit Aufzählungszeichen.

`list-style-position` bestimmt, ob die Aufzählungszeichen innerhalb oder außerhalb des Textblocks positioniert werden sollen, entsprechend gibt es die Werte `inside` und `outside`. Der Standardwert ist `outside`. Im folgenden Beispiel wird eine Klasse `ul.innen` definiert und der ersten Liste zugewiesen. Die zweite Liste hingegen zeigt die Standardeinstellung `outside`.

Zur Verdeutlichung wurde ein Rahmen um die einzelnen Listenpunkte ergänzt. Wie Sie Rahmen definieren, erfahren Sie in Kapitel 6.

```
/*Ausschnitt eingebettetes Stylesheet*/
ul.innen { list-style-position: inside; }
li { border: 1px dotted blue; }

<!--Ausschnitt XHTML-Teil -->
<h1>list-style-position: inside</h1>
<ul class="innen">
   <li >Listenpunkt: Hier braucht es etwas mehr Text ...</li>
   <li >Listenpunkt: Hier braucht es etwas mehr Text ... </li>
</ul>
<h1>list-style-position: outside</h1>
<ul>
   <li>Listenpunkt: Hier braucht es etwas mehr Text ...</li>
```

Listing 5.3: Position der Aufzählungszeichen definieren über `list-style-position`

```
    <li>Listenpunkt: Hier braucht es etwas mehr Text ...</li>
</ul>
```

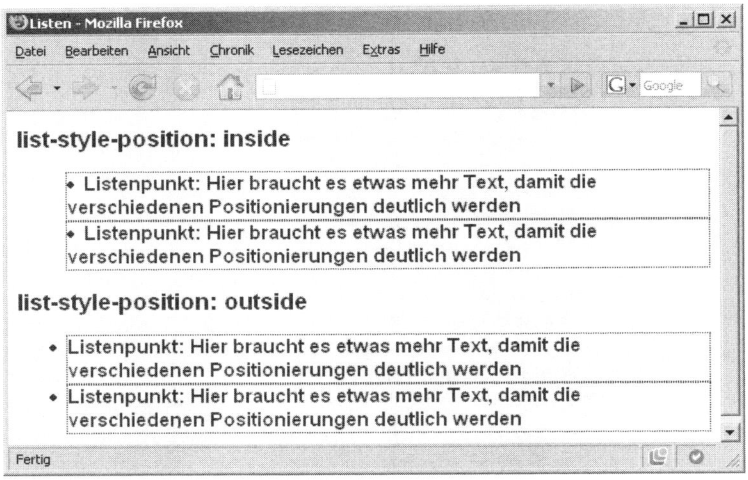

Abb. 5.3: Position der Aufzählungszeichen über `list-style-position` bestimmen

Soll es keines der gewöhnlichen Aufzählungszeichen sein, können Sie auch mit `list-style-image` ein Bild festlegen:

```
ul { list-style-image: url(pfeil.gif);}
```

Abb. 5.4: Listenformatierungen mit einem Bild als Aufzählungszeichen

Hinter `list-style-image` geben Sie das Schlüsselwort `url` an, um zu kennzeichnen, dass jetzt eine URL bzw. Pfadangabe folgt, die Sie direkt in die nun folgenden runden Klammern schreiben. Es können hier sowohl relative als auch absolute Pfadangaben verwendet werden.

TIPP

Sie sollten, auch wenn Sie ein Bild als Aufzählungszeichen verwenden möchten, trotzdem noch den Listentyp bestimmen – dieser wird benutzt, wenn das Bild nicht geladen werden kann.

Wie aber verhält es sich mit Pfadangaben, wenn sich das (X)HTML-Dokument und die CSS-Datei nicht in demselben Ordner befinden? Dies wurde kurz schon bei `@import` (Kapitel 2) erwähnt, soll hier aber einmal ausführlich behandelt werden. Ein Beispiel: Angenommen, bei einem Projekt gibt es den Ordner `img` für die Bilder und einen anderen mit dem Namen `css` für die unterschiedlichen CSS-Dateien. Die XHTML-Dokumente hingegen sind in keinem Unterordner, sondern auf der obersten Ebene angesiedelt.

Abb. 5.5: Ordnerstruktur

Im XHTML-Dokument wird die CSS-Datei eingebunden über:

```
<link rel="stylesheet" href="css/style.css" type="text/css" />
```

Innerhalb der CSS-Datei muss jetzt die Pfadangabe zum Bild im Ordner `img` relativ zu eben dieser CSS-Datei erfolgen und nicht relativ zum XHTML-Dokument. Sie lautet dann folgendermaßen:

```
ul { list-style-image: url(../img/pfeil.gif); }
```

Für alle Pfadangaben innerhalb von Stylesheets gilt, dass sie relativ zum Stylesheet und nicht zum (X)HTML-Dokument sein müssen.

TIPP

Mit `list-style-image` ist eine browserübergreifende exakte Positionierung des Aufzählungsbildes schwierig. Einfacher geht das über ein Hintergrundbild (vgl.: *http://css.maxdesign.com.au/listamatic/vertical05.htm*). Mehr zu Hintergrundbildern lesen Sie in Kapitel 7.

Für die drei Eigenschaften `list-style-type`, `list-style-position`, `list-style-image` existiert eine verkürzte Schreibweise mithilfe von `list-style`:

```
ul { list-style: upper-roman inside; }
```

Sie geben alle gewünschten Angaben durch Leerzeichen getrennt bei `list-style` an. Die Reihenfolge spielt dabei keine Rolle.

Bevor wir zu Gestaltungsmöglichkeiten von verschachtelten Listen kommen, betrachten wir zunächst die Dokumentstruktur, die die Grundlage für verschachtelte Listen bildet.

5.2 Dokumentstruktur

Nicht alle Listen sind so einfach strukturiert wie die bisherigen Beispiele – manchmal benötigt man weitere Unterpunkte zu den einzelnen Punkten, d. h. verschachtelte Listen. Dabei ist auf die korrekte Verschachtelung zu achten:

```
<!DOCTYPE html PUBLIC "-//W3C//DTD XHTML 1.0 Transitional//EN"
"http://www.w3.org/TR/xhtml1/DTD/xhtml1-transitional.dtd">
<html>
<head>
<meta http-equiv="Content-Type" content="text/html; charset=iso-8859-1"
/>
<title>Verschachtelte Listen formatieren</title>
</head>
<body>
<ul>
   <li>Ein Punkt</li>
   <li>Ein weiterer Punkt
      <ul>
         <li>Unterpunkt</li>
         <li>Unterpunkt</li>
      </ul>
   </li>
   <li>Ein weiterer Punkt</li>
</ul>
</body>
</html>
```

Das ist vielleicht nicht unbedingt die erste Variante, an die man gedacht hätte, aber so sieht die korrekte Verschachtelung bei Listen aus: Die untergeordnete Liste wird innerhalb des `li`-Elements notiert.

Bevor es darum geht, wie sich diese über- und die untergeordneten Listenpunkte formatieren lassen, soll anhand dieses Beispiels die Dokumentstruktur betrachtet werden. Bei der Dokumentstruktur geht es um die Verschachtelung und die Position der einzelnen Elemente eines (X)HTML-Dokuments. Diese Zusammenhänge benötigt man, um einzelne Elemente gezielt ansprechen zu können.

`html` ist das oberste Element, es beinhaltet `body`, das wiederum das `ul`-Element beinhaltet usw. Man spricht dann davon, dass `html` das Elternelement von `body` ist und `body` das Kindelement von `html`; `body` selbst ist das Elternelement von `ul`. Dies wird üblicherweise als Baum dargestellt:

Abb. 5.6: Schematische Darstellung der Dokumentstruktur

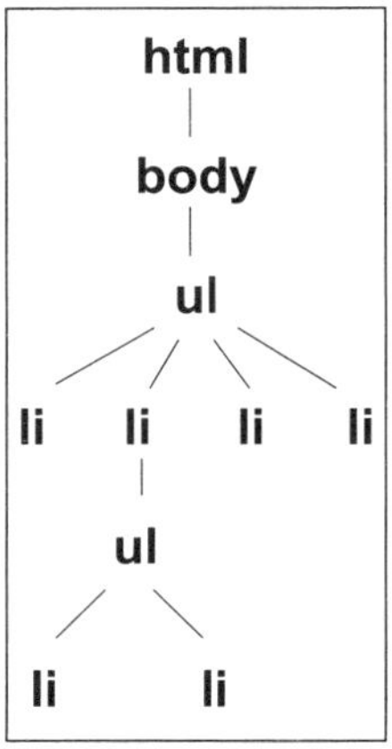

Zur Veranschaulichung der Struktur von (X)HTML-Dokumenten können Sie auch ein sehr komfortables Tool verwenden: die Firefox-Erweiterung Firebug (siehe auch Kapitel 21).

Wenn Sie Firebug installiert haben, rufen Sie ihn über ANSICHT/FIREBUG auf. Firebug zeigt Ihnen die Struktur Ihres aktuellen Dokuments. Kontrollieren Sie zuerst, dass der Reiter HTML aktiviert ist.

Das Fenster ist dreigeteilt. Im linken unteren Bereich sehen Sie die vorhandenen Elemente, ein Klick auf das Plus öffnet das Element und zeigt die Unterelemente. Im oberen Fenster sehen Sie Ihr aktuelles Dokument in der normalen Browser-Ansicht. Wenn Sie die Maus über ein Element im Code bewegen, wird es oben hervorgehoben. So verlieren Sie auch bei komplexeren Strukturen nie den Überblick. Im rechten unteren Bereich erhalten Sie einen Überblick über die CSS-Regeln, die für ein bestimmtes Element gelten. Durchgestrichen werden Regeln angezeigt, die zwar gelten würden, aber von anderen Regeln überschrieben werden.

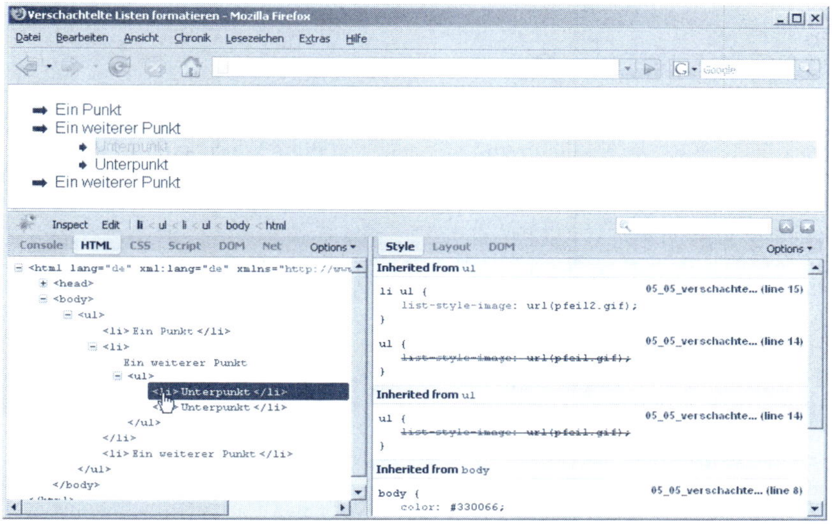

Abb. 5.7: Firebug verdeutlicht die Dokumentstruktur.

5.3 Formatierung von verschachtelten Listen über Nachfahrenselektoren

Nach den Erläuterungen zur Dokumentstruktur geht es hier wieder um die Formatierung von verschachtelten Listen. Als Basis dient die eben vorgestellte verschachtelte Liste.

Wenn Sie für die über- und die untergeordnete Liste verschiedene Aufzählungszeichen notieren möchten, könnten Sie das natürlich über Klassen realisieren. Dafür müssen Sie den Listen jeweils die Klassen zuweisen. Das Stylesheet sieht dann so aus:

```
.aussen { list-style-image: url(pfeil.gif); }
.innen { list-style-image: url(pfeil2.gif); }
```

Und im XHTML-Dokument werden die entsprechenden Klassen notiert:

Listing 5.4: Verschachtelte Liste über Klassen formatieren

```
<ul class="aussen">
   <li>Ein Punkt</li>
   <li>Ein weiterer Punkt
      <ul class="innen">
         <li>Unterpunkt</li>
         <li>Unterpunkt</li>
      </ul>
   </li>
   <li>Ein weiterer Punkt</li>
</ul>
```

Es existiert allerdings eine bessere Methode, die Ihnen diese Arbeit erspart und mit der Sie keine Änderungen am (X)HTML-Code vornehmen müssen: Nachfahrenselektoren. Möchten Sie beispielsweise nur auf dasjenige `ul`-Element zugreifen, das innerhalb eines anderen `li`-Elements steht, so können Sie das folgendermaßen notieren:

```
li ul { list-style: ... }
```

`li ul` ist ein Selektor für einen Nachfahren: Er wählt alle `ul`-Elemente aus, die Nachfahren von `li` sind, d. h. innerhalb von `li`-Elementen vorkommen. Sie müssen dabei keine direkten Nachfahren/Kinder sein. Auf diese Weise kann man dann für die übergeordnete und die untergeordnete Liste unterschiedliche Formatierungen festlegen, wie Sie am folgenden Beispiel sehen. Bei der Liste selbst werden keinerlei Klassen benötigt:

Listing 5.5: Verschachtelte Listen formatieren

```
<!DOCTYPE html PUBLIC "-//W3C//DTD XHTML 1.0 Transitional//EN"
"http://www.w3.org/TR/xhtml1/DTD/xhtml1-transitional.dtd">
<html xmlns="http://www.w3.org/1999/xhtml" xml:lang="de" lang="de">
<head>
<meta http-equiv="Content-Type" content="text/html; charset=iso-8859-1" />
<title>Verschachtelte Listen formatieren</title>
<style type="text/css">
/* <![CDATA[ */
body {
   font: 100.01% sans-serif;
   background-color: #FFF;
   color: #306;
}
ul { list-style-image: url(pfeil.gif); }
li ul {list-style-image: url(pfeil2.gif); }
/* ]]> */
</style>
</head>
<body>
<ul>
   <li>Ein Punkt</li>
   <li>Ein weiterer Punkt
      <ul>
         <li>Unterpunkt</li>
```

```
        <li>Unterpunkt</li>
      </ul>
   </li>
   <li>Ein weiterer Punkt</li>
</ul>
</body>
</html>
```

Abb. 5.8: Verschachtelte Listen mit unterschiedlichen Aufzählungszeichen

Nachfahrenselektoren sind keineswegs auf zwei Elemente beschränkt. Im folgenden Beispiel ist die Liste weiter verschachtelt:

```
<ul>
   <li>Ein Punkt</li>
   <li>Ein weiterer Punkt
      <ul>
         <li>Unterpunkt
            <ul>
               <li>Unterunterpunkt</li>
               <li>Unterunterpunkt</li>
            </ul>
         </li>
         <li>Unterpunkt</li>
      </ul>
   </li>
   <li>Ein weiterer Punkt</li>
</ul>
```

Auch hier sollen die einzelnen Ebenen über CSS formatiert werden. Die Aufzählungspunkte der obersten Ebene sollen kein Aufzählungszeichen erhalten, sondern fett dargestellt werden. Die Unterpunkte werden ebenfalls ohne Aufzählungszeichen formatiert, aber nicht fett. Bei den innersten Unterunterpunkten wird ein Bild eingesetzt.

Abb. 5.9: Mehrfach verschachtelte Liste

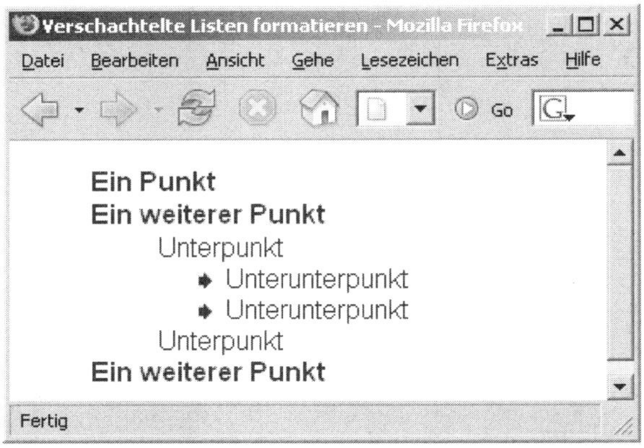

Für eine Darstellung eines Listenpunktes ohne Aufzählungszeichen setzen Sie die Eigenschaft `list-style-type` auf `none`. Die Formatierung der innersten Liste wird wiederum über einen Nachfahrenselektor erreicht, über `li ul ul`: Dieser gilt nur für `ul`-Elemente, die sich innerhalb von `ul`-Elementen befinden, die wiederum Nachfahren von `li` sind:

Listing 5.6: Doppelt verschachtelt

```
body {
   font: 100.01% sans-serif;
   background-color: #FFF;
   color: #306;
}
ul {
   list-style-type: none;
   font-weight: bold;
}
li ul { font-weight: normal; }
li ul ul { list-style-image: url(pfeil2.gif); }
```

Sie sehen, dass sich mit CSS Listen ganz frei gestalten lassen. Sie können sogar Listen ohne Aufzählungszeichen formatieren. Dabei taucht natürlich die Frage auf, warum überhaupt Listen gewählt werden, wenn keine Aufzählungszeichen gewünscht sind? An sich kann durch die Verwendung von CSS der Inhalt von der Präsentation klar getrennt werden: Die (X)HTML-Elemente dienen der Strukturierung, unabhängig davon kann die Formatierung stattfinden. Und Listen sollten immer gewählt werden, wenn es um Aufzählungen geht. Wenn Sie jeweils die zur Strukturierung passendsten XHTML-Elemente wählen, haben Sie den Vorteil, dass Ihr Dokument auch ohne Stylesheet übersichtlich und lesbar ist, und Sie blähen Ihre Dokumente nicht durch zu viele `class`-Attribute unnötig auf.

5.4 Weitere Selektoren, die auf der Dokumentstruktur basieren

Neben den Nachfahrenselektoren existieren noch die so genannten Kindselektoren. Damit können Sie bestimmen, dass eine Formatierung für ein Element gelten soll, das ein direktes Kind eines anderen Elements ist.

Im folgenden kleinen Beispiel gibt es zwei Absätze: Der erste Absatz befindet sich innerhalb eines div-Elements, der zweite direkt unterhalb des body-Elements:

```
<html><!-- ein paar Zeilen ausgelassen -->
<body>
   <div>
        <p>Ein Absatz innerhalb von div</p>
   </div>
   <p>Absatz au&szlig;erhalb von div</p>
</body></html>
```

Die Struktur sieht folgendermaßen aus:

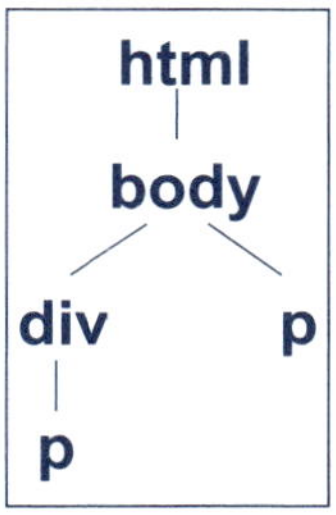

Abb. 5.10: Schematische Darstellung der Struktur des Dokuments

Wenn Sie jetzt nur den Absatz formatieren möchten, der ein direktes Kind von body ist, das heißt, dass kein weiteres Element dazwischen liegt, so können Sie den Selektor body > p einsetzen. Im Gegensatz zu den Nachfahrenselektoren wird ein Größer-als-Zeichen zwischen die beiden Elementnamen gesetzt:

Listing 5.7: Kindselektoren

```
body > p {
   background-color: #003;
   color: #FFF;
}
```

Als Kind eines Elements wird ein untergeordnetes Element bezeichnet, das direkter Nachfahre des Elements ist. Es muss nicht das erste Kind dieses Elements sein – was in diesem Fall ja div wäre. div und das zweite p befinden sich auf derselben Ebene, sie sind beide Kindelemente von body. Der erste Absatz hingegen ist ein Kindelement von div und damit nur ein Nachfahrenelement von body. Damit sind Kindelemente Spezialfälle von Nachfahrenelementen.

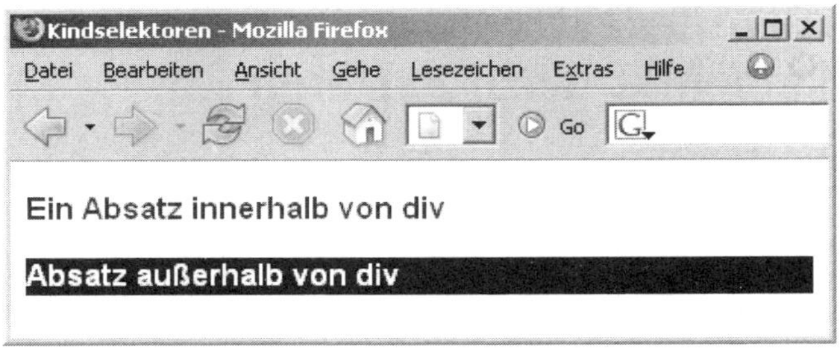

Abb. 5.11: Kindselektoren

Neben den Kindselektoren existiert auch ein Selektor für benachbarte Geschwisterelemente, teilweise auch Folgeelementselektor genannt (Adjacent Sibling Combinator). Unter einem benachbarten Geschwisterelement versteht man ein Element, das direkt auf ein anderes folgt und dasselbe Elternelement besitzt.

Gekennzeichnet werden diese Selektoren für benachbarte Elemente durch ein Pluszeichen zwischen den beiden Elementnamen, z. B. `div + p`. Damit wird der erste Absatz ausgewählt, der direkt auf ein `div`-Element folgt. Zur Verdeutlichung ein kleines Beispiel:

Listing 5.8: Selektor für benachbarte Geschwisterelemente

```
<!DOCTYPE html PUBLIC "-//W3C//DTD XHTML 1.0 Transitional//EN"
"http://www.w3.org/TR/xhtml1/DTD/xhtml1-transitional.dtd">
<html>
<head>
<meta http-equiv="Content-Type" content="text/html; charset=iso-8859-1" />
<title>Benachbarte Geschwisterelemente</title>
<style type="text/css">
body {
   font: bold 100.01% sans-serif;
   background-color: #FFF;
   color: #306;
}
div + p {
   background-color: #003;
   color: #FFF;
}
</style>
</head>
<body>
<div><p>Ein Absatz innerhalb von div</p></div>
<p>Absatz au&szlig;erhalb von div</p>
<p>Zweiter Absatz au&szlig;erhalb von div</p>
</body></html>
```

Durch Einsatz des Selektors `div + p` wird nur der erste Absatz außerhalb von `p` ausgewählt, jedoch nicht der Absatz innerhalb von `div` und ebenfalls nicht der zweite auf `div` folgende Absatz.

Abb. 5.12: `div + p` *wählt nur den unmittelbar auf* `div` *folgenden Absatz aus.*

Kindselektoren und auch der Selektor für benachbarte Elemente werden nicht vom Internet Explorer bis einschließlich Version 6 interpretiert, ab Version 7 werden sie im Standardmodus (Details hierzu in Kapitel 13) unterstützt. Diese fehlende Unterstützung des Internet Explorers bis einschließlich Version 6 wird für so genannte Browser-Weichen benutzt. Mehr dazu erfahren Sie in Kapitel 14.

TIPP: Einen Überblick über alle Selektoren bietet Ihnen die Referenz in Kapitel 23.

5.5 Nützliche Formatierungen für Listen

Zur Bestimmung der exakten Einrückungen nach links bei Listen müssen Sie zwei verschiedene Werte angeben, da die Browser hier unterschiedliche Wege gehen. Für Mozilla muss der linke Innenabstand (`padding-left`), für den Internet Explorer und Opera hingegen der Außenabstand (`margin-left`) gesetzt werden. Eine genaue Erklärung von Innen- und Außenabstand folgt in Kapitel 6.

Möchten Sie also browserübergreifend einen Abstand nach links von 1em festlegen, so müssen Sie Folgendes schreiben:

```
ul {
   margin-left: 1em;
   padding-left: 1em;
}
```

Listen sind ebenfalls meist die Basis für Menüs, die über CSS gestaltet sind. Ein kleines Beispiel soll das demonstrieren. Die genaue Bedeutung der einzelnen verwendeten Eigenschaften wird in den folgenden Kapiteln besprochen.

Über `display: inline` können Sie definieren, dass die Listenpunkte nebeneinander platziert werden. Sie verhalten sich damit wie normale Inline-Elemente. Im folgenden Beispiel wird bei einer einfachen Liste sowohl für `ul` als auch für `li` die Eigenschaft `display: inline` festgesetzt. Damit die einzelnen Punkte etwas voneinander getrennt werden, werden darüber hinaus noch mit `padding` Innenabstände definiert und wird mit `border-left` ein Trennstrich an der linken Seite platziert:

```
ul {
   list-style-type: none;
   display: inline;
   padding-left: 0;
   margin-left: 0;
```

```
}
li {
   display: inline;
   padding: 3px 15px;
   border-left: 1px solid #000;
}
```

Der (X)HTML-Teil des Dokuments ist eine einfache, nicht verschachtelte Liste:

Listing 5.9: Listen einmal anders

```
<ul>
   <li>Ein Punkt</li>
   <li>Ein Punkt</li>
   <li>Ein Punkt</li>
   <li>Ein Punkt</li>
</ul>
```

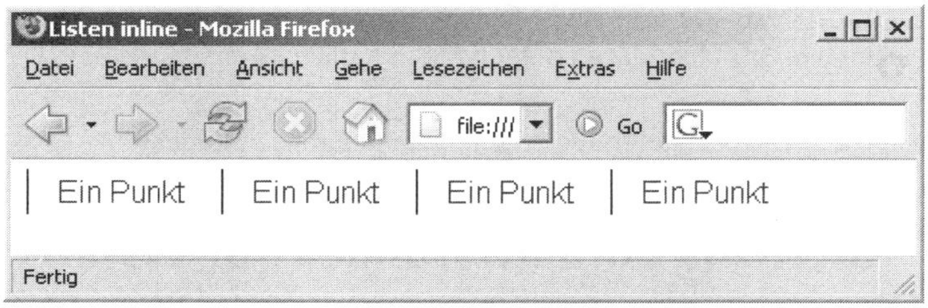

Abb. 5.13: Auch dahinter steckt eine normale Liste. Möglich wird es durch `display: inline`.

Sie können nicht nur Bilder als Aufzählungszeichen für Listen definieren, sondern für einzelne Unterpunkte auch Hintergrundbilder bestimmen. Mehr zu Hintergrundbildern erfahren Sie in Kapitel 7. Außerdem können Sie natürlich Listen Rahmen, Hintergrundfarben etc. zuweisen.

Diese und weitere Formatierungsmöglichkeiten werden die Themen der nächsten Kapitel sein. Hier sind sie schon einmal aufgeführt, damit Sie sehen, dass man sich bei der Formatierung von Listen weit von dem Standardlistenlayout entfernen kann.

5.6 Wiederholungsfragen und Übungen

1. **Wie können Sie festlegen, dass als Aufzählungszeichen fortlaufende römische Zahlen verwendet werden sollen?**
2. **Wie können die Aufzählungszeichen ganz entfernt werden?**
3. **Was passiert, wenn Sie zusätzlich zu `list-style-type` auch noch `list-style-image` angeben?**
4. **Was ist der Unterschied zwischen Nachfahrenselektoren und Kindselektoren?**
5. **Experimentieren Sie mit den verschiedenen Formatierungen. Nehmen Sie als Basis eine verschachtelte Liste, und weisen Sie den über- und den untergeordneten Punkten unterschiedliche Aufzählungszeichen, andere Hintergrund- und Textfarben und verschiedene Schriftgrößen zu!**

Kapitel 6

jetzt lerne ich

Boxen und Boxmodell

Das Boxmodell ist ein ganz zentrales Konzept von CSS. Damit können Sie bestimmen, wie breit und wie hoch Elemente sein sollen, und die Abstände festlegen. Zum Boxmodell gehören auch Rahmen, die eine Vielzahl von Gestaltungsmöglichkeiten eröffnen.

6.1 Grundprinzip des Boxmodells

Nach den Kapiteln, die die Formatierung von einzelnen (X)HTML-Elementen vorgestellt haben, gehen wir hier einen Schritt weiter und befassen uns mit einem sehr viel grundsätzlicheren Konzept, das in CSS sehr wichtig ist: dem Boxmodell.

Für jedes Blockelement wird immer automatisch eine Box, d. h. ein rechteckiger Bereich, reserviert. Diese Box besteht aus einem Inhaltsbereich, den Innenabständen (`padding`), einem Rahmen (`border`) und den Außenabständen (`margin`). Diese Eigenschaften haben wir in unseren bisherigen Kapiteln nie eigens spezifiziert, sondern wir haben die Voreinstellungen beibehalten.

Selbstverständlich müssen nicht alle Komponenten sichtbar sein. So besitzt nicht jede Box unbedingt einen sichtbaren Rahmen. Sehen wir uns trotzdem zur Verdeutlichung des Grundprinzips ein Beispiel mit allen Bestandteilen an, bei dem der Rahmen breiter als üblich gestaltet ist.

In diesem Beispiel sind alle Elemente eingefärbt, damit man sie besser voneinander unterscheiden kann. Dass der Inhaltsbereich eine eigene Farbe hat, wurde hier über ein weiter darin verschachteltes Innenelement realisiert. Auch für den Außenabstand können Sie normalerweise keine Farbe vergeben, er ist durchsichtig, und hier scheint die Hintergrundfarbe des Elternelements durch.

Abb. 6.1: Grundprinzip des Boxmodells

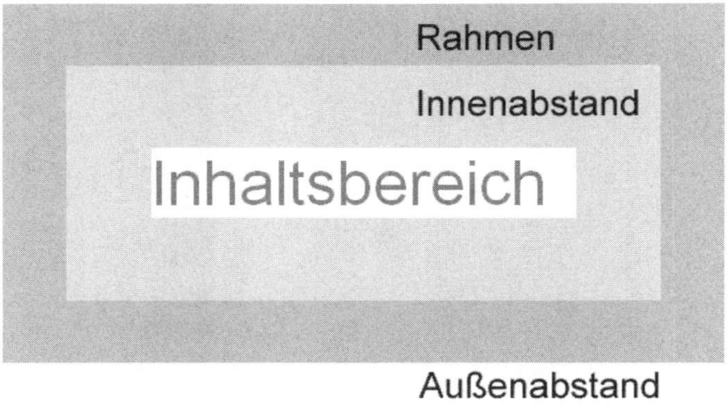

Der obigen Abbildung liegt folgender Quelltext zugrunde (ohne die Beschriftungen):

Listing 6.1: Boxmodell

```
<!DOCTYPE html PUBLIC "-//W3C//DTD XHTML 1.0 Transitional//EN"
"http://www.w3.org/TR/xhtml1/DTD/xhtml1-transitional.dtd">
<html xmlns="http://www.w3.org/1999/xhtml" xml:lang="de" lang="de">
<head>
<title>Boxmodell</title>
<meta http-equiv="Content-Type" content="text/html; charset=iso-8859-1" />
<style type="text/css">
/* <![CDATA[ */
body {
   background-color: #FFF5E6;
   color: #995C00;
   margin: 0;
   padding: 0;
   font: 100.01% sans-serif;
}
#box {
   width: 20em;
   background-color: #FFC266;
   border: 3em solid #F90;
   padding: 4em;
   margin: 2em;
}
#inhalt {
   background-color: #FFF5E6;
   font-size: 3em;
}
/* ]]> */
</style>
</head>
<body>
<div id="box">
   <div id="inhalt">Inhaltsbereich</div>
```

```
</div>
</body>
</html>
```

Im XHTML-Teil befinden sich zwei div-Container, die ineinander verschachtelt sind. Der innere wurde – wie erwähnt – nur eingefügt, um den Inhaltsbereich anders einzufärben als den Innenabstand. Die wesentlichen Angaben stehen im Stylesheet beim Selektor #box. Über width wird die Breite des Inhaltsbereichs, d. h. nicht der gesamten Box, sondern nur des Inhalts festgelegt. Im Beispiel sind es 20em.

Um diesen Inhalt herum erstreckt sich der Innenabstand (padding), der mit 4em für Abstand zum Rand sorgt. Der Rahmen umschließt wiederum den Inhalt mit Innenabstand. Damit der Rahmen deutlich wird, wurde er mit 3em relativ breit gemacht, und auch ihm wurde eine eigene Farbe zugewiesen. Die Angabe für den Rahmen heißt in CSS border. Hier wurde eine verkürzte Schreibung eingesetzt; wie sie funktioniert, wird etwas weiter unten genau erläutert.

Um den Rahmen selbst befindet sich der Außenabstand (margin). Da in diesem einfachen Beispiel keine benachbarten Elemente vorhanden sind, wird darüber nur der Abstand zum Elternelement, body, d. h. dem Browser-Fenster, definiert.

Die Gesamtbreite der Box lässt sich nun einfach berechnen:

20em (Inhalt) + 2*4em (Innenabstand an beiden Seiten) + 2*3em (Rahmen rechts und links) = 34em

Um zu demonstrieren, dass diese Rechnung stimmt, wird unterhalb der Box eine Trennlinie ebenfalls mit 34em Breite eingefügt – und sie sind gleich breit.

```
<hr style="margin: 2em; height:1em; background-color: #995C00; width: 34em; text-align:left" />
```

Listing 6.2: Zusätzliche Trennlinie 34em breit

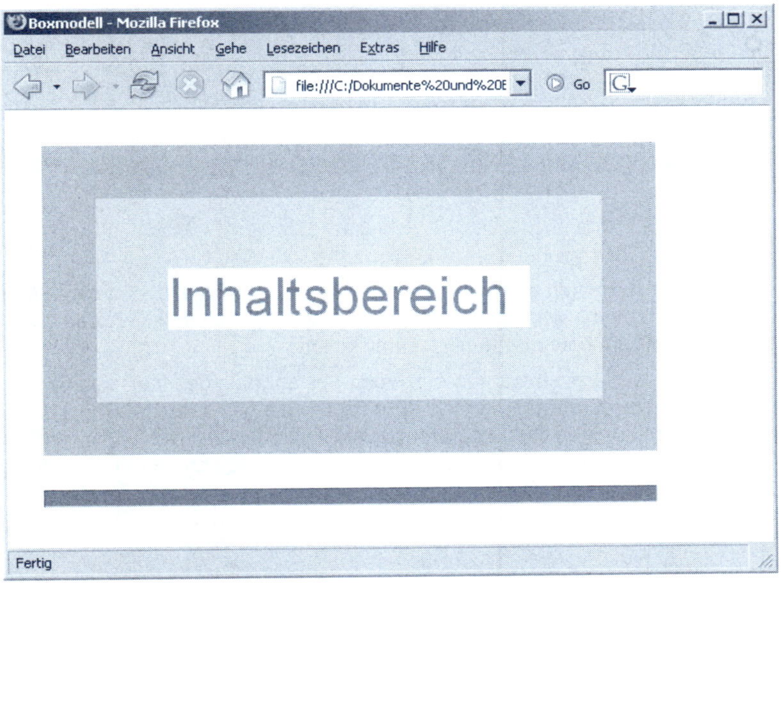

*Abb. 6.2: Die Gesamtbreite ergibt sich aus Inhalt + 2 Innenabständen + 2 * Rahmenbreite.*

Leider ist diese Rechnung nicht ganz so banal, wie es auf den ersten Blick scheint. Denn der Internet Explorer in älteren Versionen und ab Version 6 im so genannten Quirks-Modus (siehe hierzu Kapitel 13) rechnet anders: Er nimmt `width` als Gesamtbreite des Elements und nicht allein des Inhalts. Die Rechnung des Internet Explorers in diesen Versionen sieht so aus:

X (Inhalt) + 2*4em (Innenabstand an beiden Seiten) + 2*3em (Rahmen rechts und links) = 20em

Damit verbleiben für den eigentlichen Inhalt bzw. den Innenbereich 6em. Vergleicht man dies mit den 20em in der Standardvariante, so ist der Unterschied erheblich. Im folgenden Beispiel wurde das Wort *Inhaltsbereich* nicht ausgeschrieben, weil es nicht hineingepasst bzw. den Inhaltsbereich künstlich vergrößert hätte.

Abb. 6.3: Der Internet Explorer rechnet teilweise anders.

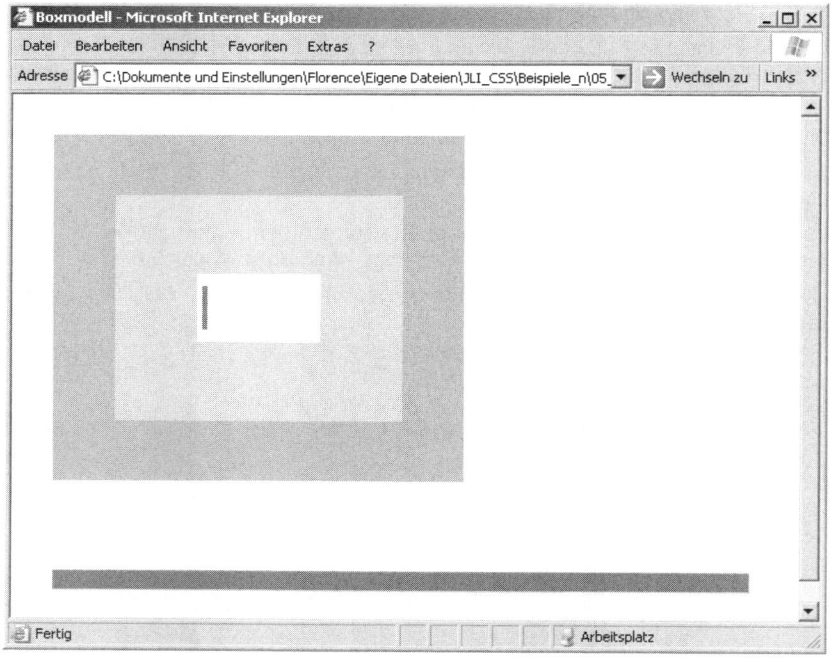

Wann dieses Verhalten auftaucht, wird in Kapitel 13 erläutert, in Kapitel 14 geht es dann um die äußerst wichtige Frage, wie man auch mit älteren Versionen des Internet Explorers zum gewünschten Ergebnis kommt.

Jetzt sollen aber erst einmal die einzelnen Bestandteile genauer erläutert werden, und es soll gezeigt werden, welche Werte man angeben kann. Im Folgenden gehen wir von der korrekten Standardinterpretation aus, bei der sich `width` wirklich nur auf den reinen Inhaltsbereich ohne Innenabstände und ohne Rahmen bezieht.

6.2 Inhaltsbereich

Für Inhaltsbereiche lassen sich Breite und Höhe definieren.

6.2.1 Breite

Über `width` wird die Breite des Inhaltsbereichs von Elementen festgelegt. Im Inhaltsbereich befindet sich üblicherweise das, was Sie präsentieren wollen, also Texte oder Bilder. Die Breite können Sie in allen üblichen Längenangaben spezifizieren, d. h. über Pixel, Pica, cm, Punkt oder em. Auch Prozentwerte sind möglich. Negative Werte sind jedoch nicht vorgesehen.

Ferner gibt es noch zwei Schlüsselwörter, die verwendet werden können: `inherit` und `auto`. `auto` ist der Standardwert, d.h., wenn Sie nichts angeben, ist es genauso, wie wenn Sie `auto` verwenden. Bei `auto` wird automatisch eine Breite zugewiesen; dazu gleich noch mehr. `inherit` bestimmt, dass das Element die Eigenschaft des Elternelements erbt. Was genau `inherit` macht, werden wir uns bei den Rahmen-Eigenschaften noch einmal ansehen, weil es dort sehr schön deutlich wird.

Wenn Sie Prozentangaben zur Bestimmung der Breite verwenden, so beziehen diese sich immer auf das Elternelement als Maßstab. Ist das formatierte Element ein direktes Kind von `body`, so ist das Browser-Fenster der Maßstab. Dies demonstriert das folgende Beispiel. Hier werden drei Boxen verwendet: Box 1 erhält eine Breite von 20em. Sie dient als Container, beinhaltet darüber hinaus jedoch keine weiteren Formatierungen und ist deswegen im nächsten Beispiel nicht sichtbar.

In der Box 1 befindet sich Box 2, für die eine Breite von 50% festgelegt wird. Außerhalb von Box 1 ist Box 3 platziert, die ebenfalls eine Breite von 50% erhält. Obwohl Box 2 und Box 3 beide 50% breit sind, sind es bei Box 2 50% der Elternbox, d. h. 50% von 20em, Box 3 nimmt hingegen 50% des Browser-Fensters ein:

```
#box1 { width: 10em; }
#box2, #box3 {
   width: 50%;
   background-color: #FFC266;
   margin: 1em;
}
```

Und hier die Elemente im XHTML-Teil:

```
<div id="box1">
  <div id="box2">Box 2</div>
</div>
<div id="box3">Box 3
</div>
```

Listing 6.3: `width: 50%` wirkt sich unterschiedlich aus.

Welcher Wert verwendet wird, wenn `auto` angegeben ist, hängt davon ab, um welches Element es sich handelt, deswegen müssen wir uns hier mit den verschiedenen von CSS definierten Elementtypen beschäftigen.

Bei Inline-Elementen wird noch zwischen ersetzten (replaced) und nicht-ersetzten Elementen differenziert. Ersetzte Elemente sind eigentlich Platzhalter für etwas anderes. Bestes Beispiel hierfür ist das `img`-Element, das bei der Darstellung durch etwas anderes, nämlich das Bild ersetzt wird. Normalen Inline-Elementen wie strong, em etc. kann keine Breite über width zugewiesen werden. Bei ersetzten Inline-Elementen wie bei Bildern können Sie dagegen eine Breite für width angeben, und diese wird entsprechend dargestellt. Bei auto werden die Bilder so breit angezeigt, wie sie sind.

Abb. 6.4: width: 50% bezieht sich immer auf die Breite des Elternelements.

Auf die Begriffe »ersetzte« und »nicht-ersetzte« Elemente trifft man immer wieder in Dokumenten zu CSS. Es gibt jedoch nur wenige ersetzte Elemente – außer Bildern sind beispielsweise noch Formularelemente dazuzurechnen. So genügt es eigentlich, sich zu merken, dass Bilder besondere Inline-Elemente sind, auf die manche für andere Inline-Elemente geltenden Eigenschaften nicht zutreffen: So kann bei Bildern eine Breite zugewiesen werden, bei nicht ersetzten Inline-Elementen wie strong etc. aber nicht. Das gilt ebenfalls für die Höhe, die per height bestimmt wird. Wenn Sie auch einem nicht-ersetzten Inline-Element eine Breite und/oder eine Höhe zuweisen möchten, so müssen Sie das Inline-Element durch display: block zu einem Blockelement machen. Das werden wir bei den Links noch besprechen.

Bei anderen Elementen wird die Breite berechnet, wenn auto gewählt wird. Die Gesamtbreite des Elements (width + Innenabstand + Außenabstand) ergibt dabei immer die Breite des Inhaltsbereichs des Elternelements, es füllt dieses also aus.

```
#box1 { width: 10em; }
#box2 {
   padding: 1em;
   background-color: #FFC266;
   margin: 1em;
}
```

Die Elemente sind folgendermaßen im Dokument platziert:

Listing 6.4: Die Breite des Inhaltsbereichs ergibt sich aus der Breite des Inhaltsbereichs des Elternelements.

```
<div id="box1">
   <div id="box2"><div style="background-color: white">Box 2</div></div>
</div>
<hr style="width: 6em; margin: 2em; text-align: left; height: 0.5em;
background-color: black" />
```

Im Beispiel erhält die äußere Box 1 eine Breite von 10em. Für die innere Box wird hingegen kein Wert bei width bestimmt, dieser ist damit also auto. Außerdem werden bei der inneren Box noch 1em Innenabstand (padding) und 1em Außenabstand (margin) festgelegt. Damit ergibt sich eine Breite für den Inhaltsbereich der inneren Box 2 von 6em. Um diesen Inhaltsbereich kenntlich zu machen, wurde wiederum eine weitere Box mit einer anderen Hintergrundfarbe eingefügt.

Noch einmal die Rechnung:

10em (`width` der äußeren Box) = X (`width` innere Box) + 2*1em (Innenabstand) + 2*1em (Außenabstand)

Der berechnete Innenabstand `width` der Box 2 ist somit 6em. Wieder lässt sich durch eine 6em breite Trennlinie zeigen, dass die Rechnung aufgeht.

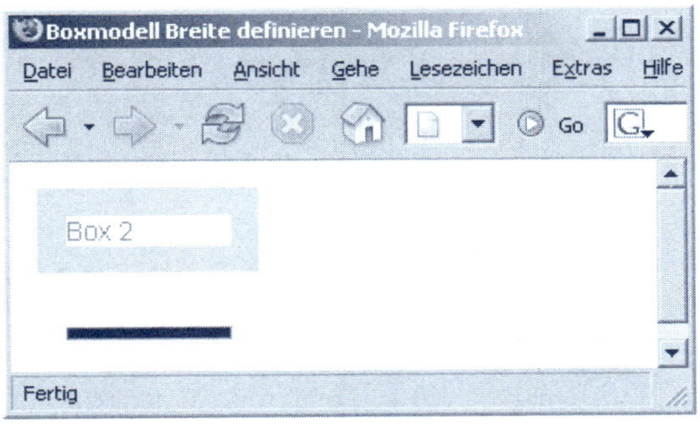

Abb. 6.5: Berechnete Breite der inneren Box

Außerdem können Sie noch die minimale und die maximale Breite von Elementen festlegen. Die entsprechenden CSS-Eigenschaften hierfür sind `min-width` und `max-width`. Damit können Sie z.B. die Breite für ein Element in Prozent definieren, gleichzeitig aber durch das Vorgeben einer maximalen Breite in Pixeln dafür sorgen, dass der Bereich auch bei sehr hoher Auflösung beim Surfer nicht zu breit wird. Bei Textspalten leidet bei zu großer Breite nämlich oft die Lesbarkeit. Auf diese Weise haben Sie den Vorteil von Prozentwerten – flexible Anpassung an die Größe des Browser-Fensters – und können gleichzeitig sicherstellen, dass ein Element nicht zu breit wird. Im folgenden Beispiel wird ein Bereich `#inhalt` auf 60% gesetzt und gleichzeitig gewährleistet, dass er nicht größer als 600px wird.

```
#inhalt {
   width: 60%;
   max-width: 600px;
}
```

`min-width` und `max-width` werden nicht vom Internet Explorer bis einschließlich Version 6 unterstützt. Über die Microsoft-proprietären IE Expressions können Sie das ausgleichen.

IE Expressions sind JavaScript-Code, der auf bestimmte Art innerhalb der Stylesheet-Angaben notiert wird. Wie Sie das für `min-width` und `max-width` machen, erfahren Sie unter *http://www.svendtofte.com/code/max_width_in_ie/* und *http://jeenaparadies.net/weblog/2007/mar/min-max-width-expression*. Eine rein JavaScript-basierte Lösung finden Sie beispielsweise bei *http://www.doxdesk.com/software/js/minmax.html*.

Wenn der Inhalt breiter wird, als über `width` (oder `max-width`) zugelassen, lässt sich über `overflow` festlegen, was passieren soll. Sie können bestimmen, dass trotzdem alles sichtbar sein (`visible`) soll, dass der Inhalt beschnitten werden (`hidden`) soll oder dass Rollbalken eingeblendet werden sollen.

Das folgende Beispiel demonstriert die drei verschiedenen Eigenschaften für `overflow`:

Listing 6.5: `overflow` im Einsatz

```
#box1, #box2, #box3 { width: 150px; height: 100px; margin: 1em; }
#box1 { overflow: scroll; }
#box2 { overflow: hidden; }
#box3 { overflow: visible; }
```

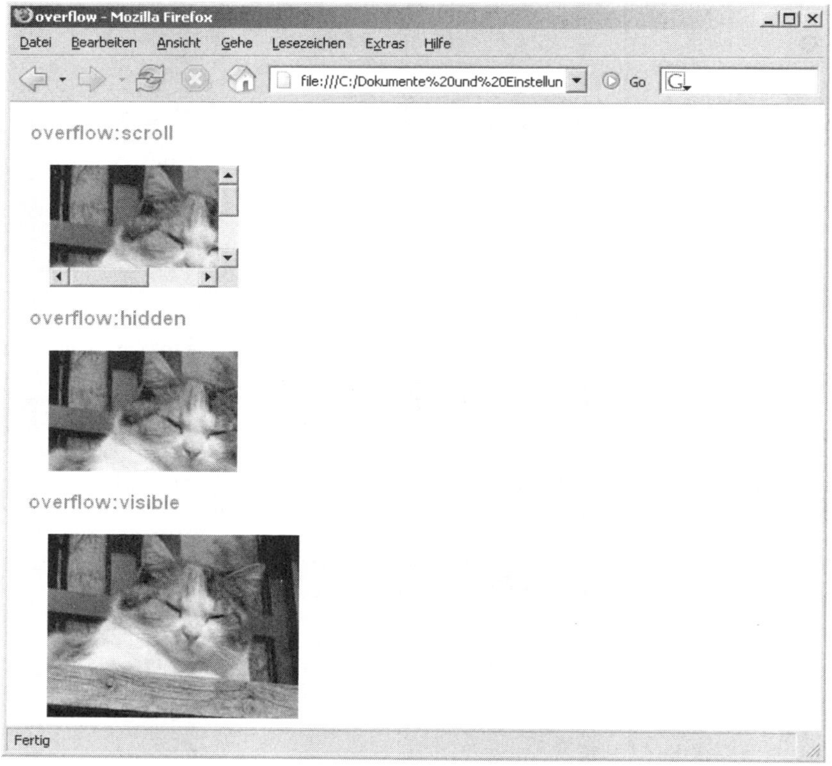

Abb. 6.6: Mit `overflow` lässt sich definieren, was mit übergroßem Inhalt passieren soll.

Über die Eigenschaften `overflow-x` und `overflow-y` lassen sich die `overflow`-Eigenschaften getrennt für den horizontalen (`overflow-x`) und den vertikalen (`overflow-y`) Bereich festlegen. Dies ist jedoch erst Teil von CSS 3.

6.2.2 Höhe

Ebenso wie die Breite, können Sie auch die Höhe (`height`) eines Elements bestimmen. Und parallel zu `min-width` und `max-width` existieren `min-height` und `max-height`. Ein wesentlicher Unterschied zwischen Breite und Höhe ist jedoch, dass Elemente automatisch so breit werden, wie es ihre Elternelemente zulassen, dass sie hingegen nur so hoch sind, wie es vom Inhalt gefordert ist.

Im folgenden Beispiel erhält eine Box eine Breite von 150px und eine Höhe von 100px:

```
#box1 {
   width: 150px;
   height: 100px;
   background-color: #FFC266;
}
```

Wenn Sie `height` in Verbindung mit Prozentwerten bei einem Element einsetzen, dessen Elternelement keine explizite Höhe zugewiesen bekommt, so wird der Wert auf `auto` zurückgesetzt. Ein Beispiel hierzu.

Soll ein Element so hoch wie das ganze Browser-Fenster sein, müssen Sie, damit es in den verschiedenen Browsern funktioniert, für `html` und für `body` ebenfalls die Höhe auf 100% setzen. Im folgenden Beispiel wird außerdem `padding` und `margin` auf 0 gesetzt, damit die Box wirklich ganz oben beginnt:

```
body, html {
   padding: 0;
   margin: 0;
   height: 100%;
}
#box {
   height: 100%;
   background-color: #FFC266;
}
```

Und die Box kann dann ganz normal verwendet werden:

```
<div id="box">Diese Box soll sich &uuml;ber die ganze H&ouml;he
des Browser-Fensters erstrecken</div>
```

Allerdings bleibt die Box dann 100% des Browser-Fensters hoch, wenn der Inhalt länger wird als das Browser-Fenster.

6.3 Außenabstände

Außenabstände werden wichtig, wenn man mit mehreren Elementen arbeitet.

6.3.1 margin

Mit `margin` (Rand) bestimmen Sie die Außenabstände für ein Element. Diese können Sie getrennt für jede Seite über `margin-top` (Rand oben), `margin-right` (Rand rechts), `margin-bottom` (Rand unten) und `margin-left` (Rand links) festlegen.

Arbeiten Sie hingegen mit `margin` wie in den vorherigen Beispielen und geben Sie nur einen Wert an, so gilt dieser für alle vier Außenabstände. Aber auch, wenn Sie mehrere Werte verwenden möchten, können Sie die verkürzte Schreibung über `margin` einsetzen. Wie das im Einzelnen funktioniert, listet Tabelle 6.1 auf.

Tabelle 6.1: Werte bei `margin`

Anzahl der Werte bei `margin`	Bedeutung
1 Wert	Alle vier Ränder erhalten diesen Außenabstand.
2 Werte	Der erste Wert gilt für oben und unten, der zweite für rechts und links.
3 Werte	Der erste Wert gilt für oben, der zweite für rechts und links, der dritte für unten.
4 Werte	Der erste Wert gilt für oben, der zweite für rechts, der dritte für unten und der vierte für links (Uhrzeigersinn).

Die einzelnen Werte werden einfach durch Leerzeichen getrennt hintereinander geschrieben:

```
p { margin: 20px 30px; }
```

Durch den obigen Befehl wird der obere und untere Abstand 20px, der rechte und linke hingegen 30px breit. Die ausführlichere Variante sieht so aus:

```
p {
   margin-top: 20px;
   margin-left: 30px;
   margin-bottom: 20px;
   margin-right: 30px;
}
```

Sie können als Werte für `margin` alle üblichen Angaben verwenden, d. h. neben em und px auch Prozentangaben, Zentimeter, Millimeter – ganz nach den Erfordernissen des von Ihnen gestalteten Dokuments. Übrigens sind für `margin` auch negative Werte erlaubt, im Gegensatz zu `padding`, wo das nicht möglich ist. Dazu sehen wir uns etwas später noch ein Beispiel an.

TIPP

Wenn Sie Außenabstände bei Inline-Elementen wie `span` oder `strong` einsetzen, so haben nur `margin-left` und `margin-right` eine sichtbare Auswirkung. `margin-top` und `margin-bottom` bewirken hingegen nichts.

6.3.2 Zusammentreffen von Außenabständen

Eine Box kommt selten allein … So zeigt das folgende Beispiel zwei Boxen. Bei beiden Boxen wird für alle Außenabstände 3em (`margin: 3em`) festgelegt.

Listing 6.6: Außenabstände von zwei Boxen treffen aufeinander.

```
<!DOCTYPE html PUBLIC "-//W3C//DTD XHTML 1.0 Transitional//EN"
"http://www.w3.org/TR/xhtml1/DTD/xhtml1-transitional.dtd">
<html xmlns="http://www.w3.org/1999/xhtml" xml:lang="de" lang="de">
<head>
<title>Boxmodell: margin</title>
<meta http-equiv="Content-Type" content="text/html; charset=iso-8859-1" />
<style type="text/css">
/* <![CDATA[ */
```

```
body {
   background-color: #FFF5E6;
   margin: 0;
   padding: 0;
   font: 100.01% sans-serif;
   color: #995C00;
}
#box1 {
   width: 20em;
   background-color: #F90;
   border: 1em solid #995C00;
   padding: 2em;
   margin: 3em;
 }
#box2 {
   width: 20em;
   background-color: #F90;
   border: 1em solid #FFC266;
   padding: 2em;
   margin: 3em;
}
.inhalt {
   background-color: #FFF5E6;
   font-size: 3em;
}
/* ]]> */
</style>
</head>
<body>
<div id="box1">
   <div class="inhalt">Box 1</div>
</div>
<div id="box2">
   <div class="inhalt">Box 2</div>
</div>
</body>
</html>
```

Wenn Sie sich das Beispiel ansehen, werden Sie bemerken, dass alle Außenabstände gleich sind. Vielleicht haben Sie das erwartet, aber man hätte auch vermuten können, dass der Abstand zwischen den Boxen doppelt so groß ist (3em + 3em). Das ist jedoch nicht der Fall: Außenabstände werden nicht addiert, sondern fallen zusammen.

Dabei stellt sich die Frage, welcher Abstand bei unterschiedlichen Werten genommen wird. Um das zu demonstrieren, belassen wir den Abstand bei der unteren Box. Für die obere Box schreiben wir hingegen: `margin: 3em 3em 1em 3em`.

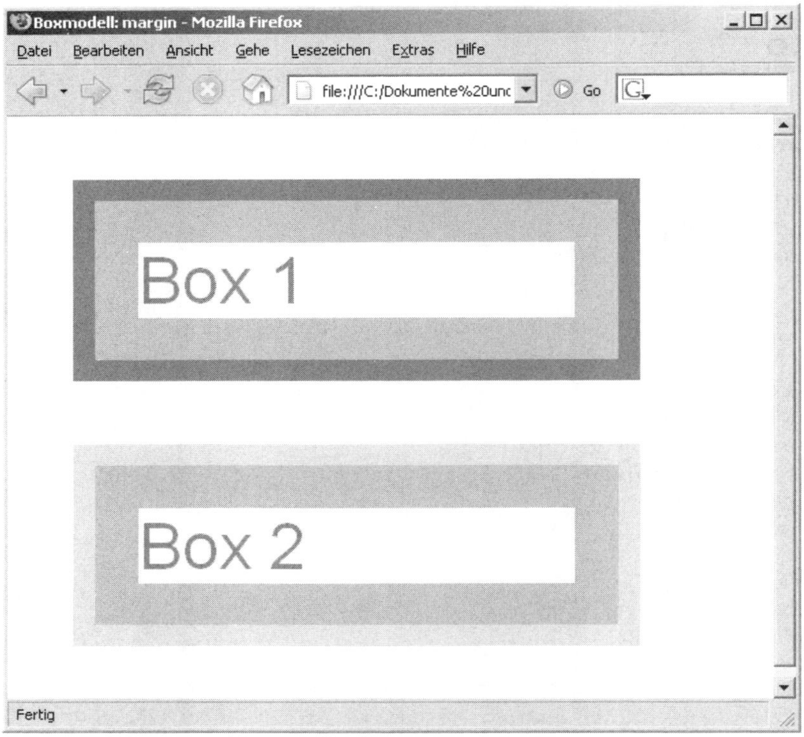

Abb. 6.7: Zwei Boxen mit Außenabständen

Listing 6.7: Unterschiedliche Außenabstände

```
#box1 {
   width: 20em;
   background-color: #F90;
   border: 1em solid #995C00;
   padding: 2em;
   margin: 3em 3em 1em 3em;
}
#box2 {
   width: 20em;
   background-color: #F90;
   border: 1em solid #FFC266;
   padding: 2em;
   margin: 3em;
}
```

Damit haben wir den unteren Abstand bei der ersten Box auf 1em verringert und alle anderen Abstände beim ursprünglichen Wert von 3em belassen. Als Ergebnis erhalten Sie dasselbe Bild, das schon in Abbildung 6.7 gezeigt wurde. Es hat sich nichts verändert. Die Regel, die hier gilt, ist folgende: Die kleineren Außenabstände werden von den größeren Abständen geschluckt. Sind beide Abstände gleich groß, wird nur ein Abstand verwendet. Dies gilt jedoch nur für die Abstände nach oben und nach unten.

Möchte man den Außenabstand (`margin`) zwischen Elementen verkleinern, hilft es also nichts, den kleineren Abstand noch zu verkleinern – den gewünschten Effekt erreicht man immer nur, indem man den größeren Abstand verändert.

6.3.3 Negative Außenabstände

Sie können auch negative Außenabstände einsetzen. Damit erreichen Sie, dass ein untergeordnetes Element, d. h. ein Kindelement, über den Rahmen des Elternelements hinausragt. Nehmen wir an, auf einer Seite legen Sie für das `body`-Element bestimmte Abstände fest, möchten aber, dass die Überschrift darüber hinausragt, d. h. links davon beginnt. Dann können Sie für die Überschrift mit einem negativen Wert bei `margin-left` den gewünschten Effekt erreichen. Hier die entsprechenden Angaben im Stylesheet:

```
body {
   background-color: #EEE;
   color: black;
   margin: 3em;
   padding: 0;
   font: 100.01% sans-serif;
}
p {
   margin-left: 0;
   font: 1.0em/1.2em sans-serif;
}
h1 {
   margin-left: -1em;
   font: 1.5em/1.8em sans-serif;
}
```

Im (X)HTML-Dokument werden mehrere Absätze und Überschriften verwendet:

```
<h1>Lorem ipsum dolor</h1>
<p>Lorem ipsum dolor sit amet ... </p>
<h1>Duis autem vel eum</h1>
<p>Duis autem vel eum iriure dolor .... </p>
```

Listing 6.8: Negative Außenabstände

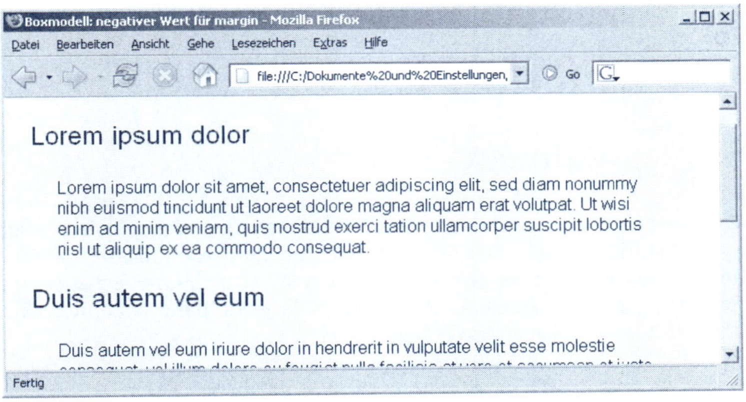

Abb. 6.8: Für `margin` können auch negative Werte verwendet werden.

Negative Außenabstände werden auch bei manchen fortgeschrittenen Layouts eingesetzt, so z. B. beim hier beschriebenen Layout: *http://www.alistapart.com/articles/negativemargins.*

Mehr Informationen zu negativen Außenabständen lesen Sie unter *http://www.search-this.com/2007/08/01/the-positive-side-of-negative-margins/.*

6.3.4 Standardwerte bei margin

Was passiert, wenn man keine Angaben bei `margin` macht? Was sind die Standardwerte, die verwendet werden?

Die Abstände werden nicht auf 0 gesetzt, sondern die Standardabstände der Elemente werden verwendet. Diese hängen einerseits vom Browser und andererseits vom Element selbst ab: `p` hat üblicherweise einen Abstand nach oben und unten – neben dem Zeilenumbruch, der ebenfalls durch `p` erzeugt wird. Hingegen hat `div` keinen Abstand. Neuere Opera-Versionen setzen jedoch keinen Standardabstand bei `p`. Möchten Sie den Unterschied aufheben, müssen Sie bei `p` für die Abstände oben und unten explizite Werte setzen. Auch das `body`-Element hat typischerweise Abstände. Dadurch werden die Elemente innerhalb von `body` mit einem Abstand zum Browser-Fenster platziert.

Zur horizontalen Zentrierung eines Elements müssen Sie für das Element eine Breite mit `width` festlegen und dann für die Seitenränder `auto` angeben. Das funktioniert jedoch nicht für die vertikale Zentrierung, da bei der Verwendung von `auto` für die oberen und unteren Abstände diese den Wert 0 erhalten. Mehr dazu finden Sie in Kapitel 15.

TIPP

Um den standardmäßigen Abstand zum Browser-Fenster auf 0 zu setzen, sollten Sie `margin` **und** `padding` auf 0 setzen. Die einzelnen Browser unterscheiden sich nämlich darin, wodurch der Abstand definiert wird. Sicherheitshalber sollte diese Einstellung für `body` und `html` vorgenommen werden.

Haben Sie früher bei `body` vier Angaben gemacht (`leftmargin="0" topmargin="0" marginwidth="0" marginheight="0"`), um Elemente ganz oben platzieren zu können, so schreiben Sie bei der Verwendung von CSS:

```
body, html {
   margin: 0;
   padding: 0;
}
```

6.4 Rahmen

Vorbei sind die Zeiten, in denen man, wenn man eine dünne Linie zur Begrenzung eines Textes benötigte, das Ganze in eine Tabelle packen musste. Hierfür verwenden Sie einfach Rahmen. Bei Rahmen können Sie die Farbe festlegen, die Art des Rahmens und seine Dicke. Außerdem kann für jeden Rand ein anderer Rahmenstil oder auch keiner bestimmt werden.

6.4.1 Rahmenstil

Den Rahmenstil definieren Sie über `border-style`. Neben `none` und `hidden` haben Sie die Wahl zwischen acht verschiedenen Werten: `dotted`, `dashed`, `solid`, `double`, `groove`, `ridge`, `inset` oder `outset`. Einen Eindruck, was diese einzelnen Werte bedeuten, erhalten Sie mit Abbildung 6.9.

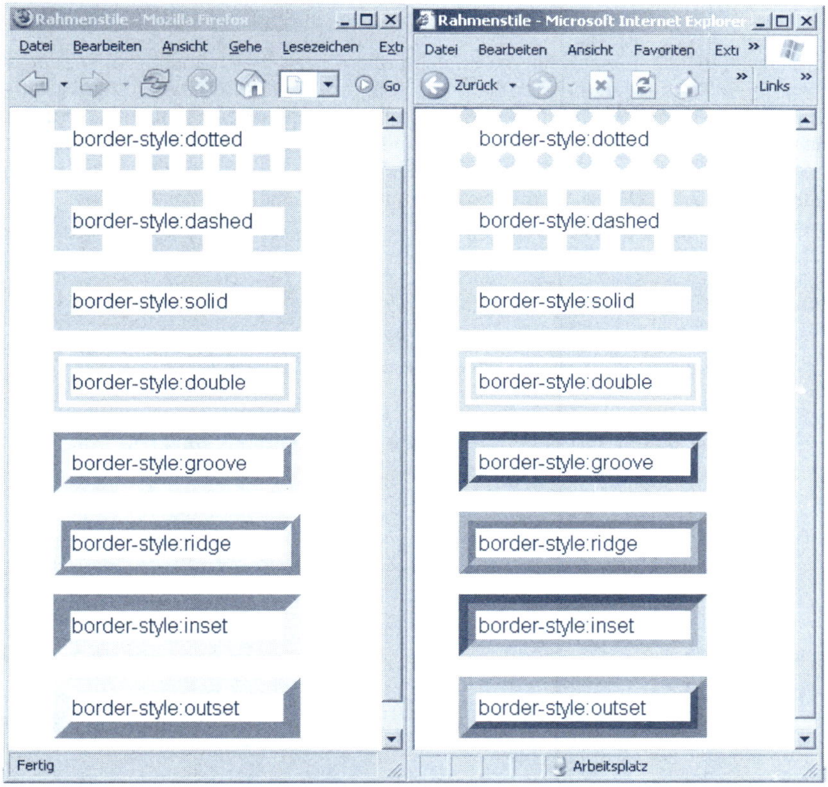

Abb. 6.9: Verschiedene Rahmenstile in Firefox (links) und im Internet Explorer (rechts)

Der Abbildung liegt folgendes Listing zugrunde (Ausschnitt):

```
<div style="border-style: dotted">border-style:dotted </div>
<div style="border-style: dashed">border-style:dashed </div>
<div style="border-style: solid">border-style:solid </div>
<div style="border-style: double">border-style:double </div>
<div style="border-style: groove">border-style:groove </div>
<div style="border-style: ridge">border-style:ridge </div>
<div style="border-style: inset">border-style:inset </div>
<div style="border-style: outset">border-style:outset </div>
```

Listing 6.9: Rahmenstile im Vergleich

Der Unterschied zwischen `hidden` und `none` ist nur in einem Spezialfall bei Tabellen relevant. Falls Sie dazu mehr wissen wollen, finden Sie eine Erläuterung unter *http://www.thestyleworks.de/ref/border-collapse.shtml*.

Wenn Sie das Beispiel ausprobieren, ohne eine Rahmenfarbe vorzugeben, dann wird die Standardvordergrundfarbe der Seite genommen, die auch der Textfarbe entspricht.

TIPP

Der Internet Explorer 6 und kleiner zeigt bei einem Rahmenstil von `dotted`, der nur 1px breit ist, Striche anstelle der Pünktchen. Setzt man den Rahmenstil auf 2px, funktioniert alles wie gewünscht.

Es müssen jedoch keineswegs die Rahmen aller Seiten gleich aussehen. Benötigen Sie für jede Seite einen anderen Rahmen, notieren Sie vier Angaben hinter `border-style`. Diese Angaben werden im Uhrzeigersinn zugewiesen. Die erste gilt für den oberen, die zweite für den rechten, die dritte für den unteren und die letzte für den linken Teil des Rahmens. Die nächste Stylesheet-Angabe gibt für den Rahmen Folgendes vor: oben `dotted`, rechts `dashed`, unten `solid` und links `none`.

```
<div style="border-style: dotted dashed solid none"> .... </div>
```

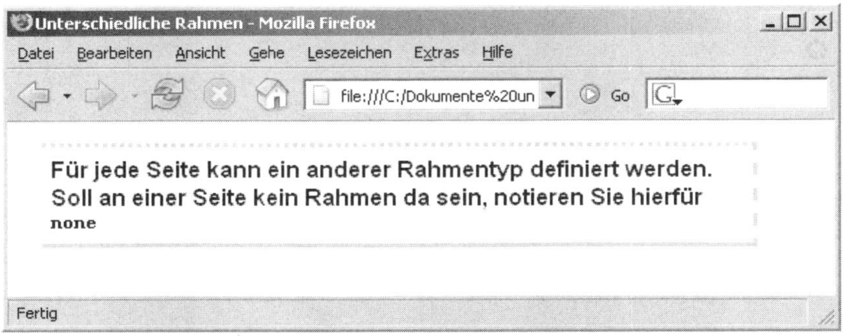

Abb. 6.10: Jede Seite des Rahmens kann eigens bestimmt werden.

Wenn Sie weniger als vier Werte angeben, gelten dieselben Regeln wie bei `margin` (vgl. Tabelle 6.1).

Es gibt aber auch spezielle Schlüsselwörter, um den Stil der Rahmenteile einzeln zu definieren. Sie sind etwas lang, dafür haben sie selbsterklärende Namen:

`border-top-style` – Oberer Rahmenstil

`border-right-style` – Rechter Rahmenstil

`border-bottom-style` – Unterer Rahmenstil

`border-left-style` – Linker Rahmenstil

Wenn Sie rechts keinen Rahmen haben möchten, dafür aber an allen anderen Seiten einen durchgezogenen, lässt sich das auf zwei Arten schreiben. Entweder als:

```
p {
   border-style: solid;
   border-right-style: none;
}
```

oder als:

```
p { border-style: solid none solid solid; }
```

In beiden Fällen erreicht man dasselbe Ergebnis, da die Angabe für den rechten Rahmenstil die vorher definierten Werte überschreibt. Dabei muss jedoch die Reihenfolge wie oben angegeben sein, weil immer nur die letzten Werte die vorhergehenden überschreiben.

Zusätzlich können Sie für den Rahmenstil auch `inherit` angeben, was jedoch vom Internet Explorer bis einschließlich Version 7 nicht unterstützt wird. Damit bestimmen Sie, dass der Rahmenstil, der normalerweise nicht vom Elternelement an die Kindelemente vererbt wird, in diesem Fall vererbt wird.

Im folgenden Beispiel erhält das Dokument einen Container (`div`), für den ein Rahmen definiert wird. Innerhalb des Containers wiederum befinden sich mehrere Absätze. Diese erhalten im Stylesheet nur die Angabe `border-style: inherit`. Sie erben dadurch den Rahmenstil des übergeordneten Containers:

```
div {
   width: 30em;
   border-color: silver;
   border-style: inset;
   margin: 1em;
   padding: 0.4em;
   font: bold 100.01% sans-serif;
}
p { border-style: inherit; }
```

Und so sind die Elemente verschachtelt:

```
<div>
   <p>Absatz</p>
   <p>Absatz</p>
   <p>Absatz</p>
</div>
```

Listing 6.10: Vererbte Rahmen

Das Ergebnis: Die Absätze erben den Rahmenstil des übergeordneten `div`-Containers.

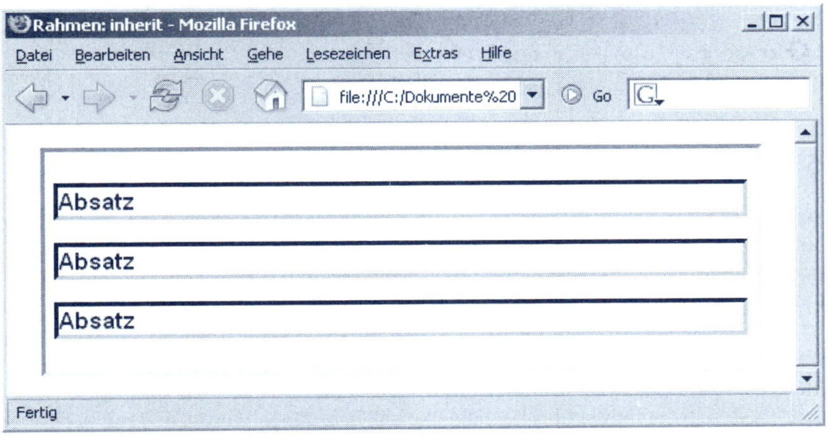

Abb. 6.11: Mit `border-style: inherit` erben die Kindelemente den Rahmenstil des übergeordneten Elements.

Den Rahmenstil müssen Sie immer angeben, damit überhaupt ein Rahmen angezeigt wird, die beiden anderen Werte – Rahmenbreite und -farbe – müssen Sie nur festlegen, wenn Sie die Standardwerte nicht übernehmen möchten.

6.4.2 Rahmenfarbe

Ohne explizite Rahmenfarbe wird immer die Standardvordergrundfarbe der Seite genommen, die über `color` definiert wird und auch der Standardtextfarbe (bis auf Links) entspricht.

```
div { color: red; border-style: dashed; }
```

Hier sind Textfarbe und Rahmenfarbe Rot. Mit `border-color` jedoch können Sie dem Rahmen eine von der Text- und sonstigen Vordergrundfarbe unabhängige Farbe geben.

```
div {
   color: #F6D30E;
   border-style: dashed;
   border-color: #454C6C;
}
```

Auch wenn `color` am häufigsten zur Festlegung der Textfarbe eingesetzt wird, dient es doch eigentlich zur Bestimmung der Vordergrundfarbe, wie man bei den Rahmen deutlich sehen kann. Das erklärt auch, warum die Bezeichnung `color` und nicht etwa `text-color` o. ä. heißt.

Sie können wiederum auch jeder Seite einen andersfarbigen Rahmen zuweisen. Genauso wie bei den Rahmenstilen, stehen Ihnen hier zwei Möglichkeiten offen. Entweder Sie schreiben mehrere Werte hinter `border-color` oder Sie verwenden spezielle Eigenschaften:

`border-top-color` – Rahmenfarbe oben

`border-right-color` –Rahmenfarbe rechts

`border-bottom-color` – Rahmenfarbe unten

`border-left-color` – Rahmenfarbe links

6.4.3 Rahmenbreite

Zur Angabe der Rahmenbreite dient das Schlüsselwort `border-width`. Ebenso wie beim Rahmenstil und der Rahmenfarbe kann damit die Breite für alle Seiten oder mit mehreren Werten die Breite für jede Seite gesondert bestimmt werden. Für die einzelnen Seiten existieren jedoch auch die Eigenschaften `border-top-width`, `border-right-width`, `border-bottom-width`, `border-left-width`.

Die Werte lassen sich relativ bestimmen über `thin` (dünn), `medium` (mittel) oder `thick` (dick). `medium` ist der Standardwert und wurde in den bisherigen Beispielen eingesetzt, in denen die Rahmenbreite nicht explizit angegeben wurde. Außerdem können Sie die üblichen numerischen Werte verwenden, 1em oder 2px etc. Nur Prozentwerte sollten Sie nicht einsetzen: Diese sind laut CSS-Spezifikation nicht vorgesehen.

Wenn Sie die Schlüsselwörter thin, medium oder thick einsetzen, haben Sie kaum Kontrolle über deren genaue Darstellung in den Browsern, da die exakte Breite bei den Schlüsselwörtern nicht definiert ist. Sicher ist nur, dass thick dicker ist als medium und medium wiederum dicker als thin.

6.4.4 Kurzschreibweise

Mit border existiert eine Kurzschreibweise, mit der Sie die Angaben zum Rahmen kompakt notieren können. Hinter border schreiben Sie Rahmenbreite, Rahmenstil und Rahmenfarbe mit Leerzeichen getrennt:

```
div { border: 2px solid #0066B3; }
```

Diese Zeile erzeugt beispielsweise einen zwei Pixel breiten Rahmen mit durchgezogener Linie in der angegebenen Farbe.

Die Reihenfolge ist hier nicht relevant. Wenn Sie einen Wert weglassen, wird der Standardwert verwendet. Daraus ergibt sich auch die kürzestmögliche Schreibweise, um einen Rahmen zu erzeugen: Sie schreiben hinter border nur den Rahmenstil. Damit wird als Breite medium eingesetzt, als Farbe die vorgegebene Vordergrundfarbe. Auf den Rahmenstil selbst können Sie jedoch nicht verzichten, da der Standardwert des Rahmenstils none ist – d. h. kein Rahmen.

Soll aber nur an einer Seite ein Rahmen stehen, gibt es parallel dazu die Eigenschaften border-top, border-bottom, border-right und border-left.

```
div { border-bottom: 2px solid #0066B3; }
```

6.5 Innenabstände

Mit padding (Polsterung, Füllsel) bestimmen Sie die Innenabstände. Die Innenabstände befinden sich zwischen dem eigentlichen Inhalt und dem Rahmen. Innenabstände empfehlen sich gerade beim Einsatz von Rahmen, damit der Inhalt nicht so am Rahmen »klebt«.

Im folgenden Beispiel werden prinzipiell für div-Container Innenabstände definiert, es gibt außerdem eine Klasse .ohne, bei der padding auf 0 gesetzt wird. Der erste Bereich hat die Standardeinstellungen, dem zweiten wird die Klasse .ohne zugewiesen.

```
div {
   width: 12em;
   background-color: #FFDFBF;
   color: #0066B3;
   border: solid;
   padding: 1em;
   margin: 1em;
}
.ohne { padding: 0; }
```

Im (X)HTML-Teil werden zwei divs verwendet, das zweite hat die Klasse ohne.

Listing 6.11: Innenabstände

```
<div>Padding schafft Abstand zwischen Inhalt und Rahmen</div>
<div class="ohne">zum Vergleich mit padding:0</div>
```

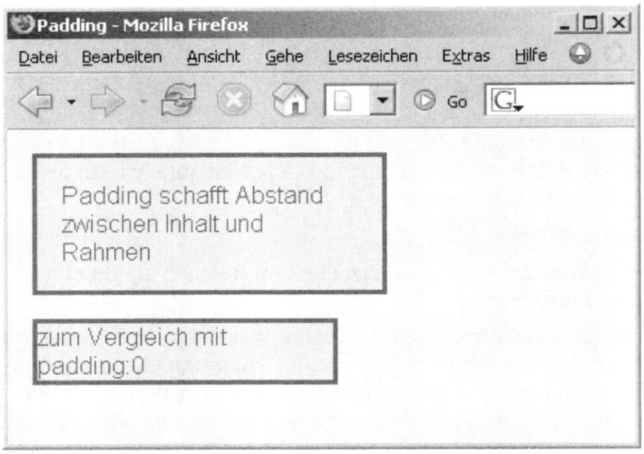

Abb. 6.12: Beim ersten Container wird `padding` *eingesetzt, beim zweiten nicht.*

Wenn Sie keinen Wert für `padding` angeben, wird der Innenabstand auf 0 gesetzt.

In diesem Beispiel ist der Effekt von `padding` sehr deutlich, weil eine Hintergrundfarbe und ein Rahmen verwendet werden. Wenn Sie jedoch mit mehreren `div`s ohne Hintergrundfarbe und ohne Rahmen arbeiten, ist auf den ersten Blick die Wirkung von `padding` nicht von der von `margin` zu unterscheiden. Im nächsten Beispiel wird bei den beiden oberen Containern `padding` und bei den beiden unteren Containern `margin` benutzt:

```
div {
   width: 12em;
   color: #0066B3;
}
.a1 { padding: 1em; }
.a2 { margin: 1em; }
```

Den Containern werden die entsprechenden Klassen zugewiesen.

Listing 6.12: `padding` *und* `margin` *im Einsatz*

```
<div class="a1">Padding schafft Abstand zwischen Inhalten</div>
<div class="a1">Padding schafft Abstand zwischen Inhalten</div>
<div class="a2">margin schafft Abstand zwischen den &auml;u&szlig;eren
R&auml;ndern</div>
<div class="a2">margin schafft Abstand zwischen den &auml;u&szlig;eren
R&auml;ndern</div>
```

Sie sehen am obigen Beispiel, dass der Abstand der ersten beiden `div`s, der über `margin` definiert ist, nur halb so groß ist wie der der beiden folgenden `div`s, die über `padding` getrennt werden.

Zur Verdeutlichung, wo ein Element aufhört und das andere beginnt, kann man zusätzlich einen Rahmen einfügen (`border: dotted 1px;`).

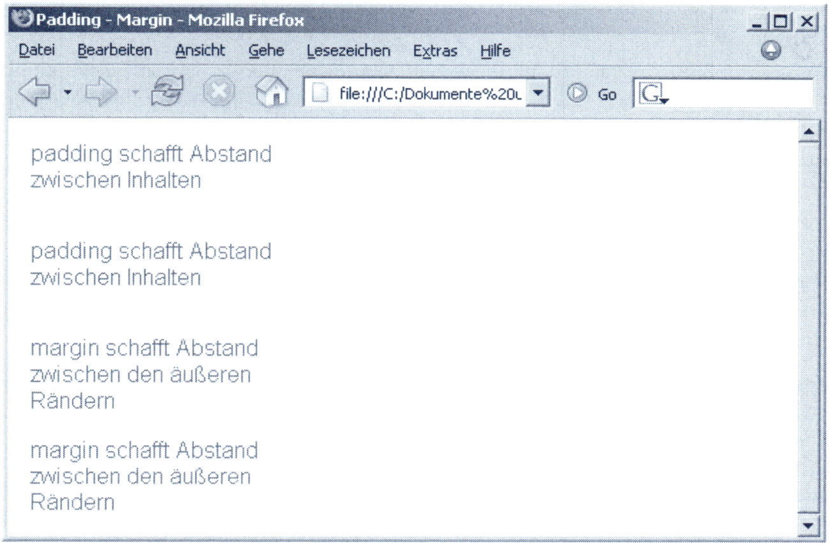

Abb. 6.13: Abstände einmal über `padding` und einmal über `margin`

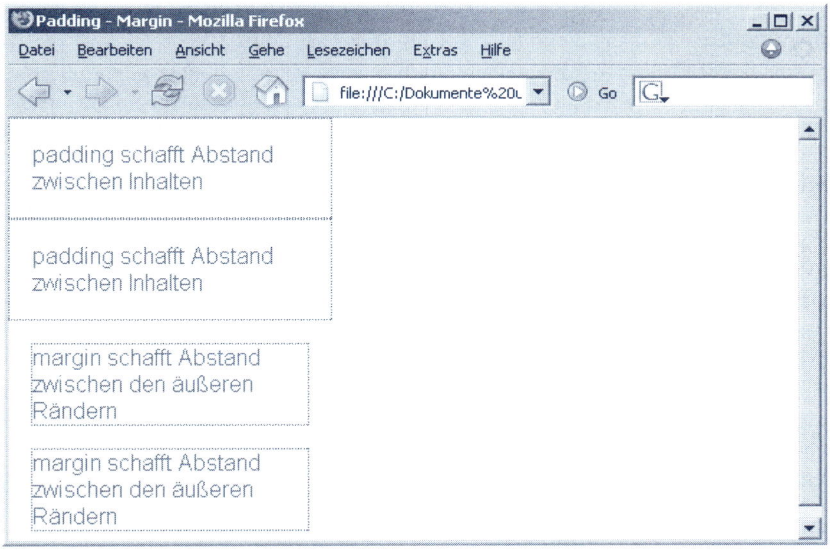

Abb. 6.14: Unterschiede zwischen `padding` und `margin`

Jetzt sieht man die einzelnen Elemente deutlicher. Der größere Abstand zwischen den Absätzen mit `padding` ist dadurch bedingt, dass hier wirklich beide Innenabstände verwendet werden (1em + 1em, also 2em). Bei `margin` hingegen beobachtet man die Zusammenfassung der Außenabstände, die oben bereits beschrieben wurde; diese beiden `divs` sind also nur 1em voneinander entfernt.

Genauso wie bei anderen in diesem Kapitel vorgestellten Eigenschaften können Sie die Werte für jeden Innenabstand – oben, unten, links und rechts – einzeln vergeben. Entweder Sie notieren hierfür mehrere Werte hinter padding, die Zuordnung der einzelnen Werte erfolgt wie bei margin (siehe Tabelle 6.1).

Die andere Möglichkeit – es wird Sie nur wenig erstaunen – ist die Verwendung eigener Eigenschaften, die in diesem Fall padding-top, padding-right, padding-bottom und padding-left lauten. Also z. B.:

```
<div style="padding-left: 2em;">Padding schafft Abstand zwischen
Inhalten</div>
```

6.6 Unterschiedliche Interpretationen des Boxmodells

Wie bereits am Anfang des Kapitels beschrieben wurde, rechnen ältere Versionen des Internet Explorers auf Windows und der Internet Explorer ab Version 6 im Quirks-Modus beim Boxmodell anders. Wenn Sie es einmal ausprobieren möchten, müssen Sie nur am Anfang eines Dokuments die Dokumenttypangabe ganz rauslöschen und das Beispiel im Internet Explorer 6, 7 oder 8 ansehen (warum das so ist und Genaueres zum Quirks-Modus lesen Sie in Kapitel 13). Standardmäßig ergibt sich die Gesamtbreite des Elements durch die Addition der Innenabstände und des Rahmens zum Inhaltsbereich (width). Bei den erwähnten Versionen des Internet Explorers hingegen wird die Breite des Inhaltsbereichs (width) als Gesamtbreite genommen, dementsprechend wird die ganze Box verkleinert.

Das Boxmodell wird noch einmal in Kapitel 14 Thema sein, wenn es darum geht, was man mit der teilweise anderen Interpretation des Internet Explorers macht. Auch ohne auf die dort vorgestellten Tricks zurückgreifen zu müssen, können Sie in bestimmten Fällen die Probleme vermeiden: Die unterschiedliche Interpretation wirkt sich nur bei Verwendung von width **mit** padding **und/oder** border aus. Wo es geht, sofern beispielsweise keine Hintergrundfarben benötigt werden, können Sie eventuell auch auf margin anstelle von padding zurückgreifen.

Wie Listing 6.12 gezeigt hat, lassen sich nicht einfach padding-Werte durch margin-Werte ersetzen, da beispielsweise vertikale Abstände bei margin zusammengefasst werden, bei padding aber nicht. Sie müssen dafür also die Werte eventuell entsprechend anpassen.

Andere Möglichkeiten ergeben sich durch weitere Verschachtelung, z. B. durch ein weiteres Element, das sich innerhalb des anderen befindet und dem padding ohne width zugewiesen wird. Das äußere Element hingegen erhält width ohne padding.

```
<div style="width: 800px">
   <div style="padding: 10px">Inhalt</div>
</div>
```

Diese Methode ist besonders empfehlenswert, wenn Sie als Einheit für die Breite Prozent verwenden – also beispielsweise eine Box mit 100% Breite und 10px Innenabstand definieren wollen:

```
<div style="width: 100%">
   <div style="padding: 10px">Inhalt</div>
</div>
```

Denn Sie können ja nicht Prozent in Pixel umrechnen, so dass das hier die einzig praktikable Lösung ist.

In CSS 3 ist übrigens vorgesehen, dass man auswählen kann, welches Boxmodell gelten soll, also welche Interpretation von `width`. Das hier beschriebene Standardmodell wird jedoch ebenfalls die Default-Einstellung sein.

6.7 Wiederholungsfragen und Übungen

1. **Wie breit ist ein Element insgesamt, dem die Eigenschaft `width: 40px` zugewiesen wird im Standardboxmodell? Welche Breite wird hingegen bei älteren Versionen des Internet Explorers genommen?**
2. **Welchen (X)HTML-Elementen kann keine Breite und keine Höhe zugewiesen werden?**
3. **Welche Außenabstände werden über `margin: 0 1px 2px 3px` genau definiert? Wie ließe sich das auch anders schreiben?**
4. **Wie groß ist der Abstand von zwei Boxen, bei denen die obere Box einen Abstand von 5px nach unten hat, die untere einen Abstand von 7px nach oben?**
5. **Welche Rahmeneigenschaft muss immer gesetzt werden, damit überhaupt ein Rahmen angezeigt wird?**
6. **Wie lässt sich der folgende Ausdruck auch kürzer schreiben?**

   ```
   border-width: 20px 10px 20px 10px
   ```
7. **Welche Werte sind hier eigentlich zu ergänzen?**

   ```
   border: solid;
   ```
8. **Wie können Sie eine andersfarbige Unterstreichung realisieren? (Tipp: Rahmen)**

KAPITEL 7

jetzt lerne ich

Hintergründe

Auch bei der Hintergrundgestaltung bietet Ihnen CSS wesentlich mehr Möglichkeiten als das, was Sie von HTML gewohnt sind. Einerseits sind Sie beim Zuweisen von Hintergründen nicht auf das body-Element beschränkt – so lassen sich beispielsweise auch Überschriften mit Hintergründen versehen. Andererseits können Sie die Art der Wiederholung bei gekachelten Hintergründen bestimmen und auch festlegen, wo der Hintergrund positioniert werden soll.

7.1 Hintergrundfarben und -bilder

Noch einmal kurz zur Wiederholung: Über background-color legen Sie die Hintergrundfarbe fest. Sie können eine Hintergrundfarbe für jedes beliebige Element definieren und so einzelne Wörter in Sätzen farblich hervorheben oder auch Überschriften mit einem Hintergrund versehen, ohne dafür mit unsichtbaren Tabellen tricksen zu müssen (vgl. Kapitel 2).

```
.wichtig { background-color: red; color: black; }
```

Für Hintergrundbilder existiert die Eigenschaft background-image. Sie erwartet einen Pfad hinter url:

Listing 7.1: Gekacheltes Hintergrundbild

```
body {
   background-image: url(hg3.gif);
   background-color: #FFE6BF;
   color: #B36B00;
   font: 100.01% sans-serif;
}
```

Damit erreichen Sie einen Effekt, den Sie von HTML kennen: Das Bild wird horizontal und vertikal über das ganze Browser-Fenster gekachelt.

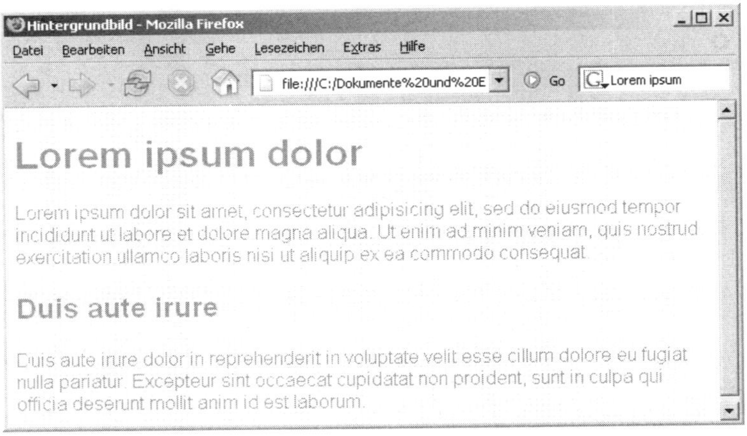

Abb. 7.1: Der übliche Kacheleffekt für den Hintergrund, dieses Mal über CSS

Ein Hintergrundbild können Sie aber auch für einzelne Elemente bestimmen, wie beispielsweise nur für die Überschriften oder sogar nur für einzelne Satzteile, wenn diese mit einem `span` oder Ähnlichem umschlossen sind. Bei Letzterem müssen Sie natürlich darauf achten, dass das Bild entsprechend klein ist, damit es auch hinter dem Wort gekachelt werden kann. So sind im folgenden Beispiel alle `h1`-Überschriften und die Klasse `bet` mit einem Hintergrundbild versehen.

```
h1, .bet { background-image: url(hg3.gif); }
```

Und hier der Einsatz im XHTML-Teil des Dokuments:

Listing 7.2: Gekachelter Hintergrund für ausgewählte Elemente

```
<h1>Lorem ipsum dolor</h1>
<p>Lorem ipsum dolor sit amet ... </p>
<h1>Duis autem vel eum</h1>
<p>Duis autem vel eum iriure dolor in hendrerit in vulputate velit esse
molestie consequat, <span class="bet">vel illum dolore eu </span>feugiat
nulla facilisis ... </p>
```

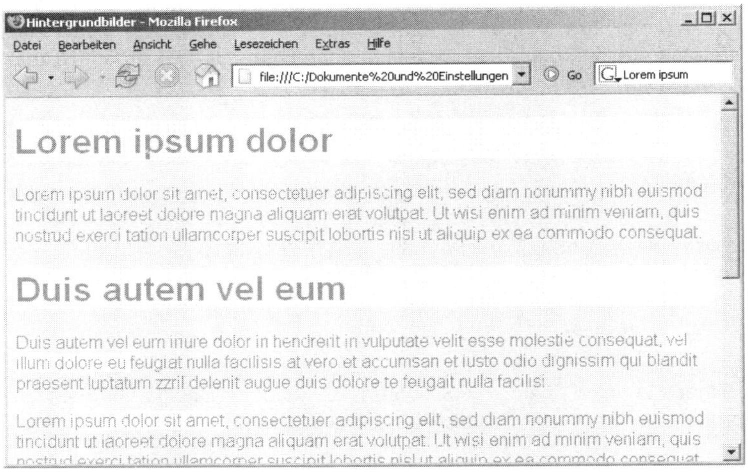

Abb. 7.2: Hintergrundbilder können auch für einzelne Elemente bestimmt werden.

Zum Steuern der Wiederholung existiert background-repeat. Es kann die Werte repeat (Standardwert), repeat-x für eine horizontale Wiederholung und repeat-y für eine vertikale Wiederholung annehmen. Mit background-repeat: no-repeat schalten Sie die Wiederholung ganz aus. Im folgenden Beispiel wird für body ein vertikal gekacheltes Hintergrundbild festgelegt:

Listing 7.3: Nur vertikale Wiederholung beim Hintergrundbild

```
body {
   font: 100.01% sans-serif;
   background-color: #FFE6BF;
   color: #B36B00;
   background-image: url(hg.gif);
   background-repeat: repeat-y;
   margin: 2em;
}
```

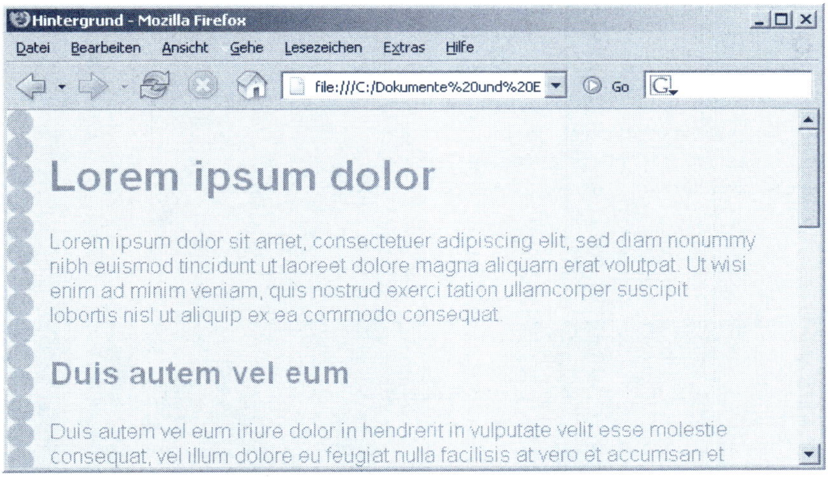

Abb. 7.3: Ein vertikal gekacheltes Hintergrundbild für body

TIPP

Zusätzlich zu Hintergrundbildern sollten Sie immer auch eine Hintergrundfarbe festlegen. Falls nämlich das Bild nicht angezeigt werden kann, wird dann trotzdem die passende Farbe gewählt. Andernfalls könnte der Text nicht mehr lesbar sein, wenn Sie beispielsweise ein dunkles Hintergrundbild und eine helle Schriftfarbe gewählt haben.

7.2 Positionieren von Hintergrundbildern

Gerade wenn Sie festgelegt haben, dass das Hintergrundbild nicht gekachelt werden soll, möchten Sie vielleicht auch bestimmen können, wo es positioniert werden soll. Dafür gibt es die Eigenschaft background-position. Hier können Sie mehrere vorgegebene Werte einsetzen: für die vertikale Platzierung top, center und bottom und für die horizontale left, center und right.

Das folgende Beispiel führt drei Positionierungsvarianten vor – oben in der Mitte, in der Mitte rechts und unten links:

```
.omittig {
   background-image: url(hg.gif);
   background-repeat: no-repeat;
   background-position: center top;
}
.rmittig {
   background-image: url(hg.gif);
   background-repeat: no-repeat;
   background-position: right center;
}
.umittig {
   background-image: url(hg.gif);
   background-repeat: no-repeat;
   background-position: left bottom;
}
```

Dann werden den ersten drei Absätzen die Klassen zugewiesen:

Listing 7.4: Drei von den neun möglichen Positionierungsvarianten über Schlüsselwörter

```
<p class="omittig">Lorem ipsum ... </p>
<p class="rmittig">Duis autem vel eum  ... </p>
<p class="umittig">Lorem ipsum dolor ... </p>
```

Abb. 7.4: Positionierte Hintergrundgrafik

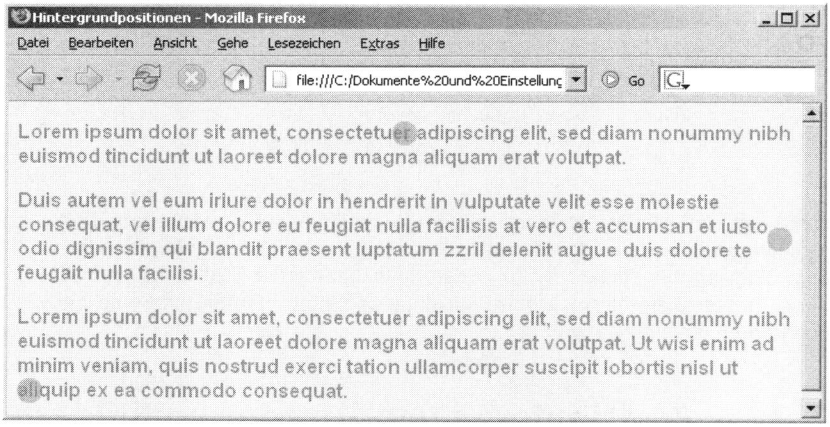

Die Reihenfolge der Schlüsselwörter spielt an sich keine Rolle. Da es jedoch diesbezüglich einen Bug in einigen – zugegebenermaßen inzwischen veralteten – Netscape- (6.0 bis 6.2.1) und Mozilla-Versionen (0.9.8) gibt, sollten Sie immer zuerst die horizontale Positionierung (`left` oder `right`) angeben und dann die vertikale.

Wenn Sie anstelle der zwei Werte nur einen Wert angeben, wird für den zweiten Wert automatisch `center` angenommen.

Tabelle 7.1: Verkürzte Angaben bei `background-position`

Kurze Schreibweise	**Entsprechende ausführliche Variante**
`center`	`center center`
`top`	`top center`
`bottom`	`bottom center`
`right`	`right center`
`left`	`left center`

Neben den Schlüsselwörtern können Sie auch Prozentwerte verwenden. Dabei entspricht `0%` ganz oben bzw. ganz links und `100%` ganz unten oder ganz rechts. Bei den Prozentwerten ist die Reihenfolge ausschlaggebend: Schreiben Sie zuerst immer den horizontalen Wert. Um ein Hintergrundbild vertikal und horizontal zu zentrieren, können Sie also sowohl `background-position: center center;` als auch `background-position: 50% 50%;` schreiben. Eine praktische Einsatzmöglichkeit für die Positionierung des Hintergrundbildes über Prozentangaben werden Sie in Kapitel 15 kennen lernen.

Soll ein Bild oben mittig zentriert werden, ergibt Folgendes den gewünschten Effekt:

```
p {
   background-image: url(hg.gif);
   background-repeat: no-repeat;
   background-position: 50% 0% ;
   background-color: #FFE6BF;
}
```

Im Dokument selbst steht nur ein Absatz ohne weitere Angaben:

```
<p>Lorem ipsum dolor sit amet ... </p>
```

Listing 7.5: Oben mittig platziert

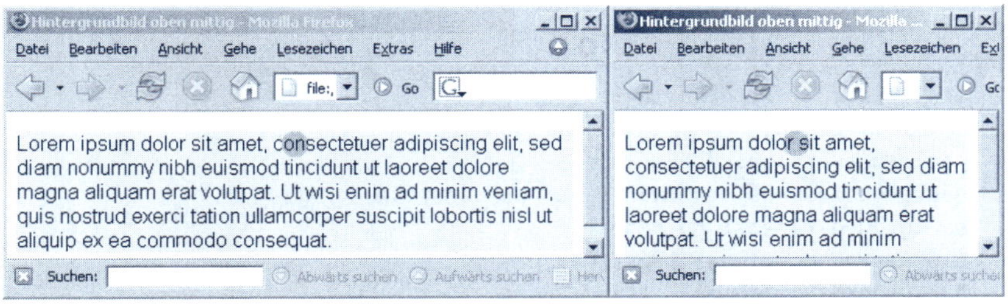

Abb. 7.5: Immer oben in der Mitte des Absatzes – unabhängig von der Breite des Absatzes

In CSS 2.1 ist auch vorgesehen, dass Prozentwerte oder Längenangaben und Schlüsselwörter gemischt bei einer Deklaration verwendet werden können.

Um die Position eines Hintergrundbildes exakt festzulegen, können Sie bei `background-position` auch konkrete Längenangaben einsetzen wie em, Pixel etc.

```
p { background-position: 10px 40px; }
```

Und – das ist jetzt ein interessanter Punkt – Sie können hier auch negative Werte bestimmen. Damit wird das Bild nicht vollständig angezeigt, sondern teilweise verdeckt. Das ist eine wichtige Technik bei der Realisierung von Navigationsleisten mit Hover-Effekt – und ohne JavaScript. Ein Beispiel dazu wird in Kapitel 8 vorgestellt.

Für Hintergrundbilder existiert außerdem noch die Eigenschaft `background-attachment`. Standardmäßig besitzt sie den Wert `scroll`, und damit wird der Hintergrund beim Scrollen mitgescrollt, mit `fixed` hingegen bleibt er stehen. Ein Beispiel, wie sich hiermit ein Wasserzeichen-Effekt erstellen lässt, finden Sie im nächsten Abschnitt.

Wie bei anderen CSS-Angaben, können Sie eine verkürzte Schreibweise einsetzen, wenn Sie mehrere Angaben benötigen. Sie heißt `background`, dahinter schreiben Sie jeweils durch Leerzeichen getrennt die gewünschten Angaben:

```
background: white url(bild.gif) no-repeat fixed 20% 50%;
```

Die Reihenfolge ist dabei nicht relevant, nur bei der Position müssen Sie die horizontalen vor den vertikalen Werten angeben.

7.3 Hintergrundeffekte: Wasserzeichen, Farbverläufe, runde Ecken & Co.

Haben Sie beim Surfen schon einmal den Wasserzeicheneffekt bewundert und sich gefragt, wie sich so etwas realisieren lässt? Beim Wasserzeicheneffekt wird ein Bild im Hintergrund platziert, üblicherweise ist es in sehr hellen Pastellfarben gehalten, um den Eindruck des Wasserzeichens zu verstärken. Die Besonderheit zeigt sich beim Scrollen: Hier behält es seine Position im Verhältnis zum Browser-Fenster bei, d.h., es befindet sich also beispielsweise immer oben im Browser-Fenster, auch wenn Sie ganz nach unten gescrollt haben.

Hierfür dient die oben erwähnte Eigenschaft `background-attachment`. Standardmäßig besitzt sie den Wert `scroll`. Mit `fixed` erstellen Sie den gewünschten Wasserzeicheneffekt.

Listing 7.6: Wasserzeicheneffekt über `background-attachment: fixed`

```
body {
   font: 100.01% Verdana, Arial, sans-serif;
   color: #12127D;
   background-color: #FFF;
   background-image: url(wasserzeichen_vertikal.gif);
   background-repeat: no-repeat;
   background-position: 10px 10px;
   background-attachment: fixed;
   margin-left: 65px;
}
```

Abb. 7.6: Der wellenförmige Schriftzug an der linken Seite verändert seine Position auch beim Scrollen nicht.

Im Internet Explorer bis einschließlich Version 6 funktioniert dies leider nur zuverlässig, wenn Sie `background-attachment: fixed` beim Element `body` verwenden.

Für spezielle Effekte lassen sich Hintergrundbilder und Hintergrundfarbe kombinieren. So können Sie ein Hintergrundbild nur horizontal kacheln lassen (`background-repeat: repeat-x`) und als Hintergrundfarbe die Farbe wählen, die beim Hintergrund auch den unteren Abschluss bildet. Dadurch erzeugen Sie eine Einheit von Hintergrundbild und -farbe. Der Vorteil dabei ist, dass das Motiv das ganze Element bedeckt. Dieser Effekt lässt sich auch für einen Farbverlauf beim Dokumenthintergrund verwenden.

Hierfür benötigen Sie eine Grafik, die einen Farbverlauf darstellt und nicht sonderlich breit sein muss.

Sie können solche Farbverläufe auch online vom praktischen Gradient Maker erstellen lassen: *http://tools.dynamicdrive.com/gradient/*.

Abb. 7.7: Die Grafik mit dem Farbverlauf für den Hintergrund

Die Grafik wird im body-Element als Hintergrund zugewiesen und nur horizontal wiederholt (repeat-x). Außerdem wird als Hintergrundfarbe die untere Farbe des Farbverlaufs, hier Weiß, festgelegt:

Listing 7.7: Farbverlauf für body festlegen

```
body {
   background: url(farbverlauf5.jpg) repeat-x white;
   color: black;
}
```

Das ist alles, was Sie benötigen, um Ihr Dokument mit einem Farbverlauf auszustatten. Die Ladezeiten werden durch das einmalige Laden dieses doch relativ kleinen Bildes nicht sehr beeinträchtigt.

Abb. 7.8: Dokument mit Beispielfarbverlauf

Abb. 7.9: Die Box mit runden Ecken passt sich flexibel der Schriftgröße an und wird bei größerer Schrift länger.

Runde Ecken erfreuen sich immer noch einer großen Beliebtheit. Mit CSS können Sie Boxen mit runden Ecken flexibel gestalten, so dass sie bei einer größeren Schrift »mitwachsen« (Abbildung 7.9).

Der Trick hierbei sind zwei Hintergrundbilder (Abbildung 7.10): eines für die oberen runden Ecken und eines für die unteren runden Ecken, die übereinander platziert werden. Vom Bild, das für die oberen runden Ecken zuständig ist (in der Abbildung links), ist immer der obere Teil sichtbar und je nach benötigter Größe mehr oder weniger vom unteren Teil. Beim anderen Bild verhält es sich genau umgekehrt.

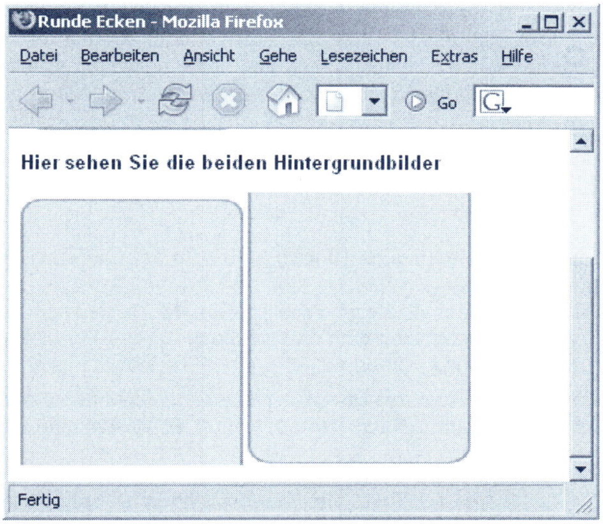

Abb. 7.10: Die Hintergrundbilder haben eine größere Höhe als bei der Box in der Standardgröße benötigt.

Um diese beiden Hintergrundbilder zuzuweisen, benötigen Sie zumindest zwei ineinander verschachtelte Elemente, im Beispiel `div` und `h3`:

```
<div class="rund">
   <h3>&Uuml;berschrift</h3>
   <p>Und weiterer Text, der noch ein bisschen l&auml;nger wird und so
weiter und so fort ...</p>
</div>
```

Im zugehörigen Stylesheet werden die beiden Hintergrundbilder den Elementen `div` und `h3` zugewiesen, wobei `rund_oben.gif`, das für die oberen Ecken zuständig ist, oben links (`top left`) platziert wird. `rund_unten.gif` wird entsprechend links unten (`bottom left`) angeordnet:

Listing 7.8: Flexible Box mit runden Ecken

```
div.rund {
   margin: 0;
   width: 149px;
   background: url(rund_unten.gif) no-repeat bottom left;
}
div.rund h3 {
   margin: 0;
```

```
    padding: 10px;
    background: url(rund_oben.gif) no-repeat top left;
    text-align: center;
    font-size: 1.2em;
}
div.rund p {
    margin: 0;
    padding: 10px;
}
```

Diese Technik lässt sich noch erweitern – mit mehr Hintergrundbildern und mehr Elementen können auch Boxen erstellt werden, die in der Länge und Breite mitwachsen, und ausgefeiltere Hintergrundbilder können auch für einen Schatten am Rand sorgen. Ein Beispiel hierzu mit Links zu weiteren Beschreibungen finden Sie unter: *http://aktuell.de.selfhtml.org/artikel/css/runde_ecken/index.htm.*

TIPP

Ein Beispiel wie Sie mit einer ähnlichen Technik eine Navigation über Tabs realisieren, sehen Sie in Kapitel 17.

Über CSS eingebundene Hintergrundbilder können auch zur Suchmaschinenoptimierung eingesetzt werden. So kann man den Surfern eine optisch ansprechende Grafik präsentieren, die Suchmaschinen jedoch erhalten normales Markup – d. h. eine `h1`-Überschrift mit dem entsprechenden Text. Dem Inhalt von `h1`-Überschriften wird von Suchmaschinen eine besondere Bedeutung beigemessen.

Hierfür gibt es mehrere Image Replacement-Techniken, hier sehen Sie ein Beispiel für die so genannte Phark-Methode. Im (X)HTML-Dokument steht der normale Text:

```
<h1>Versteckter Text</h1>
```

Per CSS wird der Text jetzt ausgeblendet und stattdessen ein Hintergrundbild gezeigt. Die Ausblendung geschieht bei der Phark-Methode über `text-indent`, bei dem ein sehr hoher negativer Wert angegeben ist, so dass es außerhalb des sichtbaren Bereichs platziert wird.

```
h1 {
  background-image: url(logo.gif);
  height: 30px;
  text-indent: -999em;
  width: 200px;
}
```

Wichtig ist, dass Sie bei `height` und `width` die wirkliche Größe Ihres Bilds nehmen, da Hintergrundbilder nur soweit angezeigt werden, wie ihnen Platz zur Verfügung gestellt wird.

Der Vorteil dieser Methode ist, dass Sie ganz normales Markup einsetzen können und gleichzeitig eine textliche Information bieten, die für Suchmaschinen und Screenreader interessant ist. Wer hingegen mit CSS und eingeschalteten Bildern surft, erhält die grafisch realisierte Variante.

Neben dem oben eingesetzten `text-indent` existieren weitere Methoden, den Text auszublenden. Einen Überblick hierüber bietet Jens Meiert unter *http://meiert.com/de/publications/articles/20050513/.*

Schöne Effekte, wie beispielsweise das teilweise Verschmelzen von Hintergründen und Vordergrundelementen, lassen sich über `filter` definieren. Leider ist dies nicht Teil des offiziellen Standards, sondern eine Microsoft-proprietäre Eigenschaft, die von anderen Browsern nicht interpretiert wird (mehr Informationen mit vielen Beispielen dazu finden Sie unter *http://de.selfhtml.org/css/eigenschaften/filter.htm* oder auch an der Quelle selbst: *http://msdn.microsoft.com/workshop/author/filter/filters.asp*).

7.4 Wiederholungsfragen und Übungen

1. **Warum ist es sinnvoll, neben dem Hintergrundbild auch eine Hintergrundfarbe anzugeben?**
2. **Wie kann man die Position von Hintergrundbildern festlegen?**
3. **Im Beispiel zum Wasserzeicheneffekt steht folgende ausführliche Schreibweise. Wie ließe sich das verkürzen?**

```
body {
   font: 100.01% Verdana, Arial, sans-serif;
   color: #12127D;
   background-color: #FFF;
   background-image: url(wasserzeichen_vertikal.gif);
   background-repeat: no-repeat;
   background-position: 10px 10px;
   background-attachment: fixed;
   margin-left: 65px;
}
```

Kapitel 8

jetzt lerne ich

Links über Pseudoklassen gestalten und weitere nützliche Selektoren

Nicht ohne Grund verwendet Google unter anderem die Zahl der Verlinkungen auf eine Seite als Kriterium für das Ranking. Links sind ein zentraler Bestandteil des Internets. Mit CSS lassen sich schöne dynamische Effekte und Navigationsleisten realisieren, ganz ohne JavaScript oder weitere Tricks. Außerdem lernen Sie in diesem Kapitel einige fortgeschrittene CSS-Techniken kennen, die zwar derzeit nicht von allen Browsern unterstützt werden, sich aber schon heute als Ergänzung nutzen lassen.

8.1 Links gestalten über Pseudoklassen

Mit HTML konnten Sie auch schon die Farben für Links zentral im `body`-Element definieren. Und Sie konnten unterschiedliche Farben für die verschiedenen Zustände von Links bestimmen, für normale (`link`), besuchte (`vlink`) und aktive Links, d.h., während man mit der Maus darauf klickt (`alink`).

Auch in CSS haben Sie die Option, für die möglichen Zustände eigene Formatierungen festzulegen, wobei diese jedoch natürlich nicht auf die Farbe beschränkt bleiben, sondern auch Hintergrundfarbe, Schriftgröße, Rahmen etc. beinhalten. Dafür gibt es die so genannten Pseudoklassen:

- `a:link` für einen normalen Link
- `a:visited` für einen besuchten Link

- `a:focus` für einen Link, der den Fokus über die Tastatur erhält
- `a:hover` für einen Link, über den man gerade mit der Maus fährt
- `a:active` für einen gerade per Maus angeklickten Link

Hinter dem `a` befindet sich jeweils ein Doppelpunkt. Dadurch werden die verschiedenen Pseudoklassen gekennzeichnet – bei normalen Klassen würden Sie hingegen gewohnt den Punkt einsetzen wie bei `p.wichtig`. An sich lassen sich auch die Klassen oder auch IDs mit den Pseudoklassen definieren, Beispiele dazu finden Sie in Abschnitt 8.3.

Sehen wir uns die einzelnen Pseudoklassen einmal an. Anstelle von `a:link` könnten Sie auch – ganz ohne Pseudoklassen – `a` als Selektor wählen. Der Nachteil davon ist, dass die angegebene Formatierung auf alle `a`-Elemente des Dokuments zutreffen würde – auch auf Anker (`<a name="oben" id="oben">...</a>`), was meist nicht erwünscht ist. Wenn Sie hingegen `a:link` verwenden, werden nur `a`-Elemente formatiert, die ein `href`-Attribut besitzen, d. h. die richtigen Links.

`a:visited` steht für besuchte Links, das sind Verlinkungen, deren Ziel bereits besucht wurde und damit noch im Browser-Cache vorhanden ist.

TIPP

Wenn Sie Ihren Browser-Cache leeren, werden alle Links des Dokuments wieder als unbesucht gekennzeichnet. Den Browser-Cache leeren Sie bei Firefox über Extras/Einstellungen/Datenschutz/Private Daten/Einstellungen und dann Jetzt löschen. Beim Internet Explorer 7 befindet sich diese Option unter Extras/Browserverlauf löschen.

Mit `a:hover` – übrigens »hawer« gesprochen – können Sie einen Link besonders hervorheben, während sich die Maus über ihm befindet, ohne dass er angeklickt wird. Damit lassen sich schöne Effekte erzeugen. In HTML gibt es nichts Vergleichbares.

Über `a:active` lässt sich ein Link formatieren, der sich gerade im Zustand des Angeklickt-Werdens befindet, d. h. von dem Moment an, wo der Benutzer den Link anklickt, bis zum Moment, wo er die Maus wieder loslässt.

Die bei `a:focus` angegebenen Formatierungen kommen zum Einsatz, wenn man beispielsweise die Links mit der Tastatur durchsteppt – wozu normalerweise die Tabulatortaste, in Opera aber die Taste [A] verwendet wird. `a:focus` wird jedoch vom Internet Explorer erst ab Version 8 unterstützt, frühere Versionen nehmen die bei `a:active` angegebene Formatierung.

HINWEIS

`:focus`, `:hover` und `:active` werden übrigens auch als dynamische Pseudoklassen bezeichnet, da sie im Unterschied zu `:link` und `:visited` von der gerade aktuellen Tastatur-/Mauseingabe des Surfers abhängig sind.

Ein einfaches Beispiel soll die Verwendung der Pseudoklassen demonstrieren. Es werden hier erst einmal nur unterschiedliche Farben definiert.

```
<!DOCTYPE html PUBLIC "-//W3C//DTD XHTML 1.0 Transitional//EN"
"http://www.w3.org/TR/xhtml1/DTD/xhtml1-transitional.dtd">
<html xmlns="http://www.w3.org/1999/xhtml" xml:lang="de" lang="de">
<head>
<meta http-equiv="Content-Type" content="text/html; charset=iso-8859-1" />
<title>Links</title>
<style type="text/css">
/* <![CDATA[ */
body { background-color: #333; }
a:link { color: red; }
a:visited { color: green; }
a:focus { color: white; }
a:hover { color: blue; }
a:active { color: yellow; }
/* ]]> */
</style>
</head>
<body>
<a href="#">Ein bedeutsamer Link</a> <br />
<a href="#">Ein bedeutsamer Link</a> <br />
</body>
</html>
```

Listing 8.1: Verschiedene Farben für die unterschiedlichen Zustände der Links

Wenn Sie das Beispiel ausprobieren, müssten Sie die unterschiedlichen Farben sehen: Zu Beginn sollten alle Links rot sein (`a:link`), wenn Sie mit der Maus darüber fahren, sollten sie hingegen blau werden (`a:hover`). Gelb erscheinen die Links, wenn Sie darauf klicken und die Maus gedrückt halten. Verwenden Sie dagegen die Tabulatortaste, um sich durch die Links des Dokuments zu bewegen, werden diese jeweils weiß. Letzteres ist aber wie gesagt nicht im Internet Explorer kleiner als Version 8 zu beobachten, da dieser `a:focus` nicht unterstützt.

Damit sich die bei den Pseudoklassen angegebenen Formatierungen auch auswirken, muss die **Reihenfolge der Pseudoklassen korrekt sein**. Wenn Sie beispielsweise `a:link` und `a:visited` als Letztes notieren, werden alle Verlinkungen rot dargestellt und alle besuchten grün – vollkommen unabhängig davon, ob Sie gerade mit der Maus darüber fahren, mit der Tastatur durchsteppen oder was auch immer tun.

```
/*bei der folgenden Reihenfolge werden nur die Angaben von a:link und
a:visited berücksichtigt */
a:focus { color: white; }
a:hover { color: blue; }
a:active { color: yellow; }
a:link { color: red; }
a:visited { color: green; }
```

Listing 8.2: Falsche Reihenfolge bei den Link-Pseudoklassen

Dies liegt einerseits daran, dass in CSS spätere Angaben immer frühere überschreiben, und andererseits an einer Besonderheit bei den Link-Pseudoklassen. Zum ersten Punkt: Angenommen, Sie hätten folgende Angaben in Ihrem Stylesheet in dieser Reihenfolge notiert:

```
p { color: red; }
p { color: black; }
```

Dann wäre damit allen Absätzen eine schwarze Schriftfarbe zugeordnet, da die zweite Angabe die vorherige überschreibt.

Genauso ist es auch bei den Linkformatierungen. Zusätzlich muss man bei Links zusätzlich noch wissen, dass jeder Link zuerst einmal in die Kategorie normaler Link (`:link`) oder besuchter Link (`:visited`) eingeordnet wird. Außerdem können Links auch noch die Eigenschaft `hover`, `active` oder `focus` haben. Diese müssen deshalb nach `a:link` und `a:visited` notiert werden, um überhaupt eine Auswirkung zu haben. Auch ist zu berücksichtigen, dass ein aktiver Link gleichzeitig die Eigenschaft `hover` besitzt – denn man fährt ja mit der Maus darüber. Deswegen müssen die Formatierungen für `active` hinter `hover` stehen, um diese zu überschreiben. Ob Sie hingegen zuerst `a:link` oder zuerst `a:visited` schreiben, ist nicht relevant.

Prinzipiell galt hier immer die Reihenfolge LVHA (`link-visited-hover-active`), für die es im Englischen die Eselsbrücke LoVe HAte gibt. Bei zusätzlichem Einsatz von `focus` müsste man diese Reihenfolge in `link-visited-focus-hover-active` umändern. Dies ist auch die oben eingesetzte Reihenfolge.

Es gibt jedoch ein paar Spezialfälle, in denen es sinnvoll sein kann, von dieser Reihenfolge abzuweichen, um besondere Formatierungen zu realisieren. In der angegebenen Reihenfolge steht `a:focus` vor `a:hover`. Damit zeigt ein Link, der den Fokus hat, gleichzeitig auch den Hover-Effekt. Testen Sie es am Beispiel aus: Wenn Sie einen Link per Tabulatortaste fokussiert haben, kann man gleichzeitig noch mit der Maus darüber fahren, und er ändert die Farbe in das definierte Blau.

Ändern Sie hingegen die Reihenfolge und schreiben Sie `a:focus` hinter `a:hover`, bleibt der Link mit dem Fokus immer weiß – selbst beim Überfahren mit der Maus:

Listing 8.3: Bei Fokus kein Hover-Effekt

```
a:link { color: red; }
a:visited { color: green; }
a:hover { color: blue; }
a:focus { color: white; }
a:active { color: yellow; }
```

Sollen hingegen besuchte Links keinen Hover-Effekt mehr aufweisen, müssen Sie dafür `a:visited` hinter `a:hover` schreiben:

Listing 8.4: Kein Hover-Effekt bei besuchten Links

```
a:link { color: red; }
a:hover { color: blue; }
a:visited { color: green; }
a:focus { color: white; }
a:active { color: yellow; }
```

Diese zuletzt behandelten Beispiele sind sicherlich Spezialfälle, sollen aber zeigen, dass es Gründe geben kann, von der normalen Reihenfolge abzuweichen. Im Normalfall wird die Reihenfolge `link-visited-focus-hover-active` das sein, was Sie brauchen.

Wenn Sie einen Link aktivieren oder auch mit der Tabulatortaste durch die Links steppen, wird der jeweils aktive Link durch einen fein gestrichelten Rahmen markiert. Dies lässt sich per CSS über die Eigenschaft `outline` deaktivieren.

```
a { outline: none; }
```

Jedoch unterstützt der Internet Explorer `outline` erst ab Version 8.

Sie können diese gestrichelte Linie auch per JavaScript deaktivieren, davon ist jedoch abzuraten:

```
<a href="#" onfocus="if(this.blur)this.blur()">Home</a>
```

Denn dann kann ein Surfer die Links nicht mehr über die Tabulatortaste auswählen und ist auf die Maus angewiesen. Und es gibt natürlich Surfer, die nicht mit der Maus arbeiten können oder auch wollen.

Bisher wurden bei den Linkformatierungen nur die Schriftfarben verändert, um das Grundprinzip zu verdeutlichen. Normalerweise werden Sie jedoch mehr formatieren wollen. Eine häufig eingesetzte Hervorhebung von Verlinkungen besteht beispielsweise darin, bei Links die Unterstreichungen auszuschalten und die Links nur durch eine andere Textfarbe zu kennzeichnen. Die Unterstreichungen können dann beim Hovern wieder auftauchen:

```
a:link, a:visited {
   text-decoration: none;
   color: #5276DF;
   font-weight: bold;
}
a:hover {
   text-decoration: underline;
}
```

Im (X)HTML-Dokument befinden sich zwei Verlinkungen

```
<p>Ein Beispieltext mit zwei Links. Der erste kommt <a
href="http://www.google.de/">jetzt</a>. Und der zweite folgt <a
href="http://www.google.de/">sogleich</a>. Dann geht der Text wieder
weiter.</p>
```

Listing 8.5: Normale Links ohne Unterstreichung

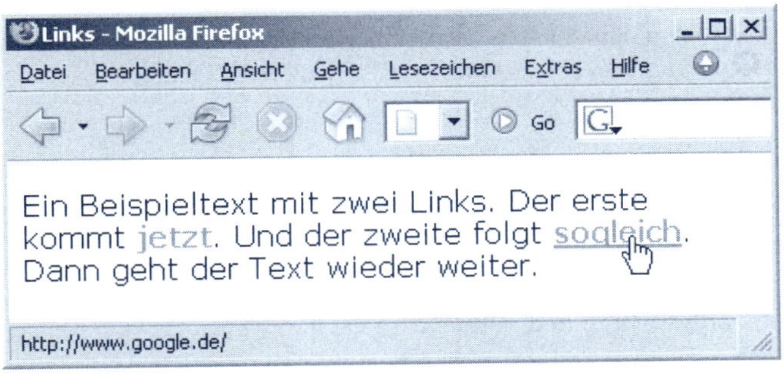

Abb. 8.1: Der zweite Link wird gerade mit der Maus berührt und erhält dann die Unterstreichung.

Durch `text-decoration: none` wird im Beispiel die Unterstreichung für normale und besuchte Links entfernt. `text-decoration: underline` bei der Pseudoklasse `a:hover` sorgt dafür, dass die Unterstreichung beim Überfahren mit der Maus wieder angezeigt wird.

> Wenn Sie die Unterstreichung von Links ausschalten, sollten Sie darauf achten, dass Ihre Links trotzdem eindeutig erkennbar sind. Das gilt insbesondere für Verlinkungen innerhalb des Textes. Die Navigationsleiste hingegen ist durch ihre Position und weitere typische Merkmale meist schon als solche deutlich hervorgehoben.

Seit CSS 2 ist es möglich, die Pseudoklassen auch mit dynamischen Pseudoklassen zu kombinieren. So gilt `a:visited:hover` nur für das Überfahren eines besuchten Links oder `a:visited:active` nur für einen bereits besuchten Link, der erneut angeklickt wird.

An sich sind diese Pseudoklassen nicht auf Links beschränkt, sondern können auch auf beliebige andere Seitenelemente angewendet werden.

```
p:hover { background-color: blue; }
```

Hier ändert ein Absatz die Hintergrundfarbe, wenn man mit der Maus über ihn fährt. Jedoch unterstützt der Internet Explorer bis einschließlich Version 6 `hover` nur bei Links und nicht bei anderen Elementen. (Abhilfe ist über JavaScript möglich, mehr dazu lesen Sie in Kapitel 19.) Diese Einschränkung gilt ab Internet Explorer 7 nicht mehr. (Einen Überblick über die Neuerungen im Internet Explorer 7 und 8 finden Sie in Kapitel 23.)

Nachdem jetzt die wichtigeren Pseudoklassen für Links vorgestellt worden sind, folgen der Vollständigkeit halber die anderen in CSS definierten Pseudoklassen und Pseudoelemente – wenn Sie diese auch etwas seltener einsetzen werden als die Pseudoklassen bei Links.

8.2 Pseudoelemente und weitere Pseudoklassen

Neben den fünf bisher beschriebenen Pseudoklassen `:link`, `:visited`, `:active`, `:focus` und `:hover` existieren in CSS auch noch Pseudoelemente und weitere Pseudoklassen.

8.2.1 Sprachspezifische Formatierungen über `:lang()`

Mit dem Pseudoelement `:lang()` lassen sich sprachspezifische Formatierungen realisieren. Es wird jedoch erst ab Internet Explorer 8 unterstützt; Opera interpretiert es erst ab Version 8 und Netscape ab Version 7.1.

In den Klammern hinter `:lang` geben Sie dabei die Sprache an, für die die Formatierung gelten soll. Auf diese Weise lassen sich unterschiedliche Formatierungen für Bereiche in anderen Sprachen festlegen. Voraussetzung hierfür ist, dass Sie die fremdsprachigen Bereiche im (X)HTML-Teil durch `lang="fr"` oder Ähnliches auszeichnen.

Listing 8.6: Pseudoklasse :lang()

```
<!DOCTYPE html PUBLIC "-//W3C//DTD XHTML 1.0 Transitional//EN"
"http://www.w3.org/TR/xhtml1/DTD/xhtml1-transitional.dtd">
<html xmlns="http://www.w3.org/1999/xhtml" xml:lang="de" lang="de">
<head>
<title>Pseudoklasse :lang()</title>
<meta http-equiv="Content-Type" content="text/html; charset=iso-8859-1" />
<style type="text/css">
/* <![CDATA[ */
body {
   font: 100.01% sans-serif;
   background-color: #FFF;
   color: #820;
}
:lang(fr) { font-style: italic; }
/* ]]> */
</style>
</head>
<body>
<p>Der erste Satz von Prousts <span lang="fr">A la recherche du temp
perdu</span> lautet: <span lang="fr">Longtemps, je me suis couché de
bonne heure.</span></p>
</body>
</html>
```

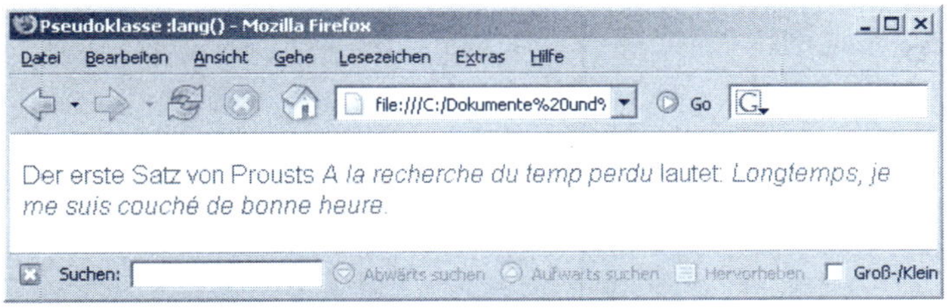

Abb. 8.2: Französische Textelemente sind kursiv.

Zusätzlich gibt es verschiedene Selektoren für Pseudoelemente.

8.2.2 Erstes Kindelement :first-child

Mit `:first-child` wählen Sie das erste Kindelement eines Elements aus und können diesem eine eigene Formatierung zuweisen. Mit dem Folgenden wird festgelegt, dass jeweils nur das erste Element einer Liste fett formatiert sein soll:

```
li:first-child { font-weight: bold; }
```

Und entsprechend im XHTML-Quelltext:

Listing 8.7: Formatierungen für das erste Listenelement

```
<ul>
<li>Erstens ...</li>
<li>Zweitens ...</li>
<li>Drittens ...</li>
</ul>
```

Abb. 8.3: Nur das erste Element der Liste wird fett angezeigt.

Beachten Sie, dass Sie, wenn Sie das erste `li`-Element auswählen möchten, auch wirklich `li:first-child` schreiben müssen – nicht etwa `ul:first-child`. Das Pseudoelement `:first-child` wird also immer beim Kindelement notiert.

Das Pseudoelement `:first-letter` hingegen dient dazu, eine besondere Formatierung für den ersten Buchstaben eines Textes festzulegen. Mit `p:first-letter` können Sie beispielsweise Initiale nachbilden:

```
p:first-letter { font-size: 2em; }
```

Im XHTML folgt ein ganz normaler Absatz:

Listing 8.8: Formatierungen für den ersten Buchstaben eines Absatzes

```
<p>Weit drau&szlig;en, in den unerforschten Ein&ouml;den eines total aus
der Mode gekommenen Ausl&auml;ufers des westlichen Spiralarms der Galaxis
...</p>
```

Abb. 8.4: Initiale nachbilden mit `:first-letter`

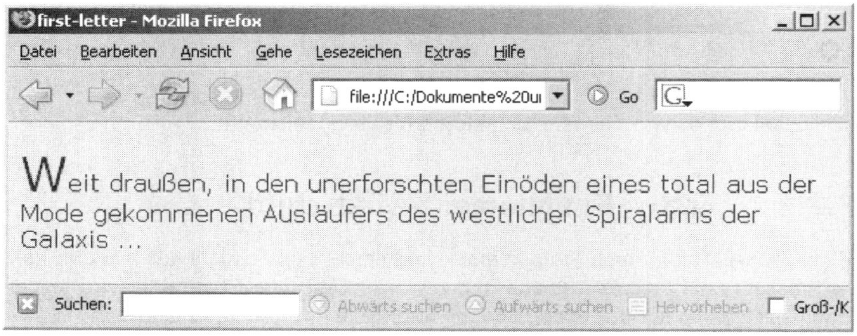

Neben `:first-child` und `:first-letter` gibt es noch `:first-line`. Damit lässt sich die erste Zeile eines Absatzes anders formatieren:

Listing 8.9: Die erste Zeile formatieren

```
p:first-line { font-weight: bold; }
```

Das Praktische hieran ist, dass es je nach Fenstergröße unterschiedlich ist, bis zu welchem Wort die erste Zeile geht – aber so erreichen Sie immer, dass die erste Zeile anders formatiert wird.

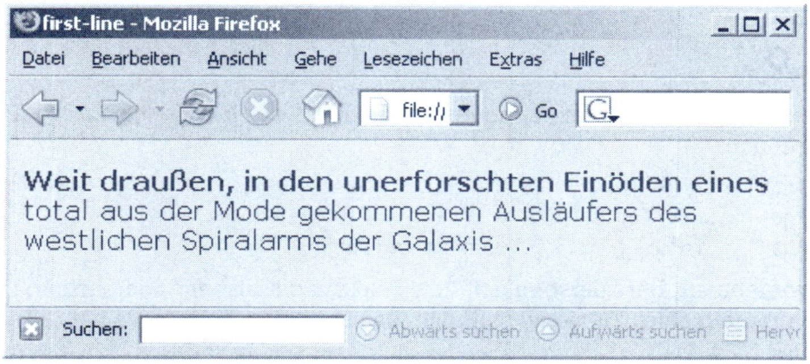

Abb. 8.5: *`first-line` erlaubt besondere Formatierungen für die erste Zeile*

`:first-letter` und `:first-line` werden von allen neueren Browsern ab Version 5.x unterstützt. Der Internet Explorer interpretiert `:first-child` erst ab Version 7.

8.3 Verschiedene Links in Projekten unterschiedlich gestalten

Innerhalb eines Dokuments haben Sie meist zwei verschiedene Sorten Links: einerseits die internen Links, d. h. innerhalb des Projekts – beispielsweise die Links in der Navigationsleiste –, und andererseits die Verlinkungen auf andere Webseiten. Beide Arten von Links sollten natürlich unterschiedlich gestaltet werden.

Eine Möglichkeit ist es, jeweils den einzelnen Links entsprechende Klassen zuzuordnen, beispielsweise so:

```
<a href="home.html" class="intern">Home</a>
```

Und entsprechend für die externen Verlinkungen:

```
<a href="http://www.google.de/" class="extern">Zur Suchmaschine
Google</a>
```

Dann können für die beiden Klassen unterschiedliche Formatierungen festgelegt werden. Ebenso wie Sie bei »normalen« Elementen zuerst den Namen des Elements angeben und dann nach einem Punkt den Klassennamen, z. B. `p.wichtig`, geben Sie jetzt zuerst den Namen des Elements mit der Klasse an, z. B. `a.intern`, und dahinter nach einem Doppelpunkt die Pseudoklasse:

```
a.intern:link { color: black; background-color: silver; }
a.intern:visited {   }
/*Und hier folgen die anderen Pseudoklassen */
a.extern:link { color: silver; background-color: black; }
/*Und hier folgen die anderen Pseudoklassen */
```

Dieser Weg ist jedoch auf Dauer etwas mühsam, da zu jedem Link die Klassenangabe notiert werden muss. Besser ist es, auf bereits im Dokument vorhandene Strukturierungsmittel zurückzugreifen. So befindet sich normalerweise gerade die Navigation in einem eigenen Bereich, d.h., man setzt sie in ein `div`-Element, das mit einer eindeutigen `id` versehen wird:

```
<div id="navi">
<a href="home.html">Home</a> <!-- hier stehen die weiteren Links -->
</div>
```

Dann kann man Formatierungen für die Links der Navigationsleiste ganz komfortabel über

```
#navi a:link { ...}
#navi a:visited { ...}
#navi a:focus { ...} /* und so weiter */
```

vornehmen. Der zuerst aufgeführte Selektor gilt also für alle Links `a:link`, die sich innerhalb eines Elements befinden, das bei `id` den Wert `navi` hat.

Ebenso werden sich dann die externen Links nur in bestimmten Bereichen befinden, beispielsweise im `<div id="inhalt">`, und können darüber angesprochen werden.

```
#inhalt a:link { ... }
#inhalt a:visited { ... }
#inhalt a:focus { ... } /* und so weiter */
```

Ferner soll meist der Link in der Navigationsleiste, der sich auf die aktuelle Seite bezieht, anders formatiert werden. Hierfür vergeben Sie für das jeweils aktive Element eine eigene Klasse, wie beispielsweise `aktuell`, die auch nur das aktive Element besitzt.

```
<a href="..." class="aktuell">Start</a>
```

Für diese kann im Stylesheet dann wie gewohnt eine eigene Formatierung definiert werden. Angenommen, der Link befindet sich wie oben im Beispiel in einem `div` mit der `id="navi"`:

```
#navi a.aktuell:link { /*andere Formatierungsangaben für aktuelle Seite */ }
```

8.4 Fortgeschrittene Methoden nicht nur zur Auswahl bestimmter Links: Attributselektoren

Es gibt noch eine weitere fortschrittliche Möglichkeit, besondere Formatierungen für externe Verlinkungen zu realisieren. Sie basiert darauf, dass sich externe Links dadurch auszeichnen, dass bei ihnen der Wert des Attributs `href` mit `http` beginnt. Zur Auswahl anhand von Attributen dienen Attributselektoren.

Ein einfacher Attributselektor besteht aus dem Namen des Elements und direkt dahinter in **eckigen** Klammern dem Namen des Attributs:

`a[href]` wählt alle `a`-Elemente aus, die ein Attribut mit dem Namen `href` haben. Wenn Sie hingegen alle `a`-Elemente formatieren möchten, deren Attribut einen bestimmten Wert hat, können Sie `a[href="http://www.google.de/"]` schreiben.

Unser Fall ist aber noch ein bisschen anders gelagert: Es sollen alle `a`-Elemente ausgewählt werden, bei denen der Wert des `href`-Attributs mit `http` **beginnt**. Dafür ist in CSS 3 der Selektor `a[href^="http"]` vorgesehen. Im folgenden Stylesheet werden für interne und externe Links unterschiedliche Formatierungen bestimmt.

Verlinkungen zu externen Seiten sind bei normaler Schrift mit einer Hintergrundfarbe versehen, die anderen Links sind fett.

```
a:link, a:visited {
   color: #00248F;
   text-decoration: none;
   font-weight: bold;
}
a:hover { text-decoration: underline; }
a[href^="http"] {
   background-color: #FFCC80;
   font-weight: normal;
}
```

Im XHTML-Dokument befinden sich zwei Beispiellinks:

```
<a href="http://www.google.de/">Zur Suchmaschine Google</a> <br />
<a href="datei.html">Interner Verweis</a>
```

Listing 8.10: Externe Links lassen sich auch über Attributselektoren auswählen.

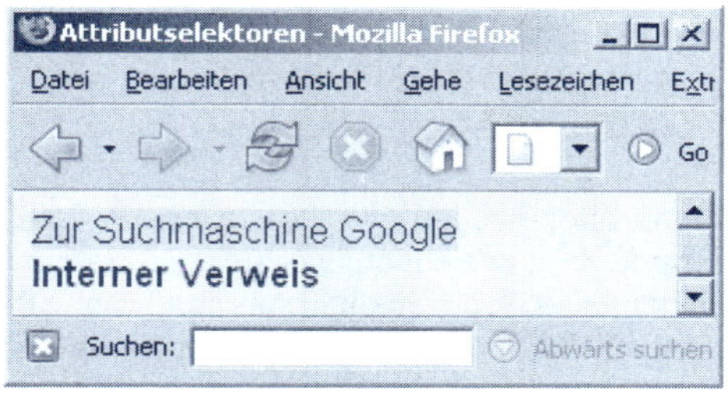

Abb. 8.6: Unterschiedliche Darstellung von internen und externen Links über Attributselektoren

Die Syntax aller möglichen Attributselektoren fasst Tabelle 8.1 zusammen – weitere Attributselektoren aus CSS 3 finden Sie in Kapitel 23.

Tabelle 8.1: Attributselektoren

Beispiel für einen Attributselektor	**Ausgewählt werden**
`a[href]`	Alle a-Elemente, die ein Attribut mit dem Namen `href` haben. Ausgewählt würde in diesem Fall `<a href="home.html">`, aber nicht `<a name="oben">`.
`a[href="http://www.google.de/"]`	Alle a-Elemente, die ein Attribut mit dem Namen `href` besitzen, das den Wert `http://www.google.de/` besitzt. Ausgewählt würde `<a href="http://www.google.de/">`, aber nicht `<a href="http://www.web.de/">`.
`a[title~="Externer"]`	Alle a-Elemente, die ein Attribut mit dem Namen `title` besitzen, in dessen Wert auch das Wort »Externer« vorkommt. Ausgewählt würde `<a title="Externer Link auf Google">`, aber nicht `<a title="Verlinkung auf Google">`.

Tabelle 8.1: Attributselektoren (Forts.)

Beispiel für einen Attributselektor	Ausgewählt werden
`a[title|="Abb."]`	Alle a-Elemente, die ein Attribut mit dem Namen href besitzen, dessen Attributwert mit der Zeichenkette Abb., gefolgt von einem Bindestrich, beginnt.
`a[href^="http"]`	Alle a-Elemente, die ein Attribut mit dem Namen href besitzen, dessen Attributwert mit der Zeichenkette http beginnt. Ausgewählt würde <a href="http://www.google.de/">, aber nicht <a href="home.html">. Diesen Selektor gibt es erst ab CSS 3.

Ein weiteres Einsatzgebiet von Attributselektoren ist es, Textpassagen oder einzelne Wörter, die als bestimmte Sprache gekennzeichnet sind, besonders zu formatieren.

```
<p>Der erste Satz von Prousts <span lang="fr">A la recherche du temp
perdu</a> ... </p>
```

Und im entsprechenden Stylesheet könnte dann nur den als Französisch ausgezeichneten Passagen eine Formatierung zugedacht werden:

```
span[lang="fr"] {
   font-style: italic;
   color: blue;
}
```

Wenn Sie hingegen alle Textstellen, die in einer englischen Sprache erstellt sind, besonders auszeichnen möchten, so können Sie mithilfe von `span[lang|="en"]` sowohl en-US (amerikanisches Englisch) als auch en-CA (kanadisches Englisch) oder en-UK (Englisch aus Großbritannien) auswählen.

Attributselektoren werden nicht vom Internet Explorer bis einschließlich Version 6 unterstützt. Opera interpretiert zwar prinzipiell Attributselektoren, jedoch die in CSS 3 eingeführten wie `a[href^="http"]` erst ab Version 9. Insbesondere wegen der mangelnden Unterstützung durch den Internet Explorer bis Version 6 können Sie Attributselektoren nur als zusätzliches modernes Feature, aber nicht für essenzielle Formatierungen verwenden.

Diesen Weg beschreitet auch der Internetauftritt von Dr. Web. Externe Links erhalten dort zur Kennzeichnung ein zusätzliches kleines Symbol dahinter, das jedoch im Internet Explorer vor Version 7 nicht angezeigt wird.

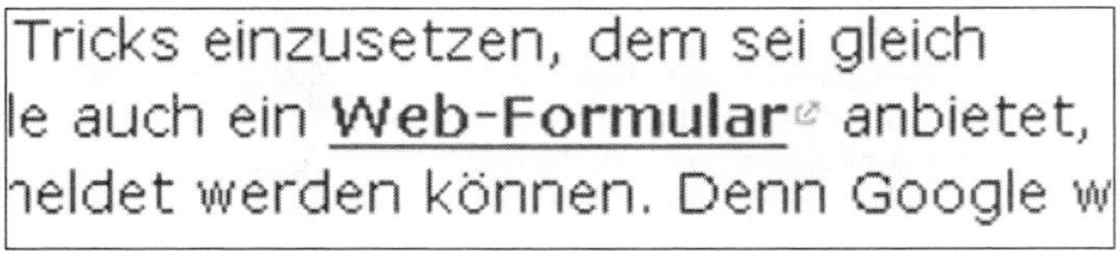

Abb. 8.7: Externe Links werden durch ein kleines zusätzliches Symbol dahinter hervorgehoben – hier Firefox.

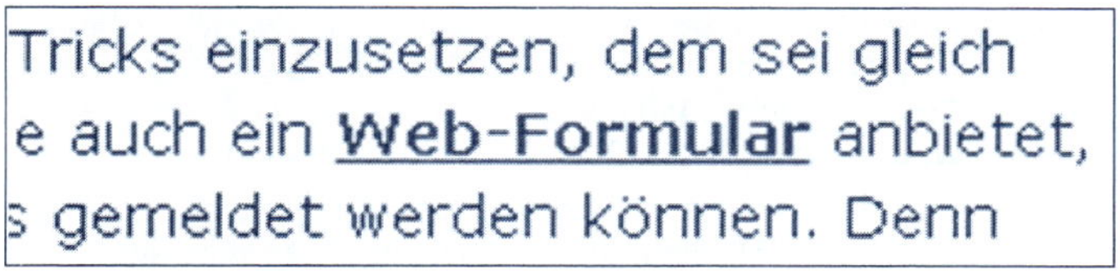

Abb. 8.8: Die Hervorhebung ist hingegen nicht im Internet Explorer 6 sichtbar.

8.5 Schritt für Schritt zur Navigationsleiste

Mit CSS können Sie auch eine ganze Navigationsleiste gestalten. Eine Navigationsleiste nicht aus Grafiken zu erstellen, sondern CSS zu verwenden, hat mehrere Vorteile:

- Trotz grafischer Layouts sind die Navigationspunkte als Text angegeben. Das bedeutet, dass die Navigationspunkte von Suchmaschinen berücksichtigt und von Screenreadern erfasst werden können.
- Die Ladezeiten sind wesentlich geringer als bei grafischen Navigationsleisten.

Unsere Beispielnavigationsleiste sieht folgendermaßen aus:

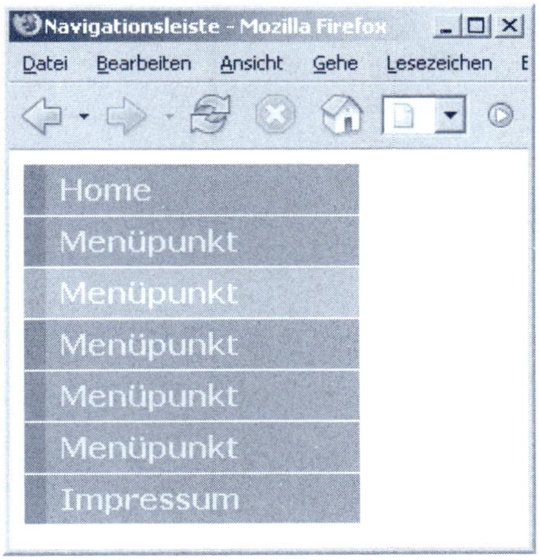

Abb. 8.9: Navigationsleiste per CSS gestaltet

Beim Überfahren mit der Maus wird der jeweilige Menüpunkt in einer helleren Farbe angezeigt.

Grundlage für viele CSS-Navigationsleisten im Web und auch für diese ist ein Artikel von Mark Newhouse, der bei *A List Apart* erschienen ist. Sie finden ihn unter *http://www.alistapart.com/articles/taminglists/*.

Wenn man Navigationsleisten per CSS gestaltet, stellt sich zuerst einmal die Frage, welche (X)HTML-Auszeichnung die richtige ist. Eigentlich ist eine Navigationsleiste nichts anderes als eine Sammlung, eine Liste von Links, und so hat es sich eingebürgert, Links in einer ungeordneten Liste anzuordnen.

Außerdem wird die Navigationsleiste innerhalb eines `div`-Containers platziert. Damit sieht die (X)HTML-Struktur der Navigationsleiste so aus:

```
<div id="navi">
<ul>
<li><a href="home.html">Home </a></li>
<li><a href="punkt.html">Men&uuml;punkt </a></li>
<li><a href="punkt.html">Men&uuml;punkt </a></li>
<li><a href="punkt.html">Men&uuml;punkt </a></li>
<li><a href="punkt.html">Men&uuml;punkt </a></li>
<li><a href="punkt.html">Men&uuml;punkt </a></li>
<li><a href="impressum.html">Impressum </a></li>
</ul>
</div>
```

Abb. 8.10: Die Grundstruktur der Navigationsleiste ohne Formatierung

Jetzt wird es darum gehen, die Navigationsleiste zu formatieren.

Zunächst wird die gewünschte Schrift festgelegt. Da diese hier für das ganze Dokument gelten soll, wird sie in `body` bestimmt, sonst müssten Sie die Schriftdefinition der Navigationsleiste selbst zuweisen.

```
body { font: 100.01% Verdana, Arial, Helvetica, sans-serif; }
```

Die Navigationsleiste wird mit einer Breite versehen, und die Innenabstände werden auf 0 gesetzt:

```
#navi {
   width: 10em;
   padding: 0;
}
```

Dann werden die Aufzählungspunkte über `list-style-type: none` ausgeblendet und ebenfalls Innen- und Außenabständen der Liste 0 zugewiesen:

```
#navi ul {
   list-style-type: none;
   margin: 0;
   padding: 0;
}
```

Optisch bewirken die bisherigen Änderungen nicht sehr viel, aber wichtige Vorbereitungen sind getroffen:

Abb. 8.11: Noch wenig sichtbare Veränderungen

Zwischen den einzelnen Menüpunkten soll ein 1px großer Abstand sein, dafür wird für unten 1px Abstand definiert:

```
#navi li {
   margin: 0 0 1px 0;
}
```

Die entscheidenden Formatierungen werden jetzt an den einzelnen Links vorgenommen. Sie sollen sowohl für die normalen als auch für die bereits besuchten Links gelten. Deswegen werden beide Linkzustände über

```
#navi li a:link, #navi li a:visited
```

ausgewählt. Diese auf den ersten Blick komplexe Anordnung gilt für alle Links (`a:link`), die sich innerhalb eines Listenpunkts (`li`) befinden, der wiederum selbst innerhalb des Elements mit `id="navi"` platziert ist.

Für diese werden eine Hintergrund- und eine Textfarbe bestimmt:

```
background-color: #50A17E;
color: #E1E6CF;
```

Außerdem sollen die Links fett und nicht unterstrichen sein:

```
text-decoration: none;
font-weight: bold;
```

Der Streifen am linken Rand der Navigationsleiste wird über einen etwas breiteren Rahmen realisiert:

```
border-left: 12px solid #408064;
```

Zusätzlich sorgt ein Innenabstand für den notwendigen Raum:

```
padding: 5px 5px 5px 0.5em;
```

Wenn Sie sich die nächste Abbildung ansehen, sehen Sie, dass die Farben inzwischen zwar stimmen, es stört allerdings noch, dass die Hintergrundfarbe sich nicht immer über die gewünschte Breite erstreckt.

Abb. 8.12: Die Links erstrecken sich nicht über die gesamte Breite.

Woran liegt das? Links sind Inline-Elemente und damit nur so breit, wie der Text ist. Außerdem können Sie **bei Inline-Elementen keinen Innenabstand (padding) oben oder unten hinzufügen**, das hat keine Auswirkung. Wir brauchen das aber in diesem Fall und außerdem wollen wir, dass der Link den ganzen Platz einnimmt und in der ganzen Breite auch anklickbar ist. Deswegen müssen wir ihn von einem Inline-Element zu einem Blockelement machen. Denn Blockelemente erstrecken sich über die gesamte Breite, die ihnen zur Verfügung steht. Das erreichen Sie über die folgende Zeile:

```
display: block;
```

Die bisher für die Links notierten Formatierungen finden Sie hier noch einmal zusammen aufgeführt:

```
#navi li a:link, #navi li a:visited {
   display: block;
   text-decoration: none;
   font-weight: bold;
   padding: 5px 5px 5px 0.5em;
   border-left: 12px solid #408064;
   background-color: #50A17E;
   color: #E1E6CF;
}
```

Jetzt sieht es schon aus wie gewünscht (Abbildung 8.13).

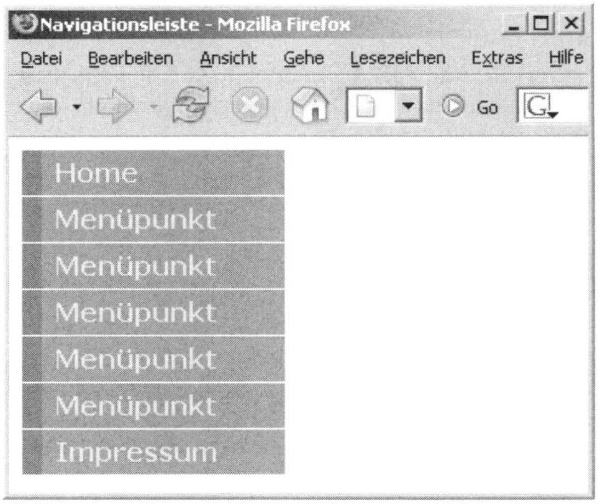

Abb. 8.13: Es fehlt nur noch der Rollover-Effekt.

Was allerdings noch fehlt, ist der Rollover-Effekt. Hierfür müssen Sie noch den Links beim Hovern andere Farben zuweisen, und zwar sowohl für die Hintergrund- als auch für die Rahmen- und die Schriftfarbe. Damit dieser Effekt auch beim Durchsteppen mit der Maus sichtbar wird, sollten Sie ebenfalls `focus` berücksichtigen und `active` angeben, damit diese Farbgebung auch für aktive Links gilt:

```
#navi li a:hover, #navi li a:active, #navi li a:focus {
   border-left: 12px solid #62A286;
   background-color: #72C39F;
   color: #F3F8EF;
}
```

Fast fertig: Damit die Navigationsleiste auch im Internet Explorer kleiner 7 wie gewünscht funktioniert, muss noch bei den Links

```
width: 100%;
```

angegeben werden.

Gecko-basierte Browser benötigen hier hingegen die Angabe `auto`. Dafür wird eine weitere Regel definiert, die der Internet Explorer kleiner 7 ignoriert, da er Kindselektoren nicht berücksichtigt:

```
html>body #navi li a {
   width: auto;
}
```

Um solche eher komplexen Selektoren nachzuvollziehen, beginnt man am besten von hinten. Der Selektor gilt für alle `a`-Elemente, die Nachfahren von `li` sind (`li a`). Zusätzlich müssen sie sich innerhalb eines mit `id="navi"` versehenen Bereichs befinden (`#navi li a`). Und dieser `#navi`-Bereich wiederum muss ein Nachfahrenelement von `body` sein (`body #navi li a`). Außerdem muss noch für `body` gelten, dass es ein direktes Kind von `html` ist (`html>body`), was ja bei korrekten Dokumenten automatisch der Fall ist. Wenn Sie noch einmal die Syntax von Kind- und Nachfahrenselektoren nachlesen möchten, finden Sie die Erläuterungen dazu in Kapitel 5.

Damit gilt die Regel wie gewünscht für alle Links unserer Navigationsleiste und überschreibt für die Browser, die Kindselektoren interpretieren können, die Angabe `width: 100%` mit `width: auto`. Der Internet Explorer bis einschließlich Version 6 ignoriert die letzte Regel hingegen, und für ihn gilt weiterhin, dass die Links 100% breit sind.

Mehr zu solchen Tricks, die dazu dienen, unterschiedliche Werte für die einzelnen Browser zu definieren, lesen Sie in Kapitel 14.

Das folgende Listing zeigt noch einmal den gesamten Quelltext der Navigationsleiste:

Listing 8.11: Navigationsleiste per CSS formatieren

```
<!DOCTYPE html PUBLIC "-//W3C//DTD XHTML 1.0 Transitional//EN"
"http://www.w3.org/TR/xhtml1/DTD/xhtml1-transitional.dtd">
<html xmlns="http://www.w3.org/1999/xhtml" xml:lang="de" lang="de">
<head>
<title>Navigationsleiste</title>
<meta http-equiv="Content-Type" content="text/html; charset=iso-8859-1" />
<style type="text/css">
/* <![CDATA[ */
body { font: 100.01% Verdana, Arial, Helvetica, sans-serif; }
```

```
#navi {
   width: 10em;
   padding: 0;
}
#navi ul {
   list-style-type: none;
   margin: 0;
   padding: 0;
}
#navi li {
   margin: 0 0 1px 0;
}
#navi li a:link, #navi li a:visited {
   display: block;
   text-decoration: none;
   font-weight: bold;
   padding: 5px 5px 5px 0.5em;
   border-left: 12px solid #408064;
   background-color: #50A17E;
   color: #E1E6CF;
   width: 100%;
}
html>body #navi li a {
   width: auto;
}
#navi li a:hover, #navi li a:active, #navi li a:focus {
   border-left: 12px solid #62A286;
   background-color: #72C39F;
   color: #F3F8EF;
}
/* ]]> */
</style>
</head>
<body>
<div id="navi">
<ul>
<li><a href="home.html">Home </a></li>
<li><a href="punkt.html">Men&uuml;punkt </a></li>
<li><a href="punkt.html">Men&uuml;punkt </a></li>
<li><a href="punkt.html">Men&uuml;punkt </a></li>
<li><a href="punkt.html">Men&uuml;punkt </a></li>
<li><a href="punkt.html">Men&uuml;punkt </a></li>
<li><a href="impressum.html">Impressum </a></li>
</ul>
</div>
</body>
</html>
```

Manchmal tauchen bei über CSS gestalteten Menüs im Internet Explorer unerklärliche Lücken zwischen den einzelnen Menüpunkten auf, die durch einen Browser-Bug bedingt sind. Es gibt mehrere Tricks, diese wieder loszuwerden. Der einfachste ist, vor dem schließenden </a> ein Leerzeichen einzufügen – was wir in diesem Beispiel gemacht haben. Diesen und weitere Tipps finden Sie unter: *http://www.css-faq.de/*.

8.6 Navigation mit Hintergrundbildern

Gerade haben Sie ein Beispiel gesehen, wie sich nur mit CSS eine Navigationsleiste gestalten lässt. Noch mehr gestalterische Möglichkeiten ergeben sich durch den Einsatz von Hintergrundbildern. Früher musste man für solche Effekte zu JavaScript greifen, aber inzwischen lässt sich das wesentlich eleganter per CSS realisieren. Abbildung 8.14 zeigt, wie die Navigationsleiste aussehen soll:

Abb. 8.14: Navigationsleiste mit Hintergrundbildern

Der zugrundeliegende XHTML-Code ist derselbe wie in der zuvor vorgestellten Navigationsleiste: Eine ungeordnete Liste mit Links, die in einem Container mit der `id="navi"` steht:

```
<div id="navi">
<ul>
<li><a href="#">Home </a></li>
<li><a href="#">Aktuelles </a></li>
<li><a href="#">Produkte </a></li>
<li><a href="#">Service </a></li>
<li><a href="#">Kontakt </a></li>
<li><a href="#">Impressum </a></li>
</ul>
</div>
```

Auch der Anfang der CSS-Formatierungen ist nichts Neues: Die Navigationsleiste erhält eine Breite und einen Rahmen:

```
#navi {
   width: 200px;
   border-style: solid solid none solid;
   border-color: #1B2C84;
   border-width: 1px;
}
```

Außerdem werden die Aufzählungspunkte entfernt und Außen- und Innenabstände auf 0 gesetzt.

```
#navi ul {
   list-style-type: none;
   margin: 0;
   padding: 0;
}
```

Für die einzelnen Navigationspunkte sollen zwei Hintergrundbilder eingesetzt werden. Abbildung 8.15 zeigt links das Hintergrundbild für die Menüpunkte im Normalzustand und rechts das Hintergrundbild für die Menüpunkte beim Hovern.

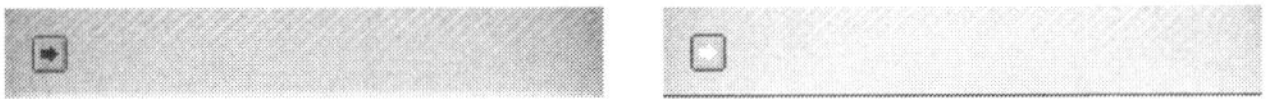

Abb. 8.15: Zwei Hintergrundbilder für die Navigation

Die eingesetzten Hintergrundbilder sind 32px hoch. Sie erinnern sich: Hintergrundbilder werden nur soweit angezeigt, wie das Element groß ist, in dem sie stehen. Damit die Hintergrundbilder hier ganz zu sehen sind, müssen die Links (`a`-Elemente) ebenfalls insgesamt eine Höhe von 32px erhalten.

Da bei den Links außerdem 8px `padding` nach oben für eine schöne Platzierung des Textes sorgt, müssen die Links eine Höhe von 24px erhalten: 24px + 8px ergibt 32px – genau die Höhe der Bilder, da sich ja die Gesamthöhe aus `height` + oberes/unteres `padding` errechnet (zum Nachlesen: Boxmodell in Kapitel 6):

```
#navi li a {
   height: 24px;
   padding: 8px 0 0 30px;
   text-decoration: none;
}
```

Außerdem werden die Unterstreichungen entfernt.

Nun können Sie die beiden Hintergrundbilder den verschiedenen Linkzuständen zuweisen:

```
#navi li a:link, #navi li a:visited {
   color: white;
   display: block;
   background-image: url(navi1.gif);
}
```

```
#navi li a:hover, #navi li a:active, #navi li a:focus {
   color: black;
   background-image: url(navi2.gif);
}
```

An sich fertig – aber es gibt noch einen kleinen Schönheitsfehler. Beim ersten Hovern über einen Menüpunkt muss das zweite Hintergrundbild *navi2.gif* erst geladen werden: Es kann zu einer kleinen Verzögerung kommen, bis dieses Hintergrundbild zu sehen ist. Das ist natürlich nicht erwünscht. Also muss das zweite Hintergrundbild schon vorher geladen werden.

Die eleganteste Methode zum Vorausladen von Bildern setzt auf einen Trick: Statt zwei Hintergrundbildern verwenden Sie ein Hintergrundbild, bei dem die Bilder für die beiden Linkzustände übereinander platziert sind.

Abb. 8.16: Ein Hintergrundbild für beide Linkzustände

Dann müssen Sie per CSS nur dafür sorgen, dass jeweils der gewünschte Teil des großen Hintergrundbilds angezeigt wird: Beim Link im Normalzustand der obere Teil, beim Hovern der untere Teil. Das lässt sich über die Eigenschaft `background-position` bewerkstelligen: Beim Hovern wird das Hintergrundbild um seine ursprüngliche Höhe – 32px – nach unten verschoben. Eine Verschiebung nach unten erreichen Sie über einen negativen Wert.

```
#navi li a:link, #navi li a:visited {
   color: white;
   display: block;
   background-image: url(navigation.gif);
   background-position: 0 0;
}
#navi li a:hover, #navi li a:active, #navi li a:focus {
   color: black;
   background-image: url(navigation.gif);
   background-position: 0 -32px;
}
```

Und damit ist die Navigationsleiste mit den Hintergrundbildern vollständig. Hier noch einmal das Listing im Gesamtzusammenhang:

Listing 8.12: Navigationsleiste mit Hintergrundbildern

```
<!DOCTYPE html PUBLIC "-//W3C//DTD XHTML 1.0 Transitional//EN"
"http://www.w3.org/TR/xhtml1/DTD/xhtml1-transitional.dtd">
<html xmlns="http://www.w3.org/1999/xhtml" xml:lang="de" lang="de">
<head>
<title>Navigationsleiste mit Hintergrundbildern</title>
<meta http-equiv="Content-Type" content="text/html; charset=iso-8859-1" />
<style type="text/css">
/* <![CDATA[ */
body { font: bold 80% Verdana, Arial, Helvetica, sans-serif; }
#navi {
```

```
   width: 200px;
   border-style: solid solid none solid;
   border-color: #1B2C84;
   border-width: 1px;
}
#navi ul {
   list-style-type: none;
   margin: 0;
   padding: 0;
}
#navi li a {
   height: 24px;
   padding: 8px 0 0 30px;
   text-decoration: none;
}
#navi li a:link, #navi li a:visited {
   color: white;
   display: block;
   background-image: url(navigation.gif);
   background-position: 0 0;
}
#navi li a:hover, #navi li a:active, #navi li a:focus {
   color: black;
   background-image: url(navigation.gif);
   background-position: 0 -32px;
}
</style>
</head>
<body>
<div id="navi">
<ul>
<li><a href="#">Home </a></li>
<li><a href="#">Aktuelles </a></li>
<li><a href="#">Produkte </a></li>
<li><a href="#">Service </a></li>
<li><a href="#">Kontakt </a></li>
<li><a href="#">Impressum </a></li>
</ul>
</div>
</body>
</html>
```

Wenn Ihre Navigationsleiste auch beim Internet Explorer 5.x funktionieren soll, müssen Sie noch eine kleine Anpassung vornehmen, Sie finden auf der Buch-DVD im Listing *08_12_navi_hgbilder_ie5.html* die modifizierte Datei. Was es damit auf sich hat, erfahren Sie detailliert im Kapitel 14.

8.7 Mehr CSS-Navigationsleisten

Im Internet finden Sie viele, teilweise frei verwendbare CSS-basierte Navigationsleisten, die Sie an Ihre Bedürfnisse anpassen können.

Viele Realisierungsmöglichkeiten für CSS-basierte Navigationsleisten von einfach bis komplex stehen auf der Seite: *http://css.maxdesign.com.au/listamatic/index.htm*. Sehr nützlich ist auch, dass Sie bei den einzelnen Navigationsleisten Hinweise dazu finden, wie es mit der Browser-Unterstützung aussieht.

Äußerst komfortabel ist *List-o-matic*. Hier können Sie Schritt für Schritt bestimmen, wie Ihre Navigationsleiste aussehen soll. Sie geben die Texte für die Menüpunkte an, wählen einen Stil – und erhalten am Schluss den fertigen Quellcode für die über CSS formatierte Navigationsleiste (*http://www.accessify.com/tools-and-wizards/developer-tools/list-o-matic/*) – ganz so, wie die Autoren selbst sagen: »It's as easy as falling off a chair, only less painful« (Es ist so einfach, wie vom Stuhl zu fallen. Nur weniger schmerzhaft.).

Und wer es noch komfortabler haben möchte, kann das Freeware-Tool *CSS Tab Designer* für Windows (Download unter *http://www.highdots.com/css-list/*) verwenden, mit dem man seine Menüs aus einer Reihe von Vorlagen auswählen kann. Der erstellte (X)HTML/CSS-Code kann dann in die bestehende Webseite eingebaut werden.

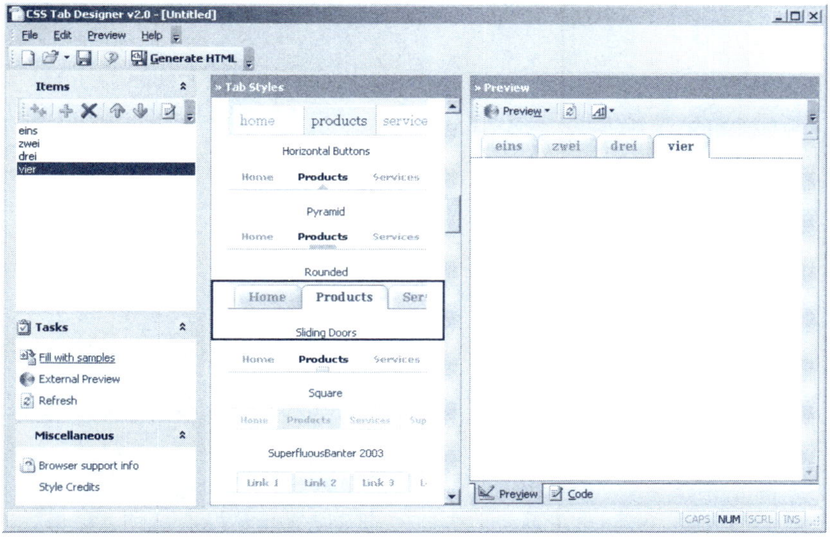

Abb. 8.17: Mit dem CSS Tab Designer lassen sich CSS-Navigationsleisten ganz leicht zusammenklicken.

Den CSS Tab Designer finden Sie auch auf der Buch-DVD.

8.8 Wiederholungsfragen und Übungen

1. **In welcher Farbe werden Links beim Überfahren mit der Maus durch folgende CSS-Angaben angezeigt?**

```
a:hover { color: #F00; }
a:link { color: #FFF; }
a:visited { color: #0F0; }
a:focus { color: #000; }
```

2. **Sind Links Inline- oder Blockelemente? Warum ist diese Unterscheidung relevant?**
3. **Experimentieren Sie mit den in diesem Kapitel vorgestellten Navigationsleisten, d. h. ändern Sie Farben, Schriften und Größen nach Belieben.**
4. **Wählen Sie unter *http://css.maxdesign.com.au/listamatic/index.htm* eine Navigationsleiste aus, die Ihnen gefällt, und passen Sie sie an Ihre Bedürfnisse an!**

KAPITEL 9

jetzt lerne ich

Formulare und Benutzerschnittstellen

Formulare müssen keineswegs immer einheitlich grau wie die Standardeingabefelder und -buttons sein. Mit CSS können Sie sie freier gestalten. Außerdem geht es in diesem Kapitel um weniger bekannte (X)HTML-Elemente für Formulare, die bei der Formatierung mit CSS recht hilfreich sind. Und Sie erfahren auch, wie Sie Elemente so formatieren können, dass sie aussehen wie die jeweiligen Bedienelemente des Betriebssystems.

9.1 Praktische (X)HTML-Elemente für Formulare

Es existieren einige (X)HTML-Elemente, die weniger bekannt sind, aber gerade bei der Formatierung mit CSS praktisch sind: Dadurch wird das Formular gut strukturiert und lässt sich dann ohne übermäßig viele zusätzliche Klassendefinitionen gestalten.

Zur Beschriftung von Formularelementen existiert das Element `label`.

```
<label>Vorname: </label> <input type="text" name="vorname" size="20"
maxlength="40" />
```

Eine Verknüpfung von `label` zum dazugehörigen Kontrollelement erreichen Sie über das Attribut `for` bei `label`, das denselben Wert erhält, der über `id` an das Kontrollelement vergeben wird.

```
<label for="vorname">Vorname: </label> <input type="text" name="vorname"
size="20" maxlength="40" id="vorname" />
```

Damit ist es möglich, auch durch einen Klick **in die Beschriftung** das jeweilige Element auszuwählen, Textfelder erhalten beispielsweise den Fokus.

TIPP

Zu beachten ist dabei, dass die über `label` realisierte Beschriftung nicht bei allen Kontrollelementen an derselben Stelle platziert wird: Bei Textfeldern erwartet man sie üblicherweise vor dem Kontrollelement, d. h. links davon, hingegen bei Radiobuttons dahinter, d. h. rechts davon.

Zusätzlich können Sie – was gerade bei größeren Formularen sinnvoll ist, einzelne Elemente auch zusammenfassen und damit logische Bereiche erstellen. Bei einer Bitte um Informationsmaterial könnte so beispielsweise der Bereich, in dem die Adresse des Interessenten angegeben wird, vom anderen Bereich, in dem es um eine Präzisierung der Interessen geht, unterschieden werden. Hierfür dient das Element `fieldset`, das die jeweiligen Bereiche umschließt. Eine Überschrift für die einzelnen Bereiche legen Sie über `legend` fest.

```
<form action="  " method="post">
<fieldset><legend>Absenderangaben</legend>
<label for="vorname" class="text">Vorname:</label><br />
<input type="text" name="vorname" id="vorname" size="20" maxlength="40" />
<br />
<label for="nachname" class="text">Nachname:</label><br />
<input type="text" name="nachname" id="nachname" size="20" maxlength="40" />
</fieldset>
<!-- hier können jetzt weitere Formularelemente folgen -->
</form>
```

Die Elemente `legend` und `fieldset` lassen sich dann wie gewohnt formatieren, d.h., Sie können ihnen Hintergrundfarben, Rahmen, Abstände etc. zuweisen:

Listing 9.1: Formular mit label, fieldset und legend

```
body {
   font: 100.01% Verdana, sans-serif;
   color: #6078BF;
}
legend {
   font-weight: bold;
   background-color: #FFCC80;
   border: 1px solid #BF9960;
   padding: 4px;
   width: 10em;
   text-align: center;
   margin: 10px 10px 10px 4px;
}
fieldset {
   border: 1px dotted #FFCC80;
   margin: 10px;
   width: 20em;
   padding: 10px;
}
```

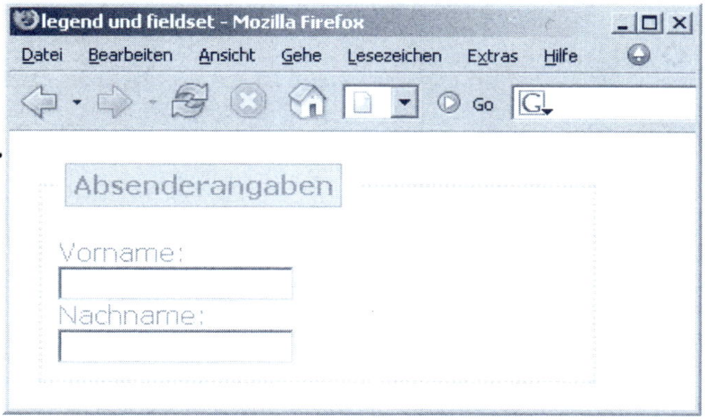

Abb. 9.1: `fieldset` und `legend` können wie gewohnt per CSS formatiert werden.

9.2 Formularelemente per CSS gestalten

Formularelemente gehören gemeinsam mit `img` zu den ersetzten Elementen, d.h., sie sind wie `img` Platzhalter für etwas anderes. Formularelemente werden teilweise direkt vom Betriebssystem zur Verfügung gestellt. Deswegen schreibt die CSS-Spezifikation auch nicht vor, dass Formularelemente formatiert werden können. Die meisten Browser erlauben es trotzdem.

Wenn Sie sich einen Überblick verschaffen möchten, wie Buttons und Formularelemente je nach Betriebssystem und Browser aussehen, finden Sie Informationen dazu auf der Seite *http://www.456bereastreet.com/archive/200701/styling_form_controls_with_css_revisited/*.

Wie lassen sich nun Formularelemente mit CSS gestalten? Textfelder etwa müssen keinesfalls immer weiß sein – Sie können eine Text-, Hintergrund- und Rahmenfarbe festlegen. Außerdem können Sie Außen- oder Innenabstände bestimmen, Rahmen festlegen, die Schrift formatieren oder sogar Hintergrundbilder verwenden. Dafür vergeben Sie für das Textfeld eine entsprechende Klasse, oder Sie setzen, wenn Sie mit `label` arbeiten, die `id` ein, die Sie für den Bezug zwischen `label` und Kontrollelement vergeben haben.

Wenn der Benutzer in das Textfeld klickt, kann eine andere Text- und Hintergrundfarbe definiert werden. Hierfür benötigen Sie die Pseudoklasse `:focus`, die Sie von der Formatierung von Links kennen. Im folgenden Beispiel haben die Textfelder als Standardfarbe einen hellen Beige-Ton und werden weiß, wenn man in sie klickt.

```
#vorname, #nachname { color: #5067AE; background-color: #EEE4D5; }
#vorname:focus, #nachname:focus { color: black; background-color: white; }
```

Der entsprechende Ausschnitt aus dem Formular sieht so aus:

```
<input type="text" name="vorname" id="vorname" size="20" maxlength="40"
/> <br />
<input type="text" name="nachname" id="nachname" size="20" maxlength="40"
/>
```

Listing 9.2: Andere Hintergrundfarbe, wenn man in das Formularfeld klickt

Abb. 9.2: Textfelder formatieren

`:focus` wird jedoch vom Internet Explorer erst ab Version 8 unterstützt – aber das Formular ist auch ohne diesen Effekt gut nutzbar.

Um Formatierungen nur für Textfelder vorzunehmen, können Sie an sich auch auf Attributselektoren zurückgreifen. Für ein Textfeld wäre der richtige Selektor `input[type=text]`. Leider funktioniert das aber im Internet Explorer bis einschließlich Version 6 nicht, so dass Sie doch besser zu Klassen- oder ID-Selektoren greifen sollten.

Auch bei mehrzeiligen Textfeldern (`textarea`) können Sie die gewünschte Text- und Hintergrundfarbe bestimmen, wie im folgenden Beispiel durch eine Inline-Stilangabe.

Listing 9.3: Andere Farben für `textarea`

```
<textarea cols="30" rows="4" style="background-color: #FFF2BF; color:
#7A3520;">   </textarea>
```

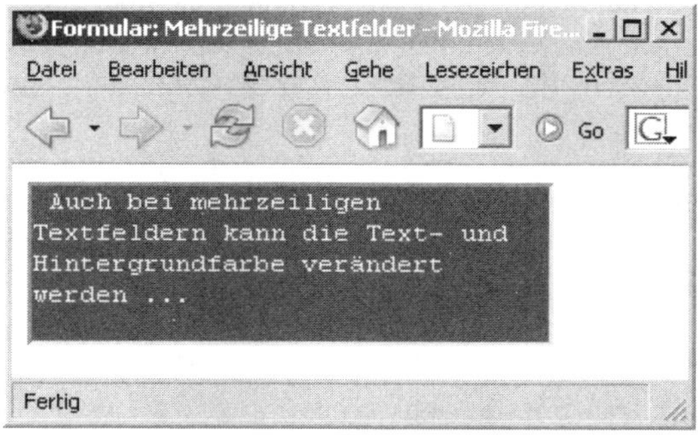

Abb. 9.3: Auch mehrzeilige Textfelder lassen sich einfärben.

Bei Auswahllisten können Sie die Farben der einzelnen Auswahlfelder festlegen – wenn Sie möchten, sogar unterschiedliche. Dafür müssen diese mit Klassen ausgezeichnet werden:

```
select { width: 200px; color: #6078BF; margin: 10px; }
option.ungerade { background-color: white; }
option.gerade { background-color: #EEE4D5; }
```

Im Formular werden die Klassen eingesetzt:

Listing 9.4: Auswahllisten über CSS formatieren

```
<select size="4">
   <option class="ungerade">Option 1</option>
   <option class="gerade">Option 2 </option>
   <option class="ungerade">Option 3 </option>
   <option class="gerade">Option 4 </option>
   <option class="ungerade">Option 5 </option>
   <option class="gerade">Option 6 </option>
</select>
```

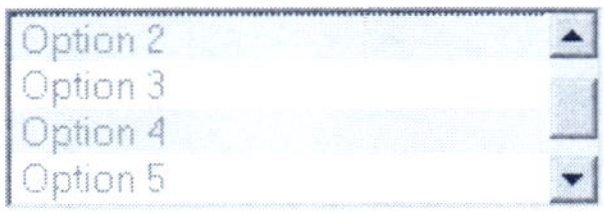

Abb. 9.4: Die einzelnen Punkte einer Auswahlliste könnten unterschiedlich eingefärbt werden.

Im obigen Beispiel wurden zwei Klassen – `gerade` und `ungerade` – verwendet. An sich hätte es ausgereicht, nur die Klasse `gerade` zu definieren und die anderen Angaben direkt für den Selektor `option` zu machen. Steht `option` ohne Klasse, würde Letzteres verwendet, sonst die spezielleren Angaben für die Klasse. So lautet die vereinfachte Version:

```
option { background-color: white; }
option.gerade { background-color: #EEE4D5; }
```

Im Formular wird nur noch eine Klasse benutzt:

Listing 9.5: Es genügt auch eine Klassendefinition

```
<select size="4">
   <option>Option 1</option>
   <option class="gerade">Option 2 </option>
   <option>Option 3 </option>
   <option class="gerade">Option 4 </option>
   <option>Option 5 </option>
   <option class="gerade">Option 6 </option>
</select>
```

An sich kann man auch bei Checkboxen und Radiobuttons die Hintergrundfarbe und den Rahmen bestimmen, nur gibt es in der Darstellung große Unterschiede zwischen den einzelnen Browsern: Beispielsweise zeigen Mozilla ab Version 1.5 und Firefox keinerlei Formatierung an, und beim Internet Explorer benötigt man eine Hintergrundfarbe, um eine durchgehende Einfärbung um das Element zu erreichen. Detaillierte Informationen mit Screenshots zu diesem Thema finden Sie bei CSS4you unter *http://www.css4you.de/wsradio/index.html.*

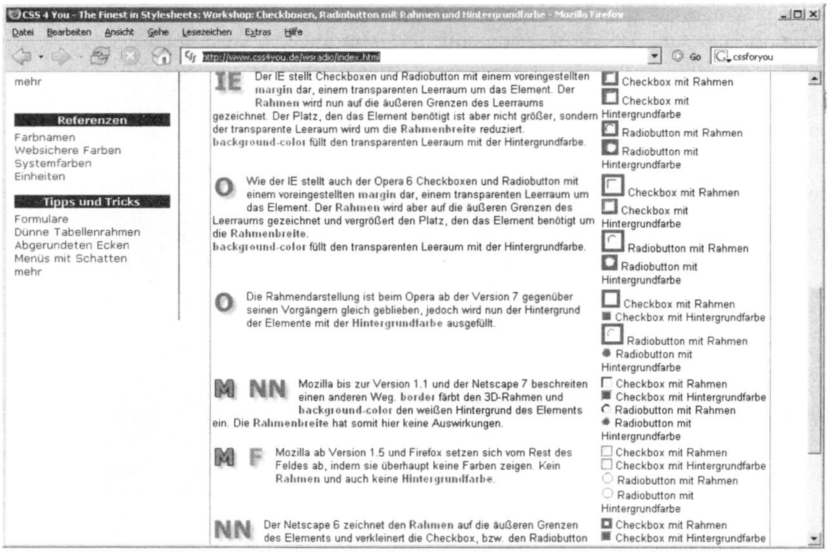

Abb. 9.5: Die Unterschiede von formatierten Checkboxen und Radiobuttons in den Browsern zeigt der Artikel bei www.css4you.de .

Auch für Formularbuttons können Sie Schriftfarbe, Hintergrundfarbe und Rahmen festlegen. Außerdem können Sie die Pseudoklasse `:hover` einsetzen, die von allen modernen Browsern außer dem Internet Explorer bis einschließlich Version 6 unterstützt wird:

```
.reset, .submit {
   width: 10em;
   background-color: #EEE4D5;
   font: bold 1em sans-serif;
   color:#6078BF;
   border: 3px inset #6078BF;
}
.reset:hover, .submit:hover {
   background-color: #CCC2B3;
}
```

Im Formular wird wiederum mit Klassen gearbeitet:

Listing 9.6: Buttons formatieren

```
<input class="reset" type="reset" />
<input class="submit" type="submit" name="abschicken" value="Abschicken" />
```

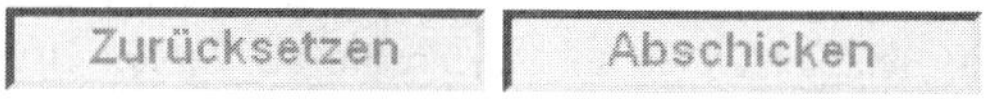

Abb. 9.6: Buttons einmal anders ...

Im Beispiel wurden der Button zum Löschen und derjenige zum Abschicken des Formulars auf dieselbe Art formatiert. Um die Formularbenutzung zu erleichtern und Fehler zu vermeiden, würde es sich jedoch anbieten, den Button, der die normalerweise gewünschte Aktion auslöst – Abschicken – mehr hervorzuheben und den anderen nicht gleichwertig zu platzieren oder eventuell sogar wegzulassen.

TIPP

An sich ist auch eine ganz freie Gestaltung von Formularelementen möglich, dann müssen Sie diese durch Grafiken ersetzen. Wie das geht, zeigt *http://www.picment.com/articles/css/funwithforms/*.

Bisher haben wir Formularelemente selbst nicht angeordnet, sondern nur mithilfe von Zeilenumbrüchen untereinander platziert. Wenn Sie die klassische (X)HTML-Methode einsetzen, werden Sie Formularelemente über Tabellen ausrichten. An sich ist das aber auch über CSS möglich – ein Beispiel hierfür finden Sie in Kapitel 15.

9.3 Systemschriftarten und -farben, Mauscursor und farbige Scrollleisten

Manche Formularelemente sind ähnlich wie die Bedienfelder in den Menüs des Betriebssystems. So könnte man für Formulare dieselben Gestaltungselemente nehmen, die die Benutzer vom Betriebssystem kennen. Sie können natürlich die hier vorgestellten Techniken auch für andere Webseitenelemente benutzen, wenn sie der Systemumgebung des Benutzers möglichst ähnlich sein sollen.

9.3.1 Systemschriftarten

Mit CSS können Sie direkt auf die Systemschriftarten zugreifen. Folgende stehen zur Verfügung:

Tabelle 9.1: Systemschriftarten

Name der Systemschriftart	Bedeutung
`caption`	Beschriftung von Steuerelementen wie Buttons oder Dropdown-Menüs
`icon`	Beschriftung von Icons
`menu`	In Menüs eingesetzte Schrift
`message-box`	Schrift, die in Dialogboxen verwendet wird
`small-caption`	Zur Beschriftung von kleinen Steuerelementen
`status-bar`	Schrift, mit der Text in der Statusleiste angezeigt wird

Diese Systemschriftarten können nur als Ganzes ausgewählt werden. Das heißt, mit einem Ausdruck wie `font: caption` wird gleichzeitig nicht nur eine Schriftart, sondern auch eine Schriftgröße und eine Schriftgewichtung bestimmt. Deswegen verwenden Sie beispielsweise `caption` auch als einzige Angabe hinter der Kurzschriftanweisung `font`.

In CSS 2 waren außerdem noch folgende Systemfarben definiert, die jedoch in CSS 3 verworfen wurden und deswegen auch in der Version CSS 2.1 nicht mehr zu finden sind:

`ActiveBorder, ActiveCaption, AppworkSpace, Background, ButtonFace, ButtonHighlight, ButtonShadow, ButtonText, CaptionText, GrayText, Highlight, HighlightText, InactiveBorder, InactiveCaption, InactiveCaptionText, InfoBackground, InfoText, Menu, MenuText, Scrollbar, ThreeDDarkShadow, ThreeDFace, ThreeDHighlight, ThreeDLightshadow, ThreeDShadow, Window, WindowFrame, WindowText`

Übrigens ist bei diesen Farbangaben Groß- und Kleinschreibung zwar nicht relevant, aber dennoch zu empfehlen, da die Namen dann besser lesbar sind.

Ein Beispiel: Als Schriftart wird `menu` gewählt, als Hintergrundfarbe `Highlight`, als Textfarbe `HighlightText`. Damit ergibt sich dieselbe Farb- und Textkombination, wie sie bei ausgewählten Menüpunkten zu finden ist.

Listing 9.7: Beispiel für Systemschriftarten

```
<p style="background: Highlight; color: HighlightText; font:
menu">background:Highlight; color:HighlightText; font:menu</p>
```

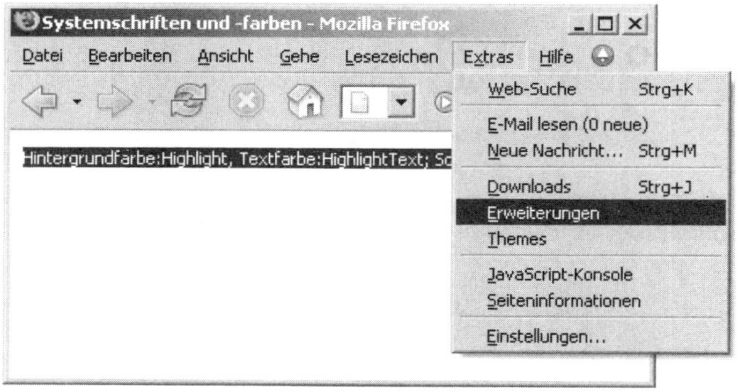

Abb. 9.7: Mit Systemfarben kann dieselbe Farbe wie ein ausgewählter Menüpunkt bestimmt werden.

In der Abbildung sehen Sie, dass die Formatierungen genauso aussehen wie ausgewählte Menüpunkte innerhalb eines Menüs – deswegen ist zum Vergleich ein ausgeklapptes Menü dargestellt.

Diese Angaben garantieren natürlich keineswegs, dass dann auf allen Computern eines Betriebssystems dieselben Farben verwendet werden, da dies ja von der jeweiligen Konfiguration abhängt.

9.3.2 Mauszeiger bestimmen

Über CSS lässt sich auch die Darstellung des Mauszeigers/Cursors steuern. Die Eigenschaft heißt passenderweise `cursor` und kann folgende Werte annehmen:

Tabelle 9.2: Verschiedene Mauscursor

Beispiel	Wert	Erklärung
Cursor: pointer	`pointer`	Derselbe Mauszeiger wie bei Links
Cursor: crosshair	`crosshair`	Fadenkreuz
Cursor: move	`move`	Verschieben
Cursor: e-resize	`e-resize`, `ne-resize`, `nw-resize`, `n-resize`, `se-resize`, `sw-resize`, `s-resize`, `w-resize`	Doppelpfeil zur Anzeige, dass eine Größenänderung bei einem Element stattfindet. Die Buchstaben vor `resize` sind jeweils eine Abkürzung der Himmelsrichtung, in die die Größenänderung vorgenommen wird, d. h. `e-resize` bedeutet östlich, also eine Verschiebung nach rechts: Entsprechend `w`: links, `n`: oben und `s`: unten. Sie zeigen also jeweils die Richtung des Pfeils an.
Cursor: text	`text`	Textcursor, der zeigt, dass Text ausgewählt werden kann
Cursor: wait	`wait`	Warten (meist Sanduhr)
Cursor: help	`help`	Hilfezeiger (Fragezeichen)
Cursor: progress	`progress`	Wie `wait` Wartevorgang. Währenddessen kann der Benutzer aber mit dem System interagieren.

Am besten sehen Sie sich selbst an, welche Auswirkungen die verschiedenen Eigenschaften für `cursor` haben. Im Listing 9.8 befinden sich mehrere Absätze, von denen jeder einen anderen Cursor zeigt, wenn Sie mit der Maus darüber fahren.

Listing 9.8: Mauscursor zuweisen

```
<p style="cursor: pointer">Cursor: pointer</p>
<p style="cursor: crosshair">Cursor: crosshair</p>
<p style="cursor: move">Cursor: move</p>
<p style="cursor: e-resize">Cursor: e-resize</p>
<p style="cursor: text">Cursor: text</p>
<p style="cursor: wait">Cursor: wait</p>
<p style="cursor: help">Cursor: help</p>
<p style="cursor: progress">Cursor: progress</p>
```

Außerdem können Sie noch ein beliebiges Symbol über `cursor: url(bild.cur), pointer;` einbinden. Hierbei muss jedoch immer nach der URL eines der allgemeinen Schlüsselwörter folgen, das gezeigt wird, falls das durch `url()` bestimmte Bild nicht geladen werden kann. Das im Beispiel verwendete Bildformat ».cur« ist das Windows-Format für Mauszeiger.

Beim Einsatz von `cursor` sollten Sie natürlich darauf achten, dass die bestimmten Cursor den Benutzer nicht irritieren, sondern eine Hilfestellung bieten.

Sinnvoll kann es beispielsweise sein, dass Abkürzungen, die eine Auflösung im `title`-Attribut besitzen, einen Hilfe-Mauszeiger auslösen. Zusätzlich kann man dies aber noch anders kennzeichnen – beispielsweise durch einen dünnen Rahmen unten:

```
acronym[title], abbr[title] {
   border-bottom: 1px blue dotted;
   cursor: help;
}
```

Und ein (X)HTML-Text, anhand dessen man die Auswirkung sehen kann, wäre:

Listing 9.9: `cursor: help` für Abkürzungen

```
<p>Der erste Entwurf von <abbr title="Cascading Stylesheets">CSS</abbr>
wurde 1994 pr&auml;sentiert und im Dezember 1996 publizierte das W3-
Konsortium CSS 1.0 als Empfehlung (Recommendation).</p>
```

Abb. 9.8: Der Mauscursor zeigt an, dass es hier weitere Erklärungen gibt.

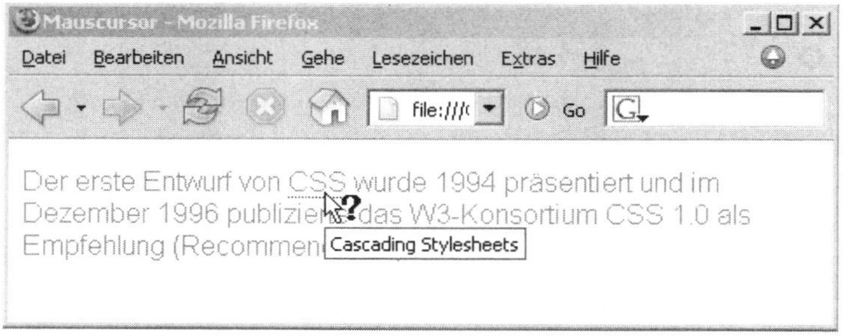

Der Internet Explorer bis einschließlich Version 6 versteht Attributselektoren wie im obigen Beispiel nicht, d.h., die Hilfestellung durch den veränderten Cursor erreicht nur die Benutzer anderer aktueller Browser.

9.3.3 Rollbalken einfärben

In der CSS-Spezifikation ist nicht vorgesehen, dass die seitlichen Rollbalken des Browser-Fensters oder auch von Textfeldern eingefärbt werden können. Jedoch wurde eine entsprechende Methode von Microsoft entwickelt, die aber wie gesagt nicht standardkonform ist und nur im Internet Explorer und teils im Opera funktioniert. In anderen Browsern wird die Farbveränderung der Scrollleisten einfach nicht umgesetzt und hat ansonsten keine negativen Auswirkungen.

Um die Rollbalken des ganzen Browser-Fensters einzufärben, wenden Sie die Eigenschaften auf `body`/`html` an; für `textarea` eingesetzt, werden die Rollbalken der Textfelder in Formularen eingefärbt.

- `scrollbar-base-color`: Hauptfarbe für den Rollbalken
- `scrollbar-3dlight-color`: 3D-Farbe des Rollbalkens
- `scrollbar-arrow-color`: Pfeilfarbe des Rollbalkens

- `scrollbar-darkshadow-color`: Farbe des dunklen Schattens des Rollbalkens
- `scrollbar-face-color`: Farbe für die Oberfläche
- `scrollbar-highlight-color`: Farbe für den oberen und linken Rand
- `scrollbar-shadow-color`: Farbe für den unteren und rechten Rand
- `scrollbar-track-color`: Farbe für freibleibenden Verschiebeweg

Die einzelnen Eigenschaften lassen sich natürlich auch kombinieren.

Die Bedeutung der einzelnen Bereiche, die sich einfärben lassen, wird in einer Abbildung am deutlichsten. Im Listing sind mehrere `textarea`-Felder mit den verschiedenen Eigenschaften versehen:

```
<form action="" method="get">
<textarea cols="20" rows="5" style="scrollbar-base-color: #228D8D">
scrollbar-base-color </textarea>
<textarea cols="20" rows="5" style="scrollbar-3dlight-color: #228D8D">
scrollbar-3dlight-color </textarea>
...
</form>
```

Listing 9.10: Bunte Rollbalken für Textfelder

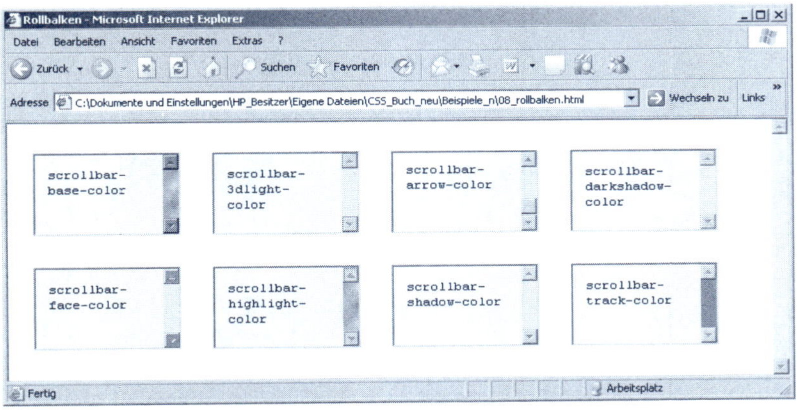

Abb. 9.9: Verschiedene Arten, die Scrollleisten einzufärben

Wenn Sie Rollbalken für das Browser-Fenster definieren möchten und der Internet Explorer sich im Standard-Modus befindet, müssen Sie die Angaben für `body` **und** `html` machen. Genaueres zum Standard-Modus erfahren Sie in Kapitel 13.

TIPP

9.4 Wiederholungsfragen und Übungen

1. **Wozu dient das Element `label`?**
2. **Kann man mehrzeiligen Formularfeldern eine besondere Farbe zuweisen, die angezeigt wird, wenn der Benutzer ins Formular klickt?**
3. **Erstellen Sie ein Textfeld, dem Sie ein Hintergrundbild zuweisen!**
4. **Erstellen Sie einen Link, der zu einer Hilfedatei führt. Wenn man mit der Maus über ihn fährt, soll sich der Cursor in das Fragezeichen verwandeln.**

Kapitel 10

jetzt lerne ich

Tabellen gestalten

Auch wenn man CSS häufig anstelle von Layouttabellen einsetzt, kann man aber mithilfe von CSS durchaus Tabellen gestalten. Dies kann in bestimmten Situationen sehr sinnvoll sein: So gibt es ja manchmal Inhalte, die sich am besten als Tabelle präsentieren lassen; eine Preisliste anders als in Tabellenform darzustellen, wäre nicht zweckmäßig. Allerdings kann es auch sein, dass Sie ein bereits bestehendes Projekt, das Tabellen einsetzt, mit CSS gestalten möchten, wobei die vollständige Umstellung auf CSS vielleicht nicht oder noch nicht möglich oder erwünscht ist.

Bevor wir zum Thema Tabellengestaltung kommen, ist es hilfreich, sich noch einmal zu vergegenwärtigen, welche Elemente (X)HTML neben `td` und `tr` für Tabellen zu bieten hat. Das kann die Arbeit mit CSS vereinfachen, weil man sich dadurch viele unnötige `class`-Attribute sparen kann.

10.1 Weniger bekannte (X)HTML-Elemente für Tabellen

Die für das Erstellen einer Tabelle unbedingt notwendigen Elemente sind die folgenden: Mit `table` wird die Tabelle eingeleitet und geschlossen, mit `tr` (table row – Tabellenzeile) werden die einzelnen Zeilen definiert und `td` (table data – Tabellendaten) kennzeichnen die einzelnen Zellen.

```
<table>
   <tr>
      <td>Erste Zelle</td><td>Zweite Zelle</td>
   </tr>
   <tr>
      <td>Dritte Zelle</td><td>Vierte Zelle</td>
   </tr>
</table>
```

Darüber hinaus gibt es weitere nützliche Elemente, die im Folgenden zusammengefasst werden, ihre genaue Funktion wird dann anhand von Beispielen erläutert.

Tabelle 10.1: Nützliche (X)HTML-Elemente für Tabellen

(X)HTML-Element	Bedeutung	Funktion
`caption`	Tabellenbeschriftung	Sie können hiermit noch eine Tabellenbeschriftung bestimmen.
`colgroup, col`	Spaltengruppe	Innerhalb von `colgroup` kann man mit `col` die einzelnen Spalten definieren, damit die Browser die Tabelle schneller aufbauen können.
`th`	table head (Spalten- und Zeilenkopf)	Zelle für die Überschriften der Tabelle
`tbody`	Tabellenkörper	Dient zusammen mit `thead` und `tfoot` der logischen Unterteilung von Tabellen.
`thead`	Tabellenkopf	Kennzeichnet den oberen Tabellenbereich, beispielsweise mit der Tabellenüberschrift.
`tfoot`	Tabellenfuß	Kennzeichnet den unteren Tabellenbereich, beispielsweise eine Ergebniszeile.

Hier eine einfache Beispieltabelle zur Demonstration des Einsatzes dieser Elemente:

Listing 10.1: Tabelle mit Strukturierungselementen

```
<table>
<caption>Tabelle XY</caption>
<thead>
<tr><th> </th><th>Spalte 1</th> <th>Spalte 2</th></tr>
</thead>
<tfoot>
<tr><th>Ergebnis</th><td>Erste Spalte</td><td>Zweite Spalte</td></tr>
</tfoot>
<tbody>
<tr><th>Zeile 1</th><td>Erste Zelle</td><td>Zweite Zelle</td></tr>
<tr><th>Zeile 2</th><td>Dritte Zelle</td><td>Vierte Zelle</td></tr>
</tbody>
</table>
```

Im Beispiel wurden `thead`, `tbody` und `tfoot` benutzt. Wenn Sie diese verwenden, müssen sie in der Reihenfolge `thead`, `tfoot` und dann erst `tbody` notiert werden, und es müssen dann alle drei eingesetzt werden. Bei der Darstellung wird dann jedoch `tfoot` wie erwartet an das Ende der Tabelle gerückt.

Abb. 10.1: Strukturierte Tabelle noch ohne weitere Formatierung

`th` wird für die Tabellenüberschriften eingesetzt – sowohl für die Überschriften von Spalten als auch von Zeilen. Standardmäßig wird dann der Inhalt zentriert und fett dargestellt.

10.2 CSS-Eigenschaften für Tabellen

Den Tabellenelementen können nun Hintergrundfarben (`background-color`), Hintergrundbilder (`background-image`), Rahmen (`border`), Innen- und Außenabstand (`padding`/`margin`), Breite (`width`) und Höhe (`height`) zugewiesen werden.

Wenn Sie Ihre Tabelle entsprechend strukturiert haben, benötigen Sie hierfür keinerlei zusätzliche Klassen, wie die folgenden Style-Definitionen zeigen, die auf die eben vorgestellte Tabelle angewendet werden:

Listing 10.2: Formatierungen für die strukturierte Tabelle

```
body {
   background-color: white;
   font: 100.01% Verdana, sans-serif;
   color: black;
}
caption {
   font-weight: bold;
   color: #647D8F;
}
thead {
   background-color: #647D8F;
   color: white;
}
tfoot { background-color: #806159; }
tfoot td { background-color: #E6D3CF; }
tbody { background-color: #CCBA8F; }
tbody td {
   border: 1px solid black;
   background-color: #E6DFCF;
}
```

Und das ist das Ergebnis der Formatierung – eine Tabelle mit unterschiedlichen Hintergrundfarben und Rahmen.

Abb. 10.2: Verschiedene Hintergrundfarben zuweisen

Zur Definition von Spalten dienen die Elemente `colgroup` und `col`:

```
<table>
<colgroup>
<col class="spalte1" />
<col class="spalte2" />
<col class="spalte3" />
</colgroup>
<tr>
<th>Spalte 1</th>
<th>Spalte 2</th>
<th>Spalte 3</th>
</tr>
<tr>
<td>Zelle 1</td>
<td>Zelle 2</td>
<td>Zelle 3</td>
</tr>
<tr>
<td>Zelle 4</td>
<td>Zelle 5</td>
<td>Zelle 6</td>
</tr>
</table>
```

Dann lassen sich den bei `col` definierten Klassen spezielle Eigenschaften zuweisen. Erlaubt sind hier jedoch nur `width`, `background`, `border` und `visibility`. So lässt sich die gerade vorgestellte Tabelle mit folgenden CSS-Angaben formatieren;

Listing 10.3: Spalten über CSS formatieren

```
table { border-collapse: collapse; }
td, th {
   width: 80px;
   height: 50px;
   border: 1px solid #807459;
   text-align: center;
}
.spalte1 { background-color: #CCBA8F; }
.spalte2 { background-color: #E6DFCF; }
.spalte3 { background-color: white; }
```

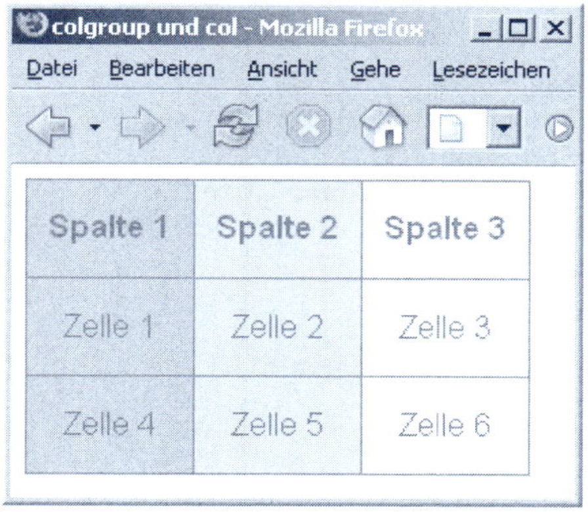

Abb. 10.3: Spalten über CSS definieren

Da jedoch die Browser-Unterstützung von Formatierungen bei `col` nicht ganz zuverlässig ist, ist es sicherer, noch eine weitere Methode einzusetzen. Dafür sind zwei Ansätze denkbar:

- Die Definition von Klassen bei den einzelnen Zellen, was aber mit einem relativ großen Aufwand verbunden ist.
- Der Einsatz von Kindselektoren: So kann man beispielsweise die erste Spalte über `td:first-child`, die zweite Spalte über `td:first-child + td` auswählen und die dritte über `td:first-child + td + td` etc. Kindselektoren werden jedoch vom Internet Explorer bis einschließlich Version 6 nicht unterstützt.

Die auf *http://css-discuss.incutio.com/?page=StylingColumns* vorgestellte Lösung sieht eine Kombination von Methoden vor: Für den Internet Explorer kleiner als Version 7 erfolgen die Style-Angaben über `col`, die von diesem Browser gut unterstützt werden, für andere Browser über Kindselektoren.

Wenn Sie der ganzen Tabelle eine Höhe und eine bestimmte Breite zuweisen möchten, müssen `height` und `width` beim Selektor `table` notiert werden.

```
table {
   width: 30em;
   height: 10em;
}
```

Entsprechend können Sie auch eine Höhe oder Breite nur für einzelne Zellen oder Zeilen bestimmen:

```
tr { height: 20px; }
td { width: 10px; }
```

Zum Ausrichten des Inhalts von Tabellenzellen dient `text-align` (horizontal) und `vertical-align` (vertikal):

Listing 10.4: Zelleninhalte ausrichten

```
<!DOCTYPE html PUBLIC "-//W3C//DTD XHTML 1.0 Transitional//EN"
"http://www.w3.org/TR/xhtml1/DTD/xhtml1-transitional.dtd">
<html xmlns="http://www.w3.org/1999/xhtml" xml:lang="de" lang="de">
<head>
<title>Inhalt von Zellen ausrichten</title>
<meta http-equiv="Content-Type" content="text/html; charset=iso-8859-1" />
```

```
<style type="text/css">
/* <![CDATA[ */
body {
   font: bold 100.01% sans-serif;
   color:black;
   background-color: white;
}
td {
   height: 80px;
   width: 80px;
   border: 1px solid black;
}
/* ]]> */
</style>
</head>
<body>
<table >
<tr>
<td style="vertical-align: top"> top</td>
<td style="vertical-align: middle">middle </td>
<td style="vertical-align: bottom">bottom </td>
</tr>
<tr>
<td style="vertical-align: top; text-align: center"> center</td>
<td style="vertical-align: middle; text-align: center">center</td>
<td style="vertical-align: bottom; text-align: center">center</td>
</tr>
</table>
</body>
</html>
```

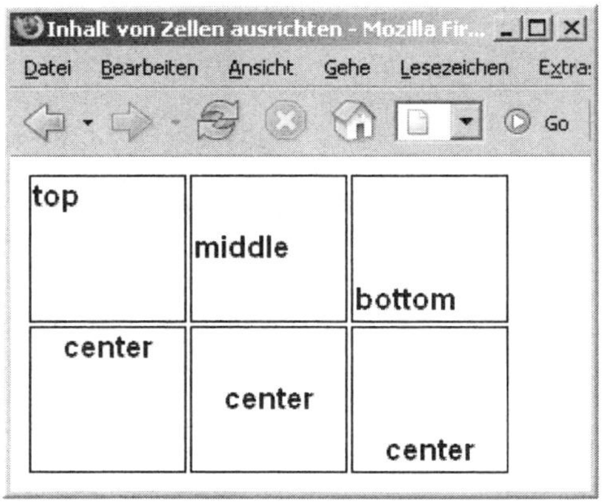

Abb. 10.4: Zelleninhalte ausrichten – ein paar Möglichkeiten

Neben diesen Eigenschaften, die neben Tabellen auch bei anderen Elementen benutzt werden können, existieren einige spezielle Formatierungen, die nur bei Tabellen zum Einsatz kommen.

10.3 Spezielle CSS-Formatierungen für Tabellen

Zur Formatierung von `caption`, der Tabellenüberschrift, existiert eine eigene Eigenschaft `caption-side`, mit der Sie festlegen, wo die Tabellenüberschrift platziert werden soll. Möglich sind die Werte `left`, `top`, `bottom` und `right`. `left` und `right` sind jedoch in CSS 2.1 nicht mehr vorgesehen. Außerdem wird `caption-side` nicht vom Internet Explorer kleiner als Version 8 unterstützt.

Rahmen können für einzelne Tabellenzellen, die ganze Tabelle, Tabellenzeilen etc. definiert werden. Um einander widersprechende Angaben sinnvoll auflösen zu können, hat man die Eigenschaft `border-collapse` eingeführt. Sie definiert, ob Einzelrahmen um Zellen zusammengefasst werden sollen oder nicht. Der Wert `collapse` erzeugt durchgehende Gitterlinien, mit `separate` gibt es zwischen den einzelnen Rahmen der Zellen Abstände.

Die Eigenschaft legen Sie für die gesamte Tabelle fest. Für die einzelnen Tabellenzellen bestimmen Sie dann die Rahmeneigenschaften. Ein Beispiel hierzu: Die folgenden CSS-Angaben

```
table{ border-collapse: collapse; }
td { border: 2px solid #003D6B; }
table.sep { border-collapse: separate; }
```

werden auf zwei Tabellen angewendet:

```
<h1>border-collapse: collapse</h1>
<table >
   <tr><td>EINS</td><td>ZWEI</td></tr>
   <tr><td>DREI</td><td>VIER</td></tr>
</table>

<h1>border-collapse: separate</h1>
<table class="sep">
   <tr><td>EINS</td><td>ZWEI</td></tr>
   <tr><td>DREI</td><td>VIER</td></tr>
</table>
```

Listing 10.5: Zusammenfall der Rahmen oder separate Rahmen

Das Ergebnis sehen Sie in Abbildung 10.5.

Wenn man `border-collapse: collapse` einsetzt und unterschiedliche Rahmen (z. B. Farbe, Dicke) für einzelne Zellen definiert, stellt sich natürlich bei sich widersprechenden Angaben die Frage, welche davon sich durchsetzen. In der Spezifikation sind hierfür folgende Regeln angegeben:

1. Rahmen, die durch `border-style: hidden` definiert sind, haben die höchste Priorität.
2. Hingegen haben Rahmen mit `border-style: none` die niedrigste Priorität.
3. Breite Rahmen setzen sich gegenüber schmaleren durch. Stimmen die Rahmen in der Breite überein, so gilt die Rangfolge: `double` > `solid` > `dashed` > `dotted` > `ridge` > `outset` > `groove` > `inset`.
4. Unterscheiden sich nur die Rahmenfarben, so setzen sich untergeordnete Elemente gegenüber übergeordneten durch, d. h. Zellformatierungen vor Zeilenformatierungen, Zeilenformatierungen vor Tabellenformatierungen.

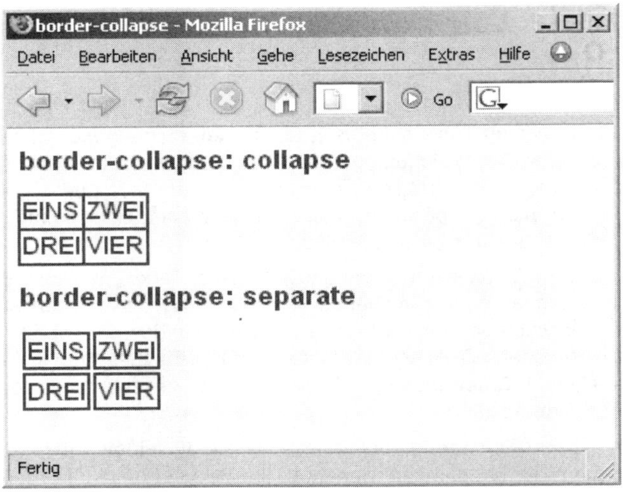

Abb. 10.5: border-collapse

Das folgende Beispiel demonstriert einige Fälle:

Listing 10.6: Verschiedene Rahmenangaben

```
<table>
<tr>
   <td style="border: dashed 3px red">EINS</td>
   <td style="border: dashed 1px red">ZWEI</td>
</tr>
<tr >
   <td style="border: dashed 1px green">DREI</td>
   <td style="border: solid 1px blue">VIER</td>
</tr>
</table>
```

Der dickere Rahmen um Zelle EINS (3px) setzt sich gegenüber den anderen Rahmen (1px) durch. In der zweiten Zeile sind die Rahmen gleich dick, hier muss laut der obigen Rangfolge `solid` vor `dashed` gewinnen – d.h., der durchgehende Rahmen um Zelle VIER muss sich durchsetzen:

Abb. 10.6: Verschiedene Rahmendefinitionen bei zusammenfallenden Rahmen

Es existieren noch ein paar weitere Eigenschaften für Tabellen, die jedoch teilweise (`border-spacing` und `empty-cells`) im Internet Explorer erst ab Version 8 dargestellt werden.

Wenn Sie mit `border-collapse: separate` bestimmt haben, dass es einen Abstand zwischen den einzelnen Rahmen geben soll, können Sie über `border-spacing` für das `table`-Element auch noch den Abstand zweier Rahmen definieren.

```
table { border-collapse: separate; border-spacing: 10px; }
```

Ob leere Tabellenzellen Rahmen und Hintergrund erhalten sollen (`show`) oder nicht (`hide`), entscheiden Sie per `empty-cells`.

Da jedoch die Eigenschaften `border-spacing` und `empty-cells` erst vom Internet Explorer ab Version 8 interpretiert werden, greifen Sie besser zu `cellspacing` (`<table cellspacing="10">`).

Um aber den Abstand zwischen dem Zellinhalt und den Rändern der Zelle festzulegen, können Sie die CSS-Eigenschaft `padding` benutzen.

`table-layout` kann die Werte `auto` und `fixed` annehmen. Verwenden Sie `fixed`, so wird die von Ihnen definierte Breite (z. B. per `width`) benutzt, unabhängig vom Inhalt der Zellen; d.h., auch wenn der Inhalt der Zellen nicht mehr korrekt dargestellt werden kann. `auto` ist der Standardwert. Wenn der berechnete Wert, der sich durch den Inhalt der Zellen oder die explizit gesetzte Breite der Zellen ergibt, breiter ist als der angegebene, wird der berechnete Wert verwendet, ansonsten der angegebene.

Das (X)HTML-Attribut `nowrap` können Sie durch `whitespace: nowrap` in CSS ersetzen, die Browser-Unterstützung dafür ist auch akzeptabel. Damit werden lange Zeilen in der Zelle nicht umbrochen.

10.4 Tabellarische Daten übersichtlich präsentieren

Gerade wenn Sie viele Daten in einer Tabelle präsentieren möchten, ist es wichtig, dass der Benutzer sich in der Tabelle auch zurechtfindet. Hilfreich ist es beispielsweise, zwei verschiedene Hintergrundfarben für die Zeilen zu benutzen und die Zeilen abwechselnd einzufärben.

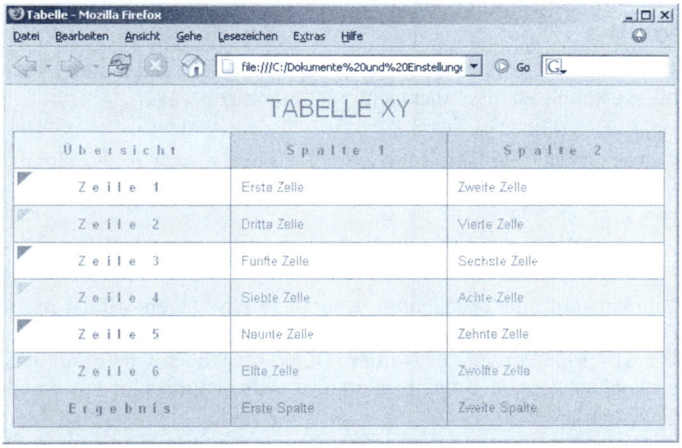

Abb. 10.7: Werden viele Daten präsentiert, hilft es, die Zeilen abwechselnd einzufärben.

Für dieses Beispiel wurde die bereits vorgestellte Tabellenstruktur um ein paar weitere Zeilen ergänzt und zur Vorbereitung für die Einfärbung der einzelnen Zeilen jede gerade Zeile mit der Klasse `gerade` gekennzeichnet:

```
<table cellspacing="0">
<caption>Tabelle XY</caption>
<thead>
<tr><th class="ohne">&Uuml;bersicht</th> <th>Spalte 1</th> <th>Spalte 2
</th></tr>
</thead>
<tfoot>
<tr><th>Ergebnis</th><td>Erste Spalte</td><td>Zweite Spalte</td></tr>
</tfoot>
<tbody>
<tr><th>Zeile 1</th><td>Erste Zelle</td><td>Zweite Zelle</td></tr>
<tr class="gerade"><th>Zeile 2</th><td>Dritte Zelle</td><td>Vierte
Zelle</td></tr>
<tr><th>Zeile 3</th><td>F&uuml;nfte Zelle</td><td>Sechste Zelle</td></tr>
<tr class="gerade"><th>Zeile 4</th><td>Siebte Zelle</td><td>Achte
Zelle</td></tr>
<tr><th>Zeile 5</th><td>Neunte Zelle</td><td>Zehnte Zelle</td></tr>
<tr class="gerade"><th>Zeile 6</th><td>Elfte Zelle</td><td>Zw&ouml;lfte
Zelle</td></tr>
</tbody>
</table>
```

Im Stylesheet erhalten die Zeilen unterschiedliche Text- und Hintergrundfarben – da diese Farbgebung nur für die Zeilen innerhalb von `tbody` gelten soll, wird dies beim Selektor mit angegeben:

```
tbody tr.gerade {
   background-color: #E6DFCF;
   color: #647D8F;
}
tbody tr {
   background-color: white;
}
```

Außerdem soll jeweils die `th`-Zelle von jeder Zeile mit einem kleinen Hintergrundbild versehen werden, das nicht wiederholt wird.

```
tbody tr th {
   background: url(hg_table2.gif) white no-repeat 3px 3px;
}
tbody tr.gerade th {
   background: url(hg_table1.gif) #E6DFCF no-repeat 3px 3px;
}
```

Tabellenkopf und Tabellenfuß bekommen eine eigene Hintergrundfarbe. Die erste Zelle des Tabellenkopfes soll anders eingefärbt werden. Hierfür könnte der Selektor `:first-child` verwendet werden. Da dieser jedoch vom Internet Explorer bis einschließlich Version 6 nicht unterstützt wird, wurde hier mit einer eigenen Klasse `ohne` gearbeitet:

```
thead { background-color: #CCBA8F;}
.ohne { background-color: #E6DFCF; color: #807459; }
tfoot { background-color: #CCBA8F;}
```

Bei der Tabelle wird definiert, dass die Rahmen zusammenfallen sollen. Dann werden den einzelnen Zellen Werte für Breite und Rahmen und eine Schriftgröße zugewiesen. Bei den `th`-Zellen wird ein größerer Buchstabenabstand festgelegt:

```
table {
   border-collapse: collapse;
}
td,th {
   padding: 10px;
   width: 15em;
   border: 1px solid #807459;
   font: 0.8em sans-serif;
}
th {
   font-weight: bold;
   letter-spacing: 0.5em;
}
```

Im obigen Beispiel wird außerdem bei `th` noch `font-weight: bold` definiert. Warum ist das nötig, da diese Einstellung doch dem Standardwert für `th` entspricht? Die Erklärung dafür ist in der Kurzschreibweise für die Schrift von `td` und `th` zu suchen. Durch `font: 0.8em sans-serif;` wird nicht nur die Schriftgröße und die Schriftart definiert, sondern alle anderen nicht aufgeführten Schrifteigenschaften erhalten die Defaultwerte. Das heißt, dass damit auch die Schriftgewichtung auf `normal` zurückgesetzt wird.

Außerdem erhält die Tabellenüberschrift noch eine etwas größere Schrift und wird in Großbuchstaben dargestellt. Der angegebene `margin` soll die Tabellenüberschrift von der eigentlichen Tabelle etwas trennen, wird jedoch nicht vom Internet Explorer kleiner als Version 8 interpretiert.

```
caption {
   text-transform: uppercase;
   font-size: 1.5em;
   margin-bottom: 10px;
}
```

Hier sehen Sie noch einmal den vollständigen Quellcode für die in Abbildung 10.7 präsentierte Tabelle:

Listing 10.7: Formatierung für Datentabellen

```
<!DOCTYPE html PUBLIC "-//W3C//DTD XHTML 1.0 Transitional//EN"
"http://www.w3.org/TR/xhtml1/DTD/xhtml1-transitional.dtd">
<html xmlns="http://www.w3.org/1999/xhtml" xml:lang="de" lang="de">
<head>
<meta http-equiv="content-type" content="text/html; charset=ISO-8859-1" />
<title>Tabelle</title>
<style type="text/css">
/* <![CDATA[ */
body {
   background-color: #CFDCE6;
```

```
   font: 100.01% Verdana, sans-serif;
   color: #706348;
}
table {
   border-collapse: collapse;
}
td,th    {
   padding: 10px;
   width: 15em;
   border: 1px solid #807459;
   font: 0.8em sans-serif;
}
th {
   font-weight: bold;
   letter-spacing: 0.5em;
}
caption {
   text-transform: uppercase;
   font-size: 1.5em;
   margin-bottom: 10px;
}
thead {
   background-color: #CCBA8F;
}
.ohne {
   background-color: #E6DFCF;
   color: #807459;
}
tfoot {
   background-color: #CCBA8F;
}
tbody tr.gerade {
   background-color: #E6DFCF;
   color: #647D8F;
}
tbody tr {
   background-color: white;
}
tbody tr th {
   background: url(hg_table2.gif) white no-repeat 3px 3px;
}
tbody tr.gerade th {
   background: url(hg_table1.gif) #E6DFCF no-repeat 3px 3px;
}
/* ]]> */
</style>
</head>
<body>
<table cellspacing="0">
<caption>Tabelle XY</caption>
```

```
<thead>
<tr><th class="ohne">&Uuml;bersicht</th> <th>Spalte 1</th> <th>Spalte
2</th></tr>
</thead>
<tfoot>
<tr><th>Ergebnis</th><td>Erste Spalte</td><td>Zweite Spalte</td></tr>
</tfoot>
<tbody>
<tr><th>Zeile 1</th><td>Erste Zelle</td><td>Zweite Zelle</td></tr>
<tr class="gerade"><th>Zeile 2</th><td>Dritte Zelle</td><td>Vierte
Zelle</td></tr>
<tr><th>Zeile 3</th><td>F&uuml;nfte Zelle</td><td>Sechste Zelle</td></tr>
<tr class="gerade"><th>Zeile 4</th><td>Siebte Zelle</td><td>Achte
Zelle</td></tr>
<tr><th>Zeile 5</th><td>Neunte Zelle</td><td>Zehnte Zelle</td></tr>
<tr class="gerade"><th>Zeile 6</th><td>Elfte Zelle</td><td>Zw&ouml;lfte
Zelle</td></tr>
</tbody>
</table>
</body>
</html>
```

10.5 Bilder in Tabellen

Häufig möchte man in einer Tabelle ein Bild unterbringen, steht aber bei der Formatierung vor dem Problem, dass sich unterhalb des Bildes noch ein kleiner weißer Rand befindet, der sich anscheinend nicht entfernen lässt.

Hier ein Beispiel, das eine auf eine Zelle reduzierte Tabelle zeigt, in der sich ein Bild befindet:

Listing 10.8: Einfache Tabelle mit einem Bild

```
<!DOCTYPE html PUBLIC "-//W3C//DTD XHTML 1.0 Strict//EN"
"http://www.w3.org/TR/xhtml1/DTD/xhtml1-strict.dtd">
<html xmlns="http://www.w3.org/1999/xhtml" xml:lang="de" lang="de">
<head>
<meta http-equiv="Content-Type" content="text/html; charset=iso-8859-1" />
<title>Bilder in Tabellen</title>
<style type="text/css">
/* <![CDATA[ */
table { border: 2px solid black; }
/* ]]> */
</style>
</head>
<body>
<table cellpadding="0" cellspacing="0">
   <tr>
      <td>
        <img src="katze.jpg" width="200" height="150" alt="Katze" />
      </td>
   </tr>
```

```
</table>
</body>
</html>
```

In Abbildung 10.8 sehen Sie ganz deutlich, dass sich unter dem Bild noch ein kleiner Zwischenraum befindet – von dem nicht klar ist, wo er herkommt.

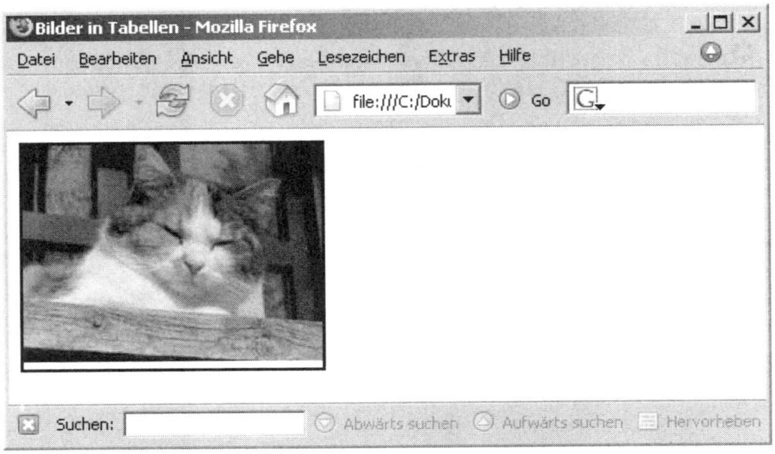

Abb. 10.8: Unterhalb des Bildes in einer Tabellenzelle ist noch ein Zwischenraum.

Bilder sind per se Inline-Elemente. Als Inline-Element werden Bilder auf der Grundlinie platziert, die auch für Text vorgesehen ist. Diese Grundlinie befindet sich jedoch etwas oberhalb der Unterkante, da noch Platz für die Unterlängen der Buchstaben reserviert bleibt. Das zeigt die Abbildung 10.9 deutlich – vor dem Bild sind ein paar Buchstaben mit Unterlänge platziert, der Zwischenraum zum Tabellenrand ist genauso groß wie die Unterlängen der Buchstaben.

Abb. 10.9: Der Zwischenraum zwischen Bild und Rahmen ist genauso groß wie die Unterlängen der Buchstaben.

Eine Möglichkeit, den Zwischenraum zu entfernen, besteht darin, für das Bild die Eigenschaft `display: block` zu setzen, also so:

```
td img { display: block; }
```

Listing 10.9: Die Lücke verschwindet ...

Damit werden alle Bilder, die sich innerhalb von `td` befinden, als Blockelemente behandelt. Und wird das Bild zum Blockelement, ist es unabhängig von dieser Grundlinie und kann ganz unten anschließend ohne Zwischenraum platziert werden.

Abb. 10.10: Das Bild als Blockelement: kein Zwischenraum mehr

Dies ist jedoch nicht die einzige Möglichkeit, den Zwischenraum zu entfernen. Er tritt ebenfalls nicht auf, wenn sich der Browser im Quirks-Modus befindet. Beim Mozilla genügt es auch, anstelle von XHTML Strict XHTML Transitional einzusetzen. Mehr zu der Dokumenttypdefinition und den unterschiedlichen Rendering-Modi erfahren Sie in Kapitel 13.

Eine Alternative besteht darin, das Bild per `vertical-align: bottom` am unteren Rand zu platzieren.

10.6 Wiederholungsfragen und Übungen

1. **Wozu dient `tfoot`, und wo wird es eingesetzt?**
2. **Wie können Sie einen Zelleninhalt vertikal und horizontal zentrieren?**
3. **Welche unterschiedlichen Werte kann `border-collapse` annehmen, und wie wirken sie sich aus?**
4. **Verändern Sie die Formatierungen der in Kapitel 10.4 vorgestellten Tabelle, und passen Sie sie an Ihre Bedürfnisse an!**

Kapitel 11

jetzt lerne ich

Elemente über CSS anordnen

Ade Layouttabelle! Mit CSS können Sie Elemente beliebig auf der Seite positionieren und den Textfluss steuern. Möglich wird das einerseits über die Positionierung mit `position` und andererseits über `float`, wodurch festgelegt wird, wie Elemente einander umfließen. Diese Techniken machen es möglich, vollständig auf CSS basierte Layouts zu erstellen.

Diese Methoden sind die Basis für die in Kapitel 15 beschriebenen Layouttypen. Mit der Positionierung können außerdem Seitenabstände, Innenabstände und Breite bestimmt werden – die Eigenschaften, die in Kapitel 6 zum Boxmodell beschrieben wurden.

11.1 Unterschiedliche Positionierungsarten

Zur Bestimmung der Art der Positionierung dient die Eigenschaft `position`. Außerdem legen Sie über die Eigenschaften `left`, `top`, `right` oder/und `bottom` fest, wo genau das Element positioniert werden soll.

```
#inhalt {
   position: absolute;
   left: 20px;
   top: 30px;
}
```

Im obigen Beispiel wird für `#inhalt` eine um 20px von links und 30px von oben verschobene Position bestimmt.

In CSS existieren verschiedene Arten der Positionierung, die über `position` bestimmt werden. `position` kann die Werte `static`, `relative`, `absolute` und `fixed` annehmen:

- `position: static` ist die Standardeinstellung. Mit dieser Eigenschaft werden die Elemente im normalen Textfluss des Dokuments angeordnet. `left`, `top`, `right` und `bottom` vertragen sich nicht mit `static`.
- Mit `position: relative` wird das Element durch die Angaben `left`, `top`, `right` oder/und `bottom` **relativ zu seiner normalen Position** verschoben. Mit normaler Position ist die Position gemeint, die das Element ohne Positionierung im HTML-Fluss hätte.
- Über `position: absolute` wird das Element aus dem normalen Dokumentfluss herausgenommen. Es wird in Relation zu seinem Elternelement verschoben, wenn dieses ebenfalls positioniert ist (zu dem Begriff Elternelement vgl. Kapitel 5.2). Zur Angabe der Verschiebung dienen `left`, `top`, `right` oder/und `bottom`. Wichtig ist, dass bei `position: absolute` ein Bezug zum Elternelement gegeben ist. Das wird gleich an Beispielen erläutert.
- `position: fixed` ist eine Abwandlung von `position: absolute`, bei der zusätzlich noch das betreffende Element fixiert ist, d.h., dass es beim Scrollen nicht mitscrollt.

Sehen Sie sich die verschiedenen Positionierungsarten einmal an Beispielen an.

11.1.1 Positionierungstyp »static«

Das erste Beispiel enthält zwei Boxen ohne Positionierungsangaben. Die Angaben zu Hintergrundfarbe und Innenabstand dienen nur der Verdeutlichung dessen, was die Positionierung bewirkt, und haben keine andere Funktion.

```
div {
   width: 12em;
   color: #00C;
   border: dotted 1px;
   padding: 1em;
}
.box1 {
   background-color: #FC0;
   position: static;
}
.box2 {
   background-color: #FF9;
   position: static;
}
```

Nun werden den zwei `div`s die Klassen zugewiesen:

Listing 11.1: Zwei `divs` mit Standard einstellung `position: static`

```
<div class="box1">Erste Box</div>
<div class="box2">Zweite Box</div>
```

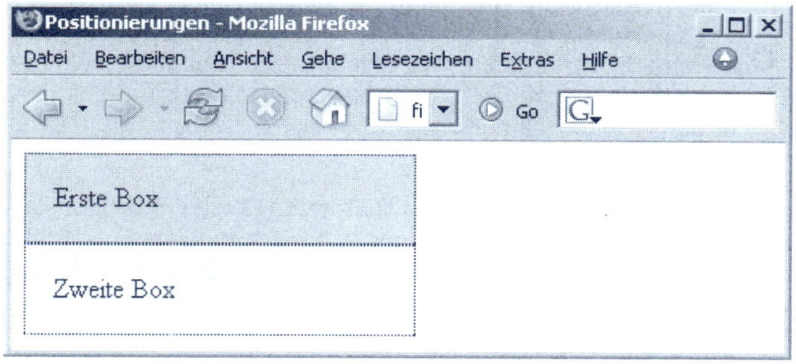

Abb. 11.1: `position: static` ist die Standardeinstellung.

Im Beispiel wurde `position: static` ergänzt. Da dies die Standardeinstellung ist, können Sie es aber auch weglassen.

11.1.2 Positionierungstyp »absolute«

Im nächsten Beispiel wird für die zweite Box als Positionierungsart `position: absolute` gewählt und diese dann über `left: 4em` und `top: 2em` verschoben, alle anderen Angaben bleiben wie gehabt.

Listing 11.2: `position: absolute` als Positionierungsart

```
.box2 {
   background-color: #FF9;
   position: absolute;
   left: 4em;
   top: 2em;
}
```

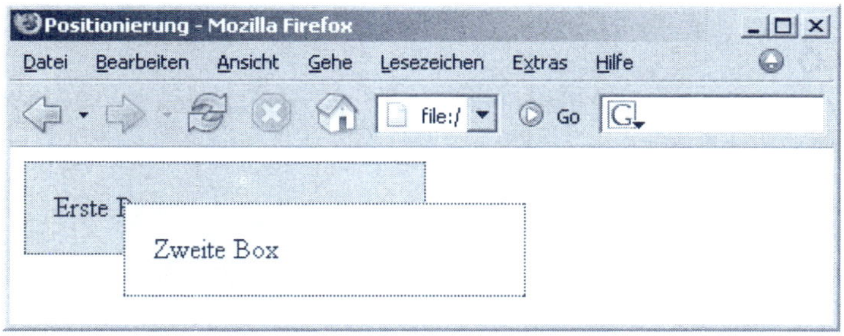

Abb. 11.2: Die zweite Box wird über `position: absolute` und entsprechende Werte für `left` und `top` verschoben.

Per `position: absolute` positionierte Elemente sind aus dem normalen Fluss der Elemente im Dokument herausgenommen und können so problemlos andere Elemente überdecken wie in diesem Beispiel. Die zweite Box soll jetzt von links 4em und von oben 2em Abstand haben. In diesem Fall, wo sich die zweite Box nicht innerhalb eines anderen positionierten Bereichs befindet, ist es der Abstand zum Browser-Fenster.

In diesen Beispielen wird als Größeneinheit em gewählt. Damit ist die Verschiebung immer relativ zur gewählten Schriftgröße und das Layout passt sich an die gewünschte Schriftgröße des Benutzers an. Damit ist sichergestellt, dass das Layout auch bei größerer Schrift nicht zerschossen wird. Ist die Schriftgröße in der Standardeinstellung, entspricht 1em ca. 16px.

Der Bezugspunkt ist nicht immer das Browser-Fenster: Das lässt sich durch ein weiteres `div`-Element verdeutlichen, das in die Box zwei eingefügt wird. Das neue Element erhält zunächst dieselben Angaben zur Positionierung wie die zweite Box.

```
div {
   width: 12em;
   color: #00C;
   border: dotted 1px;
   padding: 1em;
}
.box1 {
   background-color: #FC0;
   position: static;
}
.box2 {
   background-color: #FF9;
   position: absolute;
   left: 4em;
   top: 2em;
}
.box3 {
   background-color: #CCF;
   position: absolute;
   left: 4em;
   top: 2em;
}
```

Im (X)HTML-Teil wird die dritte Box innerhalb der zweiten Box platziert:

Listing 11.3: Verschachtelte Boxen

```
<div class="box1">Erste Box
</div>
<div class="box2">Zweite Box
   <div class="box3">Dritte Box</div>
</div>
```

Abb. 11.3: Verschachtelte Boxen

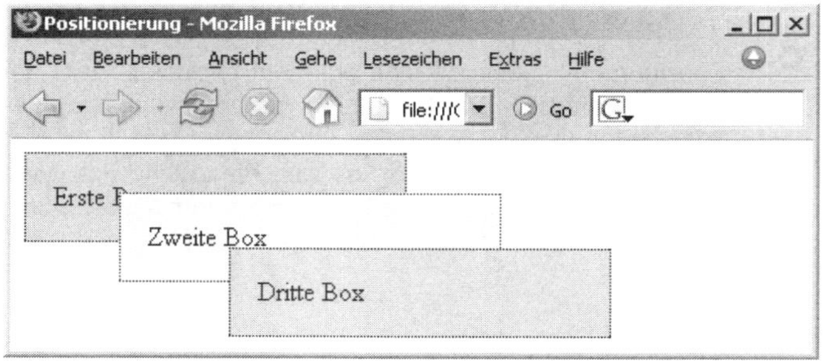

Wäre der Bezugspunkt bei `position: absolute` immer das Browser-Fenster, so müssten sich die zweite und die dritte Box direkt übereinander befinden, da sie um dieselben Werte verschoben sind. Da der Bezugspunkt aber das Elternelement ist, ist die dritte Box um 4em von links und um 2em von der zweiten Box entfernt und überlappt die zweite Box.

Das Bild ändert sich jedoch, wenn man bei der zweiten Box die Positionierungsangaben herauslöscht, sonst aber alles wie vorher belässt:

```
div {
   width: 12em;
   color: #00C;
   border: dotted 1px;
   padding: 1em;
}
.box1 {
   background-color: #FC0;
   position: static;
}
.box2 { background-color: #FF9; }
.box3 {
   background-color: #CCF;
   position: absolute;
   left: 4em;
   top: 2em;
}
```

Listing 11.4: Wird bei der zweiten Box die Positionierungsangabe gelöscht, verändert sich die Position der dritten Box.

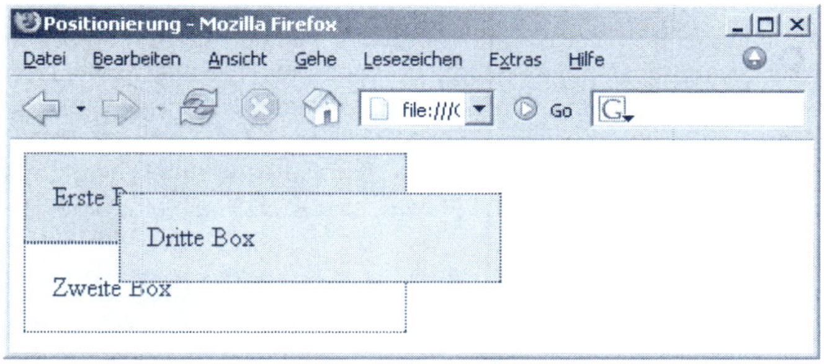

Abb. 11.4: Ein innerhalb eines nicht-positionierten Bereichs platziertes Element nimmt als Bezugspunkt wiederum das Browser-Fenster.

Wie in Abbildung 11.4 deutlich wird, bezieht sich nun die Positionierung der dritten Box nicht mehr auf die sie umgebende zweite Box.

Damit ergibt sich folgendes Prinzip bei der Positionierung über `position: absolute`: Es existieren zwei verschiedene Bezugspunkte. Ist das Elternelement ebenfalls über `position` platziert, ist das Elternelement der Bezugspunkt für die Verschiebung. Ansonsten ist der Bezugspunkt das Browser-Fenster.

11.1.3 Positionierungstyp »relative«

Neben `position: absolute` lässt sich als Positionierungsart auch `position: relative` bestimmen. Dabei wird das Element im Bezug zu seiner ursprünglichen Position verschoben.

Zur Veranschaulichung dient wieder ein Modell mit drei Boxen, die im XHTML-Quelltext untereinander stehen. Für die zweite Box wird `position: relative` notiert, und sie wird um 4em von links und 2em von oben verschoben und dieses Mal im Verhältnis zu der Position, die sie ursprünglich, d. h. ohne Positionierung, innehatte.

```
div {
   width: 12em;
   color: #00C;
   border: dotted 1px;
   padding: 1em;
}
.box1 {
   background-color: #FC0;
   position: static;
}
.box2 {
   background-color: #FF9;
   position: relative;
   left: 4em;
   top: 2em;
}
```

Die drei Boxen stehen im XHTML-Teil untereinander:

Listing 11.5: position: relative

```
<div class="box1">Erste Box</div>
<div class="box2">Zweite Box</div>
<div class="box3">Dritte Box</div>
```

Abbildung 11.5 zeigt im linken Browser-Fenster die drei Boxen ohne irgendwelche Positionierungsangaben. Rechts hingegen wird das Beispiel aus Listing 11.5 dargestellt, in dem `position: relative` eingesetzt wird. Sie sehen, dass die Verschiebung relativ **zur ursprünglichen Position** stattfindet und dass die nachfolgende dritte Box ihre Position beibehält – ganz unbeeindruckt von der Verschiebung der zweiten Box. Der eigentliche Platz der zweiten Box bleibt dagegen leer.

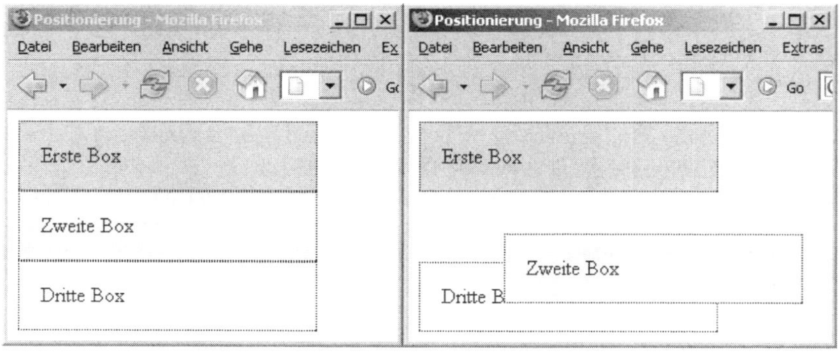

Abb. 11.5: Links ohne Positionierungsangabe, beim rechten Browser-Fenster wurde die zweite Box über `position: relative` verschoben.

Manchmal kann es nützlich sein, `position: relative` einzusetzen, ohne eine Verschiebung über `left` und/oder `top` zu realisieren. Ein Beispiel hierzu: Wieder gibt es drei Boxen, dieses Mal ist die dritte Box in der zweiten Box platziert:

```
<div class="box1">Erste Box</div>
<div class="box2">Zweite Box
   <div class="box3">Dritte Box </div>
</div>
```

Möchte man jetzt die dritte Box verschieben, wobei der Bezugspunkt die zweite Box und nicht das Browser-Fenster sein soll, so gibt man am besten der zweiten Box ein `position: relative` ohne weitere Angaben:

Listing 11.6: `position: relative` sorgt hier für den gewünschten Bezugspunkt für die dritte Box.

```
.box2 {
   background-color: #FC0;
   position: relative;
}
.box3 {
   background-color: #FF9;
   position: absolute;
   left: 4em;
   top: 2em;

}
```

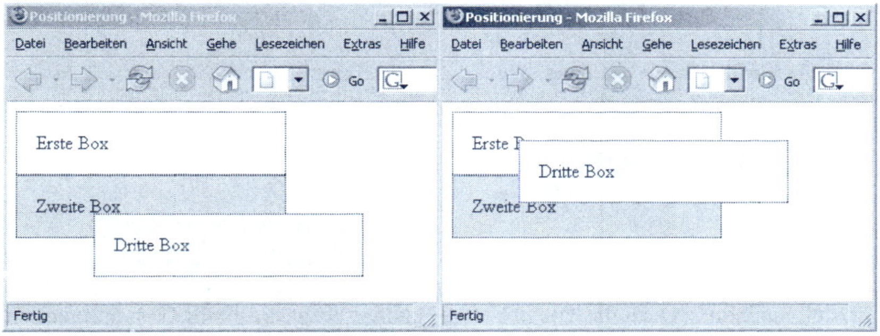

Abb. 11.6: Links sehen Sie das Ergebnis von Listing 11.6. Entfernt man hingegen die Angabe `position: relative` bei `.box2`, ist der Bezugspunkt der Positionierung der dritten Box das Browser-Fenster (Bild rechts).

11.1.4 Positionierungstyp »fixed«

Die letzte Positionierungsmöglichkeit ist `position: fixed`. Diese funktioniert genauso wie `absolute` mit dem Unterschied, dass als Bezugspunkt für die Verschiebung immer das Browser-Fenster genommen wird und die Box beim Scrollen fest bleibt, d. h. nicht mitscrollt.

Listing 11.7: position: fixed

```
<!DOCTYPE html PUBLIC "-//W3C//DTD XHTML 1.0 Transitional//EN"
"http://www.w3.org/TR/xhtml1/DTD/xhtml1-transitional.dtd">
<html xmlns="http://www.w3.org/1999/xhtml" xml:lang="de" lang="de">
<head>
<title>Positionierung</title>
<meta http-equiv="Content-Type" content="text/html; charset=iso-8859-1" />
<style type="text/css">
```

```
/* <![CDATA[ */
body {
   font: 100.01% sans-serif;
   color: #00C;
   background-color: #FFF;
}
div {
   width: 12em;
   border: dotted 1px;
   padding: 1em;
}
.box1 {
   background-color: #FC0;
   position: static;
}
.box2  {
   background-color: #FF9;
   position: fixed;
   left:  4em;
   top: 2em;
}
/* ]]> */
</style>
</head>
<body>
<div class="box1">Erste Box</div>
<div class="box2">Zweite Box</div>
<p>Lorem ipsum dolor sit amet ...</p>
<p>Lorem ipsum dolor sit amet...</p>
</body>
</html>
```

Im Beispiel wurden unten noch ein paar Absätze ergänzt, damit das Dokument etwas länger wird und man den Effekt sehen kann. Testen Sie das Beispiel im Firefox-Browser, und machen Sie sich das Fenster etwas kleiner, so dass Scrollbalken auftauchen. In Abbildung 11.7 sehen Sie das Beispiel mit zwei verschiedenen »Scrollzuständen«, wodurch deutlich wird, dass die zweite Box ihre Position beibehält.

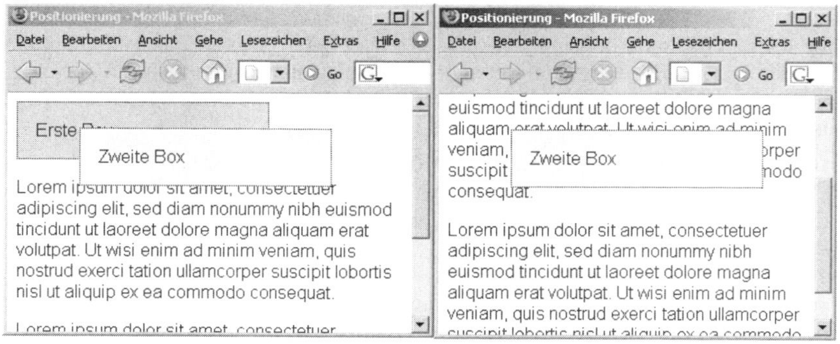

Abb. 11.7: Die per `position: fixed` positionierte Box (Listing 11.7) behält ihre Position auch beim Scrollen bei.

Auf diese Art lassen sich Layouts ohne Frames mit Frameeffekt erstellen, bei denen ein Bereich beim Scrollen stehen bleibt. Leider unterstützt der Internet Explorer `position: fixed` erst ab Version 7. In Kapitel 15 werden Sie aber eine Möglichkeit kennen lernen, diesen Effekt auch im Internet Explorer 6 und kleiner zu erreichen.

Bisher wurde bei allen Beispielen immer die Position über `top` und `left` bestimmt. Stattdessen kann die Position auch von rechts (`right`) und von unten (`bottom`) festgelegt werden. Wenn Sie mehr als zwei Werte angeben, können Sie dadurch auch auf die Größenangabe des Elements verzichten. So erreichen Sie mit einer expliziten Angabe für `left` und `right` eine implizite Breitenangabe.

Die Angabe von Werten für `left` und `top` und/oder `right` und `bottom` ist nur sinnvoll, dann aber auch gefordert, wenn Sie als Positionierungsart `absolute`, `relative` oder `fixed` verwenden. Die benötigten Werte sind numerischer Art, Sie können die üblichen Angaben machen: Pixel, Punkt, em, Zentimeter, auch Prozentangaben sind möglich.

11.2 Überlappungen

Wenn Sie mit Positionierungen arbeiten, können die Elemente sich auch überlappen, wie einige Beispiele gezeigt haben. Zuoberst befindet sich prinzipiell, wenn alle Elemente positioniert werden, dasjenige Element, das im (X)HTML-Dokument zuletzt steht. Dieses Standardverhalten können Sie über den `z-index` gezielt verändern. Sie können sich das so vorstellen, dass neben der X- und Y-Achse, die zur Positionierung von Elementen dient, noch eine Z-Achse existiert, die aus dem Bildschirm herausragt. Je höher der Wert ist, den Sie bei `z-index` angeben, desto näher befindet sich das Element beim Leser, d. h. desto weiter oben ist es angeordnet.

Abbildung 11.8 zeigt links das Standardverhalten: Die Box, die zuletzt im Quelltext steht, befindet sich am weitesten oben. Rechts hingegen wurde die Reihenfolge über `z-index` verändert:

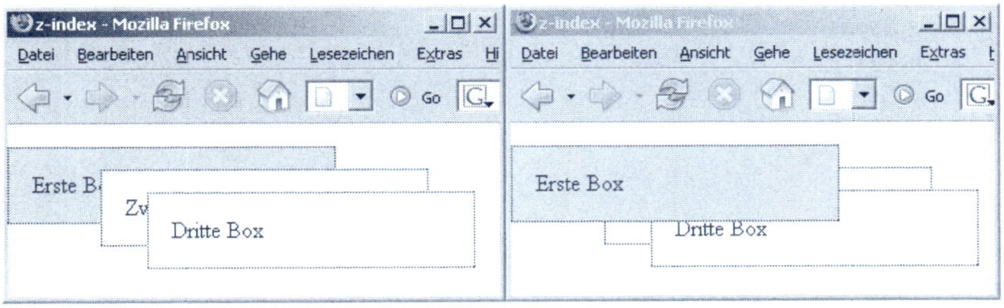

Abb. 11.8: Links die Standardreihenfolge, rechts eine andere Reihenfolge über `z-index`

Im Listing, das der rechten Abbildung zugrunde liegt, sehen Sie, dass Werte für `z-index` eingefügt wurden.

Listing 11.8: z-index bestimmt die Reihenfolge bei übereinanderliegenden Bereichen

```
<!DOCTYPE html PUBLIC "-//W3C//DTD XHTML 1.0 Transitional//EN"
"http://www.w3.org/TR/xhtml1/DTD/xhtml1-transitional.dtd">
<html xmlns="http://www.w3.org/1999/xhtml" xml:lang="de" lang="de">
<head>
<title>z-index</title>
<meta http-equiv="Content-Type" content="text/html; charset=iso-8859-1"
/>
<style type="text/css">
div {
   width: 12em;
   color: #00C;
   border: dotted 1px;
   padding: 1em;
}
.box1 {
   background-color: #FC0;
   position: absolute;
   left: 0;
   top: 1em;
   z-index: 3;
}
.box2 {
   background-color: #FF9;
   position: absolute;
   left: 4em;
   top: 2em;
   z-index: 1;
}
.box3 {
   background-color: #FFF;
   position: absolute;
   left: 6em;
   top: 3em;
   z-index: 2;
}
</style>
</head>
<body>
<div class="box1">Erste Box</div>
<div class="box2">Zweite Box</div>
<div class="box3">Dritte Box</div>
</body>
</html>
```

Sie müssen keineswegs eine in sich geschlossene Reihe von Werten für `z-index` angeben. Bei mehreren Elementen ist es sinnvoll, die Werte in Zehnerschritten oder ähnlich anzugeben – so müssen Sie nicht alles ändern, wenn Sie einem weiteren Element einen `z-index` mit einem Wert dazwischen angeben wollen.

Übrigens ist das Standardverhalten bei verschachtelten Kästen relativ komplex, besser man vergibt hier feste Werte für die Z-Indizes, um das Verhalten gezielt zu steuern.

11.3 Floats

Neben `position` gibt es eine weitere wichtige Eigenschaft, um die Anordnung von Elementen zu bestimmen: `float`. `float` lässt sich mit umfließen übersetzen, aber üblicher ist es, auch im Deutschen von »floaten« zu sprechen. Wenn Sie ein Element floaten, so bewirkt das, dass es von den nachfolgenden Elementen umflossen wird.

`float` kann drei Werte annehmen: `left`, `right` und `none`. `none` ist der Standard und bedeutet, dass keine Veränderung des normalen Textflusses stattfindet. Mit `left` und `right` legen Sie die Position des umflossenen Elements fest, d.h., mit `right` wird es rechts angeordnet, mit `left` links. Hierzu ein Beispiel, in dem zwei Bilder gefloatet werden – das eine rechts und das andere links:

```
* {
   padding: 0;
   margin: 0;
}
body {
   font: 100.01% sans-serif;
}
div {
   background-color: #EBE6E0;
   margin: 10px;
}
.rechts {
   float: right;
}
.links {
   float: left;
}
```

Der entsprechende Ausschnitt aus dem XHTML-Dokument sieht so aus:

Listing 11.9: `float` im Einsatz

```
<div><img src="katze_k.jpg" width="100" height="75" alt="Katze"
class="links" /><p>Lorem ipsum dolor sit ame.</p></div>
<hr />
<div><img src="katze_k.jpg" width="100" height="75" alt="Katze"
class="rechts" /><p>Lorem ipsum dolor sit amet.</p></div>
```

Sie sehen, im XHTML-Quellcode stehen zwei `div`-Bereiche jeweils mit Bild und Text. Diese werden durch ein `hr`-Element, das ist eine horizontale Trennlinie, getrennt.

Im Beispiel werden Bilder gefloatet. Sie können aber selbstverständlich auch andere Elemente floaten. Wichtig ist dann aber, dass Sie den gefloateten Elementen über `width` eine explizite Breite zuweisen. Bei Bildern ist dies hingegen nicht notwendig, da diese schon eine vorgegebene Breite haben.

Nun zu ein paar weiteren Besonderheiten von `float`. Nehmen wir an, Sie wollen einen Abstand zwischen Bild und Text haben. Ein erster Ansatz hierfür ist sicher, dem Absatz, in dem der Text steht, einen Abstand zuzuweisen:

```
p { padding: 0 20px; }
```

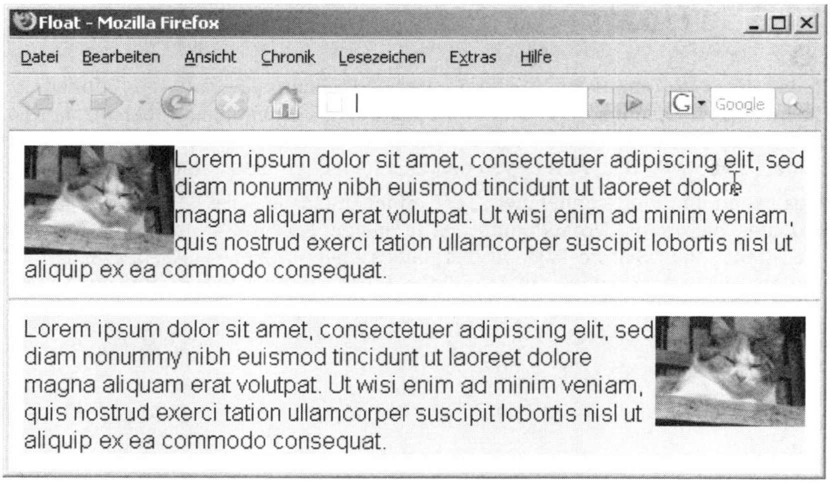

Abb. 11.9: `float: left` beim ersten Bild und `float: right` beim zweiten Bild

Dies hat jedoch nicht die gewünschte Wirkung, wie Abbildung 11.10 zeigt. Der Abstand zwischen Bild und Text ist nicht größer geworden.

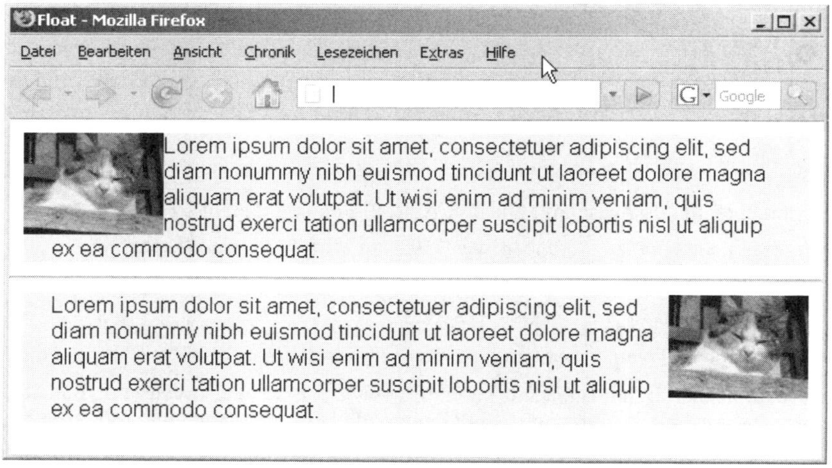

Abb. 11.10: Ein Abstand bei p bewirkt keinen größeren Abstand zwischen Bild und Text.

Der Grund hierfür ist, dass eigentlich nicht die nachfolgenden Elemente ein gefloatetes Element umfließen. Genau genommen sind es *nur die Inhalte der nachfolgenden Elemente, die das gefloatete Element umfließen*. Auf unser Beispiel übertragen: Nur der Text des nachfolgenden Absatzes umfließt das Bild, nicht der Absatz selbst. In der Abbildung zeigt sich, dass der Abstand beim Absatz eingefügt wird – aber der Absatz geht hinter dem gefloateten Bild weiter. Deswegen müssen Sie für einen größeren Abstand zwischen Bild und Text *dem Bild* den Abstand zuweisen:

```
.links { float: left; padding-right: 20px; }
.rechts { float: right; padding-left: 20px;  }
```

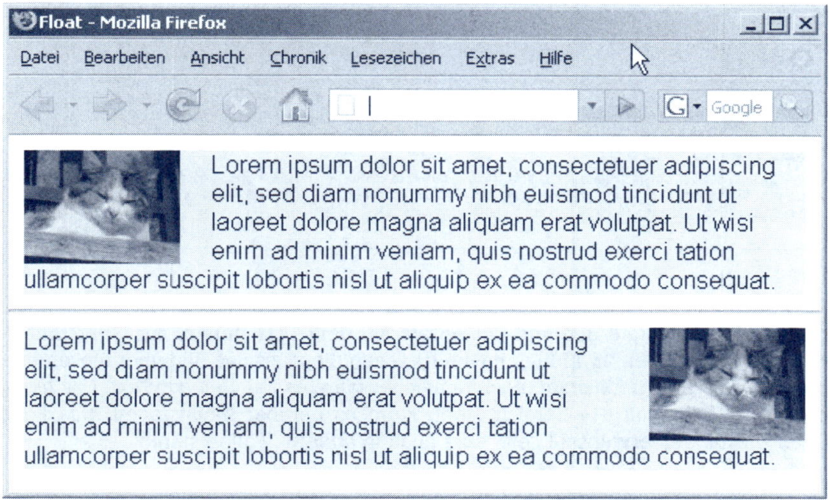

Abb. 11.11: Jetzt ist mehr Abstand zwischen Bild und Text.

11.3.1 Umfließen stoppen

Ein weiteres Phänomen macht sich bemerkbar, wenn man beim Beispiel das Browser-Fenster größer zieht. Dann sieht man, dass die horizontale Trennlinie ebenfalls rechts neben dem ersten Bild platziert wird.

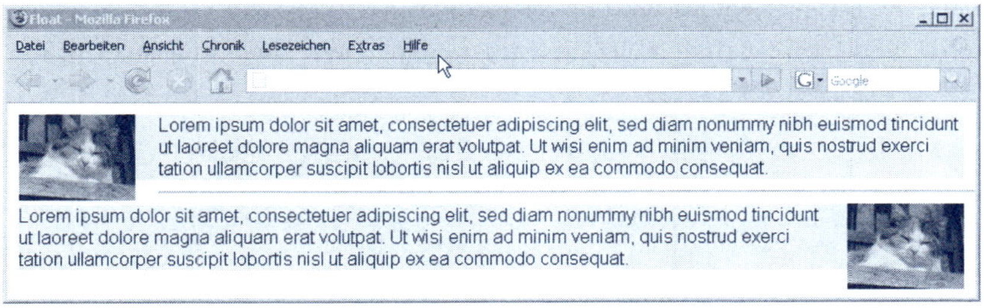

Abb. 11.12: Bei größerem Browser-Fenster wird auch die horizontale Trennlinie neben dem Bild platziert.

Das liegt daran, dass alle nachfolgenden Elemente, bzw. die Inhalte aller nachfolgenden Elemente um das gefloatete Element herumfließen. Wenn Sie möchten, dass das Umfließen beendet wird, so dass ein Element immer unterhalb angezeigt werden soll, so brauchen Sie hierfür die Eigenschaft `clear`.

`clear` hat drei mögliche Werte: `left` unterbindet nur das Umfließen, das per `float: left` definiert wurde, dasselbe macht `clear: right` für `float: right`. Mit `clear: both` heben Sie den Textfluss von beiden Seiten auf.

In unserem Fall sorgt ein `clear: left` bei dem `hr`-Element dafür, dass die horizontale Trennlinie immer unterhalb des Bilds angezeigt wird.

```
hr { clear: left; }
```

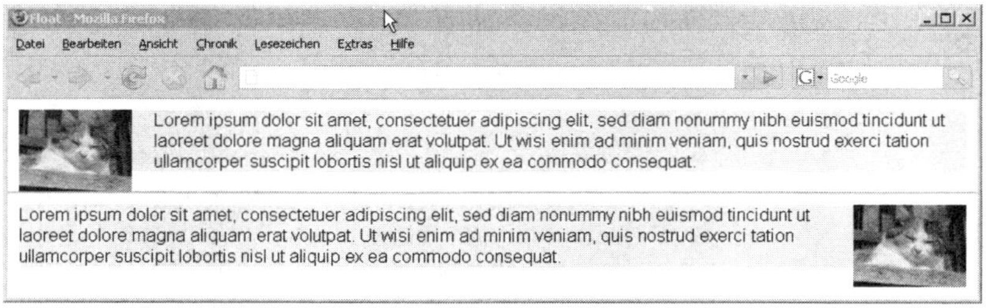

Abb. 11.13: `clear: left` stoppt das Umfließen. Die horizontale Trennlinie befindet sich nun unterhalb des gefloateten Bilds.

Jetzt noch zu einer letzten Besonderheit von `float`. Im Beispiel ist der `div`-Bereich, in dem das gefloatete Bild und der Absatz mit dem Text stehen, mit einer Hintergrundfarbe versehen. In Abbildung 11.13 sehen Sie, dass das Bild über diesen eingefärbten Bereich herausragt, noch deutlicher wäre es bei weniger Text. Das heißt, obwohl das Bild im `div`-Bereich steht, kann es darüber hinausragen. Das kann unter Umständen erwünscht sein, aber auch in anderen Fällen stören.

Zur Lösung gibt es mehrere Ansätze.

- Wenn Sie die Höhe kennen, d. h. es eine feste Höhe ist, können Sie dem umfassenden Element einfach die gewünschte Höhe zuweisen.
- Man könnte ein weiteres Element am Ende des `div`-Containers ergänzen und diesem ein `clear` zuweisen. Etwas unschön ist an dieser Lösung, dass zusätzliches Markup, d. h. HTML-Elemente, benötigt wird.
- Ganz ohne zusätzliches Markup geht es über den Einsatz von `overflow`. Zusätzlich benötigen Sie noch eine Breite für das umfassende Element.

Die letzte Lösung sieht für unser Beispiel so aus:

```
div { background-color: #EBE6E0; margin: 10px; overflow: hidden; width:
900px; }
```

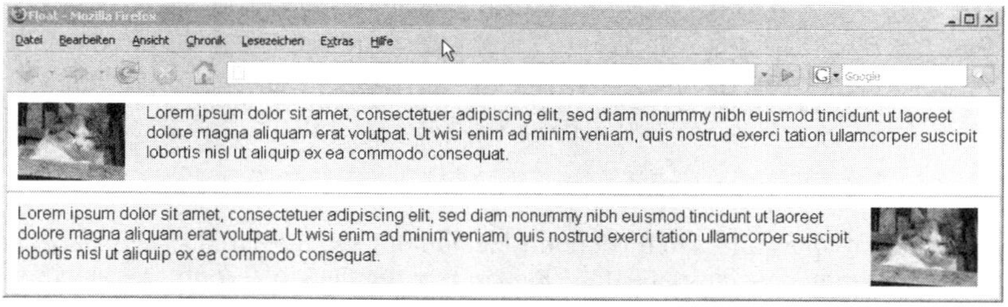

Abb. 11.14: Zaubermittel `overflow: hidden` beim umfassenden Container sorgt dafür, dass das gefloatete Bild immer umschlossen wird.

Damit sieht das `float`-Beispiel nach allen Veränderungen folgendermaßen aus:

Listing 11.10: Das `float`-Beispiel nach den Änderungen

```
<!DOCTYPE html PUBLIC "-//W3C//DTD XHTML 1.0 Transitional//EN"
"http://www.w3.org/TR/xhtml1/DTD/xhtml1-transitional.dtd">
<html xmlns="http://www.w3.org/1999/xhtml" xml:lang="de" lang="de">
<head>
<title>Float</title>
<meta http-equiv="Content-Type" content="text/html; charset=iso-8859-1" />
<style type="text/css">
```

```
/* <![CDATA[ */
* {
   padding: 0;
   margin: 0;
}
body {
   font: 100.01% sans-serif;
}
.links {
   float: left;
   padding-right: 20px;
}
.rechts {
   float: right;
   padding-left: 20px;
}
div {
   background-color: #EBE6E0;
   margin: 10px;
   overflow: hidden;
   width: 900px;
}
hr {
   clear: left;
}
/* ]]> */
</style>
</head>
<body>
<div><img src="katze_k.jpg" width="100" height="75" alt="Katze"
class="links" /><p>Lorem ipsum dolor sit amet</p></div>
<hr />
<div><img src="katze_k.jpg" width="100" height="75" alt="Katze"
class="rechts" />
<p>Lorem ipsum dolor sit amet</p></div>
</body>
</html>
```

Es gibt zwei weitere Möglichkeiten dafür zu sorgen, dass gefloatete Elemente vom umgebenden Bereich umschlossen werden. Die eine setzt auf eine weitere Verwendung von `float`, die andere auf erzeugte Inhalte.

Wenn Sie den umfassenden Bereich selbst floaten, wird er ebenfalls zuverlässig das gefloatete Element umschließen. Beschrieben hat das Eric Meyer: *http://complexspiral.com/publications/containing-floats/*. Allerdings können diese mehrfach verschachtelten Floats auch etwas umständlich sein.

Die andere Methode setzt auf per CSS erzeugte Inhalte und wirkt auf den ersten Blick etwas kryptisch, funktioniert aber ebenfalls zuverlässig. Mehr Informationen hierzu unter *http://www.jassesnee.de/easyclear/*.

Zusammenfassend lässt sich feststellen, dass Floats mehrere Besonderheiten haben:

- Das gefloatete Element braucht immer eine Breitenangabe, außer es handelt sich um ein Bild oder einen Bereich, der auf seine minimale Breite geschrumpft werden darf (z. B. ein Menüpunkt).
- Floats sind immer Blockelemente – auch ohne `display: block`.
- Zum Unterbrechen des Floatens gibt es die Eigenschaft `clear`.
- Gefloatete Elemente können aus dem Container, in dem sie stehen, herausragen. `overflow: hidden` in Kombination mit einer Breite für das Element ist eine Methode, das zu beheben.

11.3.2 Bildergalerie mit float

Die Eigenschaft `float` hat so ihre Besonderheiten, wie Sie gerade gesehen haben. Dafür können Sie durch die Verwendung von `float` sehr flexible Layouts gestalten, die sich immer der Breite des Browser-Fensters anpassen, da `floats` automatisch nebeneinander angeordnet werden, d. h. sich nicht überlappen.

Im folgenden Beispiel sollen mehrere Bilder auf einer Seite platziert werden. Das Besondere dabei: Je nachdem, wie groß Sie das Browser-Fenster aufziehen, werden unterschiedlich viele Bilder nebeneinander platziert – immer so, dass das Browser-Fenster ausgefüllt wird. Was im Beispiel anhand von vier Bildern gezeigt wird, lässt sich natürlich mit wesentlich mehr Bildern genauso realisieren.

Abb. 11.15: Die Anzahl der Bilder pro »Zeile« wird bestimmt …

Im Beispiel wurden die Bilder jeweils in einem `div` untergebracht, dem die Eigenschaft `float: left` und ein Abstand zugewiesen wurden. Es ließe sich jetzt auch noch neben den Bildern im `div` Text (Bildunter- oder -überschriften) platzieren. Wenn Sie hingegen keine Bildunter- oder -überschrift benötigen, können Sie auch auf den umgebenden Container verzichten und den Bildern `float: left` zuweisen.

```
div {
   float: left;
   margin: 1em;
}
```

Abb. 11.16: … durch die Größe des Browser-Fensters.

Die Bilder selbst befinden sich in einem Container:

Listing 11.11: Flexible Bildanordnung

```
<div><img src="bild_3.jpg" width="150" height="200" border="0"
alt="Seelandschaft" />
</div>
<!-- und ebenso bei den weiteren Bildern -->
```

Solche flexiblen Gestaltungsmöglichkeiten suchen Sie bei den klassischen HTML-Tabellen vergebens.

Wie Sie `float` für Layouts verwenden können, erfahren Sie in Kapitel 15. In Kapitel 17 sehen Sie eine horizontale Navigation mit Tabs, die ebenfalls über `float` realisiert wird.

11.4 Wiederholungsfragen und Übungen

1. **Was ist der Standardwert von `position`, und was bewirkt diese Einstellung?**
2. **Was ist der Bezugspunkt von `left: 10px` bei einem mit `position: relative` positionierten Element?**
3. **Was ist der Bezugspunkt von `left: 10px` bei einem per `position: absolute` positionierten Element?**

4. **Bei welchen Positionierungsarten kann angegeben werden, um wie viel ein Element verschoben werden soll?**
5. **An welcher Seite umfließt ein Text ein Bild, das die Eigenschaft** `float: right` **zugewiesen erhält?**
6. **Wie hebt man das Floaten auf?**
7. **Ergänzen Sie das Listing 11.11 noch nach Belieben, indem Sie beispielsweise**
   - **eine Bildüberschrift hinzufügen,**
   - **eine Hintergrundfarbe und Rahmen für die Bereiche definieren und**
   - **weitere Bildtexte darunter einfügen.**

Kapitel 12

jetzt lerne ich

Kaskadierung und Priorität

Bei komplexen Dokumenten gibt es häufig mehrere Regeln, die auf ein Element zutreffen. Welche setzt sich durch, wenn sie sich widersprechen? Außerdem kann es vorkommen, dass ein Element nicht aussieht wie gewünscht, weil man nicht berücksichtigt hat, dass es Eigenschaften des Elternelements erbt. Um solche Fälle, die gerade bei komplexeren Stylesheets häufiger auftreten, geht es in diesem Kapitel.

12.1 Kaskadierung – oder wer setzt sich durch?

Nehmen wir ein kleines Beispiel:

```
p.wichtig { color: red; }
body p { font-style: italic; color: blue; }
p { background-color: silver; font-style: normal; color: green; }
```

Und im Dokument selbst befinden sich zwei Absätze:

```
<p class="wichtig">Beispielabsatz</p>
<p class="wichtig" style="color: white">Beispielabsatz</p>
```

Listing 12.1: Sich widersprechende Angaben

Im Prinzip beziehen sich alle drei Formatierungsanweisungen auf beide Absätze, widersprechen sich jedoch teilweise. Welche Regel setzt sich in einem solchen Fall durch? Der Text des Absatzes kann ja nicht gleichzeitig rot, blau, grün und weiß sein.

Für solche Fälle gibt es in CSS genaue Vorschriften: Einander nicht widersprechende Regeln werden alle angewendet – das betrifft in unserem Beispiel die Hintergrundfarbe. Diese wird durch den Selektor p bestimmt – und da es keine andere

Regel gibt, die ebenfalls die Hintergrundfarbe festlegt, kommt sie zur Anwendung. Bei konkurrierenden Angaben hingegen sind fünf Kriterien relevant:

- Spezifität
- Vererbung
- Gewichtung
- Herkunft
- Reihenfolge

Die Kombination dieser Kriterien ergibt die aktuelle Formatierung für ein Element und wird auch als Kaskadierung bezeichnet.

12.1.1 Spezifität

Betrachten wir zuerst die Spezifität anhand des Beispiels von oben.

Beim zweiten Absatz gibt es neben der Klassenzuweisung noch eine Inline-Stilangabe `style="color: white"`. Inline-Stilangaben besitzen die höchste Spezifität und setzen sich immer durch. Damit ist schon einmal geklärt, dass der zweite Absatz als Textfarbe weiß erhält.

In der CSS-Spezifikation wird die Spezifität einzelner Deklarationen durch vier Zahlen gekennzeichnet, die durch Kommas getrennt sind, also beispielsweise 0,0,1,1 oder 0,0,0,1 oder 0,0,0,2. Beim Vergleich von zwei Spezifitäten kann man sich die Kommas wegdenken und die Zahlen als Zahlen mit führenden Nullen betrachten. Dann lässt sich leicht ermitteln, welche Zahl größer ist. So ist 0,0,1,1 größer als 0,0,0,9. Je größer die Zahl, desto höher die Spezifität.

Die Spezifität wird folgendermaßen zugewiesen:

- Inline-Stilangaben haben die höchste Spezifität. Für jede Inline-Stilangabe wird die erste Stelle um 1 erhöht, z. B. 1,0,0,0.
- Für jedes ID-Attribut wird die zweite Stelle nach dem Komma um 1 erhöht, z. B. 0,1,0,0.
- Für jedes Klassenattribut, für jedes Attribut und für jede Pseudoklasse wird die dritte Stelle nach dem Komma um 1 erhöht, z. B. 0,0,1,0.
- Für jedes Element und für jedes Pseudoelement wird die vierte Stelle um 1 erhöht, z. B. 0,0,0,1.

Gerüstet mit diesem Wissen können Sie sich noch einmal das Beispiel von eben ansehen und die Spezifität der einzelnen Deklarationen bestimmen:

```
p.wichtig { color: red; } /*Spezifität: 0,0,1,1 */
```

Hier gibt es ein Element `p` (0,0,0,1) und ein Klassenattribut `.wichtig` (0,0,1,0), das ergibt die Gesamtspezifität von 0,0,1,1.

In der nächsten Deklaration sind hingegen zwei Elemente vorhanden:

```
body p { font-style: italic; color: blue; } /*Spezifität: 0,0,0,2 */
```

Damit erhält diese Deklaration den Wert 0,0,0,2. Entscheidend ist wieder die Stelle der Erhöhung der Werte. Diese ist für Elemente die letzte. Da zwei Elemente vorhanden sind, ist die Spezifität 0,0,0,2.

In der letzten Deklaration ist nur ein Element vorhanden, damit hat sie eine Spezifität von 0,0,0,1.

```
p { background-color: silver; font-style: normal; color: green; }
/*Spezifität: 0,0,0,1 */
```

Auf unser Beispiel angewendet bedeutet das: Wo sie vorhanden ist, setzt sich die Inline-Stilangabe durch. An nächster Stelle steht mit einer Gesamtspezifität von 0,0,1,1 die Klassendeklaration `p.wichtig`. Dahinter folgt der Nachfolgeselektor `body p` mit 0,0,0,2 und an letzter Stelle die Deklaration mit nur einem Elementselektor `p` mit einer Spezifität von 0,0,0,1.

Damit ist die Schriftfarbe des ersten Absatzes rot, da das Klassenattribut hier die größte Gewichtung ausweist. Der Schriftstil ist hingegen kursiv, weil `body p` eine größere Gewichtung als `p` allein besitzt. Trotzdem übernimmt der Absatz die Hintergrundfarbe aus der Deklaration `p`, denn dieser wird nicht durch andere Deklarationen widersprochen.

Abb. 12.1: Spezifität

TIPP

Bei der Entscheidung, ob man in einem speziellen Fall IDs oder Klassen einsetzt, sollte man auch berücksichtigen, dass bei gleichzeitiger Verwendung von IDs und Klassen die IDs eine höhere Spezifität besitzen und sich gegenüber Klassen durchsetzen.

12.1.2 Gewichtung (!important)

Wollen Sie, dass sich eine Angabe unabhängig von der Spezifität durchsetzt, so versehen Sie sie mit dem Schlüsselwort `!important`. Beachten Sie dabei, dass `!important` bei jeder einzelnen Angabe stehen muss, und zwar als Letztes vor dem Strichpunkt. Modifizieren wir einmal das Beispiel dementsprechend:

```
p.wichtig { color: red; }
body p { font-style: italic; color: blue; }
p { background-color: silver; font-style: normal !important; color: green
!important; }
```

Listing 12.2: `!important` setzt sich durch.

Im Beispiel wurden beim Selektor `p` die `font-style`-Angabe und die Schriftfarbe als `!important` gekennzeichnet. Obwohl diese Deklaration hier die geringste Spezifität besitzt, setzt sie sich durch – sogar gegen die `style`-Angabe im Element selbst. Beide Absätze sind jetzt in gerader Schrift und grün.

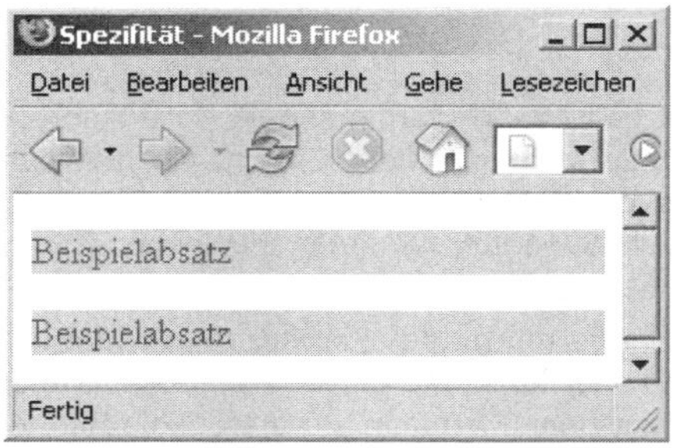

Abb. 12.2: Beide Absätze haben nun dieselbe Farbe und sind nicht kursiv.

12.1.3 Herkunft

Es spielt ebenfalls eine Rolle, wo die Stylesheet-Angaben stehen. Sie können vom Autor/Ersteller der Webseite, vom Benutzer oder vom Browser selbst stammen. Benutzer können bei den gängigen Browsern selbst Stylesheets definieren und diese einbinden. Für Mozilla/Firefox müssen Sie die Datei `userContent-example.css` im Unterordner `chrome` in Ihrem Profile-Ordner anpassen und in `userContent.css` umbenennen.

Beim Internet Explorer 7 können Sie die vorher erstellte CSS-Datei über EXTRAS/ INTERNETOPTIONEN/ALLGEMEIN/EINGABEHILFEN/DOKUMENTE MIT DEM EIGENEN STYLESHEET FORMATIEREN einbinden.

Für andere Browser existieren ähnliche Möglichkeiten zur Definition von Benutzer-Stylesheets.

Wenn konkurrierende Angaben in Stylesheets vom Autor, vom Benutzer und vom Browser selbst stammen, so haben die Angaben vom Autor Vorrang gegenüber denjenigen des Benutzers. Eine Ausnahme gibt es jedoch: Wenn Deklarationen im Benutzer-Stylesheet mit `!important` gekennzeichnet sind, so überschreiben sie die Angaben des Autors – unabhängig davon, ob diese selbst mit `!important` versehen sind oder nicht. Autoren- und Benutzerangaben haben wiederum eine höhere Priorität als die des Browsers.

12.1.4 Vererbung

Wie Sie wissen, werden viele CSS-Eigenschaften auf Kindelemente vererbt. So erhält das innerhalb von `h2` platzierte Element `em` dieselben Schriftformatierungen, die für `h2` angegeben werden:

```
<h2 style="color: red; font-variant: small-caps">Eine &Uuml;berschrift
mit <em>besonderem</em> Inhalt </h2>
```

Dies liegt daran, dass die Eigenschaften `color` und `font-variant` beide vererbt werden und `em` ein Kindelement von `h2` ist. Die Vererbung funktioniert immer nur in eine Richtung: vom Elternelement auf das Kindelement, aber nicht umgekehrt. Nicht alle Eigenschaften werden vererbt, beispielsweise nicht `border`, `padding`, `margin`, `width` etc.

Bei absoluten Werten, die von keinen anderen Angaben abhängen, werden diese direkt vererbt. Bei relativen Angaben hingegen wird nicht der Wert an sich, sondern der berechnete Wert vererbt, wie im folgenden Beispiel bei 1.2em:

```
body { font-size: 14pt; }
h2 { font-size: 1.2em; }
```

Und eine Anwendung:

```
<h2>Eine &Uuml;berschrift mit <em>besonderem</em> Inhalt </h2>
```

Hier wird erst einmal die Schriftgröße für `h2` berechnet (14pt * 1.2 = 16.8pt) und diese, d. h. die 16.8pt, an das Kindelement `em` vererbt.

Ererbte Eigenschaften haben keine Spezifität – das wird relevant, wenn man das obige Beispiel ergänzt:

```
body { font-size: 14pt; }
* { background-color: yellow; }
h2 { font-size: 1.2em; background-color: white;}
```

Im Dokument befindet sich die folgende Überschrift:

```
<h2>Eine &Uuml;berschrift mit <em>besonderem</em> Inhalt </h2>
```

Listing 12.3: Universalselektor und Vererbung

Dann erbt das `em`-Element zwar die Hintergrundfarbe Weiß von der `h2`-Überschrift, diese ererbte Eigenschaft hat jedoch keine Spezifität. Der Universalselektor hingegen besitzt die Spezifität von 0 und überschreibt damit die ererbte Hintergrundfarbe Weiß – die Hintergrundfarbe von `em` wird demnach Gelb.

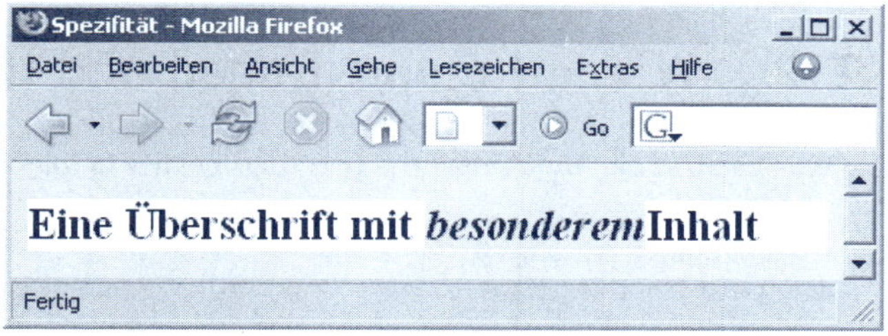

Abb. 12.3: Der Universalselektor setzt sich gegen eine geerbte Eigenschaft durch.

Der Universalselektor ist zwar sehr praktisch, sein Einsatz kann aber mitunter zu unerwünschten oder unvermuteten Ergebnissen führen.

Auch Browser-Angaben überschreiben vererbte Werte. Wenn Sie als Schriftgröße für `body` 12px angeben, wird eine `h2`-Überschrift trotzdem größer sein, weil es ein internes Browser-Stylesheet mit expliziten Angaben für `h2` gibt.

TIPP

In komplexen Stylesheets mit teilweise komplexen Selektoren kann es immer mal passieren, dass man die Übersicht verliert und eine Deklaration nicht das macht, was man erwartet, weil sie von anderen Angaben überlagert wird. Dann kann es nützlich sein, sie mit `!important` zu kennzeichnen. Funktioniert es dann, weiß man, dass man den Fehler bei der Spezifität zu suchen hat. Sie können die Spezifität eines Elements erhöhen, indem Sie weitere Elemente beim Selektor ergänzen. So hat `body h2` eine höhere Spezifität als `h2` alleine.

12.1.5 Reihenfolge

Wenn Angaben dieselbe Spezifität, Herkunft und Gewichtung haben, entscheidet die Reihenfolge. Spätere Angaben überschreiben vorherige. Durch folgende Angaben werden `h2`-Überschriften blau dargestellt:

```
h2 { color: red; }
h2 { color: blue; }
```

Deswegen ist bei der Formatierung von Links die richtige Reihenfolge der einzelnen Angaben auch so wichtig (vgl. Kapitel 8).

TIPP

Sowohl bei Fragen der Spezifität als auch bei unklaren Fällen bzgl. Vererbung empfiehlt sich die bereits in Kapitel 5 erwähnte Firefox-Erweiterung Firebug. Hier können Sie sich im rechten unteren Bereich, wenn Sie bei OPTIONS den Punkt SHOW COMPUTED STYLE wählen, die wirklich für ein Element geltenden Werte anzeigen lassen (zu Firebug siehe auch Kapitel 21).

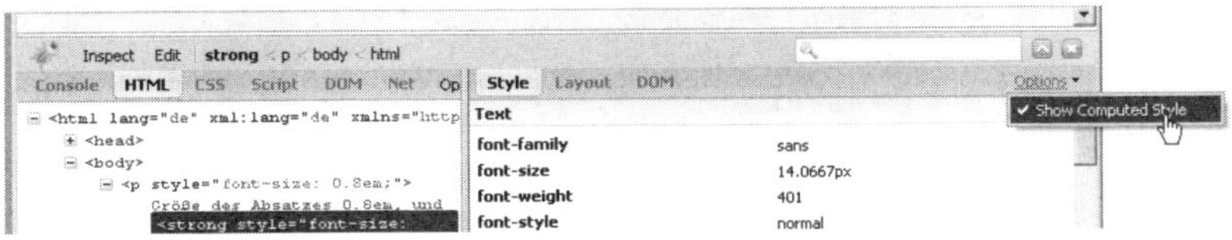

Abb. 12.4: Firebug zeigt mit Computed Style auch die Werte, die sich aus Vererbung ergeben.

12.2 Wiederholungsfragen und Übungen

1. **Was bewirkt die Angabe `margin-top: 10px` bei `div` in folgendem Beispiel?**

```
#inhalt { margin: 0; }
#navigation { margin: 0; }
div { margin-top: 10px; }
```

   Und hier werden die Angaben angewendet:

```
<div id="navigation"> ... </div>
<div id="inhalt"> ... </div>
```

2. **Warum wird im folgenden Beispiel die für die Klasse `aktuell` bestimmte Formatierung nicht angewendet? Bestimmen Sie die Spezifitäten der beiden Deklarationen. Was muss man tun, damit der zweite Link rot dargestellt wird?**

```
#navigation a:link { color: green; }
a.aktuell:link { color: red; }
```

   Hier ein Ausschnitt aus dem Dokument:

```
<div id="navigation">
<a href="gibtsnicht.html">Link</a> <a href="gibtsnicht.html"
class="aktuell">Link</a></div>
```

Kapitel 13

jetzt lerne ich

Dokumenttypangaben

Die Dokumenttypangabe dient zur Festlegung der eingesetzten (X)HTML-Version. Außerdem beeinflusst ihre An- oder Abwesenheit die Darstellung der Webseiten nachhaltig. So kann es beispielsweise passieren, dass bei einer früher erstellten Webseite durch die Ergänzung einer Dokumenttypangabe das Layout plötzlich »zerschossen« wird. Warum das so ist, wird in diesem Kapitel genauer behandelt.

13.1 Funktion von Dokumenttypangaben

Dokumenttypdefinitionen (document type definition, abgekürzt als DTD) dienen dazu, XML- oder auch SGML-Dokumente genauer zu definieren, d. h. festzulegen, welche Elemente vorkommen, wo sie stehen, ob sie Attribute haben dürfen und wenn ja, welche etc. Sie sind in einer formalen Sprache geschrieben.

Grundsätzlich gibt es sowohl für HTML als auch bei XHTML jeweils drei mögliche Dokumenttypdefinitionen: Strict, Transitional und Frameset. Letztere kommt bei Frames zum Einsatz, und Strict und Transitional unterscheiden sich darin, inwieweit die missbilligten (deprecated) Elemente und Attribute noch erlaubt sind. Bei Strict dürfen sie nicht mehr verwendet werden, bei Transitional sind sie noch geduldet. Als deprecated eingestuft sind vor allem HTML-Attribute, die der Formatierung dienen und durch CSS-Angaben ersetzt werden sollen (`align`, `valign` etc.).

Damit Browser bei der Verarbeitung von Dokumenten wissen, um was für ein Dokument es sich handelt, steht zu Beginn des Dokuments und nach der eventuell vorhandenen XML-Deklaration die Dokumenttypangabe, die einen Verweis auf die entsprechende Dokumenttypdefinition beinhaltet.

Hier sind die möglichen Dokumenttypdefinitionen für HTML und XHTML aufgelistet:

HTML:

```
<!DOCTYPE HTML PUBLIC "-//W3C//DTD HTML 4.01//EN"
       "http://www.w3.org/TR/html4/strict.dtd">
```

```
<!DOCTYPE HTML PUBLIC "-//W3C//DTD HTML 4.01 Transitional//EN"
"http://www.w3.org/TR/html4/loose.dtd">
```

```
<!DOCTYPE HTML PUBLIC "-//W3C//DTD HTML 4.01 Frameset//EN"
"http://www.w3.org/TR/html4/frameset.dtd">
```

XHTML:

```
<!DOCTYPE html PUBLIC "-//W3C//DTD XHTML 1.0 Strict//EN"
       "http://www.w3.org/TR/xhtml1/DTD/xhtml1-strict.dtd">
```

```
<!DOCTYPE html PUBLIC "-//W3C//DTD XHTML 1.0 Transitional//EN"
       "http://www.w3.org/TR/xhtml1/DTD/xhtml1-transitional.dtd">
```

```
<!DOCTYPE html PUBLIC "-//W3C//DTD XHTML 1.0 Frameset//EN"
       "http://www.w3.org/TR/xhtml1/DTD/xhtml1-frameset.dtd">
```

Bei der Darstellung von (X)HTML-Seiten spielt es nicht nur eine Rolle, ob und welche Dokumenttypangabe verwendet wird, sondern auch, ob die Dokumenttypangabe selbst vollständig ist.

13.2 Standard – Almost Standard – Quirks

Warum können jedoch Webseiten unterschiedlich aussehen, je nach Form der Dokumenttypangabe? Das liegt daran, dass bei einer vorhandenen – und vollständigen – Dokumenttypangabe die meisten aktuellen Browser den (X)HTML-Quellcode im Wesentlichen standardgemäß interpretieren, bei Abwesenheit hingegen in den Quirks-Modus schalten. Quirks heißt so viel wie »Schrulle«, ließe sich in diesem Zusammenhang aber vielleicht auch mit »Murks«- oder »Wurschtel«-Modus übersetzen. Damit wird eine nichtstandardmäßige Interpretation beschrieben, die dem entspricht, wie vorhergehende Browser-Versionen die Webseiten dargestellt haben. Dieses Verhalten wird auch als Doctype-Switching (Dokumenttyp-Wechsel) bezeichnet.

Notwendig wurde eine Unterscheidung von zwei Modi, weil die Browser-Hersteller einerseits bei aktuellen Browser-Versionen eine möglichst standardgetreue Interpretation von (X)HTML/CSS realisieren wollten, andererseits aber auch nicht riskieren konnten, dass mit neuen Browser-Versionen alte, vorher akzeptable Seiten plötzlich ganz anders angezeigt werden. Um einerseits die Darstellung bereits bestehender Seiten wie früher zu ermöglichen und gleichzeitig eine (einigermaßen) standardgemäße Interpretation von Seiten realisieren zu können, benötigt man die zwei Modi. Für Webentwickler wäre es praktischer gewesen, es hätte ein neues Element gegeben, was diese Interpretation bestimmt, etwa `<rendering-mode standard="yes" />` oder so ähnlich. Leider – und das macht die Sache etwas mühsamer – wird die Interpretation implizit bestimmt – eben durch die Art der Dokumenttypangabe bzw. deren Fehlen. Dabei gibt es wiederum Unterschiede zwischen den einzelnen Browsern.

Im Quirks-Modus interpretieren die Browser Webseiten nicht einheitlich, da das Ziel des Quirks-Modus ist, die Seite so darzustellen, wie es Vorgängerversionen eben derselben Browser gemacht haben.

Der Internet Explorer 6 verhält sich folgendermaßen: Bei HTML-Versionen vor 4.0 verwendet er immer den Quirks-Modus, ebenso bei fehlender Dokumenttypangabe. Bei XHTML und HTML Strict wird immer der Standard-Modus benutzt. Bei HTML Frameset und Transitional wird bei fehlender URI (bei vorhandener Dokumenttypdefinition) der Quirks-Modus eingesetzt, sonst ebenfalls der Standard-Modus. Sollten Sie eine Dokumenttypangabe ohne Spezifizierung von Strict/Transitional/Frameset einsetzen, wird dadurch ebenfalls der Standard-Modus ausgewählt. Vorherige Internet Explorer-Versionen kennen unter Windows diese Unterscheidung noch nicht.

Dieses eigentlich klare Schema wird jedoch durch einen Bug im Internet Explorer 6 getrübt: Steht irgendetwas vor der Dokumenttypangabe, wechselt der Internet Explorer 6 ebenfalls in den Quirks-Modus. Und das leider auch, wenn – wie bei XHTML durchaus gebräuchlich – die XML-Deklaration `<?xml version="1.0" encoding="UTF-8"?>` am Anfang des Dokuments eingefügt ist. Dieser Fehler ist aber im Internet Explorer 7 behoben.

Der Internet Explorer 8 führt neben den zwei Modi – Quirks und Standard – noch einen dritten Modus ein: »IE7 Standard-Modus«. In diesem interpretiert der Internet Explorer 8 Webseiten genauso wie der Internet Explorer 7. Wenn Sie das möchten, so ergänzen Sie folgende Metaangabe in Ihrem Dokument:

```
<meta http-equiv="X-UA-Compatible" content="IE=7" />
```

Gecko-Browser, d. h. Mozilla, Firefox und Netscape ab 6.0, unterscheiden drei verschiedene Rendering-Modi: Neben Standard und Quirks gibt es noch eine Zwischenstufe »Almost Standard«, den Beinahe-Standard-Modus. Bei diesem ist nur ein Teil des Quirks implementiert – so z. B. folgt die Anordnung von Bildern in Tabellenzellen dem Quirks-Modus. So tritt das in Kapitel 10.5. beschriebene Phänomen nur im Standard-, nicht jedoch im Beinahe-Standard-Modus auf.

Neben der Anwesenheit und Form der Dokumenttypangabe wird auch der MIME-Typ berücksichtigt, den der Server mit dem Dokument sendet. Ist dieser `text/xml`, wird automatisch in den Standard-Modus gewechselt.

Gecko-Browser wechseln bei jeder HTML-4.01-Transitional- oder HTML-4.01-Frameset-Dokumenttypangabe mit URI (Systemidentifizierer) in den Beinahe-Standard-Modus. Ebenso bei XHTML-1.0-Transitional- und XHTML-1.0-Frameset-Dokumenttypangaben, unabhängig von der An- oder Abwesenheit der URI.

In den Quirks-Modus schalten Gecko-Browser hingegen bei keiner Dokumenttypangabe oder bei HTML-4.01 Transitional oder Frameset ohne URI.

Auch bei Opera gibt es seit Version 7 Dokumenttyp-Switching. Opera verhält sich genauso wie der Internet Explorer 6. Ein Unterschied existiert jedoch: Der Bug im Internet Explorer, dass die Dokumenttypangabe nur akzeptiert wird, wenn sie als Erstes im Dokument steht, ist in Opera bei Versionen größer als 7.0 behoben.

Tabelle 13.1: Übersicht über Doctype-Switching – die wichtigsten Fälle

	Netscape 7/Mozilla/Firefox/Safari	**Internet Explorer 6/Opera**	**Internet Explorer 7/8**
Keine Dokumenttypangabe	Quirks	Quirks	Quirks
HTML 4.01 Strict mit URI	Standard	Standard	Standard
HTML 4.01 Strict ohne URI	Standard	Standard	Standard

Tabelle 13.1: Übersicht über Doctype-Switching – die wichtigsten Fälle (Forts.)

	Netscape 7/Mozilla/Firefox/Safari	Internet Explorer 6/Opera	Internet Explorer 7/8
HTML 4.01 Transitional/Frameset ohne URI	Quirks	Quirks	Quirks
HTML 4.01 Transitional/Frameset mit URI	Beinahe-Standard – Safari: Standard	Standard	Standard
XHTML 1.0 Strict mit XML-Deklaration	Beinahe-Standard – Safari: Standard	Quirks – Opera größer als Version 7.0 Standard	Standard
XHTML 1.0 Transitional/Frameset mit XML-Deklaration	Beinahe-Standard – Safari: Standard	Quirks – Opera größer als Version 7.0 Standard	Standard
XHTML 1.0 Strict ohne XML- Deklaration	Standard	Standard	Standard
XHTML 1.0 Transitional/Frameset ohne XML-Deklaration	Standard	Standard	Standard

Nicht aufgeführt in der Tabelle ist der dritte Modus des Internet Explorers 8, der so genannte IE7-Standard-Modus, der – wie erwähnt – durch die folgende Metaangabe ausgelöst wird: <meta http-equiv="X-UA-Compatible" content="IE=7" />.

TIPP

Mithilfe von JavaScript können Sie sich bei der Webseitenentwicklung ausgeben lassen, um welchen Modus es sich handelt:

```
<script type="text/javascript">
alert("Aktueller Rendering-Modus: " + document.compatMode);
</script>
```

Beim standardkonformen Modus wird CSS1compat, bei Quirks hingegen BackCompat ausgegeben.

Wenn Sie nach weiteren Informationen zu diesem Thema suchen, werden Sie bei den Browser-Herstellern selbst fündig:

- Mozilla: *http://www.mozilla.org/docs/web-developer/quirks/*
- Opera: *http://www.opera.com/docs/specs/doctype/*
- Internet Explorer: *http://msdn.microsoft.com/library/en-us/dnie60/html/cssenhancements.asp*
- Rendering-Modi im Internet Explorer 8: *http://blogs.msdn.com/ie/archive/2008/03/06/the-default-layout-mode.aspx.*

13.3 Einige Auswirkungen der verschiedenen Modi

Beim Boxmodell zeigt sich der Unterschied zwischen den beiden Darstellungsmodi sehr deutlich. Im Quirks-Modus verhält sich der Internet Explorer 6 wie seine Vorgänger: Er interpretiert die Angabe `width` als Gesamtbreite, inklusive Innenabstand (`padding`) und Rand (`border`). Damit wird natürlich eine Box wesentlich kleiner, als wenn – was die korrekte Interpretation ist – `width` nur für den Inhalt gilt und Innenabstand und Rand dazuaddiert werden. Im Standard-Modus interpretiert der Internet Explorer das Boxmodell hingegen korrekt.

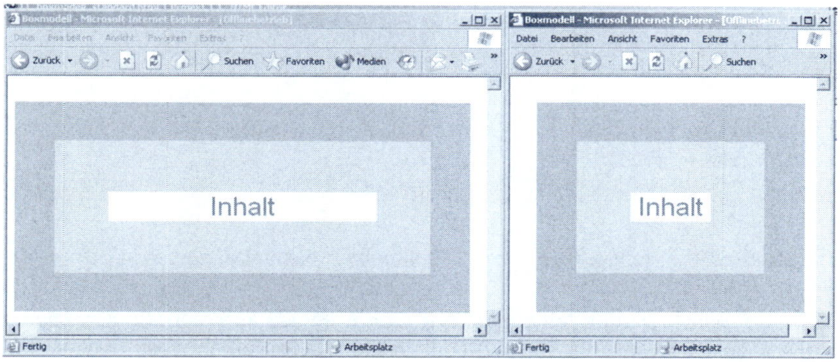

Abb. 13.1: Unterschiedliche Interpretation des Boxmodells im Internet Explorer 6: links im Standard-Modus, rechts im Quirks-Modus

Auf dieses Beispiel werden wir in Kapitel 14 noch ausführlich zu sprechen kommen.

Der Internet Explorer 7 bietet Unterstützung für verschiedene fortgeschrittene Selektoren wie den Kindselektor oder Attributselektoren – jedoch nur, wenn er sich im Standard-Modus befindet. Im Quirks-Modus ignoriert er diese fortgeschrittenen Selektoren und verhält sich dementsprechend wie der Internet Explorer 6. In Abbildung 13.2 sehen Sie das Beispiel aus Kapitel 8 zu den Attributselektoren (Listing 8.10), links in Firefox, in der Mitte und rechts im Internet Explorer 7. Im mittleren Bild befindet sich der Internet Explorer 7 im Standard-Modus, er interpretiert Attributselektoren. Das Bild rechts zeigt die Ansicht im Internet Explorer 7, wenn dieser sich durch eine fehlende Dokumenttypangabe im Quirks-Modus befindet. In diesem Fall werden die Angaben beim Attributselektor ignoriert.

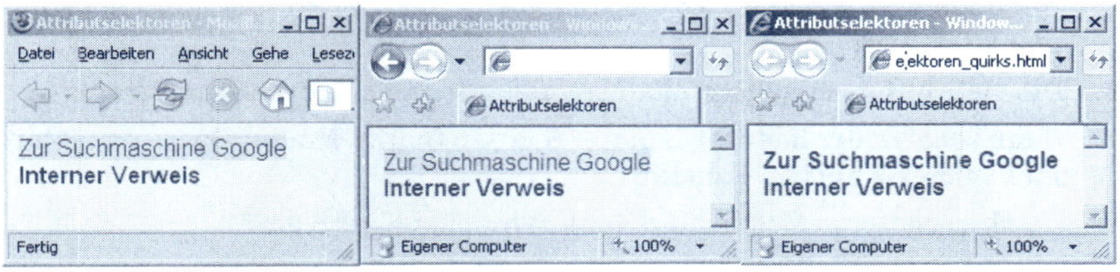

Abb. 13.2: Der Internet Explorer 7 interpretiert Attributselektoren im Standard-Modus (Mitte), ignoriert sie hingegen im Quirks-Modus (rechts).

Der Modus kann ferner die Vererbung der Schriftgröße beeinflussen. Wenn Sie für Ihr Dokument über `body { font-size: 20px; }` die Schriftgröße vorgeben, so wird diese, wenn sich die Browser im Quirks-Modus befinden, nicht auf den Inhalt der Tabellenzellen vererbt. Der Text in den Tabellenzellen hat weiterhin die vom Browser bestimmte Standardgröße.

(Sie finden die beiden zugrunde liegenden Listings `13_01.html` und `13_02.html` auf der Buch-DVD.)

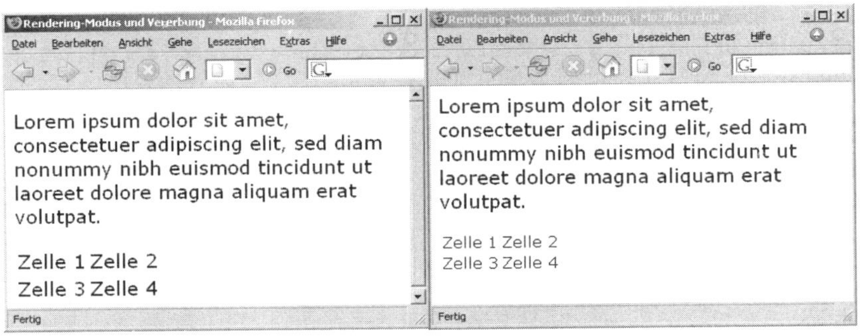

Abb. 13.3: Die Schriftgröße wird im Standard-Modus auch auf die Zellen vererbt (links), im Quirks-Modus aber nicht (rechts).

Übrigens, mit `* { font-size: 20px; }` funktioniert es unabhängig vom Dokumenttyp.

Im Quirks-Modus werden fehlerhafte Angaben eventuell korrigiert. So akzeptieren Browser beispielsweise im Quirks-Modus hexadezimale Farbangaben ohne `#`, z. B. `color: 333`, und Größenangaben ohne Maßeinheit werden als Pixel interpretiert. Beides funktioniert nicht im Standard-Modus. Dies gilt sowohl für den Internet Explorer als auch für Gecko-Browser.

Das sind einige wichtige Auswirkungen der verschiedenen Rendering-Modi, weitere finden Sie unter den oben angegebenen Links bei den einzelnen Browser-Herstellern.

13.4 Wiederholungsfragen und Übungen

1. **Wie viele Dokumenttypen gibt es für XHML 1.0? Worin unterscheiden sie sich?**
2. **Wie wird einem Dokument eine Dokumenttypdefinition zugewiesen?**
3. **Was ändert es, ob Sie Ihr XHTML-Dokument mit der XML-Deklaration beginnen oder nicht?**
4. **Wie viele unterschiedliche Modi kennen Internet Explorer 6 und Firefox?**
5. **Wann schaltet der Internet Explorer 6 in den Quirks-Modus, Opera und Internet Explorer 7 hingegen nicht?**
6. **Welchen weiteren Modus führt der Internet Explorer 8 ein?**

Kapitel 14

jetzt lerne ich

Browser-Weichen & Tricks

Beim Einsatz von CSS stößt man immer wieder auf Fälle, in denen die Browser sich unterschiedlich verhalten. Um damit umzugehen, benötigt man eine Möglichkeit, für die einzelnen Browser unterschiedliche Angaben oder eigene Stylesheets zu erstellen. Derartige Hacks und Tricks – deren Einsatz jedoch nicht unumstritten ist – werden Sie in diesem Kapitel kennen lernen.

14.1 Browser austricksen: Einführung am Beispiel

An einem Beispiel soll das prinzipielle Vorgehen bei Browser-Hacks demonstriert werden. Unser Ziel ist die Realisierung eines Box-Layouts, das beim Internet Explorer Version 6 im Quirks-Modus und älteren Versionen sowie bei Firefox mit seiner standardkonformen Darstellung gleich aussieht.

Wie schon mehrfach erwähnt, wird das Boxmodell unterschiedlich interpretiert, da im Standardmodell `width` sich auf die Breite des Inhaltsbereichs, aber bei älteren Versionen beispielsweise des Internet Explorers auf die Gesamtbreite inklusive `padding` und `border` bezieht. Beheben ließe sich das Problem leicht, wenn man den Browsern mit der anderen Interpretation einen anderen Wert für `width` zuweisen könnte, der entsprechend größer ist und die Gesamtbreite darstellt.

In unserem Beispiel soll eine Box folgende Ausmaße haben: 10em Inhaltsbereich, 1em jeweils für die Innenabstände und 1em für den Rahmen – die Gesamtbreite ist also 14em. Das heißt, standardkonforme Browser benötigen die Angabe `width: 10em`, Browser mit der anderen Interpretation des Boxmodells hingegen `width: 14em`.

Erst einmal folgt das Listing ohne Sonderangaben für den Internet Explorer. Damit Sie das Beispiel auch mit dem Internet Explorer 6 nachvollziehen können, setzen wir die XML-Deklaration an den Anfang des Dokuments – der Internet Explorer schaltet damit in den Quirks-Modus und verhält sich wie die Vorgängermodelle:

Listing 14.1: Eine Box als Beispiel

```
<?xml version="1.0" ?>
<!DOCTYPE html PUBLIC "-//W3C//DTD XHTML 1.0 Transitional//EN"
"http://www.w3.org/TR/xhtml1/DTD/xhtml1-transitional.dtd">
<html>
<head>
<title>Boxmodell - Browserhacks</title>
<meta http-equiv="Content-Type" content="text/html; charset=iso-8859-1"
/>
<style type="text/css">
/* <![CDATA[ */
body { font: 100.01% sans-serif; }
#box {
   width: 10em;
   background-color: #FFC266;
   border: 1em solid #F90;
   padding: 1em;
   margin: 2em;
}
#inhalt {
   background-color: #FFF5E6;
   text-align: center;
}
/* ]]> */
</style>
</head>
<body>
<div id="box">
   <div id="inhalt">Inhalt</div>
</div>
</body>
</html>
```

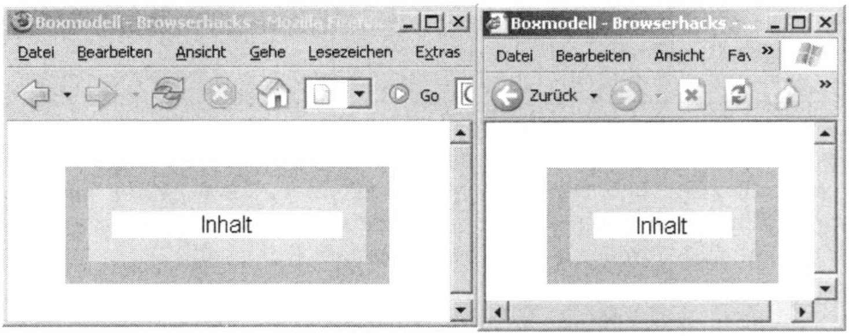

Abb. 14.1: Unterschiedliche Interpretation: links Firefox, rechts Internet Explorer

In Abbildung 14.1 wird die unterschiedliche Interpretation sehr deutlich.

Um den Internet Explorer 6 zu derselben Darstellung wie den Firefox zu bewegen, müssen wir ihm eine gesonderte Angabe für `width` »unterschummeln«, die von den anderen Browsern nicht gelesen wird.

Dafür gibt es zwei mögliche Herangehensweisen. Entweder wir verwenden Angaben, die nur der Internet Explorer 6 versteht, oder wir benutzen Angaben, die alle Browser außer dem Internet Explorer 6 interpretieren können.

Zum ersten Fall: Der Internet Explorer bis einschließlich Version 6 interpretiert Angaben, die hinter `* html` notiert werden, ganz normal, die anderen Browser hingegen ignorieren sie.

Damit lässt sich das Stylesheet folgendermaßen modifizieren:

Listing 14.2: Gesonderte Angaben für den Internet Explorer 6 und kleiner

```
#box {
   width: 10em;
   background-color: #FFC266;
   border: 1em solid #F90;
   padding: 1em;
   margin: 2em;
}
* html #box { width: 14em; }
```

Die besondere Angabe für den Internet Explorer muss hinter der korrekten Angabe stehen. Damit wird für den Internet Explorer 6 und kleiner die ursprüngliche Breite von 10em überschrieben und der Wert auf 14em gesetzt, was der Gesamtbreite entspricht. Die anderen Browser – so auch der Internet Explorer 7 und 8 – hingegen ignorieren die letzte Angabe und behalten die Breitenangabe von 10em bei.

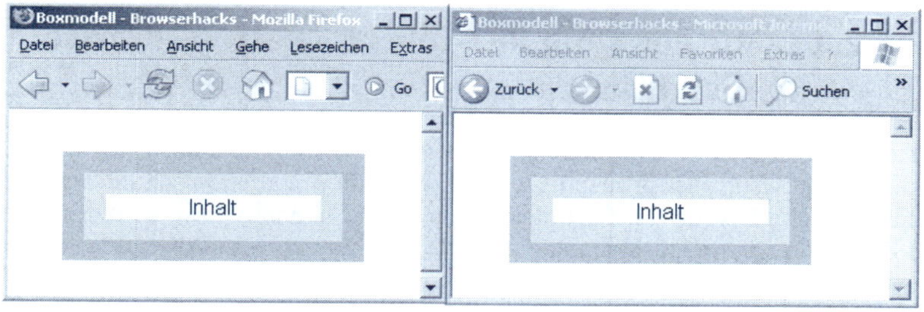

Abb. 14.2: Jetzt sind die Boxen gleich breit – links in Firefox und rechts im Internet Explorer 6

Aber auch der umgekehrte Weg kann eingeschlagen werden: So kommt der Internet Explorer bis einschließlich Version 6 nicht mit Kindselektoren zurecht, die anderen neueren Browser und auch der Internet Explorer 7 oder 8 dagegen schon. Schreibt man zuerst die fehlerhafte Breite für den Internet Explorer 6 und früher und danach innerhalb eines Kindselektors die richtige Breite für die standardkonformen Browser, erhalten wieder alle Browser die Breitenangabe, die sie benötigen:

Listing 14.3: Der umgekehrte Weg: Angaben, die vom Internet Explorer vor Version 6 nicht interpretiert werden

```
#box {
   width: 14em;
   background-color: #FFC266;
   border: 1em solid #F90;
   padding: 1em;
   margin: 2em;
}
body > #box { width: 10em; }
```

Das Ergebnis ist dasselbe wie in Abbildung 14.2 – die beiden Boxen haben dieselbe Breite.

Dies ist hier natürlich eine vereinfachte Version, da weder der Opera-Browser noch der Internet Explorer/Mac berücksichtigt wurden, aber Sie haben die wichtigsten Zutaten für Browser-Hacks und andere Tricks kennen gelernt. Die Basis dafür ist immer, dass ein bestimmter Browser die Angaben XY ignoriert, oder umgekehrt, dass nur ein bestimmter Browser sie versteht. Außerdem benötigt man noch die Regel, dass später folgende Angaben früher dastehende überschreiben.

14.2 Die wichtigsten Browser-Hacks und Browser-Weichen

Der nun folgende Abschnitt fasst die am häufigsten eingesetzten Browserweichen zusammen. Danach (Abschnitt 14.3) der Vollständigkeit halber weitere weniger eingesetzte Browser-Weichen.

TIPP

Verschiedene Hacks mit Erläuterungen finden Sie unter *http://css-discuss.incutio.com/?page=CssHack*. Praktisch ist auch die tabellarische Auflistung, aus der Sie sehen können, welche Hacks für welche Browser nützlich sind: *http://centricle.com/ref/css/filters/*.

14.2.1 Mit der @import-Direktive ältere Browser ausschließen

Wenn Sie fortschrittlichere CSS-Techniken einsetzen, taucht das Problem auf, dass ein Uraltbrowser wie Netscape 4.x nicht nur viele Angaben falsch interpretiert und darunter das Layout bis zur Unlesbarkeit leidet, sondern dass es sogar Angaben gibt, die den Netscape Navigator zum Absturz bringen – und das ist natürlich das Schlimmste, was man einem Surfer antun kann. Um Angaben vor Netscape 4.x zu verstecken, können Sie `@import` einsetzen, denn per `@import` eingebundene Stylesheets werden von älteren Browsern ignoriert.

```
<!DOCTYPE html PUBLIC "-//W3C//DTD XHTML 1.0 Transitional//EN"
"http://www.w3.org/TR/xhtml1/DTD/xhtml1-transitional.dtd">
<html xmlns="http://www.w3.org/1999/xhtml" xml:lang="de" lang="de">
<head>
<meta http-equiv="Content-Type" content="text/html; charset=iso-8859-1" />
<title>Angaben vor Netscape 4.x verstecken</title>
<style type="text/css">
/* <![CDATA[ */
@import url(stil.css);
/* ]]> */
</style>
</head>
<body></body>
</html>
```

In diesem Beispiel wird `stil.css` nicht von Uraltbrowsern wie dem Netscape 4.x interpretiert.

Soll das Stylesheet auch vor Internet Explorer 4 und 5 für Mac/Windows verborgen werden, schreiben Sie Folgendes:

```
@import "fortgeschritten.css";
```

14.2.2 Boxmodell- oder Tantek-Hack

Der Tantek-Hack ist nach Tantek Çelik benannt, einem Mitglied der HTML- und CSS-Arbeitsgruppen des W3C. Die Originalbeschreibung des Hacks finden Sie unter *http://www.tantek.com/CSS/Examples/boxmodelhack.html* und in deutscher Übersetzung unter *http://meiert.com/de/translations/tantek.com/boxmodelhack*. Da sich die Browser-Unterschiede besonders bei der Interpretation des Boxmodells zeigen, wurde dieser Hack anhand des Boxmodells entwickelt, er lässt sich aber auch für andere Angaben benutzen.

Als Beispiel für den Hack soll die Navigation mit Hintergrundbildern aus Kapitel 8 dienen. Sie erinnern sich? Dort wurde bei der Navigation mit Hintergrundbildern gearbeitet, die insgesamt 32px hoch waren. Da ein Padding von 8px oben definiert war, brauchen standardkonforme Browser eine Höhe von 24px. Der Internet Explorer 5.x hingegen braucht für die Höhe die vollen 32px. Realisieren lässt sich das mit dem Boxmodell-Hack folgendermaßen:

```
#navi li a {
   padding: 8px 0 0 30px;
   height: 32px;
   voice-family: "\"}\"";
   voice-family: inherit;
   height: 24px;
}
```

Das Entscheidende ist hier, dass Sie zuerst die falsche, größere Breitenangabe für den Internet Explorer 5.x schreiben, bei der Rahmen und Innenabstand hinzugezählt werden. Dann kommen zwei Zeilen, die bewirken, dass die am Schluss folgende echte Angabe vom Internet Explorer 5.x ignoriert wird. Bei anderen Browsern, die alle Angaben korrekterweise interpretieren, überschreibt diese richtige Angabe die erste falsche.

Außerdem sollte – denn es gibt wie immer eine Ausnahme – danach noch eine weitere Zeile ergänzt werden, die Tantek Çelik »nett zu Opera 5 sein« nennt. Denn Opera interpretiert in älteren Versionen genauso wie der Internet Explorer alle auf `voice-family` etc. folgende Angaben nicht, aber kann korrekt mit Kindselektoren umgehen. So garantiert die folgende Zeile, dass auch Opera die richtige Höhenangabe erhält:

```
html>body #box { height: 24px; }
```

Was hat es nun mit `voice-family` auf sich? `voice-family` dient dazu, die Art der Stimme bei einer Sprachausgabe zu beeinflussen. Alle Angaben, die nach `"\"}\""` kommen, werden vom Internet Explorer ignoriert, weil er } als schließende Klammer für die Deklaration interpretiert. Für die anderen Browser gestaltet es sich so, als würde als Stimme für die Sprachausgabe } gewählt. Dies wird aber in der nächsten Zeile mit `voice-family: inherit` wieder auf einen Standardwert gesetzt, und danach interpretieren sie ebenfalls die folgende Angabe.

14.2.3 Browser-Weichen über fortschrittliche Selektoren

Mehrere Tricks basieren auf dem gezielten Einsatz bestimmter Selektoren, so werden Kindselektoren vom Internet Explorer bis einschließlich Version 6 ignoriert.

Schreiben Sie beispielsweise `body>#menue`, können Sie besondere Formatierungen für ein Menü `#menue` festlegen, ein direktes Kindelement von `body`, die der Internet Explorer bis einschließlich Version 6 nicht interpretiert.

Attributselektoren werden vom Internet Explorer bis einschließlich Version 6 ebenfalls nicht unterstützt. So lassen sich beispielsweise über `a[href]` besondere Formatierungen für alle Links festlegen, die ein `href`-Attribut haben. Diese Angaben sind jedoch vor dem Internet Explorer 6 und kleiner verborgen.

Ebenso können Sie Folgeelement-Selektoren wie `html+body` einsetzen oder die Pseudoklasse `:first-child` in `head:first-child`, um Angaben vor dem Internet Explorer zu verbergen.

Beim Internet Explorer 7 und 8 hängt es hingegen davon ab, in welchem Modus er ist. Im Quirks-Modus verhält er sich wie sein Vorgänger und ignoriert diese Angaben, aber im Standard-Modus interpretiert er sie. Mehr Informationen dazu folgen in Abschnitt 14.3.5.

14.2.4 Sternchen-html-Hack * html

Mit dem Sternchen-html-Hack können Sie eigene Angaben für den Internet Explorer Version 6 und kleiner machen.

`* html` ist formal ein korrekter Selektor: Damit wird jedes `html`-Element ausgewählt, das Nachkomme eines beliebigen anderen Elements ist. Da `html` in (X)HTML-Dokumenten das Wurzelelement ist, trifft der Selektor nicht zu. Der Internet Explorer bis einschließlich Version 6 ignoriert jedoch das Sternchen, wenn es vor `html` steht, und interpretiert die Angaben. Die hinter dem Selektor `* html` notierten Formatierungen werden nur vom Internet Explorer bis einschließlich Version 6 und vom Internet Explorer 7 und 8 im Quirks-Modus, nicht jedoch von anderen Browsern gelesen.

14.2.5 Conditional Comments – verschiedene CSS-Dateien für die unterschiedlichen Internet Explorer-Versionen

Um eigene Angaben für die verschiedenen Versionen des Internet Explorers zu machen, gibt es eine eigene Microsoft-spezifische Syntax: die Conditional Comments (CC), d. h. die konditionalen Kommentare.

Innerhalb von Kommentaren wird in eckigen Klammern mit `if` die Version des Internet Explorers angegeben, für die die Stylesheet-Deklaration gelten soll. Sie beenden die Angabe mit `endif`. Das Stylesheet `ie5.css` wird durch die folgende Anweisung nur vom Internet Explorer 5 gelesen:

```
<!--[if IE 5]>
<style type="text/css">@import url(ie5.css)</style>
<![endif]-->
```

Innerhalb des Kommentars können Sie auch direkt die gewünschten Angaben notieren:

```
<!--[if IE 5]>
<style type="text/css">
p { width: 100px; }
</style>
<![endif]-->
```

Selbstverständlich ist auch der Einsatz von `link` zur Einbindung des externen Stylesheets möglich:

```
<!--[if IE 5]>
<link href="style/ie5.css" rel="stylesheet" type="text/css" />
<![endif]-->
```

Sie können die konditionalen Kommentare auch einsetzen, um alle Versionen größer oder kleiner als eine bestimmte Version anzusprechen oder auch explizit eine Browser-Version auszuschließen.

Im folgenden Beispiel gibt es zwei Stylesheet-Dateien, `allgemein.css` für alle Browser und `vor_ie_6.css` für Internet Explorer-Versionen kleiner als 6.

Listing 14.4: Conditional Comments

```
<!DOCTYPE html PUBLIC "-//W3C//DTD XHTML 1.0 Transitional//EN"
"http://www.w3.org/TR/xhtml1/DTD/xhtml1-transitional.dtd">
<html xmlns="http://www.w3.org/1999/xhtml" xml:lang="de" lang="de">
<head>
<title>Conditional Comments</title>
<meta http-equiv="Content-Type" content="text/html; charset=iso-8859-1" />
<link href="allgemein.css" rel="stylesheet" type="text/css" />
<!--[if lt IE 6]>
<link href="vor_ie_6.css" rel="stylesheet" type="text/css" />
<![endif]-->
</head>
<body>
<!-- hier folgen ganz normal die (X)HTML-Elemente -->
</body>
</html>
```

Innerhalb einer Datei können beliebig viele Conditional Comments stehen.

Tabelle 14.1 führt mögliche Angaben auf.

Tabelle 14.1: Mögliche Angaben beim Conditional Comment

Mögliche Angaben	Bedeutung
`!`	nicht
`gt`	greater than: größer als angegebene Version
`gte`	greater than or equal: größer oder gleich der angegebenen Version
`lt`	less than: kleiner als die angegebene Version
`lte`	less than or equal: kleiner oder gleich der angegebenen Version

TIPP

Für gesonderte Angaben für den Internet Explorer 5.5 müssen Sie `if IE 5.5000` notieren.

An sich ist der Einsatz von Conditional Comments natürlich nicht auf CSS beschränkt, sondern kann auch verwendet werden, um JavaScript einzubinden etc.

Übrigens sind konditionale Kommentare auch der von Microsoft empfohlene Weg, um Sonderangaben für den Internet Explorer zu machen (vgl. *http://blogs.msdn.com/ie/archive/2005/10/12/480242.aspx*).

14.3 Weitere Hacks und Browser-Weichen

Im letzten Unterkapitel haben Sie die wichtigsten und am häufigsten verwendeten Hacks- und Browser-Weichen kennen gelernt. Hier folgen weitere, die weniger gebräuchlich sind, Ihnen aber trotzdem begegnen können.

14.3.1 Browser-Weiche über Angabe des Medientyps

Auch beim Einsatz von `link` können Sie das Stylesheet vor Netscape 4.x verbergen, wenn Sie noch als Attribut `media="all"` angeben – denn alle anderen Werte als `screen` werden an dieser Stelle von Netscape ignoriert.

```
<link type="text/css" rel="stylesheet" href="fortgeschritten.css"
media="all" />
```

Bei der nächsten Browser-Weiche geht es ebenfalls um die Angabe eines Medientyps – aber bei einem per `@import` eingebundenen Stylesheet, z.B. `screen`. Das so eingebundene Stylesheet wird vor allen Versionen des Internet Explorers versteckt.

```
<style type="text/css">@import "fortgeschritten.css" screen; </style>
```

14.3.2 Simplified Box Model Hack (vereinfachter Boxmodell-Hack)

Der vereinfachte Boxmodell-Hack ist eine Abwandlung des Tantek-Hack mit dem Vorteil, dass hier der Hack bei der betroffenen Eigenschaft selbst angewendet wird.

```
#box {
   width: 10em;
}
#box {
   \width: 14em;
   w\idth: 10em;
}
```

Die erste Angabe ist für Browser, die das Boxmodell korrekt interpretieren können, jedoch Probleme mit dem Escape-Zeichen haben. Die zweite Angabe ist für den Internet Explorer 5.x. Die letzte Angabe hingegen ist für die neueren Browser wie Netscape ab Version 6, Internet Explorer 6 etc.

Der Hack basiert darauf, dass der Internet Explorer 5.x die Angabe `w\idth` nicht interpretieren kann. Er erhält mit `\width` seine eigene Breite. Problematisch ist nur, dass \ mit einem der vorderen Buchstaben des Alphabets als Hexadezimalzeichen interpretiert wird. Das heißt, es darf nicht vor einen der Buchstaben a, b, c, d, e oder f gesetzt werden.

Der folgende Hack baut auf diesem auf, ist aber etwas vereinfacht, da nur eine Angabe mit Escape-Zeichen eingesetzt wird. Hier steht zuerst die korrekte Breitenangabe für alle standardkonformen Browser. Darauf folgen weitere Angaben beim Selektor `* html`, die nur vom Internet Explorer bis einschließlich Version 6 interpretiert werden: Zuerst steht dann die »falsche« Angabe für den Internet Explorer 5.x, dann folgt noch einmal – durch ein Escape-Zeichen vor dem Internet Explorer 5.x geschützt – die korrekte Angabe für den Internet Explorer 6.

Listing 14.5: Simplified Boxmodell-Hack

```
#box {
   width: 10em;
}
* html #box {
   width: 14em;
   w\idth: 10em;
}
```

Auch für die Anwendung dieses Tricks muss sich der Internet Explorer 6 im Standard-Modus befinden.

14.3.3 Hacks mit dem Unterstrich (_)

Stehen Unterstriche am Anfang von CSS-Eigenschaften, werden die entsprechenden Angaben nur vom Internet Explorer beachtet, von anderen Browsern hingegen ignoriert.

```
p {
   color: black;
   _color: #999;
}
```

Über diese Angabe würde die Schrift von Absätzen in allen Browsern auf Schwarz gesetzt, da die zweite Angabe ignoriert wird. Der Internet Explorer bis einschließlich Version 6 lässt sich vom Unterstrich nicht irritieren und stellt Absätze grau dar.

14.3.4 Kommentarbasierte Tricks

Mehrere Tricks verwenden auf eine bestimmte Art angeordnete Kommentare, um einzelne Deklarationen vor älteren Internet Explorer-Versionen zu verbergen.

Wenn ein leerer Kommentar auf eine Eigenschaft folgt, so wird diese Deklaration vom Internet Explorer 5 (Windows und Mac) ignoriert:

```
.k1 {
   color: black;
   color/**/:red;
}
```

Steht innerhalb des Kommentars ein Leerzeichen, ist neben der oben beschriebenen Wirkung außerdem noch die folgende Deklaration (hier: `background-color: yellow;`) vor dem Internet Explorer 5 versteckt:

```
.k2 {
   color: black;
   color/* */:red;
   background-color: yellow;
}
```

Wenn ein Kommentar direkt vor einem Wert steht, ignoriert der Internet Explorer 5.5/Windows die Deklaration:

Listing 14.6: Verschiedene Tricks mit Kommentarzeichen

```
.k3 {
   color:/**/red;
}
```

Sie finden das entsprechende Listing zum Ausprobieren auf der DVD. Zeigt ein Browser die Schrift rot an, wurde die Angabe nicht vor ihm versteckt.

Da sich der Internet Explorer für den Mac in einigen zentralen Punkten anders verhält als sein Windows-Pendant, gibt es auch spezielle Tricks, um einzelne Deklarationen nur vor ihm zu verbergen, wie die folgende:

```
/* \*/
#inhalt {
   width: 50em;
}
/* */
```

Alles, was innerhalb von `/* \*/` und `/* */` steht, wird vor dem Internet Explorer 5 für den Mac verborgen. Dies liegt daran, dass der Backslash vor dem schließenden Kommentarzeichen bewirkt, dass der Internet Explorer 5 für den Mac den Kommentar nicht als abgeschlossen betrachtet. Damit wird alles, was bis zum nächsten schließenden Kommentarzeichen folgt, von diesem Browser ignoriert.

Wollen Sie umgekehrt besondere Werte nur für den Internet Explorer für den Mac angeben, so kommen Sie mit folgendem Trick weiter:

```
/* IE/MAC \*//*\
das bekommt der IE MAC
/**/
```

Hier wird alles, was innerhalb von `/* IE/MAC \*//*\` und `/**/` steht, nur vom Internet Explorer für den Mac ausgeführt.

14.3.5 Zusammenfassung und Übersicht zu den Hacks/Filtern für die verschiedenen Internet Explorer-Versionen

Die meisten der hier behandelten Hacks dienen zum Verstecken von Angaben oder zum expliziten Ansprechen von unterschiedlichen Internet Explorer-Versionen. Deswegen finden Sie nachfolgend dazu noch einmal eine Zusammenstellung.

Die neuen Versionen des Internet Explorers – Version 7 und 8 – verhalten sich bezüglich dieser Hacks ganz unterschiedlich, je nachdem, ob sie sich im Quirks- oder im Standard-Modus befinden. Im Quirks-Modus verhalten sie sich grundsätzlich so wie der Internet Explorer 6, d.h., sie interpretieren die Angaben hinter `* html` (Sternchen-Hack) und ignorieren Kind-, Attribut- und Folgeelement-Selektoren, und damit funktionieren auch die Hacks, die auf diesen Selektoren basieren (siehe Abschnitt 14.2.3). Ganz anders jedoch im Standard-Modus: Hier verhalten sich Internet Explorer 7 und 8 standardkonform. Sie ignorieren Angaben hinter `* html` und interpretieren hingegen die fortgeschrittenen Selektoren wie Kind- und Attributselektor.

Zu berücksichtigen ist darüber hinaus, dass Internet Explorer 7 und 8 bei vorhandener XML-Deklaration nicht mehr in den Quirks-Modus wechselt wie sein Vorgänger.

TIPP

Am besten ist es für Browser-Weichen, auf die schon erwähnten konditionalen Kommentare zu setzen. So können Sie den Internet Explorer 7 und größer gezielt ansprechen:

```
<!--[if IE gte 7.0]>
<link href="ie7.css" rel="stylesheet" type="text/css" />
<![endif]-->
```

Die wichtigsten Möglichkeiten, Angaben gezielt nur für den Internet Explorer zu machen oder umgekehrt Angaben vor ihm zu verbergen, führt das folgende Listing noch einmal vor:

Listing 14.7: Die wichtigsten für den Internet Explorer eingesetzten Filter

```
<!DOCTYPE html PUBLIC "-//W3C//DTD XHTML 1.0 Transitional//EN"
"http://www.w3.org/TR/xhtml1/DTD/xhtml1-transitional.dtd">
<html xmlns="http://www.w3.org/1999/xhtml" xml:lang="de" lang="de">
<head>
<title>Browserhacks</title>
<meta http-equiv="Content-Type" content="text/html; charset=iso-8859-1" />
<style type="text/css">
/* <![CDATA[ */
body { font: 110% sans-serif; }
h1 { font-size: 1.2em; }
h2 { font-size: 1.4em; }

p { background-color: red; color: white; }
.k1, .k2 { background-color: white; color: black; }
* html p.k1 { background-color: red; color: white; }
p.k2 { _background-color: red; _color: white; }
.k3 {  background-color: white; color: black; }

*+html .k3 {background-color: red; color: white; }
html > body .k4 { background-color: white; color: black; }
html[xmlns] .k5 { background-color: white; color: black; }
head + body .k6 { background-color: white; color: black; }
head:first-child + body .k7 { background-color: white; color: black; }
```

```
/* ]]> */
</style>
<!--[if IE 7.0]>
Dieser Text erscheint nur im IE 7. An dieser Stelle w&uuml;rde man
normalerweise ein Stylesheet einbinden.
<![endif]-->
<!--[if IE 6.0]>
Dieser Text erscheint nur im IE 6. An dieser Stelle w&uuml;rde man
normalerweise ein Stylesheet einbinden.
<![endif]-->
</head>
<body>
<h1>Bei standardkonformer Interpretation haben alle Abs&auml;tze einen
wei&szlig;en Hintergrund. Wenn ein CSS-Filter greift,
wird der Absatz mit dunkler Hintergrundfarbe dargestellt.</h1>
<h2>Gesonderte Angaben f&uuml;r den Internet Explorer</h2>
<p class="k1">Sternchen-Hack * html </p>
<p class="k2">Unterstrich-Hack _background-color</p>
<p class="k3">Speziell f&uuml;r den IE 7: *+html </p>

<h2>Angaben vor dem Internet Explorer verbergen</h2>
<p class="k4">Kindselektor html > body  </p>
<p class="k5">Attributselektor html[xmlns] </p>
<p class="k6">Folgeelementselektor head + body</p>
<p class="k7">Erstes Kindelement head:first-child + body </p>
</body>
</html>
```

Dieses Listing gibt es in einer zweiten Variante ohne Dokumenttypangabe, um das Verhalten des Internet Explorers 7 und 8 im Quirks-Modus zu demonstrieren, in dem sich diese Versionen ähnlich wie der Internet Explorer 6 verhalten.

Listing 14.8: Dasselbe Listing wie vorher, nur die Dokumenttypangabe wurde gelöscht.

```
<html xmlns="http://www.w3.org/1999/xhtml" xml:lang="de" lang="de">
<head>
<title>Browserhacks</title>
<!-- der Rest des Listings ist absolut identisch -->
```

Abbildung 14.3 bis Abbildung 14.6 zeigen die Ergebnisse in den einzelnen Browsern. Funktioniert ein Filter, so wird der entsprechende Absatz farbig hinterlegt.

Sie sehen, dass der Internet Explorer 7 im Quirks-Modus sich fast genauso verhält wie der Internet Explorer 6. Das *fast* betrifft zwei Punkte: Zum einen reagiert er wie erwartet nur auf die Conditional Comments mit der Angabe `if IE 7.0`, und zum anderen interpretiert er den Unterstrich-Hack nicht, der Internet Explorer 6 hingegen schon.

Der Internet Explorer 8 interpretiert aber im Quirks-Modus den Unterstrich-Hack. Das ist der einzige Unterschied zum Internet Explorer 7 bei der Interpretation der Beispielhacks.

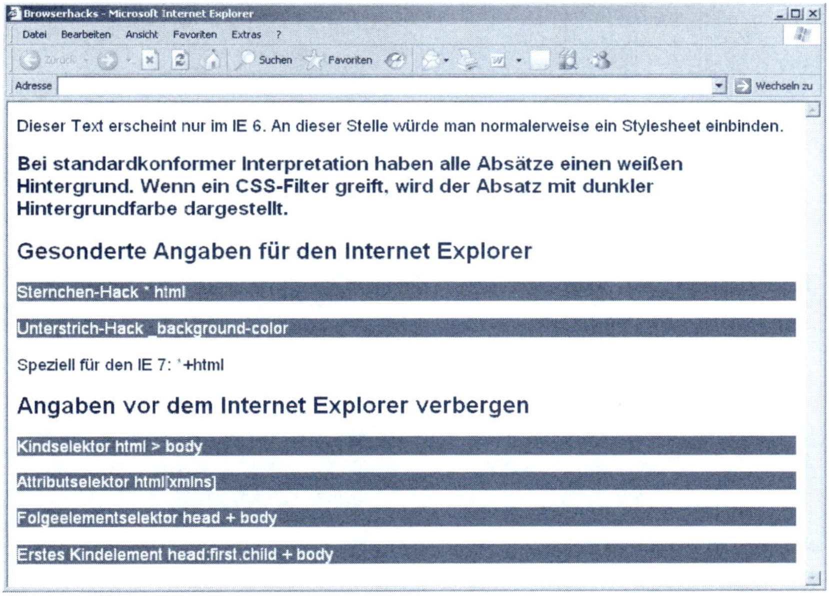

Abb. 14.3: Im Internet Explorer 6 funktionieren die Hacks wie geplant.

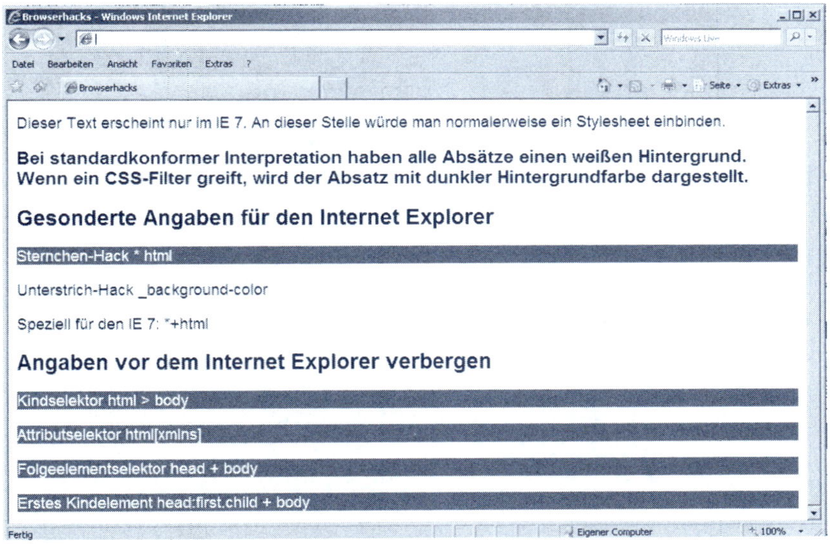

Abb. 14.4: Der Internet Explorer 7 zeigt im Quirks-Modus ein sehr ähnliches Bild wie der Internet Explorer 6.

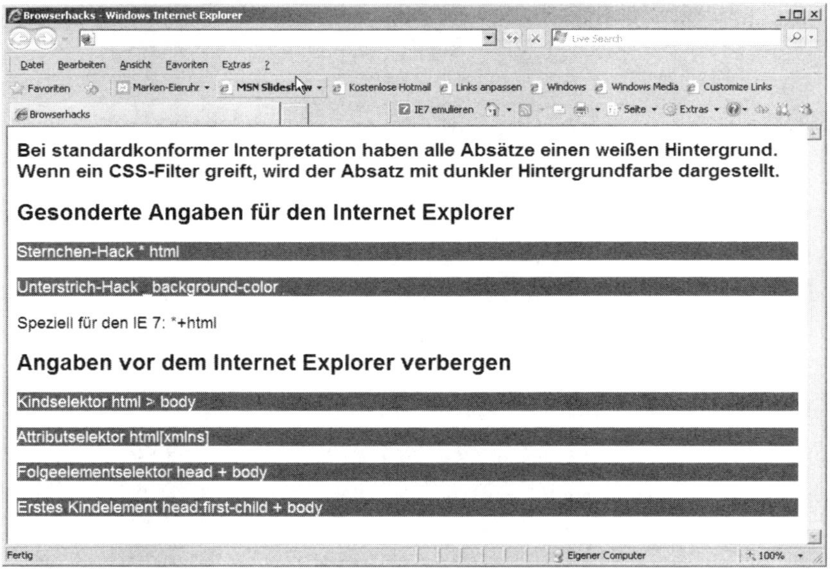

Abb. 14.5: Der Internet Explorer 8 (Beta 1) verhält sich im Quirks-Modus wie der Internet Explorer 7, aber er interpretiert ebenfalls den Unterstrich-Hack.

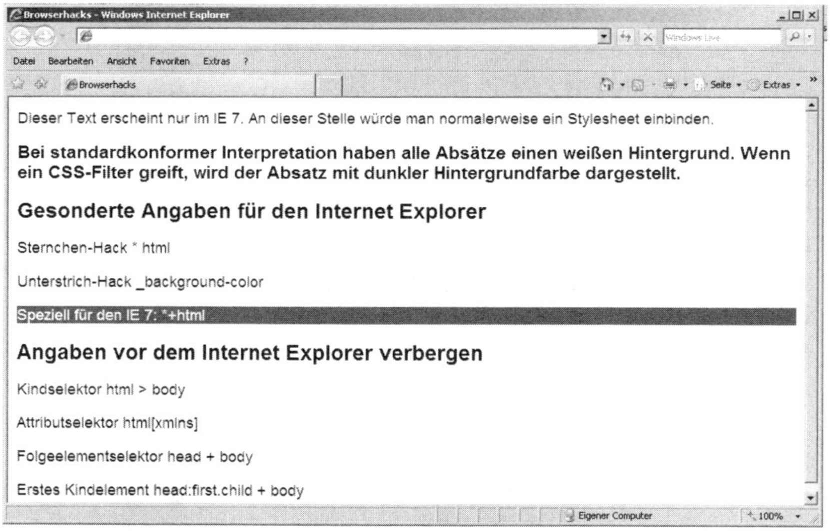

Abb. 14.6: Der Internet Explorer 7 im Standard-Modus: Nur der spezielle Filter `*+html` und die Conditonal Comments funktionieren.

Die folgende Tabelle fasst zusammen, welche Filter Sie in welchen Versionen des Internet Explorers benutzen können.

Angaben spezielle für den Internet Explorer			
	Internet Explorer ≤6	Internet Explorer 7/8 Quirks-Modus	Internet Explorer 7/8 Standard-Modus
Sternchen-Hack `* html`	ja	ja	nein
Unterstrich-Hack wie `_background-color`	ja	nein/IE8 Beta ja	nein
`*+html`	nein	nein	ja
Conditional Comments	ja	ja	ja
Angaben vor dem Internet Explorer verstecken			
Kindselektor `html > body`	ja	ja	nein
Attributselektor `html[xmlns]`	ja	ja	nein
Folgeelementselektor `head + body`	ja	ja	nein
Erstes Kindelement `head:first-child + body`	ja	ja	nein

Tabelle 14.2: Verschiedene CSS-Filter und die Internet Explorer-Versionen

TIPP

Im Kapitel 20 erfahren Sie auch, welche besondere Strategien Sie zur Behebung von Problemen im Internet Explorer benutzen können.

14.4 Browser-Hacks und allgemeine Strategien

Wenn man ein Stylesheet erstellt, sollte man es erst einmal für Standard-Browser entwickeln und sich danach um die Ausreißer kümmern. Dabei kann man zuerst schauen, ob das Problem nicht vermieden werden kann. Manchmal ist das Design flexibel genug, um kleinere Unterschiede bei den einzelnen Browsern zu tolerieren.

Wenn Hacks unbedingt benötigt werden, sollten diese gut vom anderen standardkonformen Code getrennt und ausreichend kommentiert werden, denn Hacks sind häufig kryptisch. So lassen sich dann später, wenn es notwendig ist, eher gezielt Änderungen an den Hacks vornehmen.

Als besonders ungünstig werden Workarounds oder Hacks empfunden, die den (X)HTML-Code selbst betreffen – z. B. wenn dieser durch viele zusätzliche, weiter verschachtelte `div`-Container aufgebläht wird. Der Grund dafür ist, dass dies dem Hauptanliegen von CSS widerspricht, nämlich Inhalt und Form zu trennen. Zusätzlich sind diese Veränderungen wesentlich schwieriger zu entfernen als beispielsweise eine spezielle Zeile für den Internet Explorer 5 in einem Stylesheet.

Außerdem sollte man darauf achten, dass die benutzten Hacks zukunftskompatibel sind. Eine Browser-Weiche für den Netscape 4.x, die bestimmte Stylesheets per `@import` einbindet, ist das auf jeden Fall: Denn sie irritiert neuere, standardkonforme Browser nicht. Bei Hacks, die auf spezifischen Fehlern einzelner Browser basieren, weiß man hingegen nicht, wie zukünftige Browser darauf reagieren werden.

Die meisten Hacks werden für die unterschiedlichen Internet Explorer-Versionen benötigt. Am saubersten ist es hier, konditionale Kommentare zu verwenden.

14.5 In Browsern testen

Da Browser sich unterschiedlich verhalten, ist es natürlich gut, Websites auf möglichst vielen Browsern zu testen. Firefox und Opera sind in dieser Hinsicht unproblematisch, da Sie verschiedene Versionen auch gleichzeitig installieren können.

Möchten Sie wissen, wie Ihre Website im Konqueror (Browser unter der Linux-Oberfläche KDE) aussieht, so können Sie das einfach in einem der vielen inzwischen verfügbaren Live-Systeme auf CD/DVD ausprobieren. Ein solches Live-System wie Kubuntu oder Knoppix – auch von openSuSE gibt es eine Live-Version – starten Sie von CD/DVD, ohne etwas auf Ihrem Computer zu verändern oder zu installieren. An sich haben Sie aber bei einer standardkonformen Site wenig von Konqueror zu befürchten, da dieser im Allgemeinen keine Probleme macht.

Wer unter Linux arbeitet, wird um das Testen der Website mit dem Internet Explorer ebenfalls nicht herumkommen. Eine elegante Lösung, verschiedene Internet Explorer-Versionen unter Wine zu installieren, finden Sie unter *http://www.tatanka.com.br/ies4linux/index-en.html.*

14.5.1 Mehrere Internet Explorer-Versionen parallel installieren

Schwierigkeiten machen hingegen oft ältere Internet Explorer-Versionen, und leider kann man normalerweise nicht mehrere Internet Explorer-Versionen auf einem Windows-Rechner laufen lassen. Wenn Sie nicht über mehrere ältere Rechner verfügen, um echte Tests durchzuführen, können Sie auch andere Internet Explorer-Versionen auf einer eigenen Virtual Machine betreiben. Inzwischen gibt es jedoch auch Tricks, wie sich mehrere Internet Explorer-Versionen parallel installieren lassen. Eine komfortable Möglichkeit bietet beispielsweise TredoSoft mit seinen Multiple IE (*http://tredosoft.com/Multiple_IE*). Sie wählen bei der Installation aus, welche Versionen des Internet Explorers Sie benötigen und können diese dann komfortabel über die entsprechenden Icons auf dem Desktop starten.

Das Einzige, was dann nicht wie gewünscht funktioniert, sind die konditionalen Kommentare – dazu wären Eingriffe in die Registry nötig.

Der Internet Explorer 8 hat die Entwicklertools integriert (EXTRAS/ENTWICKLERTOOLS). Dort können Sie über ANSICHT sich die Webseite im Quirks-Modus, so wie im Internet Explorer 7 oder im Internet Explorer 8 anzeigen lassen.

TIPP

14.5.2 Screenshot-Dienste

Außerdem gibt es noch Screenshot-Dienste, die Ihnen Screenshots von Webseiten in allen möglichen und unmöglichen Browsern und Versionen bieten. Einige kostenlose Dienste mit Basisfunktionalität finden Sie hier aufgelistet, Sie müssen bei diesen aber oft mit Wartezeiten rechnen:

- Screenshots im Safari Mac OS: *http://www.danvine.com/icapture/*
- Screenshots im Internet Explorer von Version 5–8: *http://ipinfo.info/netrenderer/*
- Screenshots in bis über 50 verschiedenen Browsern: *http://browsershots.org/*. Achtung: Teilweise längere Wartezeiten.

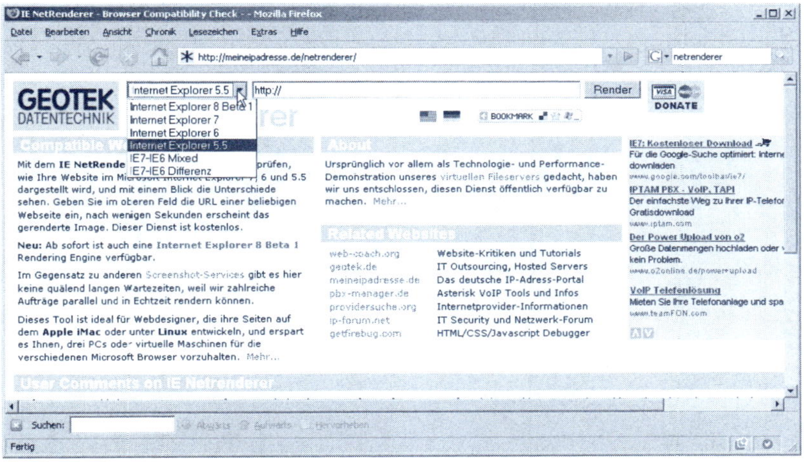

Abb. 14.7: Ungeheuer praktisch: Internet Explorer-Version auswählen, Adresse angeben, Render drücken und schon erhalten Sie einen Screenshot der betreffenden Seite.

Kommerzielle Anbieter bieten üblicherweise für eine Monatsgebühr mehr Komfort. Kommerzielle Anbieter sind beispielsweise: *http://www.browsercam.com/*, *http://www.browserama.de/* oder *http://www.browserpool.de/*.

14.6 Wiederholungsfragen und Übungen

1. **Welche Selektoren können Sie verwenden, wenn Sie Angaben vor dem Internet Explorer einschließlich Version 6 verstecken wollen?**
2. **Welchen Trick können Sie einsetzen, um Angaben nur für den Internet Explorer einschließlich Version 6 zu machen?**
3. **Wie kann man Stylesheets vor dem Netscape 4.x verbergen?**
4. **Schreiben Sie das erste Beispiel (Listing 14.1) unter Verwendung des Tantek-Hacks um, und testen Sie das Ergebnis!**

Kapitel 15

Layouten per CSS

Die meisten Webauftritte lassen sich in ihrer Grundstruktur auf einfache Standardlayouts zurückführen. Wenn man einen Webauftritt ganz über CSS realisieren möchte, sind solche Standardlayouts hilfreich. Hier werden die wichtigsten vorgestellt – vom Layout mit zentriertem Bereich über den Zweispalter bis zu dreispaltigen Layouts. Ein Praxisbeispiel, das die hier vorgestellten Layouttechniken mit Navigation und Druckstylesheet ergänzt, sehen Sie im übernächsten Kapitel (Kapitel 17) und für komplexere Layouts können Sie eventuell auch eines der in Kapitel 22 vorgestellten CSS-Frameworks benutzen.

15.1 Zentrieren von Elementen

Ohne Stylesheet gibt es verschiedene Methoden, Elemente zu zentrieren. Inzwischen wirklich sehr veraltet und nur noch selten anzutreffen ist das `center`-Element selbst. Daneben ist eine sehr beliebte Methode, einen Container über `<div align="center">` zu zentrieren. Bei komplexeren Angelegenheiten, wie der vertikalen und horizontalen Zentrierung, musste man wiederum zu Tabellen greifen.

Zentrieren lassen sich Elemente aber natürlich auch per CSS und das wesentlich eleganter. In standardkonformen Browsern ist das sehr einfach: Man weist zuerst dem Element eine Breite zu und verwendet dann `margin-left` und `margin-right`, die beide den Wert `auto` erhalten.

```
#zentriert {
   width: 20em;
   margin-left: auto;
   margin-right: auto;
   border: 2px dotted #4444BF;
}
```

Im Dokument gibt es den Container mit der entsprechenden `id`:

Listing 15.1: Ein Container wird zentriert.

```
<div id="zentriert">Dieser Text soll nach rechts und nach links den
gleichen Abstand haben ... </div>
```

Abb. 15.1: Zentrierter Container

TIPP

> Auf dieselbe Weise lässt sich auch ein Bild zentrieren. Damit das aber funktioniert, muss das Bild zu einem Blockelement gemacht werden, d.h., es muss ihm noch die Eigenschaft `display: block` zugewiesen werden.

Leider funktioniert diese Methode nicht im Internet Explorer kleiner als Version 6, was sich auch simulieren lässt, indem Sie den Internet Explorer 6+ in den Quirks-Modus versetzen (siehe hierzu Kapitel 13).

Um eine Zentrierung auch für diesen Browser zu erreichen, müssen Sie zusätzlich für `body { text-align: center; }` definieren. Dann brauchen Sie nur noch für den Container, weil dieser keinen zentrierten Text erhalten soll, `text-align: left` festzulegen. Die entscheidenden Veränderungen wurden hervorgehoben:

Listing 15.2: Zentrieren auch für den Internet Explorer 5.x

```
body {
   font: 100.01% Verdana, sans-serif;
   color: #5C5CA1;
   background-color: #E6DFCF;
   text-align: center;
}
#zentriert {
   width: 20em;
   margin-left: auto;
   margin-right: auto;
   border: 2px dotted #4444BF;
   text-align: left;
}
```

Bisher ging es um die horizontale Zentrierung, nun geht es um die vertikale und horizontale Zentrierung.

Eine Möglichkeit, Elemente vertikal und horizontal zu zentrieren, die im Internet Explorer und standardgemäßen Browsern funktioniert, nutzt die absolute Positionierung. Über `top: 50%` und `left: 50%` wird der Mittelpunkt des Browser-Fensters ermittelt. Im folgenden Beispiel wollen wir auf diese Weise ein Bild zentrieren.

Nun soll aber nicht die linke obere Ecke des Bildes in der Mitte des Browser-Fensters beginnen, sondern der Mittelpunkt des Bildes in der Mitte des Browser-Fensters sein. Dazu müssen wir das Bild nach oben und nach links verschieben – genau um die Hälfte der Breite und die Hälfte der Höhe des Bildes. Dies erreicht man über negative Werte für die Außenabstände, also für `margin-left` und `margin-top`. Im Beispiel hat das Bild eine Höhe von 200px und eine Breite von 150px, damit sind die Werte für `margin-top: -100px` und für `margin-left: -75px`:

Listing 15.3: Zentriertes Bild

```
<!DOCTYPE html PUBLIC "-//W3C//DTD XHTML 1.0 Transitional//EN"
"http://www.w3.org/TR/xhtml1/DTD/xhtml1-transitional.dtd">
<html xmlns="http://www.w3.org/1999/xhtml" xml:lang="de" lang="de">
<head>
<meta http-equiv="content-type" content="text/html; charset=ISO-8859-1" />
<title>Zentriertes Bild</title>
<style type="text/css">
/* <![CDATA[ */
img {
   position: absolute;
   top: 50%;
   left: 50%;
   margin-top: -100px;
   margin-left: -75px;
}
/* ]]> */
</style>
</head>
<body>
<img src="bild_3.jpg" width="150" height="200" border="0"
alt="Seelandschaft" />
</body>
</html>
```

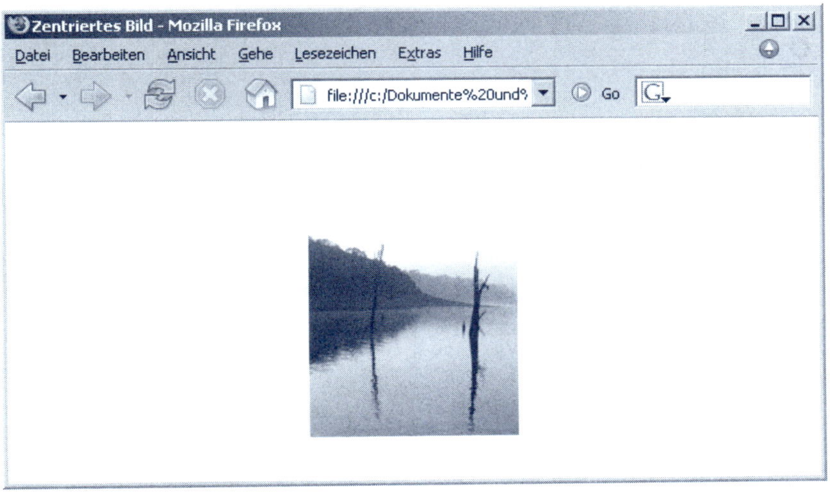

Abb. 15.2: Immer zentriert …

Sie müssen, wenn Sie dieses Beispiel mit einem anderen Bild austesten, natürlich die Angaben für `margin-top` und `margin-left` anpassen. Nehmen Sie für `margin-top` die Bildhöhe geteilt durch zwei und für `margin-left` die halbe Bildbreite.

Auf diese Art können Sie neben Bildern beliebige andere Elemente zentrieren. Diese benötigen dann aber eine explizite Breiten- (`width`) und Höhenangabe (`height`).

> TIPP: Einen Nachteil hat die vertikale Zentrierung: Wenn das Browser-Fenster sehr klein wird, wird die linke Hälfte abgeschnitten.

Die verschiedenen Techniken zur Zentrierung werden wir auch bei einigen der nun vorgestellten Layouts benötigen.

15.2 Zweispalter über absolute Positionierung

An sich haben Sie zwei Möglichkeiten, ein Layout per CSS zu erstellen: Sie benutzen `float` oder `position: absolute`. Als Einstieg soll zuerst einmal ein Layout mit absoluter Positionierung erstellt werden.

> TIPP: Eigentlich gibt es noch eine dritte Möglichkeit: die `display: table`-Eigenschaft von CSS. Allerdings funktioniert das erst in richtig modernen Browsern und im Internet Explorer erst ab Version 8. Eine interessante Erläuterung mit praktischem Beispiel finden Sie unter *http://www.sitepoint.com/blogs/2008/02/28/table-based-layout-is-the-next-big-thing/*.

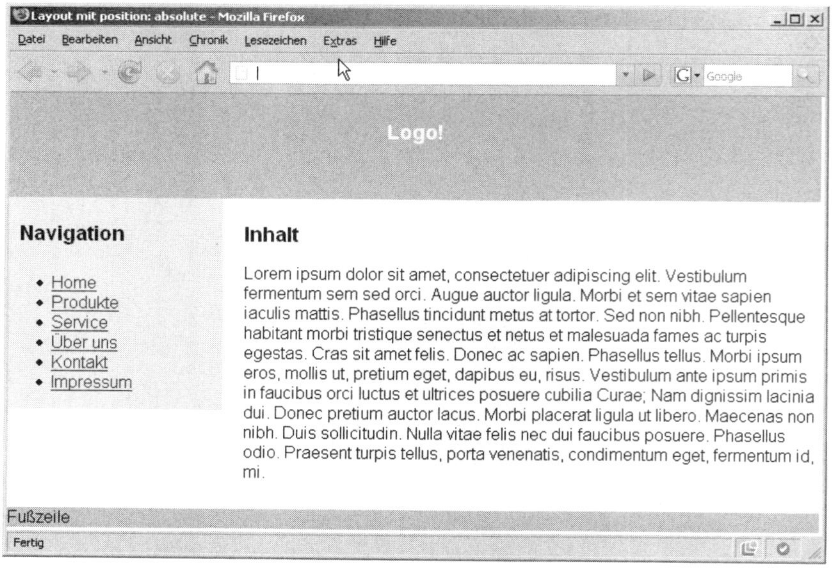

Abb. 15.3: So soll das Layout aussehen.

Als Basis dient ein XHTML-Dokument, in dem die benötigten `div`s platziert sind und über IDs eindeutig zuzuordnen sind.

```
<div id="kopf"></div>
<div id="navigation"></div>
<div id="inhalt"></div>
<div id="fuss">Fußzeile</div>
```

Nun zu den Formatierungen per CSS. Zuerst werden die Abstände von `body` und `html` auf 0 gesetzt, um das Browser-Offset zu entfernen und damit die Inhalte ganz oben links platziert werden können.

```
body, html {
   padding: 0;
   margin: 0;
}
```

Es folgen die Formatierungen für den Kopfbereich. Da er ganz links oben platziert wird, was dem Standardverhalten entspricht, kann man auf `position: absolute` verzichten. Wichtig ist hier aber die Angabe der Höhe von 100px und der Breite von 760px.

```
#kopf {
   color: #F5FFE6;
   background-color: #99BF60;
   text-align: center;
   height: 100px;
   width: 760px;
}
```

TIPP

Einen Nachteil hat die Angabe der festen Höhe: Wenn die Schrift größer wird, kann das dazu führen, dass der Inhalt nicht mehr im Kopfbereich Platz hat. Die Browser verhalten sich dann unterschiedlich: In Firefox und im Internet Explorer ab Version 7 sind dann die entsprechenden Bereiche, die darüber ragen, abgeschnitten; der Internet Explorer 6 hingegen vergrößert den Bereich, so dass alles Platz hat – und zerstört damit das Layout. Diese Probleme haben Sie nicht bei den ebenfalls in diesem Kapitel vorgestellten Layouts mit `float`.

Dann zur Navigation: Sie soll unterhalb des Kopfbereichs angeordnet werden und deswegen erhält sie für `top` den Wert 100px – das entspricht der Höhe des Kopfbereichs. Da sie ganz links angeordnet werden soll, benötigt sie für `left` den Wert 0.

```
#navigation {
   width: 200px;
   position: absolute;
   top: 100px;
   left: 0;
   background-color: #CCFF80;
}
```

Jetzt zum Inhaltsbereich: In einem ersten Versuch wird auch der Inhaltsbereich absolut positioniert. Er muss um 200px von links verschoben werden, damit er neben der Navigation Platz findet. Und von oben muss er ebenfalls um 100px verschoben werden.

```
#inhalt {
   width: 560px;
   position: absolute;
   left: 200px;
   top: 100px;
   background-color: #F5FFE6;
   padding: 10px 0;
}
```

Fehlt nur noch der Fußbereich, er erhält eine Hintergrundfarbe und die gewünschte Breite.

Listing 15.4: Erster Versuch des absolut positionierten Layouts

```
#fuss {
   background-color: #99BF60;
   width: 760px;
}
```

Wenn Sie dieses Beispiel austesten, sieht alles aus wie gewünscht – nur die Fußzeile ist aus unerklärlichen Gründen ganz verschwunden.

Abb. 15.4: Huch – wo ist die Fußzeile geblieben?

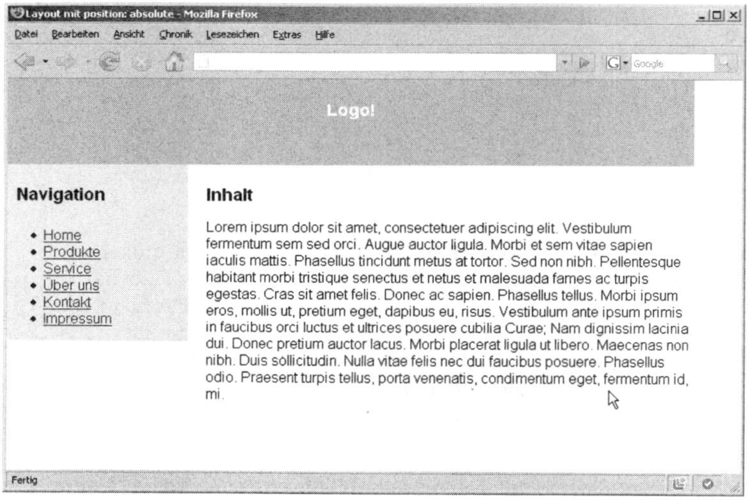

Um nachvollziehbar zu machen, was da passiert ist, färben wir die Fußzeile einmal rot ein und machen sie breiter – das Ergebnis zeigt Abbildung 15.5: Die Fußzeile schaut etwas unterhalb der Kopfzeile, aber neben dem Inhalt, heraus.

Abb. 15.5: Ein Teil der Fußzeile ist sichtbar, aber an der falschen Stelle!

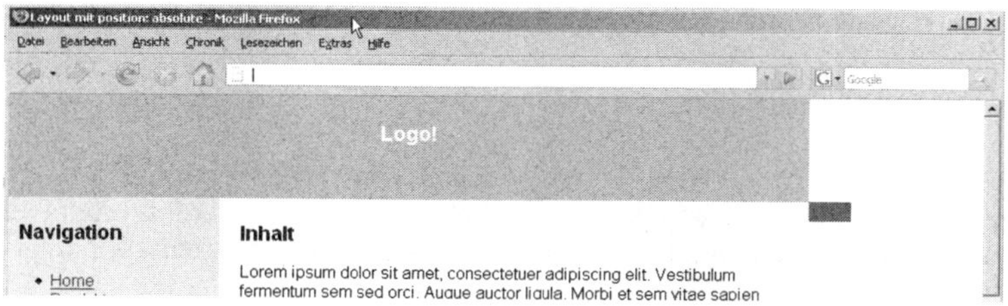

Der Grund dafür ist, dass bei `position: absolute` die Elemente vollständig aus dem Dokumentenfluss genommen werden: Nicht positionierte Elemente wie unsere Fußzeile ordnen sich so an, als würden die absolut positionierten Elemente nicht existieren. Einzig die Kopfzeile wurde nicht positioniert – und die Fußzeile ordnet sich darunter an.

Welche Lösung gibt es jetzt, um die Fußzeile zu positionieren? Wir könnten sie natürlich ebenfalls absolut positionieren – dafür müssten wir allerdings die Höhe unseres Inhaltsbereichs wissen und die wird bei den meisten Layouts variabel sein und je nach Textmenge unterschiedlich. Bleibt noch eine zweite Lösung: Der Bereich, unter dem die Fußzeile stehen soll, wird nicht absolut positioniert. In unserem Beispiel darf also der Inhaltsbereich nicht absolut positioniert werden. Dass er dennoch richtig angeordnet wird, lässt sich über ein `margin-left` erreichen – der Wert wird so groß gewählt, dass die Navigation darin Platz hat.

Damit sieht die veränderte Formatierung für den Inhaltsbereich folgendermaßen aus:

Listing 15.5: Mit dieser Modifikation klappt's mit der Fußzeile.

```
#inhalt {
   width: 560px;
   margin-left: 200px;
   background-color: #F5FFE6;
   padding: 10px 0;
}
```

Einen kleinen Nachteil hat diese Lösung dennoch: Sie können sie nur einsetzen, wenn Sie wissen, welches die längste Spalte ist. Sollte einmal die Navigation länger werden als der Inhaltsbereich, wird die Fußzeile nicht an der richtigen Stelle stehen.

Dies gerade beschriebene Problem mit der Fußzeile ist der Nachteil von absolut positionierten Layouts. Bei den im Folgenden beschriebenen Layouts mit `float` haben Sie diese Schwierigkeit nicht.

15.3 Einspalten-Layout: zentrierte Box mit fester Breite

Der erste von den `float`-Layouttypen enthält einen zentrierten Bereich, dessen Breite Sie in em oder auch in Pixel festlegen können. Innerhalb dieses Bereichs befinden sich neben dem Inhalt eine Kopfzeile für das Logo oder Ähnliches und eine Zeile mit Navigationspunkten. Dies lässt sich natürlich nach Belieben noch verändern.

Der XHTML-Quelltext enthält mehrere mit einer `id` versehene `div`s:

- `container` umschließt die anderen `div`s und wird auf der Seite zentriert.
- `titel` ist die Box für die Kopfzeile.
- `navigation` enthält die horizontal angeordneten Menüpunkte.
- `inhalt` beinhaltet den eigentlichen Text:

```
<div id="container">
   <div id="titel">
      <h1>Kopfzeile mit Logo</h1>
```

```
    </div>
    <div id="navigation">
       <ul>
          <li><a href="d.html" class="erste">Men&uuml;punkt </a></li>
          <li><a href="d.html">Men&uuml;punkt</a></li>
       </ul>
    </div>
    <div id="inhalt">
       <h1>Lorem ipsum dolor</h1>
       <p>Lorem ipsum dolor sit amet, ...</p>
       <p>Duis autem vel eum ...</p>
    </div>
 </div>
```

Abb. 15.6: Layout mit einem zentrierten Bereich

Die wichtigsten Angaben im Stylesheet sorgen für die Zentrierung von `container`:

```
body {
   font: 100.01% sans-serif;
   background-color: #E6DCCF;
   color: #E6DCCF;
   text-align: center;
}
#container {
   width: 40em;
   text-align: left;
   margin: 0 auto;
}
```

Der `container` gibt die Breite vor. Hier wurde als Einheit em gewählt, dadurch ist gewährleistet, dass die Box sich der jeweiligen Schriftgröße flexibel anpasst. Außerdem werden den einzelnen Bereichen jeweils andere Hintergrund- und Textfarben zugewiesen sowie Rahmen bestimmt.

Die Menüpunkte sind hier innerhalb einer Liste platziert, deren Elemente durch `display: inline` nebeneinander angeordnet werden – was in Grundzügen in Kapitel 5 bereits vorgestellt wurde.

Hier sehen Sie den Rest des Stylesheets:

Listing 15.6: Zentrierter Bereich mit Kopfzeile und Menü

```
#titel {
   background-color: #5C73B8;
   border: 2px solid #604420;
   border-bottom: 1px solid #604420;
}
#navigation {
   background-color: #E6B873;
   color: #3054BF;
   border: 2px solid #604420;
   border-top: 1px solid #604420;
   border-bottom: 1px solid #E6B873;
   padding: 0.8em;
   text-align: center;
}
#inhalt {
   background-color: #FFF;
   color: #604420;
   border: 2px solid #604420 ;
}
#inhalt h1 {
   margin: 0 0 0 25px;
   padding-top: 1em;
}
#navigation a:link {
   color: #405080;
   text-decoration: none;
}
#navigation a:hover {
   color: #604420;
}
#navigation ul {
   list-style-type: none;
   display: inline;
   padding: 0;
   margin: 0 0 0.5em 0;
}
#navigation li {
   display: inline;
}
#navigation li a {
   border-left: 2px solid #604420;
   padding: 3px 20px;
}
#navigation li a.erste {
   border: none;
}
```

```
h1 {
   font-size: 1.3em;
}
p  {
   margin: 25px;
}
#titel h1 {
   padding: 10px 0;
   text-align: center;
   margin: 0;
}
/*Diese Angabe benötigt der IE 5.0 */
* html #navigation ul a {
   width: 1em;
   w\idth: auto;
}
```

Da in diesem Beispiel `width` nicht gleichzeitig mit `padding` und/oder `border` eingesetzt wird, haben Sie auch keine Probleme mit der anderen Interpretation des Boxmodells in älteren Versionen des Internet Explorers. Wenn Sie die Beispiele jedoch abändern und `padding`/`border` in Verbindung mit `width` benötigen, sollten Sie einen der im letzten Kapitel vorgestellten Hacks verwenden, um für die älteren Internet Explorer-Versionen eigene Werte anzugeben.

15.4 Flexible Zweispalten-Layouts

Das nächste Layout besteht aus zwei Spalten – die eine Spalte beinhaltet die Navigation, die andere den Text der Webseite. Im Beispiel wird die Breite der beiden Spalten in Prozent angegeben – so passen sie sich flexibel dem Browser-Fenster an.

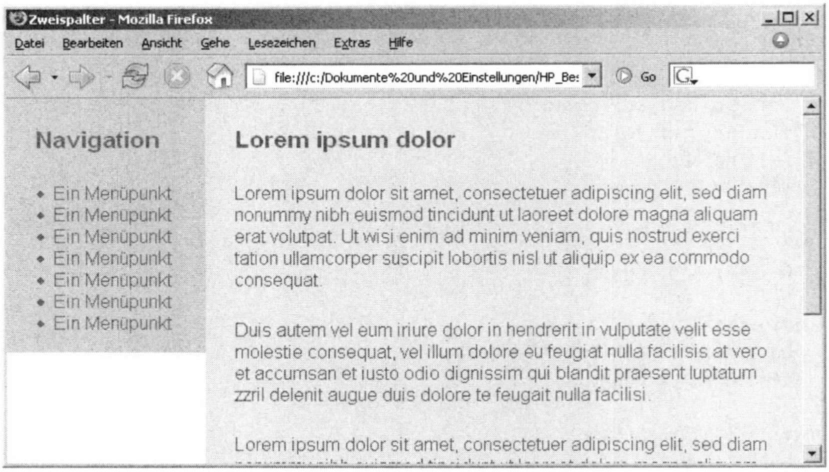

Abb. 15.7: Zweispalter mit flexibler Breite von Navigation und Inhaltsbereich

Im Beispiel besteht der XHTML-Quelltext aus zwei Bereichen, die wieder mit einer id versehen sind:

```
<div id="navigation">
   <h1>Navigation</h1>
   <ul>
      <li>Ein Men&uuml;punkt</li>
      <li>Ein Men&uuml;punkt</li>
      <!-- ein paar ausgelassen -->
   </ul>
</div>

<div id="inhalt">
   <h1>Lorem ipsum dolor</h1>
   <p>Lorem ipsum dolor sit amet ... </p>
</div>
```

Im Stylesheet wird beiden Bereichen eine Breite in Prozent zugewiesen, und sie werden durch ein `float: left` nebeneinander angeordnet. Außerdem erhalten sie jeweils eigene Hintergrund- und Textfarben:

```
#navigation {
   width: 25%;
   float: left;
   background-color: #E6B873;
   color: #3054BF;
}
#inhalt {
   width: 74.9%;
   float: left;
   background-color: #E6DCCF;
   color: #604420;
}
```

Die Angaben ergeben zusammen nicht exakt 100%, sondern etwas weniger. Das sorgt dafür, Rundungsfehler bei den Browsern auszugleichen.

Im Rest des Stylesheets werden außerdem die Innen- und Außenabstände der relevanten Bereiche auf 0 gesetzt, ...

```
body, html, #navigation, #inhalt {
   margin: 0;
   padding: 0;
}
```

... eine Schriftart und Schriftgröße vergeben, ...

```
body {
   font: 100.01% sans-serif;
}
```

... für `h1` und `p` Außenabstände festgesetzt, sonst würden sie direkt am Rand »kleben«, ...

```
h1, p {
   margin: 25px;
}
```

... und eine Schriftgröße für `h1` bestimmt:

Listing 15.7: Zweispalter mit Prozentangaben

```
h1 {
   font-size: 1.3em;
}
```

Sie finden den Quellcode zu diesem Beispiel wie zu allen anderen Beispielen auch auf der Buch-DVD.

Ihnen ist hier sicher eines aufgefallen: Die beiden Spalten sind – wie auch deutlich im Screenshot zu sehen – nicht gleich lang. Ein ungewohntes Problem, wenn man normalerweise Layouts über Tabellen gestaltet: Dort haben die Spalten automatisch die gleiche Länge.

Wenn keine Hintergrundfarbe verwendet wird, ist das jedoch nicht störend, auch sonst kann es bewusst gewollt sein.

Benötigt man jedoch zwei gleich lange Spalten, existiert eine elegante Lösung. Ein erster Ansatz, der nahe liegt, wird allerdings nicht funktionieren: Eine Höhenangabe von 100% streckt die Bereiche nur so weit, wie das Browser-Fenster geht, und funktioniert damit nur, solange man nicht scrollen muss.

Die elegante Lösung bedient sich eines Hintergrundbildes, das folgendermaßen beschaffen ist:

- Es ist in denselben Farben eingefärbt wie die beiden »Spalten«.
- Es ist breiter, als Browser-Fenster üblicherweise sind, im Beispiel 2000 Pixel.
- Es ist jedoch nur minimal hoch – 2 Pixel genügen.
- Die Aufteilung der beiden Hintergrundfarben entspricht der prozentualen Aufteilung des Browser-Fensters. Im Beispiel ist die linke Spalte 25% breit und die rechte fast 75%. Dementsprechend ist beim Hintergrundbild, das insgesamt eine Breite von 2000 Pixel hat, der linke Bereich 500 Pixel breit, der rechte nimmt die restlichen 1500 Pixel ein.

In Abbildung 15.8 wurde die Höhe des Bildes vergrößert, damit man es besser erkennen kann, sonst würde man nur einen Strich sehen.

Abb. 15.8: Das Hintergrundbild – die Höhe wurde vergrößert, damit man etwas erkennen kann.

Das Hintergrundbild muss jetzt nur noch richtig im Dokument eingebunden werden. Dafür wird es dem `body`-Element zugewiesen und eine vertikale Wiederholung über `background-repeat: repeat-y` bestimmt.

Entscheidend ist dann nur noch seine Positionierung, die ebenfalls – wie bei der Festlegung der Breite der `divs` – über prozentuale Angaben erfolgt. Hier wird `background-position: 25% 0%` gewählt.

Durch diese prozentualen Angaben wird die obere Ecke des Hintergrundbildes um ein Viertel der Breite des Elements verschoben – und damit befindet es sich genau im gewünschten Bereich, um die Spalten zu verlängern.

Damit lautet die Zeile, die bei der Stylesheet-Angabe bei `body` ergänzt wird:

```
background: repeat-y 25% 0% url(hg_zweispalter.gif);
```

Listing 15.8: Eine Zeile genügt, um die Spalten gleich lang zu machen.

Das Ergebnis zeigt Abbildung 15.9.

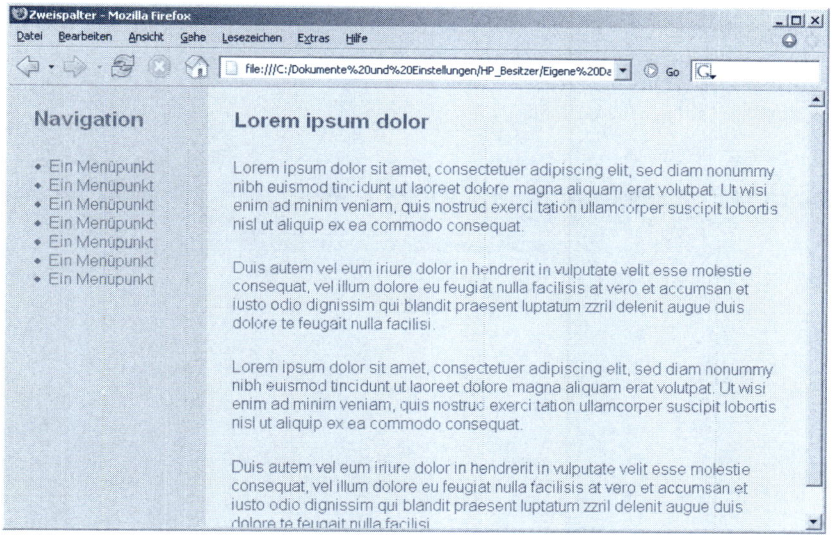

Abb. 15.9: Durch ein Hintergrundbild werden die Spalten gleich lang.

Diese Technik wird unter dem Namen »faux columns« (unechte Spalten) beschrieben – für weitere Tricks dieser Sorte brauchen Sie einfach nur diesen Suchbegriff bei Google einzugeben.

Der klassische Artikel, der sich diesem Thema widmet, ist wie viele andere äußerst lesenwerte Artikel bei *A List Apart* zu finden: *http://www.alistapart.com/articles/fauxcolumns/* (deutsche Übersetzung unter *http://alistapart.byteshift.de/fauxcolumns/*).

Ein Zweispalter lässt sich natürlich auch anders realisieren. In den obigen Beispielen haben sich die beiden Spalten jeweils berührt; das muss aber keineswegs so sein.

Hier ist der XHTML-Quelltext wieder unverändert. Im Stylesheet hingegen wird den beiden Boxen eine Breite in Prozent zugewiesen, die addiert weniger als 100% ergibt. Die erste Spalte erhält außerdem `float: left`, die zweite hingegen ein `float: right`. Zusätzlich wird jede Box mit einem Rahmen versehen.

```
#navigation {
   width: 25%;
   float: left;
   margin: 1%;
   padding: 0;
```

Listing 15.9: Zwei Spalten, die sich nicht berühren

```
    background-color: #E6B873;
    color: #3054BF;
    border: solid #604420 2px;
  }
#inhalt {
    width: 68%;
    float: right;
    margin: 1%;
    padding: 0;
    background-color: #FFF;
    color: #604420;
    border: solid #604420 2px;
}
```

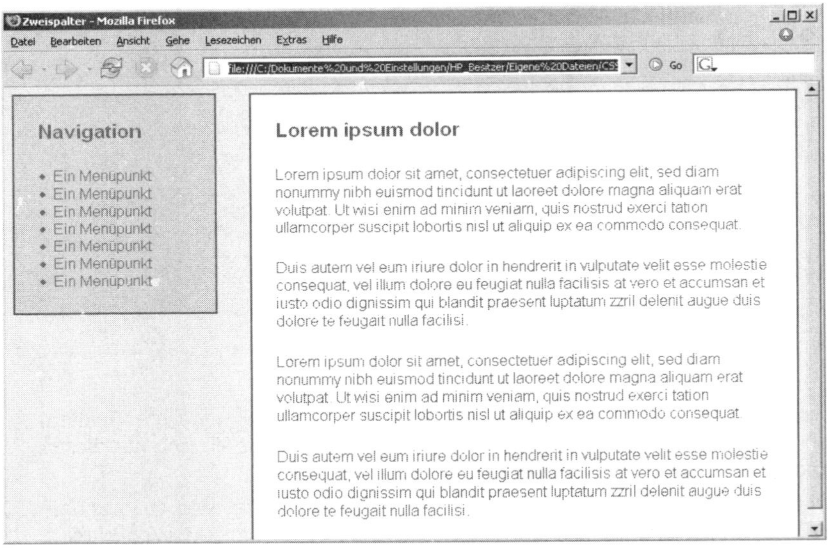

Abb. 15.10: Zweispalter mit Abstand

15.5 Zweispaltiges Layout mit fester linker Spalte

Ein weiteres nützliches zweispaltiges Layout, das häufig eingesetzt wird, besteht aus einer Navigationsspalte links mit einer festen Größe und einem Inhaltsbereich daneben, der den Rest des Browser-Fensters einnimmt.

Wieder ist der Aufbau des XHTML-Dokuments gleich geblieben: zwei Container, denen `id`s zugewiesen werden. Hier noch einmal in verkürzter Form:

```
<div id="navigation">
   <h1>Navigation</h1>
</div>
```

```
<div id="inhalt">
   <h1>Lorem ipsum dolor</h1>
</div>
```

Im Stylesheet erhält der `navigation`-Bereich eine feste Breite. Damit ein Blockelement daneben platziert werden kann, wird ihm die Eigenschaft `float: left` zugewiesen.

Der Inhaltsbereich hingegen soll sich dynamisch der Größe des Browser-Fensters anpassen und bei größerem Browser-Fenster mitwachsen. Damit kann jedoch `float` nicht mehr verwendet werden, da man dabei immer eine Breite angeben muss.

Dann sehen die bisherigen Deklarationen folgendermaßen aus:

Listing 15.10: Der Inhalt umfließt die Navigation.

```
#navigation {
   width: 200px;
   float: left;
   background-color: #E6B873;
   color: #3054BF;
}
#inhalt {
   background-color: #E6DCCF;
   color: #806640;
}
```

Mit diesen Angaben umfließt jedoch der rechte Bereich den linken Bereich, wenn er länger wird – was für einen Zweispalter meist nicht erwünscht ist.

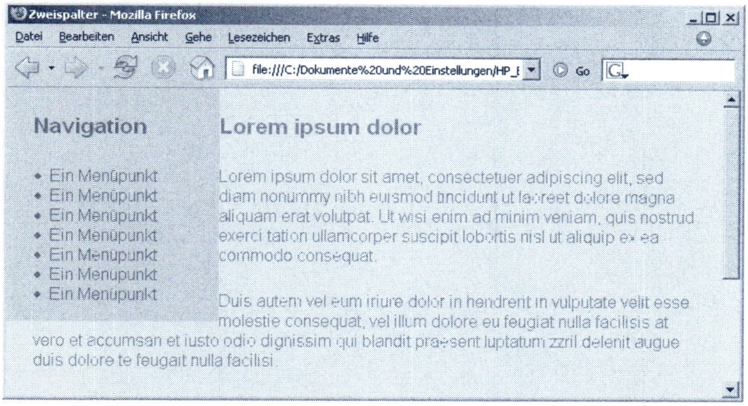

Abb. 15.11: Durch diese Angaben wird die Navigation vom rechten Bereich »umflossen«.

Damit dies nicht passiert, gibt es eine einfache Lösung: Der Rand vom Inhaltsbereich wird so groß festgelegt, dass die Navigation hineinpasst – im Beispiel folglich 200px. Hier sehen Sie die erweiterten Regeln für `#inhalt`:

Listing 15.11: `margin-left` sorgt für den notwendigen Abstand.

```
#inhalt {
   background-color: #E6DCCF;
   color: #806640;
   margin-left: 200px;
}
```

Jetzt gibt es nur noch einen Schönheitsfehler: Auch hier sind die Spalten nicht gleich lang.

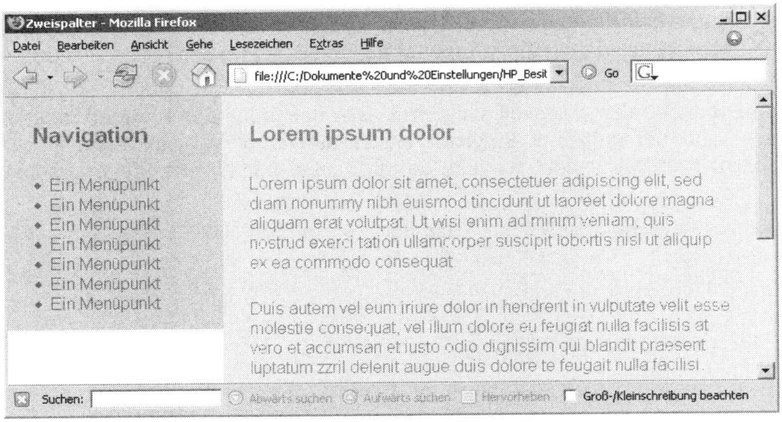

Abb. 15.12: Zweispalter mit fixer Größe für die linke Spalte

Damit die Spalten unabhängig vom Inhalt bis nach ganz unten reichen, benötigt man auch in diesem Fall ein Hintergrundbild. Dieses ist jedoch einfacher zu erstellen. Es hat ebenfalls eine große Breite, und der linke Bereich wird genauso eingefärbt wie die Navigationsspalte und ist gleich breit. Die Positionierung ist einfach, das Bild soll direkt oben links beginnen:

```
body { background: url(hg_zweispalter2.gif) repeat-y 0 0; }
```

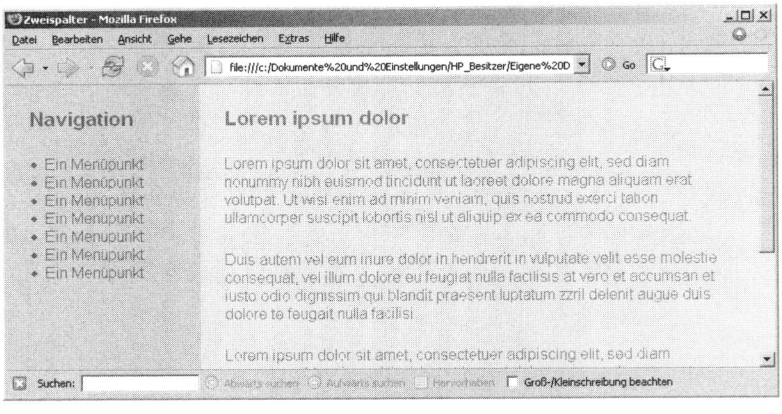

Abb. 15.13: So sind die Spalten wieder gleich lang.

Hier finden Sie noch einmal das Listing in seiner Gesamtheit:

Listing 15.12: Zweispalter mit festem linken Bereich

```
<!DOCTYPE html PUBLIC "-//W3C//DTD XHTML 1.0 Transitional//EN"
"http://www.w3.org/TR/xhtml1/DTD/xhtml1-transitional.dtd">
<html xmlns="http://www.w3.org/1999/xhtml" xml:lang="de" lang="de">
<head>
<meta http-equiv="content-type" content="text/html; charset=ISO-8859-1" />
```

```
<title>Zweispalter</title>
<style type="text/css">
/* <![CDATA[ */
body, html, #navigation, #inhalt {
   margin: 0;
   padding: 0;
}
body {
   font: 100.01% sans-serif;
   background: url(hg_zweispalter2.gif) repeat-y 0 0;
}
#navigation {
   width: 200px;
   float: left;
   background-color: #E6B873;
   color: #3054BF;
}
#inhalt {
   background-color: #E6DCCF;
   color: #806640;
   margin-left: 200px;
}
h1, p {
   margin: 25px;
}
h1 {
   margin-top: 0;
   padding-top:25px;
}
h1 {
   font-size: 1.3em;
}
/* ]]> */
</style>
</head>
<body>
<div id="navigation">
  <h1>Navigation</h1>
  <ul>
      <li>Ein Men&uuml;punkt</li>
      <!-- ein paar ausgelassen -->
  </ul>
</div>
<div id="inhalt">
  <h1>Lorem ipsum dolor</h1>
  <p>Lorem ipsum ...</p>
  <!-- einige Absätze gekürzt -->
</div>
</body>
</html>
```

Wenn wie in diesem Beispiel nur der eine Bereich gefloatet wird, der andere aber nicht, kann es sein, dass der Bereich ohne `float` im Browser-Fenster nicht ganz bis unten oder oben reicht. Der Abstand entsteht durch den Außenabstand des obersten Elements. Abhilfe schaffen zwei Methoden: Wenn Sie ein durchgehendes Hintergrundbild einsetzen, ist dieser Abstand nicht sichtbar bzw. störend, ansonsten können Sie auch für das oberste Element im nicht gefloateten Bereich ein `margin-top: 0` vergeben und den Abstand vom Browser-Fenster über eine entsprechende Angabe von `padding-top` regeln.

TIPP

In diesem Fall könnte die Angabe einer maximalen Breite für den Inhaltsbereich sinnvoll sein: So kann man verhindern, dass bei einem großen Browser-Fenster die Zeilen zu lang und damit schlecht zu lesen sind. Eine Maximalbreite geben Sie durch folgende Zeile vor:

```
#inhalt { max-width: 700px; }
```

Dies funktioniert allerdings im Internet Explorer erst ab Version 7. Eine Lösung für frühere Browser-Versionen bieten die IE-Expressions, mehr dazu unter: *http://jeenaparadies.net/weblog/2007/mar/min-max-width-expression.*

15.6 Zentrierter Zweispalter mit Kopfzeile

Als Variante kann man auch noch die zwei Spalten in einen Container packen und diesen dann zentrieren und außerdem eine Kopf- und Fußzeile ergänzen.

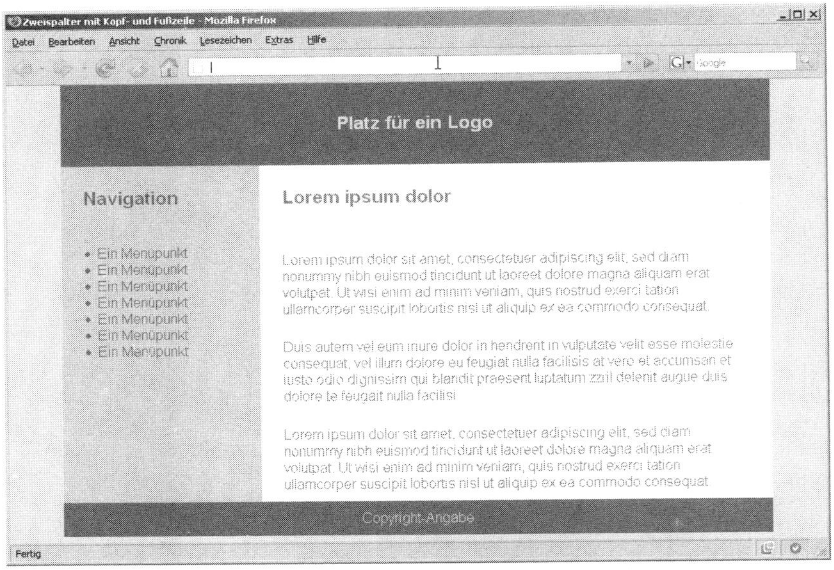

Abb. 15.14: Zentriertes Layout mit Kopf- und Fußzeile

Das XHTML-Grundgerüst besteht aus fünf `div`s. `container` beinhaltet die anderen vier – `kopf`, `navigation`, `inhalt` und `fuss`.

```
<div id="container">
   <div id="kopf"><h1>Platz f&uuml;r ein Logo</h1></div>
   <div id="navigation">
      <h1>Navigation</h1>
      <ul>
           <li>Ein Men&uuml;punkt</li>
           <li>Ein Men&uuml;punkt</li>
      </ul>
   </div>
   <div id="inhalt">
       <h1>Lorem ipsum dolor</h1>
       <p>Lorem ipsum dolor sit amet</p>
     </div>
   <div id="fuss"> Copyright</div>
</div>
```

Die Angaben für body und den container sind für die Zentrierung verantwortlich:

```
body {
   font: 100.01% sans-serif;
   background-color: #E6DCCF;
   text-align: center;
}

#container {
   width: 50em;
   text-align: left;
   margin: 0 auto;
   background-color: #E6B873;
}
```

Der container erhält außerdem eine Hintergrundfarbe, die dieselbe ist wie die der Navigation. Dadurch bekommt man gleich lange Spalten, ohne ein Hintergrundbild einbinden zu müssen – eine Technik, die nur funktioniert, wenn die Navigationsspalte immer kürzer ist als die Inhaltsspalte. Wie gewohnt wird die #navigation mit float und Breite versehen, alle Bereiche erhalten zudem jeweils eine Hintergrund- und Textfarbe. #fuss erhält außerdem clear: left, um sicherzustellen, dass es immer unterhalb platziert wird.

Listing 15.13: Zentrierter Zweispalter mit Kopfzeile

```
#kopf {
   background-color: #3054BF;
   color: #E6DCCF;
   padding: 10px;
   text-align: center;
}
#navigation {
   width: 14em;
   float: left;
   background-color: #E6B873;
   color: #3054BF;
}
#inhalt {
   background-color: #FFF;
```

```
   color: #806640;
   margin-left: 14em;
   padding-bottom: 10px;
}
#fuss {
   background-color: #3054BF;
   color: #E6DCCF;
   padding: 10px;
   text-align: center;
   clear: left;
}
p {
   margin: 25px 25px 0 25px;
}
h1 {
   margin: 0 25px;
   padding: 25px 0;
   font-size: 1.3em;
}
```

Sie sehen – wenn man `float` einsetzt, ist das Positionieren einer Fußzeile ganz unkompliziert.

15.7 Dreispalter mit Kopfzeile

Auch Dreispalter lassen sich nach denselben Prinzipien erstellen. Das folgende Layout füllt das ganze Browser-Fenster aus, die Breitenangaben werden über Prozente realisiert.

Abb. 15.15: Flexibler Dreispalter mit Kopfzeile

Der XHTML-Bereich definiert für die Kopfzeile und die Spalten jeweils Container:

```
<div id="kopf"><h1>Platz f&uuml;r ein Logo</h1></div>
<div id="navigation">
```

```
   <h1>Men&uuml;</h1>
   <ul>
      <li>Men&uuml;punkt</li>
      <li>Men&uuml;punkt</li>
    </ul>
</div>

<div id="inhalt">
   <h1>Lorem ipsum dolor</h1>
   <p>Lorem ipsum dolor sit amet ...</p>
</div>

<div id="infobox">
   <h1>Info</h1>
   <ul>
       <li>Link</li>
       <li>Link</li>
   </ul>
</div>
```

Im Stylesheet werden zuerst die Abstände für alle relevanten Bereiche auf 0 gesetzt:

```
body, html, #navigation, #container, #inhalt, #infobox {
   margin: 0;
   padding: 0;
}
```

Für den `body` wird eine Schriftgröße und -art bestimmt und eine Hintergrundfarbe vergeben. Solange die beiden äußeren Spalten, d. h. die rechte und die linke, kürzer sind als die Inhaltsspalte, sorgt das für gleich lange Spalten.

```
body {
   font: 100.01% sans-serif;
   background-color: #E6B873;
}
```

Auch der Kopfbereich erhält eigene Farben, der Inhalt wird hier zentriert:

```
#kopf {
   background-color: #3054BF;
   color: #E6DCCF;
   padding: 10px;
   text-align: center;
}
```

`navigation` und `infobox`, die beiden äußeren Spalten, werden mit einer Breite von 20% versehen und links gefloatet.

```
#navigation, #infobox {
   width: 20%;
   float: left;
   background-color: #E6B873;
   color: #3054BF;
}
```

Der Inhalt erhält ebenfalls eine Breite, ein bisschen weniger als 60%, um Rundungsfehler der Browser auszugleichen:

```
#inhalt {
   width: 59.9%;
   float: left;
   background-color: #FFF;
   color: #806640;
}
```

Was jetzt noch kommt, sind die Details: die Abstände für die einzelnen Elemente etc.

Listing 15.14: Flexibler Dreispalter mit Kopfzeile

```
#kopf h1 {
   margin: 0; padding: 25px;
}
p {
   margin: 25px 25px 0 25px;
}
h1 {
   margin: 0 25px 25px 25px;
   padding-top: 25px;
   font-size: 1.2em;
}
```

Gerade bei Dreispaltern gibt es viele verschiedene Möglichkeiten:

- Welche Spalten sollen eine flexible, welche eine feste Größe haben?
- Ist eine Kopfzeile und/oder eine Fußzeile erwünscht?
- Sollen die Spalten auf der Seite zentriert werden?

Eine sehr schöne und ausführliche Übersicht über die verschiedenen Realisierungen von unterschiedlichen Dreispalten-Layouts finden Sie auf *http://css-discuss.incutio.com/?page=ThreeColumnLayouts.*

TIPP

Einen sehr spannenden Ansatz für ein dreispaltiges Layout finden Sie im Artikel »Auf der Suche nach dem heiligen Gral« auf *A List Apart*: *http://alistapart.com/articles/holygrail/.*

15.8 Anordnung von Formularelementen per CSS

Nach diesen verschiedenen Layouttypen kommen wir zu einem weiteren wichtigen Punkt: der Anordnung von Formularelementen über CSS (zur Formatierung von Formularen im Allgemeinen, vgl. Kapitel 9).

Eine klassische Anordnung von Formularelementen, die früher über Tabellen realisiert wurde, besteht in folgendem Aufbau: Die Beschriftungen stehen in einer »linken Spalte« und sind rechtsbündig angeordnet, die Kontrollelemente stehen in der »rechten Spalte« daneben und sind linksbündig. Dieses Layout lässt sich statt mit Tabellen nun elegant mit CSS erstellen.

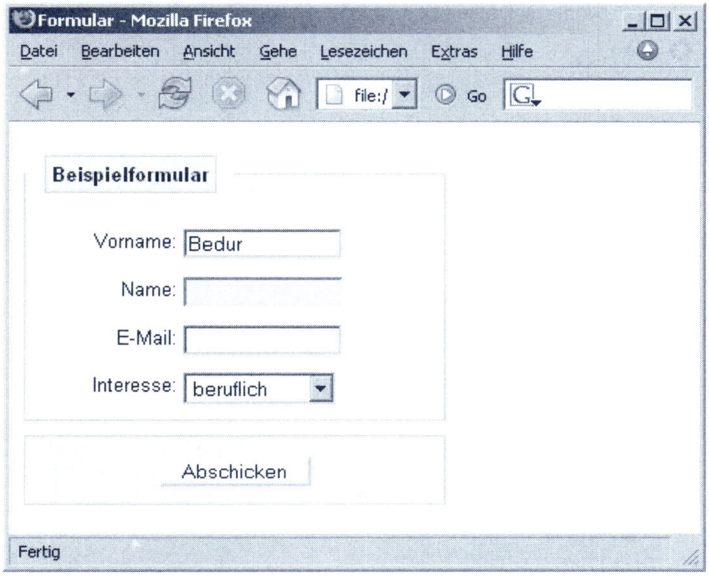

Abb. 15.16: Klassische Anordnung von Formularelementen

Im zugrunde liegenden XHTML-Code werden neben den üblichen `input`- und `select`-Feldern auch `label` und `fieldset` verwendet:

```
<form action="">
<fieldset>
   <legend>Beispielformular</legend>
   <label for="vorname">Vorname:</label>
   <input type="text" name="vorname" id="vorname" size="20" /><br />
   <label for="name">Name:</label>
   <input type="text" name="name" id="name" size="20" /><br />
   <label for="email">E-Mail:</label>
   <input type="text" name="email" id="email" size="20" /><br />
   <label for="interesse">Interesse:</label>
   <select name="interesse" id="interesse">
      <option value="beruf">beruflich</option>
      <option value="privat">privat</option>
   </select><br />
</fieldset>
<fieldset class="button">
   <input type="submit" class="submit" value="Abschicken" />
</fieldset>
</form>
```

Sehen wir uns das dazugehörige Stylesheet an: Am Anfang stehen ein paar Formatierungsangaben für `body` und die Kontrollfelder:

```
body {
   font: 80% Arial, Verdana, sans-serif;
   color: black;
```

```
   background-color: white;
}
input, select {
   background-color: #FFF;
   font-size: 1em;
}
```

input-Felder erhalten eine andere Hintergrundfarbe, wenn man in sie klickt – ein Effekt, der im Internet Explorer vor Version 8 nicht funktioniert, aber auch nicht schadet:

```
input:focus {
   background-color: #EEE;
}
```

Die Legende wird formatiert:

```
legend {
   font-weight: bold;
   background-color: #F4F4F4;
   border: 1px solid #CCC;
   padding: 4px;
   width: 10em;
   text-align: center;
   margin: 1em;
}
```

Dann folgen allgemeine Formatierungsangaben für fieldset:

```
fieldset { border: 1px solid #CCC;
   margin: 10px;
   width: 22em;
   padding-bottom: 10px;
   display: block;
}
```

Jetzt kommt der für die »tabellenähnliche« Anordnung entscheidende Teil: Die Beschriftungen (label) werden per float: left links angeordnet, aber über text-align: right an den rechten Rand der imaginären linken Spalte verschoben. Die Kontrollelemente (input, select) **fließen daneben**. Bei jedem <br /> wird das Floaten mit clear: left aufgehoben.

```
label {
   float: left;
   text-align: right;
   width: 8em;
   margin-right: 0.3em;
   margin-top: 1em;
}
input, select {
   margin-top: 1em;
   width: 8em;
}
form br {
    clear: left;
}
```

Das `fieldset`-Element mit dem Absenden-Button erhält spezielle Formatierungen, wie eine Hintergrundfarbe und Innenabstände. `text-align: center` sorgt dafür, dass der Button auch im Internet Explorer kleiner als Version 6 zentriert wird:

```
fieldset.button {
   background-color: #F4F4F4;
   padding: 1em 0;
   text-align: center;
}
```

Der `submit`-Button wird ebenfalls gesondert formatiert. `margin: 0 auto;` sorgt in standardkonformen Browsern für seine Zentrierung. Zwei unterschiedliche Rahmenfarben, eine für links und oben, die andere für rechts und unten, werden definiert und erzeugen einen diskreten 3D-Effekt.

```
.button .submit {
   margin: 0 auto;
   display: block;
   width: 8em;
   border: 2px solid;
   border-color: #F2F2F2 #C0C0C0 #C0C0C0 #F2F2F2;
}
```

Listing 15.15: Formularelemente ohne Tabelle anordnen

Ein ausführliches Beispiel zur tabellenlosen Anordnung von Formularelementen, wo darüber hinaus erläutert wird, wie Sie ein Formular barrierefrei und auch DAU-tauglich (DAU = dümmster anzunehmender User) gestalten, finden Sie in einem vierteiligen Workshop bei *http://www.einfach-fuer-alle.de/artikel/formulare/*.

15.9 Fixierte Bereiche mit CSS

Mit Frames lassen sich Webseiten in mehrere Bereiche unterteilen, die entweder wechselnde oder statische Inhalte enthalten können. Bei einem typischen Einsatz von Frames bleibt die Navigationsleiste fix und der restliche Bereich ändert sich je nachdem, auf welchen Link der Surfer geklickt hat. Frames bieten zwei Hauptvorteile: Die Datei mit der Navigation kann separat verwaltet werden, und außerdem bleibt die Navigation beim Scrollen immer sichtbar.

Der Einsatz von Frames im Internet hat jedoch entscheidende Nachteile: So kann es Probleme mit Suchmaschinen geben. Wenn Sie bei einer Internetrecherche auf eine Seite mit reinem Inhalt ohne Navigationsmöglichkeiten oder Ähnliches stoßen, so steht oft eine Framekonstruktion dahinter. Außerdem können Benutzer einzelne Framedateien nicht so einfach in die Lesezeichen aufnehmen und Links nicht so einfach verschicken.

Mit CSS können Sie feststehende Bereiche erstellen – damit haben Sie den einen Vorteil von Frames, ohne jedoch die mit echten Frames verbundenen Nachteile. Den anderen Vorteil der Frames, dass ein und derselbe Bereich nur einmal erstellt und eingebunden wird, haben Sie dadurch jedoch nicht. Dies wiederum ließe sich über PHP oder eine andere serverseitige Technologie nachrüsten: So können Sie beispielsweise den Teil mit der Navigation, der auf jeder Seite eingebunden werden soll, in eine Extradatei auslagern, die per PHP-include eingebunden wird.

Einen fixen Bereich mit CSS zu erstellen, ist im Prinzip recht einfach, da die Eigenschaft `position: fixed` genau dafür vorgesehen ist.

Im Beispiel werden wiederum zwei mit `id`s ausgezeichnete `div`s eingesetzt:

```
<div id="navigation">
<h1>Fixer Bereich</h1>
<!-- Liste mit Menüpunkten ausgelassen -->
</div>

<div id="inhalt">
<h1>Lorem ipsum dolor</h1>
<!-- mehrere Absätze ausgelassen -->
</div>
```

Das dazugehörige Stylesheet sorgt dafür, dass der Bereich mit der Navigation fest bleibt:

Listing 15.16: Fixiertes Menü

```
#navigation {
   width: 10em;
   position: fixed;
   top: 0;
   left: 0;
   background-color: #E6B873;
   color: #3054BF;
   border: solid #604420 2px;
 }
#inhalt {
   position: absolute;
   top: 0;
   left: 11em;
   background-color: #FFF;
   color: #604420;
}
```

Entscheidend ist die Angabe `position: fixed` bei `#navigation`. Zusätzlich wird die Position der Navigation ganz oben links festgelegt (`top: 0` und `left: 0`) und eine Breite von 10em bestimmt. Beim Inhalt sorgt die absolute Positionierung mit `left: 11em` für den notwendigen Abstand vom Navigationsbereich.

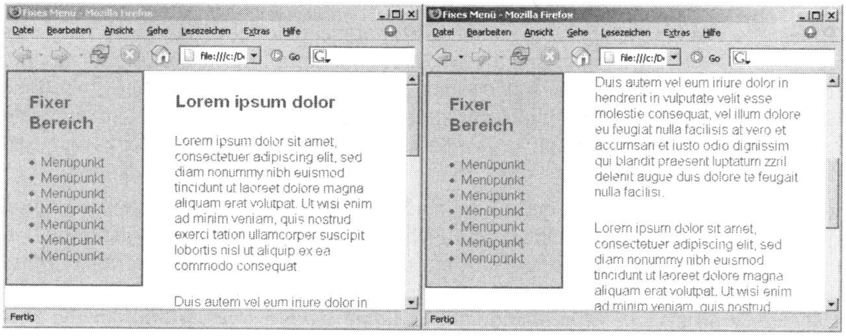

Abb. 15.17: Die Navigationsleiste bleibt beim Scrollen stehen.

Wenn Sie das Beispiel im Internet Explorer bis einschließlich Version 6 ansehen, werden Sie jedoch merken, dass nicht nur das Menü nicht fest bleibt, sondern dass außerdem auch das Grundlayout der Seite nicht mehr stimmt: Das liegt daran, dass der Internet Explorer bis einschließlich Version 6 `position: fixed` nicht korrekt interpretiert. Im Internet Explorer 7 und 8 hingegen funktioniert es wie gewünscht.

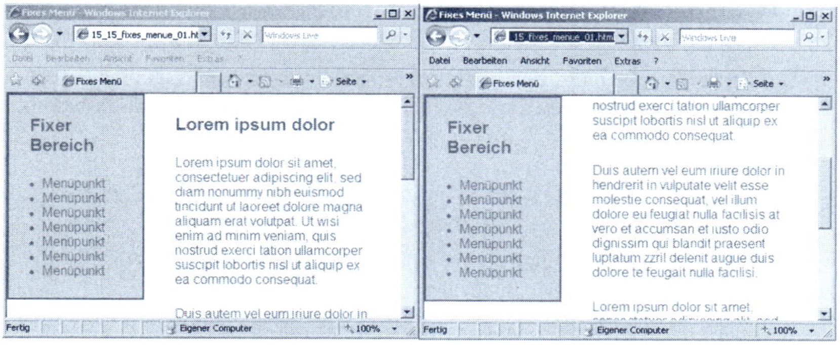

Abb. 15.18: Der Internet Explorer versteht `position: fixed` ab Version 7.

Die einfachste Lösung ist es, für den Internet Explorer vor Version 7 `position: absolute` anstelle von `position: fixed` zu deklarieren: Damit wird zwar der fixe Bereich nicht als solcher angezeigt, aber das Layout wie gewünscht dargestellt. Zu einem anderen Ansatz, der auch dem Internet Explorer 6 und kleiner den fixen Bereich beibringt, kommen wir gleich.

Damit alle anderen modernen Browser `position: fixed` erhalten, der Internet Explorer vor Version 7 jedoch `position: absolute`, gibt es mehrere Methoden. Eine besteht darin, zuerst `position: absolute` anzugeben. Darauf wird mithilfe von Kindselektoren, die der Internet Explorer vor Version 7 nicht versteht, für die anderen Browser `position: absolute` durch das gewünschte `position: fixed` überschrieben:

Listing 15.17: Fester Bereich für Mozilla/Opera – im Internet Explorer kleiner 7 zumindest korrektes Layout

```
#navigation {
   width: 10em;
   position: absolute;
   top: 0;
   left: 0;
   background-color: #E6B873;
   color: #3054BF;
   border: solid #604420 2px;
}
#inhalt {
   position: absolute;
   top: 0; left: 11em;
   background-color: #FFF;
   color: #604420;
}
body > #navigation {
   position: fixed;
}
```

Um aber dem Internet Explorer < 7 den fixen Bereich beizubringen, muss ein ganz anderer Ansatz gewählt werden. Der body-Bereich erhält overflow: hidden, was das Scrollen für den body ausschaltet. Nun muss man umgekehrt jedoch wieder für einen Container, der den Inhaltsbereich enthält, mit overflow: auto das Scrollen einschalten, damit Rollbalken erscheinen, wenn der Inhalt größer ist als das Browser-Fenster. Diese Angaben müssen jedoch vor den anderen Browsern, die position: fixed korrekt interpretieren, versteckt werden.

Für dieses Beispiel muss sich der Internet Explorer 6 im Quirks-Modus befinden. Am einfachsten erreichen Sie das durch die Ergänzung einer XML-Deklaration am Anfang.

Listing 15.18: Fixer Bereich auch für den Internet Explorer 6

```
<?xml version="1.0"?>
<!DOCTYPE html PUBLIC "-//W3C//DTD XHTML 1.0 Transitional//EN"
"http://www.w3.org/TR/xhtml1/DTD/xhtml1-transitional.dtd">
<html xmlns="http://www.w3.org/1999/xhtml" xml:lang="de" lang="de">
<head>
<meta http-equiv="content-type" content="text/html; charset=ISO-8859-1" />
<title>Fixes Men&uuml;</title>
<style type="text/css">
/* <![CDATA[ */
body, html {
   margin: 0;
   padding: 0;
}
body {
   font: 100.01% sans-serif;
   background-color: #FFF;
}
#navigation {
   width: 10em;
   position: fixed;
   top: 0;
   left: 0;
   background-color: #E6B873;
   color: #3054BF;
   border: solid #604420 2px;
}
#inhalt {
   margin: 0 0 0 11em;
   background-color: #FFF;
   color: #604420;
}
/*Ab hier kommen die Sonderangaben für den Internet Explorer vor Version 7 */

* html body {
   height: 100%;
```

```
   width: 100%;
   overflow: hidden;
}
* html body #container {
   height: 100%;
   width: 100%;
   overflow: auto;
}
* html #navigation {
   position: absolute;
}
/*Ein paar allgemeine Formatierungen */
#navigation a:link {
   color: #405080;
   text-decoration: none;
}
#navigation a:hover {
   color: #604420;
}
#navigation ul {
   margin-bottom: 25px;
}
h1,p {
   margin: 25px;
}
h1 {
   font-size: 1.3em;
}
/* ]]> */
</style>
</head>
<body>
<div id="navigation">
<h1>Fixer Bereich</h1>
<ul>
<li><a href="#">Men&uuml;punkt</a></li>
</ul>
</div>
<div id="container">
<div id="inhalt">
<h1>Lorem ipsum dolor</h1>
<p>Lorem ipsum dolor sit amet ... </p>
</div>
</div>
</body>
</html>
```

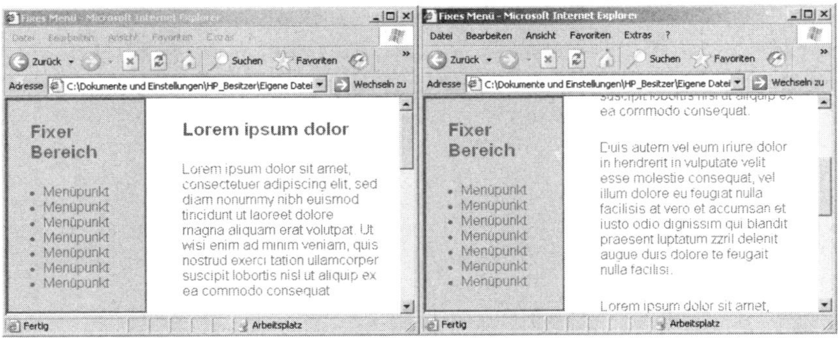

Abb. 15.19: … dann klappt's auch mit dem Internet Explorer vor Version 7.

Für den Internet Explorer ab Version 6 geht es auch einfacher: Hier können Sie `html { overflow: hidden; }` und `body { overflow: auto; }` zuweisen, wie es auch unter *http://tagsoup.com/-dev/null-/css/fixed/* ausführlich beschrieben wird.

15.10 Fest – flüssig – elastisch

Bei den in diesem Kapitel beschriebenen Layouts wird entweder als Einheit Pixel, Prozent oder em eingesetzt. Bei Layouts in Pixeln spricht man auch von »festen« (fixed) und bei denen in Prozent von »flüssigen« (fluid) Layouts. Bei den so genannten elastischen (elastic) Layouts wird em als Größe gewählt. Letztere wachsen bei größerer Schrift einfach mit.

Alle Layouttypen haben ihre Vor- und Nachteile.

Feste Layouts sind gut zu handeln, sie haben dieselbe Einheit wie auch die Bilder, so dass das Verhältnis gewahrt bleibt. Bei großen Bildschirmen können sie natürlich »verloren« aussehen und bei kleinen Bildschirmen erscheinen schnell Scrollbalken.

Layouts in Prozent passen sich wunderbar dem Bildschirm an – jedoch sollte man für die Extremfälle »Vorkehrungen« treffen. Bei einem sehr großen Browser-Fenster wird die Zeilenlänge zu lang und das erschwert das Lesen. Hier ist es sinnvoll, mit `max-width` in Pixeln eine Obergrenze festzulegen.

Auch bei elastischen Layouts ist der Einsatz von `max-width` nützlich: So könnte man beispielsweise mit `max-width: 100%` dafür sorgen, dass auch bei vergrößerter Schrift keine Rollbalken kommen.

Daneben gibt es viele Mischtypen, ein interessanter stellt beispielsweise das Jello-Layout dar: *http://uwmike.com/articles/2005/05/04/jello-liquid-layout/*.

Mehr Informationen zu den einzelnen Layouttypen finden Sie unter *http://www.perun.net/2006/04/08/breite-des-inhaltes-fest-elastisch-oder-was/* und *http://www.webreference.com/authoring/style/sheets/css_mastery2/2.html*.

15.11 Wiederholungsfrage und Übung

1. **In Listing 15.18 wird extensiv der Sternchen-Hack (`* html`) eingesetzt, um für den Internet Explorer kleiner als Version 7 besondere Angaben zu machen. Wie ließe sich das über Conditional Comments (vgl. Kapitel 14) bewerkstelligen?**
2. **Wählen Sie zwei, drei Layouttypen aus diesem Kapitel aus, und passen Sie sie nach Belieben an, d.h., füllen Sie sie mit eigenen Inhalten, und erweitern Sie sie.**

KAPITEL 16

jetzt lerne ich

Medienspezifische CSS-Dateien

Das papierlose Büro ist für die meisten von uns noch keineswegs Realität: Auch wenn man eine Webseite zuerst am Bildschirm betrachtet, wird man sie, wenn sie viele Informationen enthält, zum bequemen Lesen häufig ausdrucken. In CSS können Sie unterschiedliche Style-Angaben für den Bildschirm, den Ausdruck und für weitere Ausgabemedien bestimmen.

16.1 Angaben für unterschiedliche Ausgabemedien

Stylesheets können für unterschiedliche Ausgabemedien definiert werden. Am häufigsten wird man `print` für die Druckversion und `screen` für die normale Bildschirmansicht benutzen. Darüber hinaus lassen sich besondere Stile für Projektionsmedien z. B. für per Projektor projizierte Seiten per `projection` festlegen, die derzeit aber hauptsächlich von Opera unterstützt werden. In CSS 2 sind ebenfalls Vorgaben für eine nichtvisuelle Darstellung vorgesehen, d. h. für akustische Medien. Der dafür bestimmte Medientyp `aural` (ab CSS 2.1 `speech`) wird jedoch kaum unterstützt, und deswegen konzentrieren wir uns hier auf die anderen Medientypen.

Für das media-Attribut können folgende Werte eingetragen werden:

Tabelle 16.1: Mögliche Werte für die unterschiedlichen Ausgabemedien

Werte für das media-Attribut	**Erklärung**
screen	Bildschirm
print	Druck
tty	Terminals und ähnliche Geräte, die keine Proportionalschrift haben
tv	Fernseherähnliche Geräte mit geringer Auflösung und wenig Scrollmöglichkeiten
projection	Projektoren
handheld	Handheld-Geräte (üblicherweise kleiner Bildschirm, begrenzte Bandbreite)
braille	Braille-Tastaturen (dienen zur Umsetzung in Blindenschrift)
aural/speech	Sprachsynthesizer (in CSS 2.1 ist aural nicht mehr vorgesehen, sondern speech geplant)
embossed	Für die Ausgabe auf einem Braille-Drucker
all	Alle Ausgabemedien

Die Werte geben Sie hinter dem Attribut media an. Mehrere Werte werden durch Kommas voneinander getrennt. Sollen Formate für alle gelten, können Sie den Wert all verwenden.

Genauso, wie Stylesheet-Angaben an verschiedenen Stellen im (X)HTML-Dokument stehen können, werden auch die Angaben für den Medientyp an unterschiedlichen Stellen untergebracht:

```
<link rel="stylesheet" type="text/css" media="print"
href="druckversion.css" />
```

oder aber:

```
<style type="text/css" media="print, screen">
   body { background-color: white; color: black; }
</style>
```

Eine weitere Möglichkeit sind @-Regeln innerhalb eines Stylesheets. Dadurch können gezielt eigene CSS-Deklarationen für bestimmte Ausgabemedien festgelegt werden:

```
@media print {
/* Definitionen für den Druck */
}
@media screen {
/* Definitionen für den Bildschirm */
}
```

Auch bei per `@import` eingebundenen Stylesheets lassen sich die Medientypen festlegen. Hierzu dient die folgende Syntax:

```
@import url(druckversion.css) print;
```

Innerhalb von (X)HTML hingegen können Sie beim `style`-Attribut nicht noch den Medientyp spezifizieren – was auch kaum sinnvoll wäre, da sich diese Angaben ja immer auf das ganze Dokument und nicht auf einzelne Elemente beziehen.

Die Browser verhalten sich bei der Angabe des Medientyps folgendermaßen: Spezielle per `link` bestimmte Medientypen werden von allen modernen Browsern unterstützt, d.h. von Netscape erst ab Version 6. Stehen Medienattribute bei der `@import`-Anweisung, so wird das entsprechende Stylesheet vom Internet Explorer nicht geladen. Die @-Regeln werden vom Internet Explorer ab Version 5.5 interpretiert.

Sie sollten, wenn Sie ein Stylesheet für den Bildschirm erstellen, immer neben `screen` auch noch `projection` angeben, damit Opera im Präsentationsmodus diese Angaben verwendet. Auf andere Browser wirkt sich das nicht nachteilig aus.

```
<link rel="stylesheet" type="text/css" media="screen,projection"
href="style.css" />
```

Genauere Informationen zum Präsentationsmodus von Opera bietet *http://www.opera.com/support/tutorials/operashow/*.

16.2 Spezielle CSS-Layouts für den Druck

Am häufigsten wird neben dem Medientyp `screen` sicher der Medientyp `print` verwendet. In diesem Abschnitt geht es darum, was bei Drucklayouts anders ist.

16.2.1 Andere Darstellung für den Druck

Wenn Sie ein Layout für den Druck erstellen, werden Sie üblicherweise einige Angaben ändern – ein vollständiges Beispiel dazu finden Sie in Kapitel 17.

- **Farben**: Am Bildschirm kann eine helle Schrift auf einem dunkleren Hintergrund angenehm zu lesen sein. Für den Ausdruck hingegen sollten Sie das klassische Schwarz auf Weiß wählen.

An sich aber haben Sie keinen Einfluss darauf, ob Hintergrundfarben oder -bilder ausgedruckt werden. Das ist eine Einstellung, die der Surfer selbst in seinem Browser vornimmt. In Firefox geht das beispielsweise über DATEI/SEITE EINRICHTEN/HINTERGRUND DRUCKEN.

- Elemente, die rein durch Farben hervorgehoben sind, sollten Sie jetzt auch auf andere Weise betonen – beispielsweise durch Großschreibung, Kapitälchen oder andere Textauszeichnungen. Diese Eigenschaften finden Sie in Kapitel 3 beschrieben.

- **Format**: Sie können eigene Ränder für das ausgedruckte Dokument festlegen, wenn beispielsweise an der rechten Seite Platz zum Lochen sein soll. Dazu benutzen Sie wie gewohnt `margin-right`, und Sie sollten anstelle von Pixeln Angaben wie cm, Punkt, em oder Prozent verwenden.
- **Schriftart und -größe**: Serifenlose Schrift ist am Bildschirm besser zu lesen, im Ausdruck aber im Allgemeinen eine Schrift mit Serifen. Auch bei der Schriftgröße können Sie eine andere Einheit wählen: Für den Druck ist jetzt eine absolute Maßeinheit wie Punkt eine gute Wahl (`font-size: 12pt`), Pixel sind dagegen für den Ausdruck weniger geeignet.
- Für den Ausdruck **unnötige Elemente ausblenden**: Manche Elemente, die für die Bedienung am Bildschirm äußerst nützlich sind, verlieren ihre Funktion, wenn die Seite ausgedruckt wird. Was nützt beispielsweise noch das Suchenfeld zum Durchsuchen der Seite? Ebenso hat die Navigationsleiste keine Funktion, und aufwändige Grafiken oder Banner stören im Ausdruck. Alle Elemente, die nicht ausgedruckt werden sollen, können Sie über ein `display: none` vom Ausdruck ausschließen.

Überhaupt sollten Sie die Ausdrucksversion der Webseite schlanker halten: Der Bildschirm hat Querformat, im Ausdruck ist es üblicherweise Hochformat, deswegen sind am Bildschirm mehrere Spalten sinnvoll, die im Ausdruck eventuell nur stören oder anderes platziert werden sollten.

TIPP

Verwenden Sie bei Ihrer Seite `float`, so kann es beim Ausdruck in Gecko-Browsern zu Problemen kommen, wenn der Inhalt der Seite länger ist als ein Blatt: Dann wird nämlich nur die erste Seite ausgedruckt. Sie umgehen das Problem, indem Sie im Druckstylesheet `float: none` angeben.

Um wie viel schlichter und einfacher die Druckversion aussehen kann, zeigen die beiden Versionen der Seite von Dr. Web (*http://www.drweb.de/*).

Abb. 16.1: Am Bildschirm ein Dreispalter mit Kopfzeile, unterschiedlichen Hintergrundfarben …

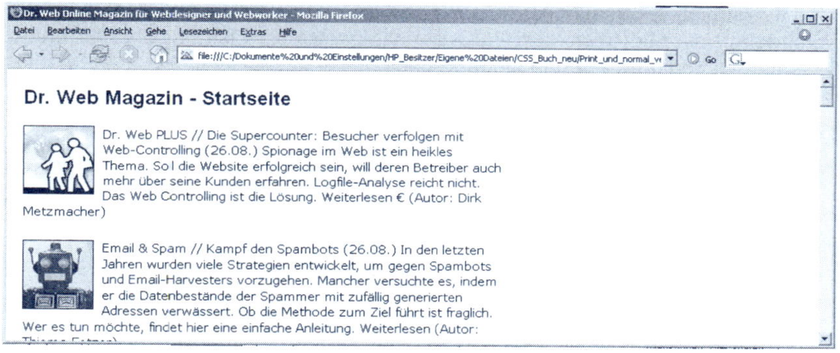

Abb. 16.2:
... wird die Seite für den Druck zu einem einfachen Einspalter mit Text Schwarz auf Weiß.

Um die Print-Version bei der Entwicklung zu testen, ohne das Dokument auszudrucken, können Sie einfach die Druckvorschau-Funktion Ihres Browsers nutzen. In Firefox finden Sie diese beispielsweise unter DATEI/DRUCKVORSCHAU.

TIPP

16.2.2 Links für den Druck mit angezeigter URL

Damit Links ausgedruckt sinnvoll sind, sollte neben dem eigentlichen Linktext auch noch das Linkziel – das heißt die URL selbst angegeben werden. Die URL kann man in Klammern `()`, spitze Klammern <> oder anders abgetrennt hinter dem Linktext folgen lassen. Dies funktioniert allerdings im Internet Explorer erst ab Version 8.

Über die fortschrittliche CSS-Funktion zur Inhaltserzeugung lässt sich das einfach realisieren. Ein Beispiel: Im Dokument befinden sich zwei Links:

```
<p><a href="http://www.mut.de/">Markt+Technik</a></p>
<p><a href="http://www.google.de/">Google</a></p>
```

Wenn man dies ohne besondere Ausgabe ausdruckt, erscheint nur »Markt+Technik« und danach »Google«, aber die notwendige URL fehlt.

Damit die URL beim Druck ausgegeben wird, muss noch im Druckstylesheet folgende Angabe für Links ergänzt werden:

```
a:after {
   content: " (" attr(href) ") ";
}
```

Listing 16.1: URL in Klammern hinter dem Linktext ausgeben lassen

Im Beispiel werden einige neue CSS-Elemente verwendet: Die beiden Pseudoelemente `:after` und `:before` werden im Zusammenhang mit generiertem Inhalt eingesetzt und dienen dazu, etwas vor oder nach einem angegebenen Element einzufügen. Im Beispiel soll die URL nach dem eigentlichen Linkinhalt, dem Linktext, angegeben werden, deswegen heißt es `a:after`.

Die Eigenschaft `content` wird nur gemeinsam mit den Pseudoelementen `:before` und `:after` eingesetzt und erzeugt Inhalt. Neben normalem Text erlaubt `content` auch die Angabe von `attr(X)`. X steht dabei für das Attribut des Elements, dessen Wert ausgegeben werden soll. In unserem Beispiel ist es `href`, da der Wert von `href` angezeigt werden soll. Die beiden etwas kryptischen Angaben `" ("` und `") "` sorgen dafür, dass vor der URL ein Leerzeichen und eine öffnende Klammer und nach der URL eine schließende Klammer und ein Leerzeichen erzeugt werden. Wie das Ergebnis am Bildschirm aussieht – normalerweise wird man es aber für Druckversionen vorbehalten – sehen Sie in Abbildung 16.3.

Abb. 16.3: Die dazugehörige URL wird in Klammern angegeben.

TIPP

Wenn Sie anstelle des Selektors `a:after` hingegen `a[href]:after` verwenden, wird der Inhalt nur bei `a`-Elementen erzeugt, die ein Attribut mit Namen `href` besitzen. Oder aber Sie können die Ausgabe der Links auf externe Links beschränken, indem Sie den Selektor `a[href^="http:"]:after` einsetzen (vgl. hierzu auch Kapitel 8.4).

Sie sind bei generiertem Text nicht auf Links beschränkt. So könnte man sich auch überlegen, die Auflösung von Abkürzungen im Druck in Klammern zu ergänzen. Dafür muss der Inhalt des `title`-Attributs ausgegeben werden, wenn die Elemente `abbr` oder `acronym` ein `title`-Attribut besitzen:

Listing 16.2: Der Inhalt von `title`-Attributen kann ausgegeben werden.

```
abbr[title]:after, acronym[title]:after {
  content: " (" attr(title) ") ";
}
```

Die Inhaltserzeugung funktioniert aber wie erwähnt im Internet Explorer erst ab Version 8, so dass Sie dies nur als zusätzliches Feature für Benutzer fortschrittlicherer Browser einsetzen können.

16.3 Wiederholungsfrage und Übung

1. **Welche unterschiedlichen Methoden kennen Sie, um Stylesheet-Angaben für andere Medien einzubinden?**

Kapitel 17

jetzt lerne ich

Praxisbeispiel

Dieses Kapitel zeigt Ihnen am praktischen Beispiel, wie Sie die einzelnen Komponenten zu einer vollständigen Webseite zusammenbauen: Mit Navigation, Druckversion und allem, was dazugehört. Außerdem lernen Sie, wie Sie über die Sliding-Door-Technik eine flexible Tab-Navigation erstellen.

Trotzdem ist das Beispiel einfach gehalten – ein Beispiel für ein echtes und anspruchsvolles Design sehen Sie dann in Kapitel 18.

17.1 Vorbereitungen

Die Webseite enthält einen Kopfbereich, in dem ein Logo Platz hätte. Dann folgt die Navigation. Darunter ist der aktuelle Titel des Dokuments noch einmal hervorgehoben. Schließlich folgen Überschriften mit Text und Bildern.

Und zum Abschluss kommt eine Aufzählungsliste und natürlich die Fußzeile mit Copyright-Informationen.

Damit sieht der grundlegende Aufbau der XHTML-Datei folgendermaßen aus: ein umfassendes `div`-Element mit `id="container"`, in dem vier weitere `div`s für den Kopfbereich, die Navigation, den Inhalt und die Fußzeile stehen:

```
<!DOCTYPE html PUBLIC "-//W3C//DTD XHTML 1.0 Transitional//EN"
"http://www.w3.org/TR/xhtml1/DTD/xhtml1-transitional.dtd">
<html xmlns="http://www.w3.org/1999/xhtml" xml:lang="de" lang="de">
<head>
<meta http-equiv="content-type" content="text/html; charset=ISO-8859-1" />
<title>Praxisbeispiel - Startseite</title>
<style type="text/css" media="screen, projection">
   @import 'css/stil.css';
</style>
```

```
</head>
<body>
<div id="container">
   <div id="kopf"><h1>Logo!</h1> </div>
   <div id="navigation"></div>
   <div id="inhalt"></div>
   <div id="fuss"> </div>
</div>
</body>
</html>
```

Abb. 17.1: So soll es aussehen: die Beispielwebseite.

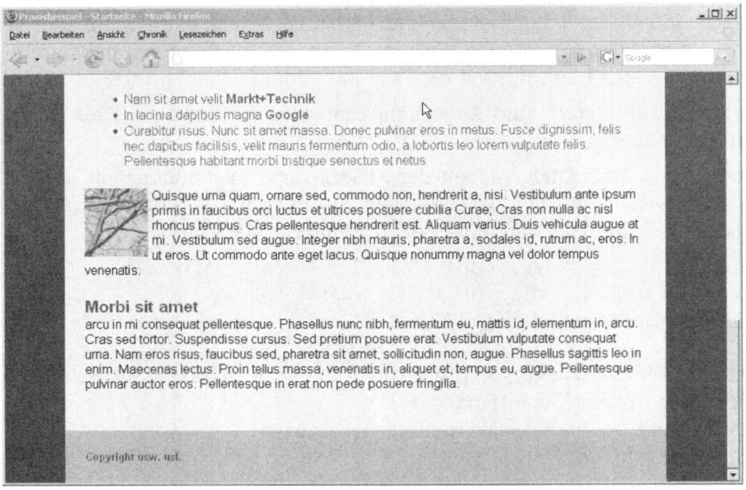

Abb. 17.2: Und das Ende des Beispiels

Die vollständigen Listings dieses Beispiels finden Sie auf der Buch-DVD.

Bei einem echten Projekt ist eine gewisse Organisation wichtig. Für das Beispiel heißt das: Alle Bilder kommen in einen eigenen Ordner, er heißt hier `img`. Ebenso gibt es einen eigenen Ordner für die CSS-Dateien mit Namen `css`. Die CSS-Dateien werden per `@import` eingebunden. Damit ist sichergestellt, dass Browser-Urgetüme wie Netscape 4.x die Angaben, die sie nicht korrekt darstellen könnten, nicht zu Gesicht bekommen.

Jetzt zu den grundlegenden Formatierungen, die in der Datei `stil.css` stehen. Zuerst werden die Außen- und Innenabstände aller Elemente auf 0 gesetzt:

```
* {
   margin: 0;
   padding: 0;
}
```

Der Container wird auf 750px Breite gesetzt und zentriert. Damit das auch in Internet Explorer-Versionen kleiner als 6 funktioniert, wird gleichzeitig für `body text-align: center` deklariert, was beim `#container` wieder aufgehoben wird:

```
body {
   font-size: 100.01%;
   font-family: sans-serif;
   background: #3A3532 url(../img/verlauf.jpg) repeat-x fixed;
   text-align: center;
}
#container {
   text-align: left;
   margin: 0 auto;
   width: 750px;
}
```

Außerdem erhält `body` noch einen – zugegebenermaßen sehr diskreten – Farbverlauf als Hintergrundbild.

Dann wird der Kopfbereich formatiert:

```
#kopf {
   background-color:#A1B184;
   color:#FFFFFF;
}
#kopf h1 {
   font-size: 2em;
   letter-spacing: 0.2em;
   padding-bottom: 25px;
   padding-top: 25px;
   text-align: center;
   text-transform: uppercase;
}
```

So weit nichts Neues, spannend wird es jetzt, wenn es zur Navigation kommt.

17.2 Navigation mit Tabs – Sliding Doors im Einsatz

Bevor wir uns ansehen, wie die Tabs realisiert werden, geht es erst einmal darum, die Navigationsleiste horizontal anzuordnen. Wie immer besteht die Navigationsleiste aus einer ungeordneten Liste von Links (zum Sinn und Zweck von `strong` und `span` etwas später).

```
<div id="navigation">
   <ul>
      <li><strong><span>Startseite</span> </strong></li>
      <li><a href="aktuell.html"><span>Aktuelles</span> </a></li>
      <li><a href="#"><span>Angebote</span> </a></li>
      <li><a href="#"><span>Service</span> </a></li>
      <li><a href="#"><span>Kontakt</span> </a></li>
      <li><a href="#"><span>Impressum</span> </a></li>
   </ul>
</div>
```

Jetzt zu den Formatierungen per CSS. Der Navigationsbereich erhält eine Breite von 100% und eine Hintergrundfarbe, außerdem werden Schriftformatierungen vorgenommen:

```
#navigation {
   width: 100%;
   float: left;
   background-color: #A1B184;
   font-size: 0.95em;
   font-weight: bold;
   line-height: normal;
}
```

Die Eigenschaft `float: left` hat folgende Bewandtnis: Zur Anordnung der Listenpunkte nebeneinander wird im Beispiel `float` bei den Listenpunkten (`li`) benutzt, wie Sie gleich sehen werden. Damit die Listenpunkte trotzdem vom Navigationsbereich umflossen werden, wird im Beispiel der gesamte Navigationsbereich ebenfalls gefloatet (siehe hierzu Kapitel 11).

Dann wird die ungeordnete Liste mit Innenabstand (`padding`) versehen und die Aufzählungspunkte entfernt:

```
#navigation ul {
   padding: 10px 10px 0 25px;
   list-style-type: none;
}
```

Und schließlich werden die `li`-Elemente links gefloatet und damit nebeneinander platziert:

```
#navigation li {
   float: left;
}
```

Nun zur Erstellung der Tabs. Die Tabs bei der Navigation sind flexibel – d. h. sie funktionieren auch bei in Maßen vergrößerter Schrift oder bei längeren Linktexten.

Möglich wird das dadurch, dass nicht ein, sondern zwei Hintergrundbilder eingesetzt werden. Eines ist nur für die Abrundung links zuständig, das andere für den restlichen Tab und die rechte Ecke.

Abb. 17.3: Die Tabs werden über zwei Hintergrundbilder erstellt.

Dabei schiebt sich das linke Bild über das rechte, so dass vom rechten immer nur so viel gezeigt wird, wie Platz ist. Diese Technik wird auch als Sliding-Door-Technik, also als Schiebetürtechnik, bezeichnet.

Den Originalartikel finden Sie unter: *http://www.alistapart.com/articles/slidingdoors/*, eine deutsche Übersetzung bei: *http://www.thestyleworks.de/tut-art/listnav3.shtml.*

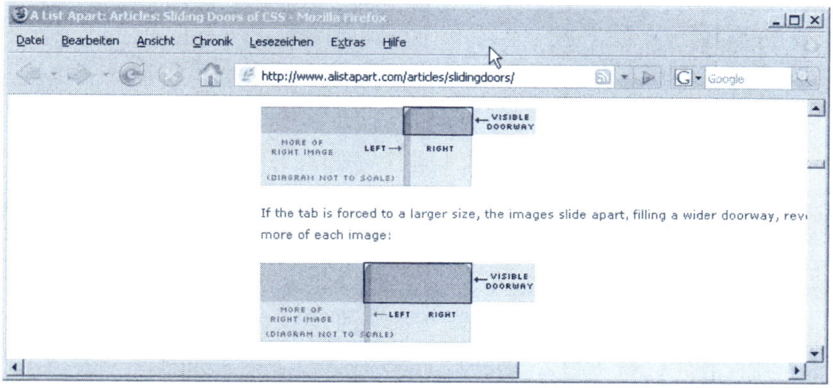

Abb. 17.4: Zwei Bilder demonstrieren die Schiebetürtechnik im Originalartikel von A List Apart: Je nach benötigter Größe, ist mehr oder weniger vom rechten Bild zu sehen, das linke Bild schiebt sich immer darüber.

Für die Tabs brauchen wir zwei Elemente, denen wir die Bilder zuweisen können: Das Bild für die linke Ecke weisen wir dem `a`-Element zu, das für die rechte Ecke, dem `span`-Element. Das Bild für die linke Ecke wird oben links angeordnet, das für den restlichen Tab und die rechte Ecke oben rechts.

```
#navigation a {
   display: block;
   padding-left: 4px;
   text-decoration: none;
   background: url(../img/links.gif) no-repeat left top;
}
#navigation a span {
  display: block;
  padding: 5px 15px 4px 6px;
  color: #FFF;
   background: url(../img/rechts.gif) no-repeat right top;
}
```

Achten Sie auf den richtigen Pfad zu den Hintergrundbildern, die beim Praxisbeispiel im Unterordner *img* stehen. Die Hintergrundbilder werden im Verhältnis zur CSS-Datei angegeben, die sich ja im Ordner *css* befinden. Deswegen müssen wir im Stylesheet einen Ordner hoch `..` und dann in den Bilderordner `/img/` wechseln und das Bild `links.gif` auswählen.

`display: block` ist in diesem Fall wichtig, da `a` und `span` Inline-Elemente sind: Indem wir sie über `display: block` zu Blockelementen machen, können wir ihnen auch `padding` zuweisen. Apropos Innenabstand: An sich können Sie hier die Werte nach Bedarf anpassen – jedoch muss der linke Innenabstand bei `#navigation a` genau der Breite des schmalen Bilds entsprechen. Im Beispiel ist es 4px breit.

So, jetzt brauchen wir nur noch weitere Bilder für die Tabs beim Hovern. Wenn wir eigene Bilder dafür einsetzen, haben wir aber das bereits in Kapitel 8 geschriebene Problem, dass die Bilder erst beim Hovern geladen werden, was zu einem unschönen Flackern führen kann. Besser wir verwenden den ebenfalls in Kapitel 8 eingesetzten Trick: Wir platzieren beide Zustände der Bilder übereinander und verschieben die Bilder beim Hovern. Die benutzten Bilder sehen folgendermaßen aus:

Abb. 17.5: Jedes der benutzten Bilder enthält die Tabs für den normalen Link und den Link beim Hovern.

Die verwendeten Einzelbilder sind jeweils 42px hoch. Also müssen sie beim Hovern um 42px nach oben verschoben werden. Das erreichen wir über einen negativen Wert von -42px für den Abstand von oben. Genauso wie eben auch, werden die linken Ecken dem `a`-Element beim Hovern zugewiesen, das Bild für den restlichen Tab und die rechte Ecke hingegen dem `span`-Element.

```
#navigation a:hover {
   background: url(../img/links.gif) 0% -42px no-repeat;
}
#navigation a:hover span {
   background: url(../img/rechts.gif) 100% -42px no-repeat;
   color: #3A3532;
}
```

Fehlt noch ein wesentlicher Punkt: Der jeweils aktuelle Tab muss anders hervorgehoben werden. Er soll genauso aussehen wie die Tabs beim Hovern. Eine elegante Lösung hierfür sieht so aus, dass Sie für den aktuellen Tab zusätzlich ein `strong`-Element benutzen:

```
<li><strong><span>Startseite</span> </strong></li>
```

Damit haben Sie wieder zwei Elemente für Ihre Hintergrundbilder für die Tabs: `strong` nehmen Sie für die linke Ecke und `span` für die rechte Ecke.

Bisschen komplizierter wird das dadurch, dass das `strong`-Element ansonsten – bis auf das Hintergrundbild – dieselben grundlegenden Formatierungen wie das `a`-Element benötigt, ansonsten aber dasselbe Hintergrundbild wie die anderen Elemente beim Hovern. Wenn Sie außerdem noch dafür sorgen, dass die Formatierungen beim Hovern dieselben sind wie auch beim Focus und beim aktiven Zustand, muss Ihr Code folgendermaßen aussehen:

```
#navigation a, #navigation strong {
   display: block;
   padding-left: 4px;
   text-decoration: none;
}
#navigation a {
   background: url(../img/links.gif) no-repeat left top;
}
#navigation a span, #navigation strong span {
   display: block;
   padding: 5px 15px 4px 6px;
   color: #FFF;
}
#navigation a span {
   background: url(../img/rechts.gif) no-repeat right top;
}
#navigation a:hover, #navigation a:focus, #navigation a:active,
#navigation strong {
   background: url(../img/links.gif) 0% -42px no-repeat;
}
#navigation a:hover span, #navigation a:focus span, #navigation a:active
span, #navigation strong span {
   background: url(../img/rechts.gif) 100% -42px no-repeat;
   color: #3A3532;
}
```

17.3 Inhalt und Fußzeile

Auch der Inhaltsbereich wird formatiert:

```
#inhalt {
   clear: left;
   background-color: #E8EcD1;
   color: #000;
   padding: 25px;
}
```

Wichtig ist hierbei `clear: left`. Die Navigation wurde gefloatet und über `clear: left` können Sie sicher sein, dass der Inhalt immer darunter platziert wird.

Ebenso wird die Fußzeile formatiert:

```
#fuss {
   padding: 25px;
   background-color: #A1B184;
   color: #48513C;
   font-weight: bold;
   font-size: 80%;
}
```

Die Aufzählungen im Inhaltsbereich erhalten eine eigene Formatierung:

```
#inhalt ul {
   margin: 0 25px 25px 25px;
}
#inhalt li {
   margin-left: 25px;
   padding: 0;
   color: #005A99;
}
```

Die Überschrift und die Verlinkungen werden gestaltet:

```
h2 {
   color: #005A99;
   font-size: 1.3em;
}
p {
   padding-bottom: 25px;
}
a:link, a:visited {
   color:  #48513C;;
   font-weight: bold;
   text-decoration: none;
}
a:hover, a:focus, a:active {
   background-color: #A1B184;
}
```

Noch zu den Bildern. Die Bilder sollen gemeinsam mit dem jeweiligen Absatz eine Einheit bilden, deswegen werden sie in einem weiteren div-Container im Inhaltsbereich angeordnet:

```
<div>
   <img src="img/winter.jpg" alt="Straße mit Schnee" class="rechts"
height="300" width="400" />
   <h2>Curabitur ultrices</h2>
   <p> Praesent ultricies ... </p>
</div>
```

Per CSS werden sie links bzw. rechts gefloatet, was über die entsprechende Klasse gesteuert wird:

```
img.rechts {
   float: right;
   padding-left: 5px;
}
```

Für einen Abstand zwischen Bild und Text sorgt der Innenabstand beim Bild. Entsprechend gibt es auch noch eine Klasse, um die Bilder links anzuordnen:

```
img.links {
   float: left;
   padding-right: 5px;
}
```

Noch eine letzte Ergänzung. Im Navigationsbereich ist am Ende noch eine `h1`-Überschrift platziert, die den Haupttitel des Dokuments trägt. Sie wird rechts angeordnet:

```
#navigation h1 {
   color: #3A3532;
   text-transform: uppercase;
   font-size: 1.5em;
   padding-right: 25px;
   text-align: right;
   border-bottom: 1px solid #A9A9A9;
   clear: left;
   background-color: #E8EcD1;
}
```

Entscheidend ist hier `clear: left`, da die `h1`-Überschrift sonst neben der Navigationsleiste platziert werden würde. Das heißt, innerhalb des Navigationsbereichs mit der gefloateten ungeordneten Liste steht ein weiteres Element, das gecleared wird.

Eine Bemerkung am Rande: Eigentlich könnte man folgende Zeilen streichen:

```
#navigation { float: left; }
```

Denn durch das `h1`-Element in `#navigation` wird automatisch dafür gesorgt, dass der Navigationsbereich alles umschließt, was drinnen ist. Ebenfalls nicht nötig ist `clear: left` beim Inhaltsbereich. Diese beiden Angaben wurden jedoch im Listing belassen, da sich das Beispiel so besser anpassen lässt und ebenfalls funktioniert, wenn Sie die `h1`-Überschrift innerhalb der Navigation nicht benutzen.

17.4 Druckstylesheet

Was jetzt noch fehlt, ist das Stylesheet für den Ausdruck. Ausgedruckt soll das Layout vereinfacht sein:

Abb. 17.6: So soll es ausgedruckt aussehen.

Erst einmal muss das Druckstylesheet eingebunden werden. Das heißt innerhalb des Dokuments *index.html* wird im head-Bereich die Einbindung der CSS-Dateien folgendermaßen durchgeführt:

```
<style type="text/css" media="screen, projection" >
   @import 'css/stil.css'  ;
</style>
<style type="text/css" media="print">
   @import 'css/druck.css';
</style>
```

Und so sehen die wichtigsten Punkte von *druck.css* aus. Die Schrift wird für body auf 12pt gesetzt, eine Serifenschrift soll benutzt werden, Hintergrundfarbe weiß, Schriftfarbe schwarz:

```
body {
   font-size: 12pt;
   font-family: Times, serif;
   background-color: #FFF;
   color: black;
}
```

Die Navigation wird nicht benötigt und einfach ausgeblendet:

```
#navigation {
   display: none;
}
```

h1- und h2-Überschriften sollen hingegen serifenlos sein und die h2-Überschrift hat eine andere Farbe:

```
h1, h2 {
   font-family: sans-serif;
}
h2 {
   color: #005A99;
   font-size: 1.3em;
}
```

Bei den Formatierungen der Links gibt es noch eine Besonderheit: Erst einmal werden besuchte und andere Links durch eine andere Farbe hervorgehoben:

```
a:link, a:visited {
   color:  #48513C;
   text-decoration: none;
}
```

Außerdem wird über die folgenden Zeilen der Inhalt des href-Attributs am Ende der Links ausgegeben:

```
a[href]:after {
   content: " (URL: "attr(href)")";
   font-style: italic;
}
```

Wie das aussieht, zeigt Abbildung 17.7.

Abb. 17.7: Der Pfad des Links wird beim Ausdruck in Klammern dahinter angegeben.

Testen Sie das Praxisbeispiel, das Sie auf der Buch-DVD finden, am besten aus. Eine weitere Unterseite erreichen Sie über den Menüpunkt AKTUELLES, die anderen Links sind blinde Links.

17.5 Übung

Unter *http://www.exploding-boy.com/images/cssmenus/menus.html* finden Sie viele Tab-Menüs zum freien Download. Wählen Sie eins aus und bauen Sie es beim Praxisbeispiel ein. Passen Sie dann die Farben entsprechend an!

Kapitel 18

Design mit CSS

Nachdem in den bisherigen Kapiteln CSS-Techniken im Vordergrund standen, geht es nun um Vorgehensweisen bei der Realisierung von anspruchsvollem Design mit Cascading Stylesheets. An einem Beispiel sehen Sie ein flexibles Design, das sich an die benutzte Schriftgröße anpasst, erfahren, wie sich Navigationsleisten mit Zusatzinformationen gestalten lassen und warum zusätzliche `span`-Elemente so praktisch sind. Zum Schluss erhalten Sie noch Unterstützung bei der Entscheidungsfindung, wann man Tabellen einsetzen und wann man zu CSS-Techniken greifen sollte.

18.1 Alles ist relativ

Die Gestaltung von Internetseiten ist viel tiefer gehendes Informationsdesign als nur die Konvertierung von Druckwerken in ein Internetformat. Denn die Informationen treten hier nicht erst durch ihre visuelle Gestaltung in Erscheinung, sondern sind quasi pur im Quellcode der Seite vorhanden. Sie können zusätzlich gestaltet werden, der Browser kann sie aber auch ohne besondere Gestaltung darstellen. Genauso gut können die Informationen einer Webseite auch von einem Screenreader vorgelesen oder in Blindenschrift ausgegeben werden.

Damit das möglich ist, muss die innere Informationsstruktur einer Webseite stimmen – und vom Gestalter auch richtig erkannt und sprachlich umgesetzt werden. Es genügt also nicht, ein Druckwerk einfach in ein internetfähiges Format zu konvertieren und dann beispielsweise als Bild oder pdf-Datei online zu stellen.

Zunächst muss die Information in (X)HTML umgesetzt werden. Dann kommt das visuelle Design – als eine von mehreren möglichen Darreichungsformen.

Normalerweise gibt ein Grafiker erst dann den Druck frei, wenn er sicher ist, dass Farben auch genauso wie vorgesehen gedruckt werden. Es wäre eine Katastrophe, wenn der Text auf einem Plakat plötzlich ganz anders umbrechen würde oder gar die Bilder komplett fehlen würden! Im Webdesign sind solche »Katastrophen« aber ganz normal. Gestalter, die erstmals Webseiten gestalten, erleiden spätestens dann, wenn sie ihr Layout auf einem anderen Monitor oder Browser sehen, einen ersten Schock.

Dann versuchen sie, diese vermeintlichen Fehlerquellen auszuschalten, indem sie beispielsweise die Schriftgröße mit Pixelangaben in CSS fixieren, so dass sie sich nicht mehr mit Browser-Einstellungen vergrößern lässt, oder indem sie Schriftgrafiken statt HTML-Text verwenden. Nach ersten Versuchen mit HTML greifen sie auch oft verzweifelt zu Flash: Damit sehen Webseiten auf allen Browsern und Plattformen gleich aus, und es gibt keine »bösen« Überraschungen.

Warum das Erscheinungsbild einer Webseite von so vielen Faktoren beeinflusst werden kann, ja, dass anspruchsvolleres Design im Internet ursprünglich eigentlich gar nicht vorgesehen war, wird in Kapitel 1.1, Warum Stylesheets notwendig wurden, erläutert. Design bleibt deshalb ein »Angebot« an den Leser einer Webseite, das dieser auch ablehnen kann und darf, indem er beispielsweise Bilder und Stylesheets ausschaltet.

Professionelle Gestalter werden sich nun fragen, wie weit sie überhaupt noch Verantwortung für ihre Arbeitsergebnisse übernehmen können. Nicht nur, dass die Anwender verschiedene Betriebssysteme und Browser, Monitorauflösungen, Fenster- und Schriftgrößen verwenden oder sogar das Design ausschalten oder mit eigenen Style-Elementen mischen können: Die Situation wird besonders schwierig durch die zurzeit noch sehr unterschiedliche und teilweise auch grob fehlerhafte Unterstützung der Stylesheets durch die verschiedenen Browser. Das Testen und Anpassen der Styles für die gängigsten Browser ist noch so aufwändig, dass jeder für sich entscheiden muss, wie viel Zeit er dafür investieren kann oder welche Fehldarstellungen er hinnimmt. Die einen konzentrieren sich auf den meistverbreiteten Browser – »optimiert für Explorer« –, die anderen halten sich an die Standards und lehnen die Verantwortung für fehlerhafte Interpretationen ab. Die meisten gehen wahrscheinlich einen Mittelweg und bemühen sich darum, dass ihr Design zumindest auf den am weitesten verbreiteten Browsern Explorer 6/7 und Firefox wie vorgesehen und ggf. noch auf Explorer 5.5 und den aktuellen Safari-, Opera- und Netscape-Versionen weitgehend wie geplant aussieht. Dies wird hoffentlich in wenigen Jahren Vergangenheit sein, wenn alle Browser Stylesheets gleichermaßen korrekt interpretieren.

Bei außergewöhnlichen Eingriffen des Benutzers wie extremen Schriftgrößenänderungen, dem Ausschalten von Bildern oder der Benutzung stark veralteter Browser kann der Gestalter natürlich nicht mehr für das Aussehen der Webseite zur Verantwortung gezogen werden. Es bleibt die Verantwortung für den ersten Teil seiner Tätigkeit als Informationsdesigner: die sinngemäße Strukturierung der Informationen, so dass diese auch ohne Gestaltung ihren Sinngehalt nicht verlieren.

Häufigere Varianten dagegen wie die Änderung des Schriftgrades in der bislang vom Explorer angebotenen Bandbreite oder die Darstellung in verschieden großen Browser-Fenstern und in Graustufen sollten getestet und soweit mit berücksichtigt werden, dass das Design klar und benutzbar bleibt. Selbstverständlich geraten auch bei weniger drastischen Schriftvergrößerungen wohlgestaltete Proportionen aus dem Lot und treiben dem sensiblen Designer ein Tränchen ins Auge.

Aber was hilft das schönste Design, wenn der Inhalt einer Webseite z. B. bei eingeschränkter Technik oder bei Sehbehinderungen nicht mehr lesbar ist?

Wer sich mit der Entstehung des Internets, seinen Sprachen (X)HTML und CSS und mit der Idee der universalen Sprache beschäftigt, die diesen Entwicklungen zugrunde liegt, erkennt, dass es nicht der richtige Weg sein kann, die Vielfalt der Darstellungsmöglichkeiten zugunsten seiner persönlichen Vorstellungen einzuschränken. Diese Relativität nicht als Feind guten Designs zu betrachten, sondern sie in seine Überlegungen mit einzubeziehen und sogar Spaß an einem flexiblen Design zu entwickeln, ist eine der großen Herausforderungen des Webdesigns. Wie das in der Praxis funktionieren kann, wird im folgenden Abschnitt an einem Beispiel erklärt.

18.2 Praktisches Beispiel

Das Kapitel »Preise/Zeiten/Lage« der Webseite des Ägyptischen Museums Berlin soll im Folgenden als Beispiel dienen und genauer analysiert werden.

Es ist aktuell unter der Adresse *http://www.egyptian-museum-berlin.com/d01.php* zu finden. Da die Webseite jedoch ständigen Veränderungen unterliegt, kann sie mittlerweile anders aussehen als auf den Abbildungen in diesem Buch.

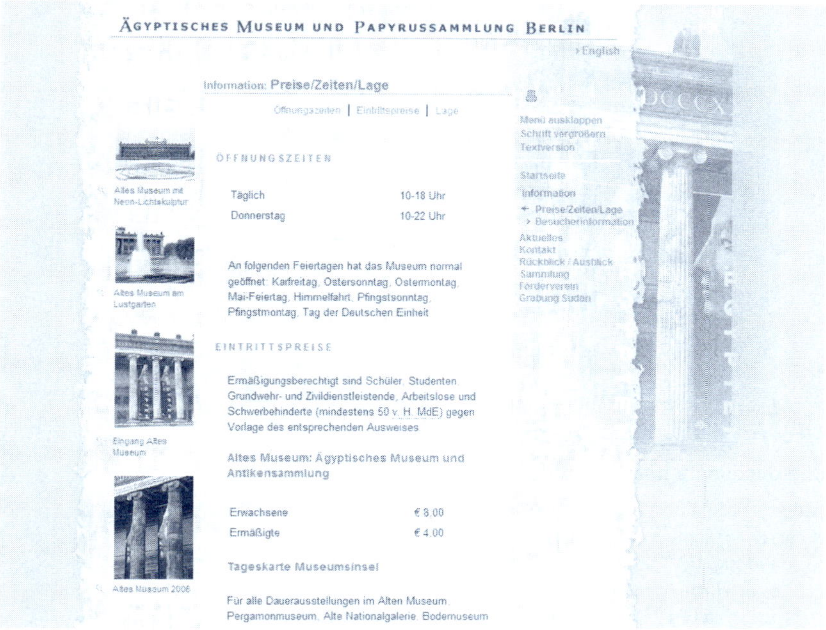

Abb. 18.1: Webseite des Ägyptischen Museums Berlin, Kapitel »Preise/Zeiten/Lage«

18.2.1 Schritt 1: Die XHTML-Struktur

Grob vereinfacht setzt sich die Seite folgendermaßen zusammen:

Abb. 18.2: Die wichtigsten Layout-Gruppen

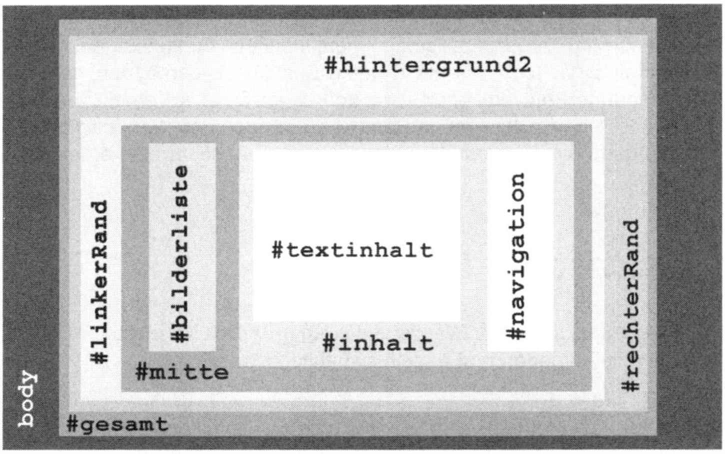

Und hier der ebenso grob vereinfachte Quellcode.

Listing 18.1: Die wichtigsten Layout-Gruppen

```
<body>
   <div id="gesamt">
      <div id="rechterRand">
         <div id="hintergrund2"> </div>
         <div id="linkerRand">
            <div id="mitte">
               <h1 id="museumsname">Hauptthema</h1>
               <div id="inhalt">
                  <div id="navigation"> </div>
                  <h2>Kapitelueberschrift</h2>
                  <div id="textinhalt"> </div>
               </div>
               <div id="bilderliste"> </div>
            </div>
         </div>
      </div>
   </div>
</body>
```

Und der zugehörige CSS-Code:

Listing 18.2: Formatierungen für <body> und <div id="gesamt">

```
body {
   margin:0;
   padding:0;
   text-align:center;
   font-family: Arial, Helvetica, Verdana, sans-serif;
   background:#ede3c6 url(bilder/bg_muster.jpg) repeat;
}
```

```
#gesamt {
   margin:0 auto 0 auto;
   width:65.7em;
   text-align:left;
}
```

Für `body`, der alle weiteren Inhalte enthält, werden `margin` und `padding` auf 0 gesetzt, damit es in den verschiedenen Browsern keine unerwünschten Abstände an den Außenrändern gibt. `#gesamt` mit allen weiteren Inhalten steht mit immer gleicher Breite in der Bildschirmmitte, egal, wie breit das Browser-Fenster ist. Da hier die Browser unterschiedlich reagieren, ist es ratsam, gleich »doppelt« zu zentrieren, sowohl mit `text-align: center` in `body` als auch mit `auto` bei `margin-left` und `margin-right` in `#gesamt`. Damit dann aber nicht auch sämtliche Textinhalte zentriert dargestellt werden, muss man für `#gesamt` `text-align` wieder auf `left` setzen (Kapitel 15.1).

Das `text-align:left` wird beim Neuanlegen gerne vergessen – und dann zerbricht man sich den Kopf, warum sich Positionierungen so seltsam verhalten.

Damit sich das Layout auch, und zwar proportional zur Schrift, vergrößert, müssen alle Breitenmaße in `em`, also im Verhältnis zur Höhe des Buchstabens »M«, angegeben werden (genauso gut geht auch `ex` – Hauptsache: proportional zur Schriftgröße). Bei Layouts ohne Hintergrundbilder ist dies unproblematisch. Ab einer bestimmten Schriftgröße wird der Betrachter zwar an die Grenzen seines Monitors stoßen, aber das liegt nicht mehr im Verantwortungsbereich des Gestalters. Problematisch wird es, wenn Hintergrundbilder, die nicht skaliert werden können, sondern immer ihre ursprüngliche Breite in Pixel behalten, bestimmte Breiten von Elementen des Layouts vorgeben. Dann muss das Layout etwas aufwändiger aufgebaut werden.

18.2.2 Schritt 2: Hintergrundbilder

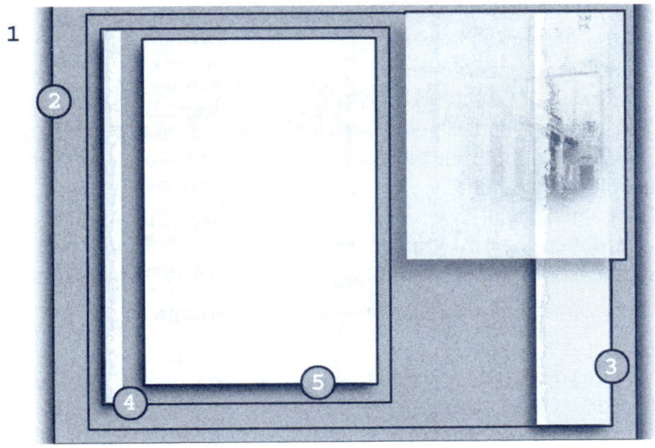

Abb. 18.3: 1: `body`, 2: `#gesamt`, 3: `#rechterRand` (darin `#hintergrund2`), 4: `#linkerRand`, 5: `#mitte`

Der Papyrushintergrund wird in drei Teile – linker Rand, Papyrus ohne Ränder, rechter Rand – zerschnitten, die als Hintergrundbilder drei verschiedenen `div`-Elementen zugewiesen werden. Die Papyrusränder kacheln sich nur vertikal und haben eine feste Pixelbreite. Die Mitte kachelt sich vertikal und, wenn die Schrift größer gestellt wird, auch horizontal.

Man hätte auch einfach drei Spalten – links, mittig und rechts – mit `float` nebeneinander stellen können. Allerdings würde sich dann der Hintergrund der inhaltslosen Spalten für den linken und rechten Papyrusrand in der Höhe nicht automatisch den verschieden umfangreichen Textinhalten anpassen. Mit `height:100%` wären sie maximal so hoch wie der Monitor, beim Weiterscrollen der Seite hätten jedoch dem Papyrus plötzlich die Ränder gefehlt. Alternativ wäre es möglich, jeweils ein konkretes Maß wie z. B. `height:1200.0em` für die Höhe anzugeben, was aber eine ständige Anpassung bei inhaltlichen Änderungen erforderlich machen würde und für Content Management Systeme ungeeignet wäre. Dadurch, dass die drei Spalten nun ineinander verschachtelt sind und sich die eigentlichen Textinhalte im Innersten befinden, »dehnen« sie gleich alle drei `div`-Elemente, so dass sich die Höhen aller drei Hintergrundbilder automatisch der Menge der Textinhalte anpassen.

TIPP

Die Farbe rechts und links vom Papyrus, der sandfarbene Ton `#ede3c6`, der auch in den Papyrus-Hintergrundbildern *bg_papyr_re.jpg* und *bg_papyr_li.jpg* enthalten ist und sich an den Seiten als Hintergrundfarbe von `body` fortsetzt, könnte dort einfach als Farbcode angegeben werden, den man im Bildbearbeitungsprogramm mit der Farbpipette ausliest. Allerdings wird die Farbe, abhängig vom Monitor, trotzdem leicht abweichen, so dass die Kanten zart sichtbar blieben. Dies liegt an der Komprimierung des JPEG-Bilds, die nur zufällig völlig identisch mit der reinen (X)HTML-Farbe sein wird. Daher wird aus dem Rand des Hintergrundbilds ein kleines Stück mit dieser Farbe herausgeschnitten und ohne erneute Komprimierung als eigenes Hintergrundbild (`bg_muster.jpg`) für `body` abgesichert. Dadurch sind die Farben in allen Hintergründen nun absolut identisch.

`#hintergrund2` ist in `#rechterRand` verschachtelt. Dadurch verschiebt sich das Hintergrundbild bei Vergrößerungen automatisch nach rechts mit. Damit es sich mit den übrigen Inhalten überlappen kann und sie nicht nach unten verschiebt, ist es absolut positioniert und »klebt« daher am linken oberen Rand von `#gesamt`. Damit das Hintergrundbild trotzdem rechts erscheint, erhält es dieselbe Breite wie `#gesamt`, und das Hintergrundbild ist mit `right` rechts ausgerichtet. Damit `#hintergrund2` nicht über den Inhalten liegt, muss einigen Elementen noch ein `z-index` zugewiesen werden. Dies geht jedoch nur bei positionierten Elementen. Da die Textinhalte jedoch nicht absolut positioniert werden sollen – sonst würden sie ja aus dem (X)HTML-Fluss herausgenommen werden und die Hintergrundbilder nicht mehr auseinanderziehen –, erhalten sie ein – ansonsten sinnloses – `position:relative`, und damit wird es möglich, sie mit `z-index` über das zusätzliche Hintergrundbild zu positionieren.

Die vollständige CSS-Formatierung sieht so aus:

Listing 18.3: CSS-Formatierung von Layoutbereichen, die sich der Schriftgröße anpassen

```
body {
   margin:0;
   padding:0;
   text-align:center;
   font-family: Arial, Helvetica, Verdana, sans-serif;
   color:#413434;
   background:#ede3c6 url(bilder/bg_muster.jpg) repeat;
}
```

```
#gesamt {
   width:65.7em;
   text-align:left;
   margin:0 auto 0 auto;
}
#rechterRand {
   background:#ede3c6 url(bilder/bg_papyr_re.jpg)
   repeat-y right top;
}
#linkerRand {
   background:#ede3c6 url(bilder/bg_papyr_li.jpg)
   repeat-y left top;
   /*margin fuer Platz fuer Hintergrundbild von #rechterRand, weil
   sonst Hintergrundfarbe von #linkerRand das Hintergrundbild von
   #rechterRand ueberdeckt */
   margin-right:163px;
}
#mitte {
   background:#ede3c6 url(bilder/bg_papyr_mit.jpg)
   repeat left top;
   /*margin fuer Platz fuer Hintergrundbild von #linkerRand */
   margin-left:41px;
   /* Rahmen notwendig, sonst entsteht oben und unten Abstand */
   border-top:1px solid #ede3c6;
   border-bottom:1px solid #ede3c6;
}
#hintergrund2 {
   background:url(bilder/bg2_rotunde.jpg) no-repeat
   right top;
   /* muss genauso breit sein wie #gesamt, damit BG-Bild passend
   rechts positioniert wird */
   width:65.7em;
   height:567px;
   position:absolute;
   top:0;
   z-index:5;
   /* Verschiebung des Hintergrundbilds, damit es genau mit
   Papyrusrand uebereinstimmt */
   margin-left:30px;
}
#inhalt {
   line-height:150%;
   padding:0;
   margin-left:9.7em;
   margin-top:3.3em;
   width:29.4em;
   /*position noetig, damit man z-index einstellen kann */
   position:relative;
   z-index:20;
}
```

Das Design ist damit so flexibel gestaltet, dass es auch bei Schriftgrößenänderungen funktioniert.

18.2.3 Schritt 3: Individuelles Hintergrundbild und die Verwendung mehrerer Stylesheets

Das Hintergrundbild am rechten Rand ist bei jedem Kapitel unterschiedlich. Für gestalterische Ausnahmen auf einzelnen Seiten sind neben dem allgemeinen Stylesheet noch individuelle Stylesheets für einzelne Seiten sinnvoll:

```
<style type="text/css">
   @import url(styles/norm/allgemein.css);
   @import url(styles/norm/d01.css);
</style>
```

`allgemein.css` beinhaltet Gestaltungsangaben, die für sämtliche Seiten der Internetpräsenz gelten, während `d01.css` individuelle Angaben für diese spezielle Seite enthält. Auch bei mehreren externen Stylesheets gelten die in Kapitel 12 beschriebenen Prioritäten in der Kaskadierung. Da das individuelle Stylesheet also **nach** dem allgemeinen Stylesheet eingelesen wird, kann es dessen Vorgaben überschreiben.

In `allgemein.css` stehen, für sämtliche Seiten des Internetauftritts gültig, Größe und Position des Hintergrundbilds:

```
#hintergrund2 {
   width:65.7em;
   height:567px;
   position:absolute;
   top:0;
   z-index:5;
   margin-left:30px;
}
```

In `d01.css` steht der Name des Hintergrundbilds dieses speziellen Kapitels:

```
#hintergrund2 {
   background:url(bilder/bg2_altesmus_1.jpg) no-repeat right top;
}
```

Da die Webseite des Museums mehrsprachig ist und einige Überschriften als Grafik eingebunden sind (siehe Abschnitt 18.2.4), werden hier zusätzlich auch noch sprachabhängige Stylesheets eingebunden:

```
<style type="text/css">
   @import url(styles/norm/allgemein.css);
   @import url(styles/norm/d01.css);
   @import url(styles/norm/de.css);
</style>
```

Um die jeweils ausgewählte Sprache auslesen zu können – je nach gerade aktiver Sprache »de« für Deutsch oder »en« für Englisch –, verwenden Sie am besten eine serverseitige Skriptsprache. Bei diesem Projekt wurde hierfür PHP eingesetzt.

18.2.4 Schritt 4: Der Trick mit dem zusätzlichen »span«

Ein regelrechtes Wundermittel zur freien Gestaltung von (X)HTML-Code ist die Verwendung eines scheinbar sinnlosen zusätzlichen span innerhalb eines (X)HTML-Elements.

```
<h1><span>&Uuml;berschrift</span></h1>
```

Dadurch lässt sich der Inhalt dieses Elements mit h1 und h1 span quasi doppelt ansprechen und gestalten. Im Beispiel oben wurde auf diese Weise der Text der Überschrift durch eine Schriftgrafik ersetzt, indem h1 ein Hintergrundbild zugewiesen bekommt und h1 span unsichtbar gemacht wird – bekannt als »Fahrner Image Replacement«. Ähnlich wurden auch der Link zum Aufrufen der Druckversion und das Logo der Berliner Museen behandelt.

Abb. 18.4: Design-Version mit Grafik und verborgenen Texten

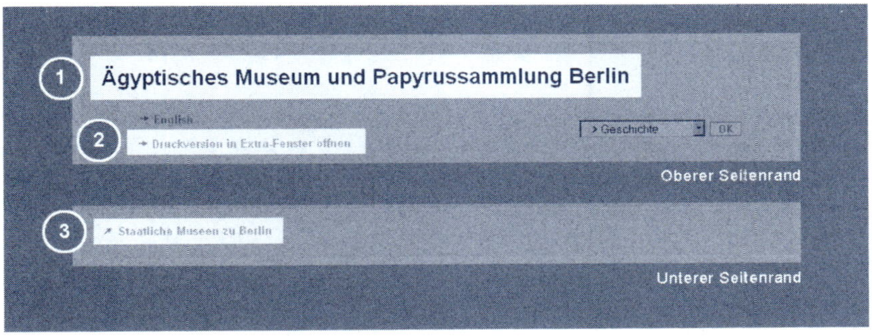

Abb. 18.5: Textversion ohne Grafik

```
<!-- Titel mit Name des Museums -->
<h1 id="museumsname"><span>&Auml;gyptisches Museum und Papyrussammlung
Berlin</span></h1>

<!-- Link fuer Druckversion -->
<a href="e03.php?ausgabe=druck" class="druckbutton"
rel="external"><span>Druckversion in Extra-Fenster &ouml;ffnen</span></a>

<!-- Link zu den Berliner Museen -->
<a href="http://www.smb.spk-berlin.de/smb/de/home/index.php"
rel="external" class="smpkLink" hreflang="de" title="Zur Webseite der
Staatlichen Museen zu Berlin"><span>Staatliche Museen zu
Berlin</span></a>
```

Listing 18.4: Einsatz eines zusätzlichen span an unterschiedlichen Stellen

Um die Texte innerhalb von span in der normalen Version zu verbergen, gibt es verschiedene Ansätze: der klassische Weg ist über `display: none`. Um Barrierefreiheit zu gewährleisten, kann man es über `position:absolute;margin-left:-6000px;` auch außerhalb des sichtbaren Bereiches positionieren.

Mit dem zusätzlichen `span` lässt sich aber noch wesentlich mehr machen. Da es viele Gestaltungsmöglichkeiten bietet, ist im Quellcode des Projektes *http://www.csszengarden.com/*, das die Vielfalt von CSS-Design demonstriert[1], in nahezu jedem XHTML-Element, sei es eine Überschrift, ein Absatz oder ein Listenpunkt, der eigentliche Textinhalt noch einmal in ein zusätzliches `span` eingebunden. Die Vielfalt der gestalterischen Variationen würde dieses Kapitel sprengen und ist nicht nur eine Frage der Technik, sondern auch der Kreativität. Lassen Sie sich durch einen Besuch des *CSS Zen Garden*-Projektes anregen!

Auch die Textabsätze auf einigen Seiten wurden mithilfe eines zusätzlichen `span`-Elements gestaltet.

Abb. 18.6: Gestaltung von Textabsätzen mit Initialen

Listing 18.5: Absatz mit Überschrift

```
<h4 class="absueberschrift">19. Jahrhundert</h4>
<p class="absaussen3">
   <span class="absinnen">Auf Empfehlung Alexander von Humboldts
   wurde 1828 eine &auml;gyptische Abteilung unter K&ouml;nig
   Friedrich Wilhelm III. gegr&uuml;ndet.
   </span>
</p>
```

Die Absätze `p` erhalten ein Hintergrundbild und sind mit `margin-left` und `margin-top` nach links oben verschoben, damit das Bild etwas aus dem Textblock herausragt. Der in ein `span` verschachtelte Textinhalt wird mit `position: relative` wieder an der ursprünglichen Position platziert. Zusätzlich wird mit `:first-letter` ein Initial gestaltet. Insgesamt gibt es 15 unterschiedliche Grafiken. Hier sehen Sie die CSS-Formatierung mit drei Beispielen:

Listing 18.6: CSS-Formatierung der Textabsätze

```
.absaussen1, .absaussen2, .absaussen3 {
   position:relative;
   top:-12px;
   left:-15px;
   margin:3px 0 20px 0;
}
```

1 Mehr Informationen zu diesem inspirierenden Projekt finden Sie in dem bei Addison-Wesley erschienenen Buch »Zen und die Kunst des CSS-Designs« von *Dave Shea* und *Molly E. Holzschlag* (ISBN: 3-8273-2276-6).

```
.absaussen1{
   background:url(/styles/norm/bilder/hierini_1.gif) no-repeat left top;
}
.absaussen2{
   background:url(/styles/norm/bilder/hierini_2.gif) no-repeat left top;
}
.absaussen3{
   background:url(/styles/norm/bilder/hierini_3.gif) no-repeat left top;
}
.absinnen{
   position:relative;
   top:15px;
   left:15px;
   display:block;
}
.absinnen:first-letter {
   font-size:150%;
   font-weight:bold;
   color:#B9A589;
   margin-left:25px;
}
```

Damit nicht immer dieselben Bildchen vor den Absätzen erscheinen, wurde hier noch zu einem Trick gegriffen. Ein Zufallsgenerator, der in der serverseitigen Skriptsprache PHP programmiert ist, sorgt dafür, dass die Webseite nach dem Refresh etwas anders aussieht.

Wenn Sie sich schon einmal mit PHP beschäftigt haben, kann Ihnen der folgende Code-Ausschnitt als Anregung dienen, wie sich ein solcher Zufallsgenerator programmieren lässt:

```
/* ----------- Zufallsgenerator -------------- */
//Gesamtzahl aller moeglichen Varianten festlegen
$initialanzahl=15;
//Zufallszahl zwischen 1 und Gesamtanzahl ermitteln
$initialnr = rand(1,$initialanzahl);
//------------------------------------------------
echo '<p class="absaussen'.$initialnr.'">';
echo '<span class="absinnen">';
echo $text;
echo '</span>';
echo "</p>\n";
```

Eine weitere Möglichkeit, über einem in einen Link integrierten span-Element bei Rollover eine Zusatzinformation erscheinen zu lassen, wird im nachfolgenden Abschnitt beschrieben.

18.2.5 Schritt 5: Navigationsleiste

In den Kapiteln 5 und 8 wurde die Gestaltung von Listen, Links und Navigationsleisten erklärt. Die hier beschriebene Navigationsleiste bietet zusätzliche Informationen, die bei `:hover` erscheinen.

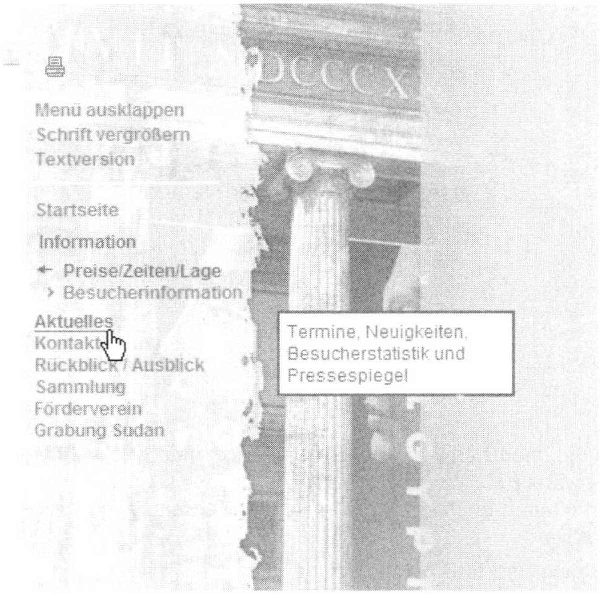

Abb. 18.7: Navigationsleiste mit hover-Effekt

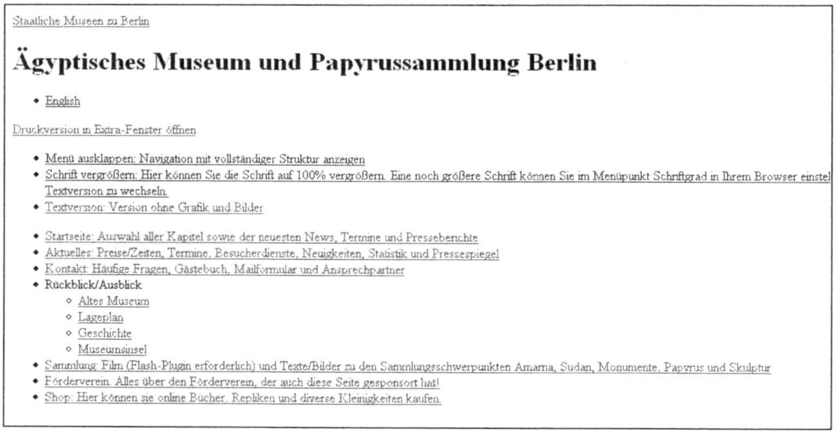

Abb. 18.8: Darstellung der Navigationsleiste sowie der in Abbildung 18.1 sichtbaren Links ohne Stylesheets

Es ist sinnvoll, mehrere nacheinander folgende Hyperlinks, also auch Linksammlungen oder Navigationsleisten, stets als Listen anzulegen. Das `a`-Element ist ein Inline-Element, erzeugt also keinen Zeilenumbruch. Mehrere nacheinander folgende mit Stylesheets gestaltete Links mögen optisch gut voneinander abgesetzt sein. Ohne Stylesheets aber stehen sie in einer Reihe, als handele es sich nur um einen einzigen Link. Wenn Sie eine solche Aufzählung mit einem Validator wie beispielsweise *http://webxact.watchfire.com/* auf Barrierefreiheit überprüfen, werden Sie folgenden Hinweis erhalten: »Separate adjacent links with more than white space ...«. Sie werden also aufgefordert, die einzelnen Links durch mehr als nur ein Leerzeichen voneinander zu trennen, beispielsweise durch ein Bild oder einen Punkt – den Sie dann wahrscheinlich wieder mit zusätzlichen Anweisungen unsichtbar machen müssen. In Listen angeordnete Links dagegen sind immer klar voneinander getrennt, werden von Screenreadern ihrer Struktur entsprechend vorgelesen und erfüllen die Anforderungen der Barrierefreiheit, lassen sich aber auch sehr gut gestalten.

Es folgt der Quellcode der Navigationsleiste. Der Übersichtlichkeit halber wurde er auf die beiden Listenpunkte Aktuelles, in Abbildung 18.7 mit Rollover-Zusatzinformation gezeigt, und RÜCKBLICK/AUSBLICK mit ausgeklappten Unterpunkten, reduziert.

Listing 18.7: Auszug aus dem XHTML-Code der Navigationsleiste

```
<div id="nav">
   <!-- An dieser Stelle steht im Original-Quellcode noch der Link
   für die Druckversion sowie eine Liste mit eher funktionellen
   Links zum "Ausklappen" der gesamten Navigationsstruktur, zum
   Aufrufen der Textversion und zur Schriftvergrößerung -->
   <ul id="hauptNav">
      <li>
         <a href="b01.php" rel="internal" class="navbutton1">
            Aktuelles
            <span class="doppelpunkt">: </span>
            <span class="pop">
                  Termine, Neuigkeiten, Besucherstatistik und
                  Pressespiegel
            </span>
         </a>
      </li>

      <li class="navlistHi">
         <span class="navbutton1Hi">R&uuml;ckblick/Ausblick</span>

         <ul id="unterNav">
            <li>
               <a href="e01.php" rel="internal" title="Infos zum
               aktuellen Standort des Museums" class="navbutton2">
                  Altes Museum
               </a>
            </li>
            <li>
               <a href="e02.php" rel="internal" title="Grundrisse
               und Stadtplan" class="navbutton2">
                  Lageplan
```

```
            </a>
          </li>
          <li>
            <a href="e03.php" rel="internal" title="Von der
            k&ouml;niglichen Kunstsammlung bis zur
            Wiedervereinigung" class="navbutton2Hi">
               Geschichte
            </a>
          </li>
          <li>
            <a href="e04.php" rel="internal" title="Weitere
            Informationen und Aktuelles zum Masterplan"
            class="navbutton2">
               Museumsinsel
            </a>
          </li>
        </ul>

      </li>
    </ul>
</div>
```

#nav legt einige grundlegende Eigenschaften der aus mehreren Listen zusammengesetzten Navigationsleiste fest: die Position innerhalb des Gesamtlayouts, die Breite, die Schriftgröße sowie die weiße Linie an der linken Seite, die den Navigationsbereich mit dem Inhalt verbindet:

Listing 18.8: CSS-Formatierung der gesamten Navigationsleiste

```
#nav {
   position:absolute;
   top:1.0em;
   margin:0 0 0 31.0em;
   z-index:10;
   width:10.7em;
   font-size:95%;
   border-left:4px solid white;
}
```

Für die Liste #hauptNav werden nun die Standard-Listeneigenschaften verändert: Die Bullets werden mit list-style:none entfernt, margin und padding werden auf 0 gesetzt bzw. verändert, der Zeilenabstand wird erhöht, damit die einzelnen Links besser lesbar und auswählbar sind, und es wird die obere weiße Linie angelegt, die die Seitennavigation von den funktionellen Links abtrennt.

Listing 18.9: CSS-Formatierung der Liste für die Seitennavigation

```
ul#hauptNav {
   list-style:none;
   line-height:125%;
   padding:10px 0 8px 6px;
   margin:0;
   border-top:2px solid white;
}
```

Die Liste mit dem Hauptkapitel, dessen Unterkapitel sichtbar sind, erhält eine zusätzliche Klasse: `<li class="navlistHi">` und damit einen größeren Abstand zu den übrigen Listenpunkten:

```
li.navlistHi { margin: 7px 0 6px 0; }
```

Das Hauptkapitel »Rückblick/Ausblick« selbst ist keine Webseite, sondern nur ein Überbegriff für Unterkapitelseiten. Wählt man das Hauptkapitel aus, wird keine Webseite aufgerufen, sondern es werden die zugehörigen Unterkapitel sichtbar, und der Begriff des Hauptkapitels ist kein Link mehr.

```
<span class="navbutton1Hi">R&uuml;ckblick/Ausblick</span>
```

`.navbutton1Hi` erhält die Farbe für aktive Bereiche: `#BF5804`. Die anderen Formatierungen dienen lediglich dazu, den Begriff genauso aussehen zu lassen wie die anderen, nicht ausgewählten Links.

```
.navbutton1Hi {
   display:block;
   width:100%;
   color:#BF5804;
   padding:0 0 4px 3px;
   font-weight:bold;
}
```

Listing 18.10: CSS-Formatierung des aktiven Hauptkapitels

Der Listenpunkt des ausgewählten Hauptkapitels enthält eine weitere Liste mit den Links der Unterkapitel. Die CSS-Formatierung dazu lautet:

```
ul#unterNav {
   list-style:none;
   padding:0;
   margin:0;
   line-height:115%;
}
```

Listing 18.11: CSS-Formatierung der »ausgeklappten« Liste der Unterkapitel

Die darin enthaltenen Links haben die Klasse `.navbutton2`, der Link der gerade geöffneten Seite hat die Klasse `.navbutton2Hi`.

```
<li>
   <a href="e03.php" rel="internal" title="Von der k&ouml;niglichen
   Kunstsammlung bis zur Wiedervereinigung"
   class="navbutton2Hi">
      Geschichte
   </a>
</li>
```

Listing 18.12: CSS-Formatierung eines Unterkapitel-Links

```
.navbutton2 {
   padding-left:13px;
   background:url(/styles/norm/bilder/pfeil_no.gif) no-repeat
   left 2px;
   display:block;
   width:90%;
   margin-left:6px;
}
```

Listing 18.13: Quellcode des Links zum aktiven Unterkapitel

Listing 18.14: CSS-Formatierung des aktiven Unterkapitel-Links mit anderer Farbe und nach links weisendem Pfeil

```
.navbutton2Hi {
   color:#BF5804;
   padding:1px 1px 1px 19px;
   background:url(/styles/norm/bilder/pfeil_hi.gif) no-repeat
   left top;
   display:block;
   width:90%;
}
```

Falls man dabei den Überblick nicht verliert, lassen sich die verschiedenen Listen und Listenpunkte genauso gut mit Nachfolgeselektoren ansprechen (siehe Kapitel 5).

Nun aber zu den Zusatzinformationen, die erscheinen sollen, wenn der Mauszeiger über die Links bewegt wird: In einfacher Form lässt sich das auch mit dem `title`-Attribut bewerkstelligen. Allerdings erscheint die `title`-Information bei den verschiedenen Browsern sehr unterschiedlich und erst mit einer Verzögerung, außerdem ist die Länge des Textinhaltes begrenzt.

Um die Rollover-Informationen besser gestalten zu können, wird in den Link ein `span`-Element mit Zusatzinformationen eingefügt.

Listing 18.15: XHTML-Code eines einzelnen Hauptkapitels in der Navigationsleiste

```
<a href="b01.php" rel="internal" class="navbutton1">
   Aktuelles
   <span class="doppelpunkt">: </span>
   <span class="pop">
      Termine, Neuigkeiten, Besucherstatistik und Pressespiegel
   </span>
</a>
```

Wichtig ist, dass dieser Bereich innerhalb des `a`-Elements steht, damit er mit den Pseudoklassen `:link` und `:hover` angesprochen werden kann.

Der Doppelpunkt dient lediglich der Darstellung ohne Stylesheets (siehe Abbildung 18.8) und wird hier unsichtbar gemacht.

Im Normalzustand sollen die Informationen in `.pop` unsichtbar sein (`display: none`).

Listing 18.16: CSS-Formatierung der Zusatzinformationen im Normalzustand

```
ul#hauptNav li a .pop {
   display: none;
   text-decoration: none;
   top:0;
}
```

Mit den folgenden Formatierungen wird die Box gestaltet, in der die Zusatzinformationen bei Rollover erscheinen:

Listing 18.17: CSS-Formatierung der Zusatzinformationen bei Rollover

```
ul#hauptNav li a:hover span.pop {
   display:block;
   position:absolute;
   top:0;
   left:162px;
   width:145px;
   padding:5px;
   font-weight:normal;
   text-decoration:none;
   background-color:white;
```

```
    border:2px solid #bf5804;
    color:#bf5804;
}
```

Wichtig ist die Formatierung `display: block`, sonst erscheint die Box beim Hover nicht. Falls sie trotzdem nicht erscheint, kann es auch an der Position liegen: Überprüfen Sie die Angaben für `top` und `left`, eventuell befindet sich die Box außerhalb des sichtbaren Bereiches.

In Firefox funktioniert es nun schon – im Internet Explorer jedoch noch nicht. Dieser benötigt folgende Zusatzanweisung:

```
ul#hauptNav li a:hover { position:relative; }
```

18.3 Noch ein paar grundsätzliche Tipps

Zum Abschluss dieses Kapitels finden Sie hier ein paar grundsätzliche Tipps zum Design mit CSS.

18.3.1 Sollte man völlig auf Tabellen verzichten?

Bei der Umstellung auf CSS sind Webdesigner oft stark verunsichert: Alles spricht vom »bösen« Tabellenlayout der Vergangenheit. Viele vertraute Elemente und Attribute sind aus XHTML Strict völlig verschwunden und durch CSS ersetzt. Sind Tabellen nun auch grundsätzlich zu vermeiden?

Kapitel 10, das dem Gestalten von Tabellen gewidmet ist, zeigt, dass diese nach wie vor im Einsatz sind und auch ihre Berechtigung haben. Für Gestalter, die jahrelang mit Tabellen »layoutet« haben, hier noch ein paar Hilfestellungen:

Im Gegensatz zu einer einfachen Liste wie

- Birne
- Grapefruit
- Zitrone

werden in einer Tabelle immer mindestens zwei Begriffe einander zugeordnet:

Birne	süß
Grapefruit	bitter
Zitrone	sauer

Tabelle 18.1: Zuordnung von zwei Begriffen in einer Tabelle

Die nachstehende Anwendung als Tabelle ist dagegen sinnlos, denn es handelt sich inhaltlich nur um eine Liste:

Birne	Grapefruit	Zitrone

Tabelle 18.2: Eigentlich eine Liste und keine Tabelle

Wenn Sie diese Liste mit einer »Tabellenoptik« versehen oder die einzelnen Listenpunkte nicht unter-, sondern nebeneinander anordnen wollen, können Sie dies genauso gut mit Stylesheets erreichen.

In einer »richtigen Tabelle« lassen sich die Spalten immer mit Oberbegriffen zusammenfassen, d.h., alle Inhalte einer Reihe gehören zu einer Gruppe mit gemeinsamen Eigenschaften. Dieser Oberbegriff erscheint im Quellcode dann als `th` (für table header), im Gegensatz zu normalen Tabellenzellen, die mit `td` (für table data) ausgezeichnet werden:

Tabelle 18.3: Tabelle mit Überschriften

Obst	**Geschmack**
Birne	süß
Grapefruit	bitter
Zitrone	sauer

Fehlen diese »table header«, ist die Tabelle nicht vollständig: Falls Sie also unsicher sind, ob Sie für die Darstellung der Seiteninhalte eine »echte« Tabelle verwenden können, fragen Sie sich einfach, welche Überschriften in den `th`-Zellen stehen sollen. Ist eine Klassifizierung möglich (ohne dass Sie philosophisch werden müssen), können Sie getrost eine Tabelle verwenden – auch, wenn es Ihnen im Grunde ums Layout geht und Sie die `th`-Zellen später über Stylesheets unsichtbar machen. Wichtig ist, dass die tabellarische Anordnung auch unabhängig vom Layout z. B. in einem reinen Textbrowser sinnvoll bleibt. Wenn aber keine logische Klassifizierung möglich ist oder Sie vor lauter `colgroup` gar keine klaren Zeilen oder Spalten mehr erkennen können, handelt es sich mit großer Wahrscheinlichkeit um eine reine Layouttabelle und Sie sollten nach einer CSS-Lösung suchen.

Abb. 18.9: Tabellen frei gestaltet ...

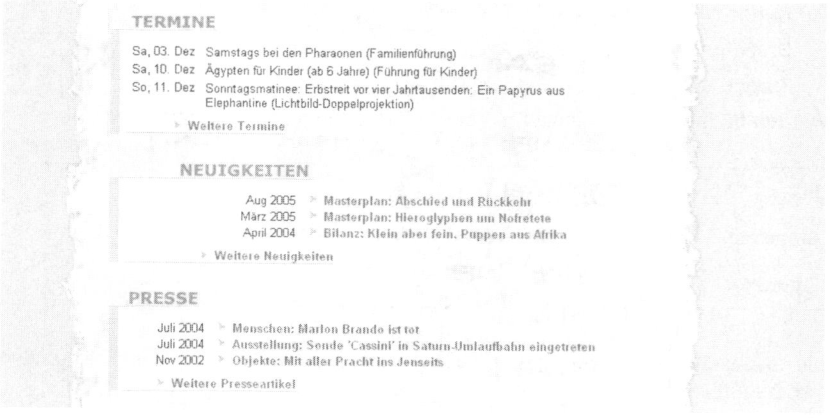

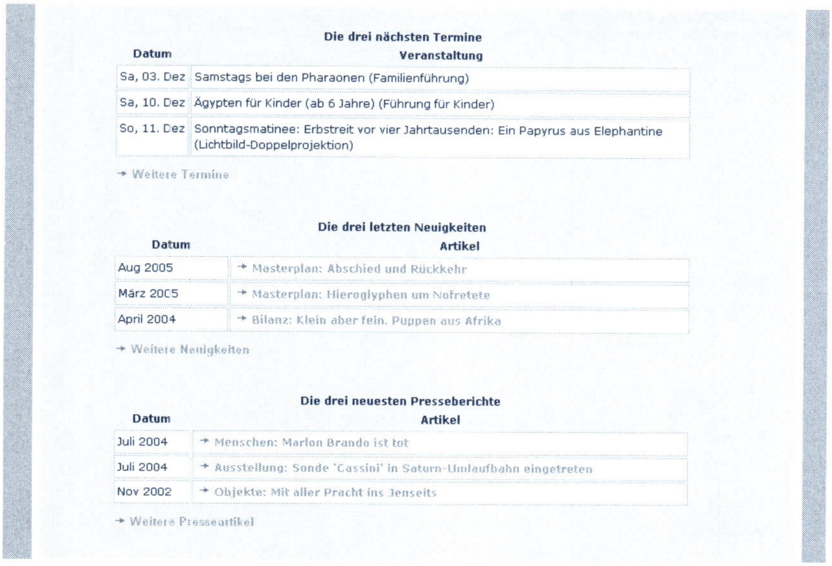

Die drei nächsten Termine

Datum	Veranstaltung
Sa, 03. Dez	Samstags bei den Pharaonen (Familienführung)
Sa, 10. Dez	Ägypten für Kinder (ab 6 Jahre) (Führung für Kinder)
So, 11. Dez	Sonntagsmatinee: Erbstreit vor vier Jahrtausenden: Ein Papyrus aus Elephantine (Lichtbild-Doppelprojektion)

→ Weitere Termine

Die drei letzten Neuigkeiten

Datum	Artikel
Aug 2005	→ Masterplan: Abschied und Rückkehr
März 2005	→ Masterplan: Hieroglyphen um Nofretete
April 2004	→ Bilanz: Klein aber fein. Puppen aus Afrika

→ Weitere Neuigkeiten

Die drei neuesten Presseberichte

Datum	Artikel
Juli 2004	→ Menschen: Marlon Brando ist tot
Juli 2004	→ Ausstellung: Sonde 'Cassini' in Saturn-Umlaufbahn eingetreten
Nov 2002	→ Objekte: Mit aller Pracht ins Jenseits

→ Weitere Presseartikel

Abb. 18.10: Die gleichen Tabellen in der Textversion

18.3.2 Wie groß sollte man ein Layout anlegen?

Die Bildschirmauflösung 800x600px wird zwar immer seltener, ist aber nach wie vor im Gebrauch. Die Internetstatistik des Ägyptischen Museums München vom April 2008 zeigt, dass dort noch 3% aller Besucher die Website mit einer Bildschirmauflösung bis 800px Breite anschauen (September 2006 waren es noch 7%). Daher sollten Sie darauf achten, dass sich alle wichtigen Elemente bei mittlerer Schriftgröße innerhalb der Fläche von ca. 780x500px oder, wenn Sie ganz sichergehen möchten, 780x450px, von links oben aus gemessen, befinden. Dieses Maß entspricht der Bildschirmauflösung 800x600px abzüglich der Standard-Browser-Leisten, so dass bei dieser Bildschirmauflösung keine wichtigen Elemente außerhalb der Bildschirmfläche positioniert sind. Weitere Browser-Leisten muss ein Designer nicht unbedingt berücksichtigen, denn ab einem bestimmten Punkt ist der Benutzer auch selbst dafür verantwortlich, wenn er vor lauter Funktionsleisten nichts mehr sieht (und kann in diesem Fall die alternative Textversion wählen).

Auch hier wieder der Trost für Gestalter: »zugänglich« heißt nicht »optimal aussehen«. Webseiten, die gestalterisch auf Minimal-Bedingungen optimiert wären, würden wiederum unter Normal-Bedingungen (Anfang 2008 sind das 1024px bis 1280px Breite) nicht mehr zeitgemäß wirken. Man kann es nicht allen recht machen. Wichtig ist nur, dass auch auf schlechter ausgerüsteten Systemen alle Inhalte lesbar und alle Bedienelemente zugänglich bleiben. Wenn die Webseite unter solchen Umständen nicht mehr besonders schick aussieht, braucht das den Gestalter nicht zu bekümmern.

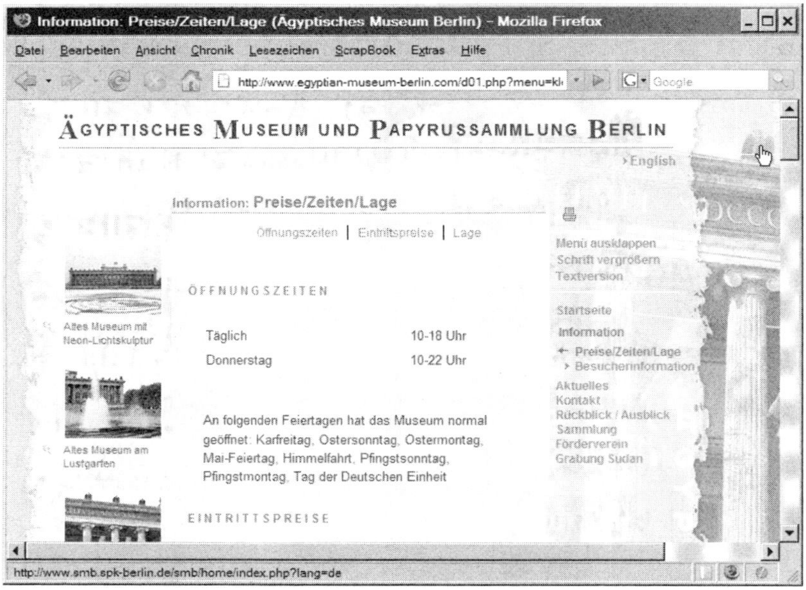

Abb. 18.11: Darstellung mit 800x600px

So wird die Webseite des Berliner Museums auf 800x600px mit den Standard-Funktionsleisten in Firefox dargestellt. Das Logo rechts oben ist angeschnitten, aber noch auswählbar.

Die Bildschirmauflösung 640x480px können Sie mittlerweile getrost vergessen, da es sich nur noch um Einzelfälle handelt. Für diese Fälle sollten Darstellungsformen ohne Design möglich sein: alternative Nur-Text-Layouts oder die Darstellung ganz ohne Stylesheets.

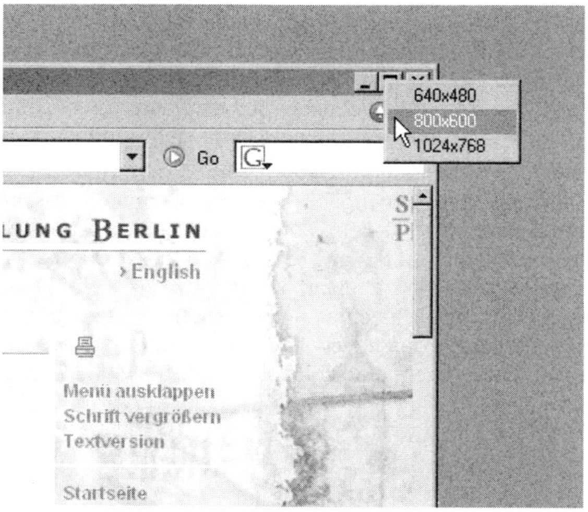

Abb. 18.12: Sizer von Brian Apps für Windows, downloadbar unter http://www.brianapps.net/sizer.html – der allerdings nicht unter Vista funktioniert.

Schon beim Layout im Bildbearbeitungsprogramm sollten Sie eine Ebene mit einem Rahmen oder einer Fläche vorsehen, die Sie an dieses Maß erinnert.

Zum Testen der (X)HTML-Seite im Browser müssen Sie nicht jedes Mal Ihre Bildschirmauflösung umstellen. Dafür gibt es (Freeware-)Programme wie die Web Developer Toolbar für Firefox (siehe Kapitel 21) oder das Programm »Sizer«, mit denen Sie das Browser-Fenster auf verschiedene Größen einstellen können.

18.3.3 Ordnung ist die halbe Arbeit oder die »div-Suppe«

Als CSS-Anfänger macht man meistens den Fehler, für jedes Gestaltungselement `div`-Elemente anzulegen, anstatt die (X)HTML-Elemente zu verwenden, die sowieso zur logischen Strukturierung vorhanden sind. Daraus entstand der Begriff »div-Suppe«.

`div`-Elemente verwendet man,

- um Bereiche einer Webseite wie z. B. Navigation, Kopf- oder Fußbereich zusammenzufassen, oder aber
- für reine Layoutbereiche, die keinem semantischen (X)HTML-Element zuzuordnen sind, wie beispielsweise das individuelle Hintergrundbild im oben vorgestellten Layout.

Gestalterisch gibt es i. d. R. keinen Grund, ein `div`-Element anstelle eines anderen (X)HTML-Elements zu verwenden, denn alle (X)HTML-Elemente wie z. B. Überschriften, Listen oder Absätze lassen sich genauso frei gestalten. Mit CSS lässt sich nahezu jede Eigenschaft ändern, die den einzelnen (X)HTML-Elementen standardmäßig zugeordnet ist. Eine `h1`-Überschrift ist beispielsweise standardmäßig ein Blockelement, beansprucht also die volle Breite, erzwingt einen Zeilenumbruch und einen größeren vertikalen Abstand zum vorherigen und nachfolgenden Element und wird fett sowie in einer bestimmten prozentualen Schriftgröße, abhängig von der Hierarchie `h1` bis `h6`, dargestellt. Mit entsprechenden CSS-Anweisungen lässt sie sich jedoch genauso gut als Inline-Element in einer gewünschten Größe und mit beliebigem Schriftstil darstellen.

Oft kommt man auch ohne `class`-Selektoren aus, indem man die entsprechenden Selektoren in der richtigen, spezifischen Reihenfolge anspricht (siehe Kapitel 5.3, Formatierung von verschachtelten Listen über Nachfahrenselektoren). Bei sehr komplexen Webseiten und CSS-Formatierungen kann es aber trotzdem ratsam sein, eindeutige `class`-Selektoren zu verwenden, da man sonst schnell den Überblick verliert.

Sehr viele Inhalte einer Webseite – Navigationsleisten, Sprungmarken und Linksammlungen, Folgen mehrerer Bilder oder Textinhalte – lassen sich übrigens als **Listen** (`ul` und `li`) anlegen. Die dazu bestehenden CSS-Anweisungen erlauben dabei eine Vielzahl von Gestaltungsmöglichkeiten (siehe Kapitel 5, Listen und Aufzählungen). Der Vorteil dabei: In der Darstellung ohne Stylesheets bleibt die Webseite trotzdem klar und übersichtlich.

Überprüfen Sie ab und zu kritisch Ihren Quellcode. Wenn es darin nichts gibt, das sich entfernen ließe: Kompliment! Aber wahrscheinlich werden Sie noch jede Menge Redundanz entdecken. Im Eifer des Gefechtes ergänzt man immer mehr, fügt hier noch eine `class` und dort noch eine `id` ein und ist am Ende heilfroh, wenn es aussieht wie gewünscht, so dass man am liebsten nichts mehr ändern möchte. Aber es lohnt sich, seinen (X)HTML-Code von Zeit zu Zeit »aufzuräumen« und überflüssigen Quellcode zu entfernen.

Und noch ein Tipp: Machen Sie Ihren Quellcode mit Absätzen, Kommentaren und Einrückungen übersichtlich!

An einem übersichtlich strukturierten Quellcode (klicken Sie in Firefox mit der rechten Maustaste in eine Seite und wählen Sie SEITENQUELLTEXT ANZEIGEN) erkennt man den Profi, während sich der automatisch generierte Code von HTML-Editoren meistens durch seine Unübersichtlichkeit verrät. Spätestens wenn Sie Ihre Webseite ein halbes Jahr später überarbeiten müssen, werden Ihnen klare Styles und Quellcode viel Zeit sparen, und auch beim Testen zahlt sich die Zeit wieder aus, die man in einen auch optisch übersichtlichen Quellcode investiert hat.

Oft hat ein Darstellungsfehler – wenn trotz korrektem CSS nicht der gewünschte Effekt erscheint – seine Ursache in HTML-Fehlern wie beispielsweise nicht geschlossenen Tags, die sich z.B. bei entsprechenden Einrückungen im Code schnell finden lassen (weitere Tipps zur Fehlersuche finden Sie in Kapitel 20). Auch unerwünschte CSS-Vererbungen lassen sich so schneller ausfindig machen.

Abb. 18.13: Strukturierter Quellcode mit Einrückungen und Kommentaren

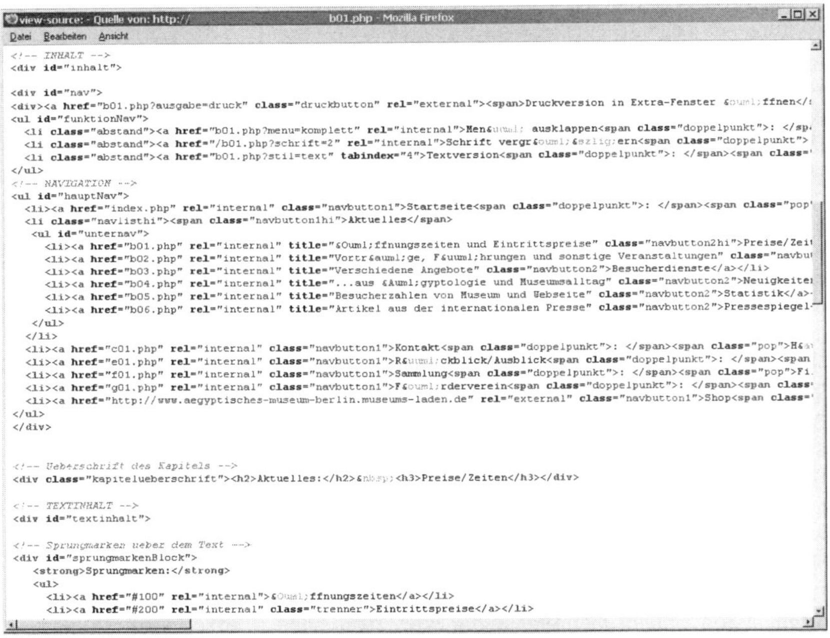

18.3.4 Über das Gestalten von Webseiten

Dieses Buch beschäftigt sich schwerpunktmäßig mit der technischen Umsetzung von Design. Da für den Webdesigner aber vor und nach der Umsetzung mit CSS noch weitere Arbeitsschritte anstehen – von der Entwicklung einer Struktur und einer Designidee bis hin zu Usability-Tests, nachdem die Webseite schon Monate im Gebrauch ist –, sollen Sie hier ermuntert werden, Webdesign nicht nur unter technischen Aspekten zu betrachten, sondern sich auch mit dessen kreativen und konzeptionellen Aspekten auseinanderzusetzen.

Im Gegensatz zur freien Kunst ist Webdesign »Gebrauchsgrafik«. Ein gutes Ergebnis sollte unterschiedlichen Ansprüchen gerecht werden, die sich oft gegenseitig im Wege stehen: künstlerisch-ästhetischen Vorstellungen einerseits und der Zweckmäßigkeit und praktischen Nutzbarkeit andererseits. In der Praxis stehen auf der einen Seite oft Kreative mit Gewichtung auf Ästhetik, Gefühl und Unterhaltung, die zeigen möchten, was sie »auf dem Kasten haben« und darüber mitunter vergessen, dass das Internet primär ein Informationsmedium und keine Galerie ist. Auf der anderen Seite steht die Usability-Fraktion, die schnell und viel Informationen zur Zielgruppe bringen möchte. Design wird dabei oft nur als »Firlefanz« betrachtet, obwohl eine fehlende Gestaltung und Strukturierung gute Inhalte uninteressant und sogar unbrauchbar machen kann. Ein Webdesigner sollte nicht zwischen diesen Stühlen sitzen, sondern auf beiden. Da sich das schwierig gestaltet, ist es nötig, immer wieder den Sitzplatz, d. h. die Perspektive zu wechseln und sein Werk abwechselnd unter kreativ-künstlerischen und pragmatisch-zweckorientierten Gesichtspunkten zu betrachten.

Design hat die Aufgabe, ästhetisch zu verpacken und durch die Verwendung von Bildern, Farben, Formen und evtl. weiteren Medien neben der rein textlichen Informationsverarbeitung tiefere menschliche Wahrnehmungsebenen und Gefühle anzusprechen. Damit kann beispielsweise ein bestimmtes Image aufgebaut oder Interesse geweckt werden.

Vor allem sollte Design die Angebote einer Webseite strukturieren, das Auge des Betrachters führen und ihm beim Besuch der Webseite helfen, statt ihn mit der Vielfalt der Angebote zu verwirren. Dazu gliedert der Gestalter Inhalte in verschiedene Bereiche, Funktionen und Inhalte, in Wichtiges und Nebensächliches. Auch der »leere Raum« spielt dabei eine wichtige Rolle. Manche Webseite ist so gestaltet, als sei freie Fläche unbedingt zu vermeiden. »Gestalten« bedeutet, Inhalte quasi dramaturgisch zu positionieren und dazwischen auch genügend »Luft« zu lassen, damit sie wirken können.

Wie es Antoine de Saint-Exupéry sagt: »Perfektion ist nicht dann erreicht, wenn es nichts mehr hinzuzufügen gibt, sondern wenn man nichts mehr weglassen kann.«

KAPITEL 19

jetzt lerne ich

CSS Tipps und Tricks

In diesem Kapitel sind verschiedene nützliche Tipps zusammengestellt, etwa die Programmierung eines Styleswitchers mit PHP und wie Sie ein Dropdown-Menü per CSS erstellen. Des Weiteren wird behandelt, wie man ein Tabellenlayout auf CSS umstellt. Zum Schluss erfahren Sie, was Sie bei CSS im Hinblick auf barrierefreie Webseiten berücksichtigen sollten und was die (CSS-)Zukunft bringen wird.

19.1 Styleswitcher mit PHP

Wenn man Inhalt und Form mithilfe von CSS getrennt hat, wäre es natürlich auch praktisch, den Inhalt in verschiedenen Formen, d. h. mit verschiedenen Stylesheets, präsentieren zu können. Das ist nicht nur reine Spielerei, denn die Lesegewohnheiten im Allgemeinen und die Sehfähigkeit der einzelnen Surfer können höchst unterschiedlich sein. So würde es sich anbieten, den Surfern die Seite in verschiedenen Schriftgrößen zur Verfügung zu stellen. Zwar kann die Schriftgröße auch im Browser verändert werden, sofern keine absoluten Maßeinheiten benutzt werden, erfahrungsgemäß wissen das aber die meisten Benutzer nicht.

Die Einbindung mehrerer Stylesheets lässt sich technisch auf verschiedene Weisen realisieren. Eine Möglichkeit sind alternative Stylesheets (vgl. Kapitel 2):

```
<link rel="stylesheet" type="text/css" href="meinstil.css"
title="Standard-Layout" />
<link rel="alternate stylesheet" type="text/css" href="meinstil2.css"
title="Schwarz-Weiss"/>
```

Benutzer von Firefox, Mozilla, Opera oder Konqueror können dann über das Browser-Menü zwischen den verschiedenen Stilen wählen, in Firefox beispielsweise über ANSICHT/WEBSEITENSTIL. Dies hat jedoch mehrere Nachteile:

- Die Einstellungen bleiben nicht erhalten, wenn man auf eine andere Seite innerhalb desselben Projekts wechselt, denn dann wird wieder der Standardstil gewählt.
- Man kann nicht davon ausgehen, dass die Surfer von dieser Fähigkeit ihres Browsers wissen und somit überhaupt davon Gebrauch machen können.
- Surfer, die mit dem Internet Explorer unterwegs sind, bleiben außen vor, weil alternative Stylesheets im Internet Explorer nicht funktionieren.

Es ist also eine Alternative gefragt, die sich erstens durch bessere Bedienbarkeit auszeichnet, zweitens unabhängig vom eingesetzten Browser ist und bei der drittens das gewählte Layout beibehalten wird. Hierfür gibt es zwei prinzipielle Lösungsansätze: Der eine ist clientseitig (JavaScript), der andere serverseitig (beispielsweise PHP).

Hier soll ein Styleswitcher mit PHP vorgestellt werden, da dieser vollständig unabhängig von den gewählten Benutzereinstellungen ist – im Gegensatz zu JavaScript, das auch deaktiviert sein kann – und wenig Programmierung erfordert.

> PHP steht für PHP Hypertext Preprocessor (offizielle Homepage: *http://www.php.net/*) und ist eine sehr beliebte serverseitige Programmiersprache. Um die folgenden Beispiele testen zu können, brauchen Sie einen Server: Wenn Sie bei Ihrem Provider PHP-Unterstützung haben, können Sie sie hochladen und von dort aufrufen. Auch auf dem heimischen Rechner lässt sich dank XAMPP (*http://www.apachefriends.org/de/*) mit ein paar Mausklicks eine PHP-Entwicklungsumgebung installieren.

Zuerst benötigen wir verschiedene CSS-Dateien mit den unterschiedlichen Stildefinitionen. Da wir uns auf den PHP-Teil konzentrieren wollen, nehmen wir hier sehr einfache Beispiele.

- `standard.css` definiert schwarzen Text auf weißem Hintergrund, die Schriftgröße ist 80%.
- `invertiert.css` definiert weißen Text auf schwarzem Hintergrund, die Schriftgröße ist 110%.
- `bunt.css` definiert blauen Text auf einem orangefarbenen Hintergrund, die Schriftgröße ist 90%.

Damit der Surfer beim nächsten Mal das vorher gewählte Layout wieder präsentiert bekommt, werden Cookies gesetzt.

Die Datei, in der die Benutzer-Stylesheets eingebunden werden, ist eine normale HTML-Datei, die jedoch die Endung `.php` trägt und in der einige Modifikationen vorgenommen werden.

Zuerst werden die Links zur Auswahl der verschiedenen Stile eingebunden. Stattdessen könnte man auch ein Formular mit einer Auswahlliste verwenden.

```
<a href="<?php echo
htmlspecialchars($_SERVER['PHP_SELF']);?>?stil=invertiert.css">Invertierte
Darstellung</a><br />
```

```
<a href="<?php echo
htmlspecialchars($_SERVER['PHP_SELF']);?>?stil=bunt.css">Bunter</a><br />
<a href="<?php echo htmlspecialchars
($_SERVER['PHP_SELF']);?>?stil=standard.css">Standard-Darstellung</a><br />
```

Als Ziel der Links wird der Pfad zur Datei selbst angegeben (`<?php echo htmlspecialchars($_SERVER['PHP_SELF']);?>`). Daran wird hinter dem Fragezeichen beispielsweise `stil=invertiert.css` angehängt – d.h., nach `stil=` folgt der Pfad zur jeweiligen CSS-Datei. Damit wird bei einem Klick auf den Link die Datei selbst aufgerufen und als Parameter der gewählte Stil übergeben.

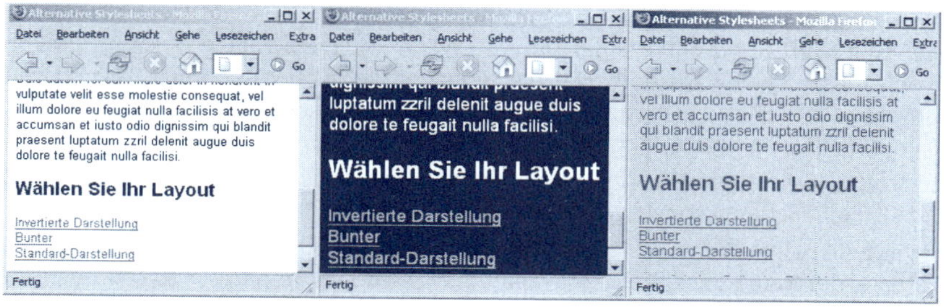

Abb. 19.1: Styleswitcher im Einsatz: Durch einen Klick auf einen Link wird eine andere CSS-Datei aufgerufen.

An den Anfang der Datei – diese Zeilen müssen wirklich als Erste im Dokument stehen – kommt die Hauptlogik: Sie dient dazu, das Cookie bei Bedarf zu setzen und die gewählte Stylesheet-Datei zu bestimmen.

```
<?php
/* Zur Verhinderung, dass die Seiten gecacht werden und eine gecachte
Seite mit dem vorherigen Stil angezeigt wird */
header("Expires: Mon, 20 Jun 1998 04:00:00 GMT");
header("Last-Modified: " . gmdate("D, d M Y H:i:s") . " GMT");
header("Cache-Control: no-store, no-cache, must-revalidate");
header("Cache-Control: post-check=0, pre-check=0", false);
header("Pragma: no-cache");
/* Array mit den Stylesheet-Dateien */
$stile = array('standard.css', 'invertiert.css', 'bunt.css');
if (isset($_GET['stil']) && in_array($_GET['stil'], $stile)) {
    setcookie ('layout', $_GET['stil'], time()+60*60*24*90);
    $stil = $_GET['stil'];
}
else {
    if (isset($_COOKIE['layout']) && in_array($_COOKIE['layout'],
$stile)) {
        $stil = $_COOKIE['layout'];
    }
    else {
        $stil = 'standard.css';
    }
}
?>
```

Die mit `header` beginnenden Zeilen am Anfang sollen nur verhindern, dass die Seite »gecacht« und dann die Version mit dem vorher gewählten Stylesheet geladen wird, was im Opera-Browser sonst leicht passieren kann.

Danach wird ein Array erstellt, das alle definierten Stylesheet-Dateien enthält. Darauf wird überprüft, ob die Variable `$_GET['stil']` gesetzt ist. Das ist dann der Fall, wenn der Benutzer auf einen der Links geklickt hat. In diesem Fall wird ein Cookie gesetzt, das den Namen `layout` und als Wert den gewählten Stil erhält. Als Lebensdauer des Cookies werden drei Monate festgelegt. (`time()` nennt den jetzigen Zeitpunkt, zu dem die angegebene Anzahl an Sekunden addiert wird.) Zusätzlich wird der Variable `$stil` der ausgewählte Stil zugewiesen.

Als Nächstes wird der `else`-Fall behandelt, d.h., `$_GET['stil']` ist nicht gesetzt, und hier wird überprüft, ob bereits ein Cookie mit dem Namen `layout` existiert. Wenn dieses Cookie existiert, war der Benutzer vorher schon einmal da, und von diesem letzten Besuch existiert ein Cookie mit den gewählten Stilangaben. Der Wert des Cookies wird in der Variablen `$stil` gespeichert.

Im letzten Fall hingegen – weder Parameter noch Cookie sind gesetzt – wird für `$stil` die CSS-Datei `standard.css` bestimmt.

Sicherheitshalber wird bei beiden Bedingungen überprüft, ob die übergebenen Daten – der Name der CSS-Datei – mit einer der definierten CSS-Dateien übereinstimmt.

Jetzt fehlt nur noch eine Kleinigkeit: Der in der Variablen `$stil` gespeicherte Stil muss in die Seite eingebunden werden. Sie können hierfür wie gewohnt `@import` oder `<link>` nehmen, z. B. per `<link>` so:

```
<link rel="stylesheet" type="text/css" href="<?php echo
htmlspecialchars($stil); ?>" />
```

Hier sehen Sie noch einmal das Skript in seiner Gesamtheit:

Listing 19.1: Styleswitcher mit PHP

```
<?php
/* Soll verhindern, dass die Seiten gecacht werden und eine gecachte
Seite mit dem vorherigen Stil angezeigt wird */
header("Expires: Mon, 20 Jun 1998 04:00:00 GMT");
header("Last-Modified: " . gmdate("D, d M Y H:i:s") . " GMT");
header("Cache-Control: no-store, no-cache, must-revalidate");
header("Cache-Control: post-check=0, pre-check=0", false);
header("Pragma: no-cache");
/* Array mit den Stylesheet-Dateien */
$stile = array('standard.css', 'invertiert.css', 'bunt.css');
if (isset($_GET['stil']) && in_array($_GET['stil'], $stile)) {
    setcookie ('layout', $_GET['stil'], time()+60*60*24*90);
    $stil = $_GET['stil'];
}
else {
    if (isset($_COOKIE['layout']) && in_array($_COOKIE['layout'],
$stile)) {
        $stil = $_COOKIE['layout'];
    }
    else {
        $stil = 'standard.css';
    }
```

```
}
?>
<!DOCTYPE html PUBLIC "-//W3C//DTD XHTML 1.0 Strict//EN"
"http://www.w3.org/TR/xhtml1/DTD/xhtml1-strict.dtd">
<html xmlns="http://www.w3.org/1999/xhtml">
<head>
<meta http-equiv="content-type" content="text/html; charset=ISO-8859-1" />
<title>Alternative Stylesheets</title>
<link rel="stylesheet" type="text/css" href="<?php echo
htmlspecialchars($stil);
?>" />
</head>
<body>
<h1>Lorem ipsum dolor sit amet</h1>
<p>Lorem ipsum dolor sit amet, consectetuer adipiscing elit ..</p>
<h2>W&auml;hlen Sie Ihr Layout</h2>
<a href="<?php echo
htmlspecialchars($_SERVER['PHP_SELF']);?>?stil=invertiert.css">Invertiert
e Darstellung</a><br />
<a href="<?php echo
htmlspecialchars($_SERVER['PHP_SELF']);?>?stil=bunt.css">Bunter</a><br />
<a href="<?php echo htmlspecialchars
($_SERVER['PHP_SELF']);?>?stil=standard.css">Standard-Darstellung</a><br />
<p>zur <a href="19_01_stilvoll2.php">n&auml;chsten Seite des
Projekts</a></p>
</body>
</html>
```

Es gibt natürlich sehr viele Möglichkeiten, einen Styleswitcher mit PHP zu erstellen: Ein anderer Weg ist über den Einsatz der Session-Funktion.

Wenn Sie einen Styleswitcher auf JavaScript-Basis einsetzen möchten, sollten Sie sich den Styleswitcher von *http://www.einfach-fuer-alle.de/artikel/fontsize/* ansehen, den Sie kostenlos herunterladen können.

19.2 Dropdown-Menü

Bei einer komplexeren Navigation mit vielen Unterpunkten sind Dropdown-Menüs praktisch. Damit sind nur die Oberpunkte immer sichtbar, die anderen klappen erst bei Bedarf aus. Um solche Dropdown-Menüs zu realisieren, gibt es verschiedene Techniken. Viele setzen auf JavaScript. Hier sehen Sie, wie Sie ein Dropdown-Menü per CSS realisieren. Allerdings funktioniert die reine CSS-Lösung nicht im Internet Explorer 6, so dass Sie für diesen Browser zusätzlich ein bisschen JavaScript-Code benötigen.

Basis für dieses Menü ist das Suckerfish-Menü von Patrick Griffiths und Dan Webb (*http://www.alistapart.com/articles/dropdowns/*) in der verbesserten Fassung, die unter *http://www.htmldog.com/articles/suckerfish/dropdowns/* zu finden ist.

Abbildung 19.2 zeigt, wie das Menü aussehen soll. Sie können es danach aber auch ansprechender formatieren – wie hier auch im Beispiel von *http://www.htmldog.com/articles/suckerfish/dropdowns/example/* (Abbildung 19.3).

Abb. 19.2: Einfaches Dropdown-Menü ...

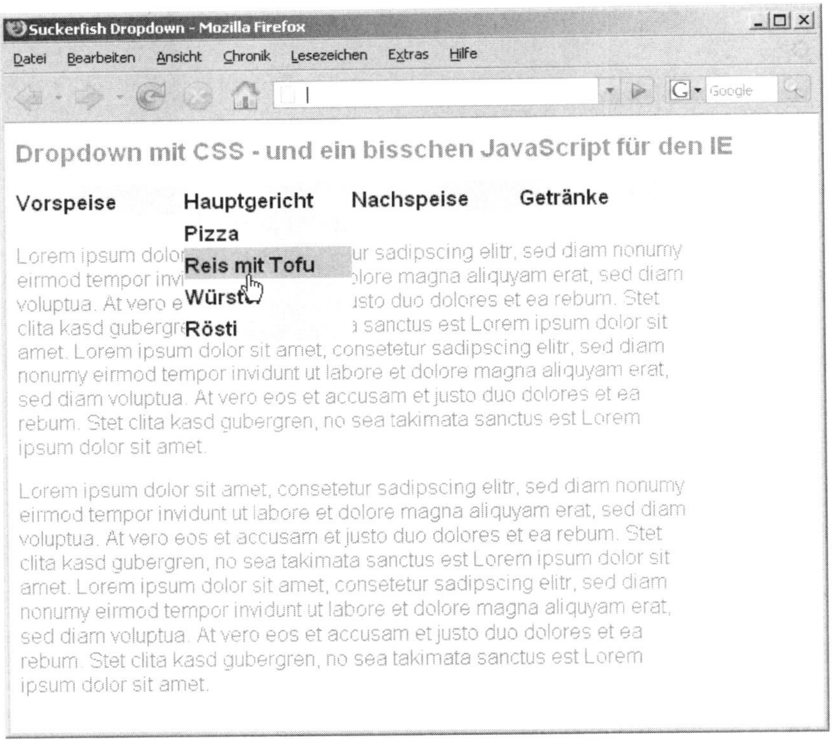

Das Dropdown-Menü ist eigentlich nichts anderes als eine verschachtelte Liste.

```
<ul id="navigation">
   <li><a href="#">Vorspeise</a>
      <ul>
         <li><a href="#">Tomatensalat</a></li>
         <li><a href="#">Gurkensalat</a></li>
      </ul>
   </li>
   <li><a href="#">Hauptgericht</a>
      <ul>
         <li><a href="#">Pizza</a></li>
         <li><a href="#">Reis mit Tofu</a></li>
```

```
      </ul>
   </li>
<!-- Nachspeise und Getränke ausgelassen -->
</ul>
```

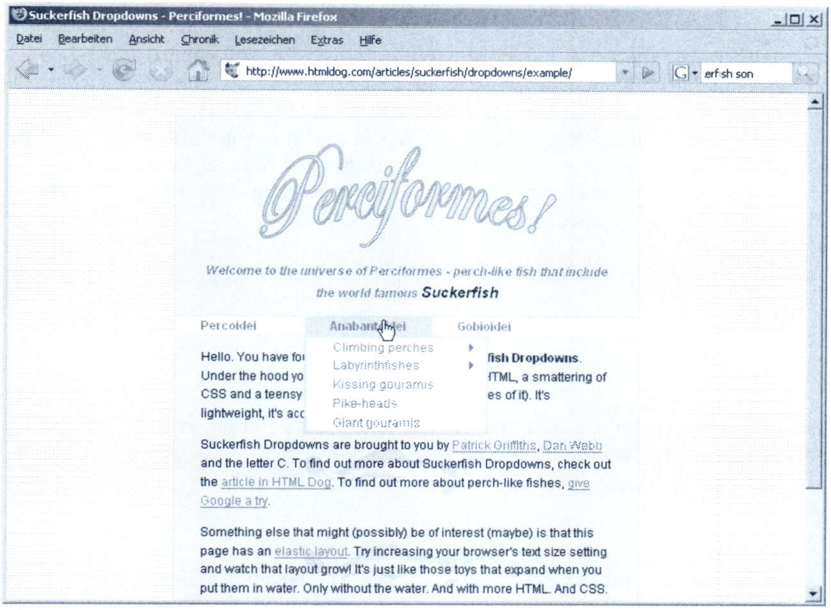

Abb. 19.3: ... das sich aber auch aufwändiger gestalten lässt ....

Nun müssen diese Punkte per CSS nur noch richtig angeordnet werden und es muss dafür gesorgt werden, dass die Unterpunkte erst beim Hovern erscheinen.

Zuerst einmal werden Abstände auf 0 gesetzt und die Aufzählungszeichen entfernt:

```
#navigation, #navigation ul {
   margin: 0;
   padding: 0;
   list-style: none;
   font-weight: bold;
}
```

Dann folgen ein paar grundlegende Formatierungen für alle Links innerhalb des Menüs:

```
ul#navigation li a {
   background-color: #FFEBE6;
   color: black;
   text-decoration: none;
   display: block;
   width: 8em;
   padding-top: 5px;
}
```

Jetzt ein entscheidender Punkt: Damit die Punkte des Hauptmenüs (VORSPEISE, HAUPTSPEISE) nebeneinander angeordnet werden, werden sie gefloatet:

```
#navigation li {
   float: left;
   width: 8em;
}
```

Jetzt wird es raffiniert. Die Punkte des Untermenüs (die einzelnen Gerichte) sollen im Normalfall ausgeblendet werden. In der ursprünglichen Variante des Suckerfish-Menüs wurde das über ein `display: none` realisiert, aber das ist ungünstig, weil es dann in Screenreadern nicht funktioniert. In der verbesserten Form des Suckerfish-Menüs werden die Unterpunkte (ausgewählt durch den Nachfolgeselektor `#navigation li ul`) einfach per `position: absolute` und mit einem sehr hohen negativen Wert für `left` aus dem sichtbaren Bereich geschoben:

```
#navigation li ul {
   position: absolute;
   width: 8em;
   left: -999em;
   background-color: #FFEBE6;
}
```

Beim Hovern hingegen sollen sie wieder auftauchen. Hierfür werden sie einfach über `left: auto` wieder an ihre normale Stelle versetzt.

```
#navigation li:hover ul {
   left: auto;
}
```

Verwendet wird hier der Selektor `#navigation li:hover ul`. Dieser trifft auf alle `ul`-Elemente zu, die sich innerhalb eines `li`-Elements befinden, das mit der Maus überfahren wird (und das Ganze muss innerhalb eines Elements mit der `id="navigation"` stehen).

Außerdem erhalten die Unterpunkte beim Hovern noch eine andere Hintergrundfarbe:

```
#navigation li li a:hover {
   background-color: #BFB0AC;
}
```

Das wäre es auch schon – für moderne Browser. Der Internet Explorer 6 und kleiner hingegen kann mit der folgenden Zeile:

```
#navigation li:hover ul
```

nichts anfangen, da er die Pseudoklasse `:hover` nur bei Linkelementen erlaubt und hier wird sie bei einem `li`-Element benutzt. Das heißt für den Internet Explorer 6 muss man sich mit JavaScript behelfen.

JavaScript ist eine Scriptsprache, die clientseitig, d. h. auf dem Rechner des Surfers ausgeführt wird. Die JavaScript-Befehle werden direkt in das (X)HTML-Dokument eingebunden. Bei mehrmals benötigten Dateien lagert man am besten die JavaScript-Befehle in eine eigene Datei aus, die bei Bedarf in das jeweilige (X)HTML-Dokument eingebunden wird.

JavaScript kann jedoch im Browser auch deaktiviert werden, was manchmal aus Sicherheitsgründen empfohlen wird. Sie sollten also bei diesem Dropdown-Menü, um sicherzugehen, dass auch Nutzer des Internet Explorers 6 mit deaktiviertem JavaScript navigieren können, zusätzlich einen Link auf eine Sitemap oder Ähnliches einbauen.

Unter Windows XP werden Sie bei installiertem Service Pack 2 eine unangenehme Sache beobachten: Im Internet Explorer wird JavaScript standardmäßig in lokal abgespeicherten Webseiten deaktiviert. Dies betrifft aber nicht Webseiten im Internet.

Um Webseiten mit JavaScript auch mit dem Internet Explorer lokal testen zu können, müssen Sie im jeweiligen Dokument noch Folgendes ergänzen:

```
<!-- saved from url=(0021)http://meinedomain.de -->
```

Hierbei muss die Zahl in Klammern der Zahl der Buchstaben bei der URL, die beliebig gewählt werden kann, entsprechen. Diese Ergänzung wird von Microsoft Mark of the Web (MOTW) genannt. Genaueres dazu lesen Sie unter: *http://msdn.microsoft.com/workshop/author/dhtml/overview/motw.asp.*

Leider funktionieren dann jedoch die lokalen Verlinkungen nicht mehr. Die andere Möglichkeit würde darin bestehen, die Sicherheitseinstellungen so zu verändern, dass prinzipiell aktive Inhalte in lokalen Scripts zugelassen werden. Die entsprechende Einstellung finden Sie unter Extras/Internetoptionen/Erweitert/Sicherheit/Ausführen aktiver Inhalte. Dieses Verfahren birgt natürlich ein Sicherheitsrisiko.

Damit das Ganze jetzt im Internet Explorer 6 funktioniert, brauchen wir ein paar Zeilen JavaScript-Code, den Sie im Beispiel einfach im `head`-Bereich Ihres Dokuments ergänzen.

```
<script type="text/javascript">
/* <![CDATA[ */
sfHover = function() {
   var sfEls =
document.getElementById("navigation").getElementsByTagName("li");
   for (var i=0; i<sfEls.length; i++) {
      sfEls[i].onmouseover=function() {
         this.className+=" sfhover";
      }
      sfEls[i].onmouseout=function() {
         this.className=this.className.replace(new RegExp(" sfhover\\b"),
"");
      }
   }
}
if (window.attachEvent) window.attachEvent("onload", sfHover);
/* ]]> */
</script>
```

In diesem JavaScript steht eine Funktion, die innerhalb eines Elements mit der ID `navigation` alle `li`-Elemente ermittelt und diese beim Mouseover noch zusätzlich mit einer Klasse mit Namen `shover` versieht.

```
sfEls[i].onmouseover=function() {
   this.className+=" sfhover";
}
```

Beim Mouseout wird diese Klasse wieder entfernt.

Dafür, dass dies nur vom Internet Explorer ausgeführt wird, sorgt die `if`-Bedingung am Ende des JavaScript-Codes, da nur der Internet Explorer `window.attachEvent` interpretiert.

Jetzt fehlt nicht mehr viel. Moderne Browser verstehen das Hovern beim `li`-Element, beim Internet Explorer 6 wird per JavaScript bei den Unterpunkten beim Mouseover die Klasse `shover` ergänzt. Sie müssen jetzt nur noch dafür sorgen, dass bei `li`-Elementen mit der Klasse `shover` dieselbe Formatierung ausgeführt wird wie beim Hovern:

```
#navigation li:hover ul, #navigation li.sfhover ul {
   left: auto;
}
```

Der Code in seiner Gesamtheit sieht dann folgendermaßen aus:

Listing 19.2: Dropdown mit JavaScript-Ergänzung für den IE6

```
<!DOCTYPE html PUBLIC "-//W3C//DTD XHTML 1.0 Transitional//EN"
"http://www.w3.org/TR/xhtml1/DTD/xhtml1-transitional.dtd">
<html xmlns="http://www.w3.org/1999/xhtml" xml:lang="de" lang="de">
<head>
<meta http-equiv="content-type" content="text/html; charset=ISO-8859-1" />
<title>Suckerfish Dropdown</title>
<script type="text/javascript">
/* <![CDATA[ */
sfHover = function() {
   var sfEls =
document.getElementById("navigation").getElementsByTagName("li");
   for (var i=0; i<sfEls.length; i++) {
      sfEls[i].onmouseover=function() {
         this.className+=" sfhover";
      }
      sfEls[i].onmouseout=function() {
         this.className=this.className.replace(new RegExp(" sfhover\\b"),
"");
      }
   }
}
if (window.attachEvent) window.attachEvent("onload", sfHover);
/* ]]> */
</script>
<style type="text/css">
/* <![CDATA[ */
body { font: 100.01% sans-serif; background-color: #fff; color: #807573;
}
```

```
h1 { font-size: 1.2em; }
#navigation, #navigation ul {
   margin: 0;
   padding: 0;
   list-style: none;
   font-weight: bold;
}
ul#navigation li a {
   background-color: #FFEBE6;
   color: black;
   text-decoration: none;
   display: block;
   width: 8em;
   padding-top: 5px;
}
#navigation li {
   float: left;
   width: 8em;
}
#navigation li ul {
   position: absolute;
   width: 8em;
   left: -999em;
   background-color: #FFEBE6;
}
#navigation li:hover ul, #navigation li.sfhover ul {
   left: auto;
}
#navigation li li a:hover {
   background-color: #BFB0AC;
}
#inhalt { clear: left;  width: 32em; padding-top: 5px; }
/* ]]> */
</style>
</head>
<body>
<h1>Dropdown mit CSS - und ein bisschen JavaScript für den IE</h1>
<ul id="navigation">
   <li><a href="#">Vorspeise</a>
      <ul>
         <li><a href="#">Tomatensalat</a></li>
         <li><a href="#">Gurkensalat</a></li>
         <li><a href="#">Bunter Salat</a></li>
         <li><a href="#">Nudelsuppe</a></li>
      </ul>
   </li>
   <li><a href="#">Hauptgericht</a>
      <ul>
         <li><a href="#">Pizza</a></li>
         <li><a href="#">Reis mit Tofu</a></li>
```

```
            <li><a href="#">W&uuml;rstel</a></li>
            <li><a href="#">R&ouml;sti</a></li>
         </ul>
      </li>
</ul>
<div id="inhalt"><p>Lorem ipsum dolor sit amet, consetetur sadipscing
elitr, sed diam nonumy .</p></div>
</body>
</html>
```

Der gerade gezeigte Einsatz von JavaScript, um dem Internet Explorer 6 das Hovern beizubringen, ist ganz auf den speziellen Fall zugeschnitten. Viele Lösungen für ganz unterschiedliche Probleme des Internet Explorers 6 bietet das Script von Dean Edwards unter *http://dean.edwards.name/IE7/*. Anders als der Name vermuten ließe, hat es selbst nicht viel mit dem echten IE7 zu tun, sondern bewirkt, dass sich der Internet Explorer 6 so verhält, wie sich Dean Edwards einen IE7 gewünscht hätte ...

19.3 Vom Tabellenlayout zum CSS-Layout

Möchte man ein bestehendes, über Tabellen realisiertes Layout auf CSS umstellen, so empfiehlt sich folgende Vorgehensweise.

19.3.1 Vorentscheidungen

Zuerst sind ein paar Vorentscheidungen notwendig, d.h., welche Browser-Versionen sollen unterstützt werden? Bei einem bestehenden Projekt können hierzu die Webstatistiken ausgewertet werden, um einen Überblick zu erhalten, welche Browser von den Besuchern benutzt werden.

Auch beim grundsätzlichen Layout sind Entscheidungen notwendig: Welche Bereiche sollen fest bzw. welche flexibel sein? Was sind die prinzipiellen Maßeinheiten (Pixel, Prozent oder em)?

19.3.2 Grundstruktur erstellen/Aufteilung in Bereiche

Nach diesen Vorentscheidungen geht es nun daran, die notwendigen Bereiche/Container zu ermitteln. Zumeist benötigt man mindestens einen Kopf-, einen Navigations- und einen Inhaltsbereich. Zusätzlich wird häufig auch ein Footer benutzt. Diese Bereiche werden jeweils in einem `div` untergebracht, der mit einer eindeutigen `id` gekennzeichnet wird.

19.3.3 Anordnung der Elemente

Im nächsten Schritt werden die `div`s dann platziert. Hierbei geht es noch nicht um die Details, sondern um den prinzipiellen Aufbau. Deswegen genügt es, wenn die `div`s Blindtext enthalten. Den Containern sollten jeweils deutlich unterscheidbare

Hintergrundfarben zugewiesen werden, da das bei der Entwicklung hilfreich ist. Für dieses Layout kann man sich natürlich Anregungen von Standardlayouts oder anderen Webseiten holen.

Bei der Entscheidung über die Positionierungsmethode (im Wesentlichen `position` oder `float` oder Kombinationen) bilden die Ergebnisse bezüglich des prinzipiellen Layouts aus den Vorüberlegungen die Basis.

Zuerst sollte das Layout für standardkonforme Browser erstellt werden, und danach sollten Sie, wo notwendig, Anpassungen für die anderen Browser vornehmen. Arbeiten Sie am besten zuerst mit einem eingebetteten Stylesheet; daran lassen sich die Änderungen schneller durchführen und testen.

Prinzipiell gibt es zwei Taktiken bzgl. des Boxmodells:

- Besondere Angaben, die alle Versionen des Internet Explorers kleiner als 7 erhalten, nehmen Sie beispielsweise über den Sternchen-Hack vor. Dann muss sich der Internet Explorer 6 im Quirks-Modus befinden – z. B. über die XML-Deklaration am Anfang des Dokuments. Diese Taktik funktioniert auch im Internet Explorer 7 und größer, da dieser sich trotz XML-Deklaration dann im Standard-Modus befindet und außerdem die Angaben hinter `* html` ignoriert.
- Sie belassen den Internet Explorer 6 im Standard-Modus und notieren die speziellen Angaben nur für den Internet Explorer kleiner als Version 6 – z. B. über Conditional Comments (siehe Kapitel 14).

Achten Sie darauf, dass Sie die Hacks gesondert notieren und ausreichend kommentieren – damit Sie sie auch schnell wieder ändern können. Hacks sind weniger beständig als Standards.

19.3.4 Ausarbeitung der Details

Im nächsten Schritt werden die Container mit den richtigen Inhalten gefüllt. Dabei sollten die einzelnen Teile durch die korrekten (X)HTML-Elemente ausgezeichnet werden. Brauchen Sie auf Ihrer Seite mehrere unterschiedlich formatierte Überschriften, so sollten Sie dafür die entsprechenden XHTML-Elemente `h1`, `h2` etc. verwenden. Dies ist wichtig, da Screenreader und ältere Browser diese Struktur präsentiert bekommen. Erstellen Sie dann ein einheitliches Layout für Überschriften, Absätze, Links etc.

19.3.5 Stylesheet-Definitionen aufteilen

Gerade bei größeren Projekten sind darüber hinaus Unterteilungen sinnvoll, beispielsweise in Formatierungen, die auf allen Seiten benötigt werden, und in andere, die nur auf speziellen Unterseiten benötigt werden, etc. Ebenfalls sinnvoll ist die Erstellung eines eigenen Layouts für den Druck.

Danach sollte alles stehen. Vergessen Sie nicht die Tests in den verschiedenen Browsern bei den einzelnen Schritten.

19.4 CSS und Barrierefreiheit

Die »Barrierefreie Informationstechnik-Verordnung« (BITV) – wie sie offiziell heißt – basiert auf der W3C »Web Accessibility Initiative« aus dem Jahre 1999 (*http://www.w3.org/TR/WAI-WEBCONTENT/*). Sie schreibt vor, dass alle Webseiten der öffentlichen Hand auch für Menschen mit Behinderung zugänglich sein müssen. Alle öffentlichen Angebote in Deutschland müssen seit Dezember 2005 barrierefrei gestaltet sein.

Damit soll gewährleistet werden, dass Menschen mit Behinderung Webseiten ohne Einschränkungen nutzen können, denn gerade für diese Bevölkerungsgruppe stellt das Internet eine ganz zentrale Kommunikationsmöglichkeit und Informationsquelle dar. Aber der Kreis derjenigen, die von einer barrierefrei gestalteten Webseite profitieren, ist wesentlich größer: Einerseits ist der wachsende Anteil an »Silver Surfern« – der älteren Surfer – nicht zu vernachlässigen, die sich über skalierbare Schriften (»Großdruck«) freuen, und auch viele andere Surfer sind zuweilen »situativ« behindert. Wenn Sie in einem Großraumbüro arbeiten, sind Sie froh, wenn Informationen nicht nur akustisch, sondern auch in einer Alternativform angeboten werden. Wer zwischendurch auch mal wieder mit dem Modem unterwegs ist und zur Beschleunigung Bilder deaktiviert hat, kann nur die Seiten nutzen, bei denen die Informationen auch bei ausgeschalteten Bildern zugänglich sind. Ein weiterer Fall: Bei Monitoren mit angeschlossenem Beamer ist häufig die Auflösung heruntergesetzt, um die Ansicht zu vergrößern. Benutzt werden können dann nur noch die Navigationselemente, die auch noch bei 800x600 erreichbar sind. Und nicht zuletzt sind die Suchmaschinen zu erwähnen – ebenfalls »blind« in der Hinsicht, dass sie nur textliche Informationen auswerten können. Eine barrierefreie Seite ist automatisch suchmaschinenfreundlicher.

Die BITV formuliert verschiedene Vorgaben zur Gestaltung von barrierefreien Webseiten. Eine davon lautet: »Verwenden Sie Markup und Stylesheets und tun Sie dies auf korrekte Weise«, d.h., es soll CSS zur Formatierung eingesetzt werden – und nicht etwa Layouttabellen. Wenn Sie Ihre Webseiten über CSS gestalten, haben Sie so einen wichtigen Schritt in Richtung Barrierefreiheit bereits getan.

Trotzdem ist nicht jede Webseite, die CSS konsequent einsetzt, automatisch barrierefrei. Was Sie besonders in Hinblick auf CSS bei der Gestaltung von barrierefreien Seiten beachten sollten, wird in diesem Abschnitt besprochen.

Als **Dokumenttyp** für eine barrierefreie Seite ist Strict die beste Wahl, weil das garantiert, dass die Formatierungen wirklich über CSS und nicht über (X)HTML-Attribute realisiert werden. Dass dann auch Attribute wie `target` nicht mehr verwendet werden können, ist gerade im Sinne der Barrierefreiheit. Hingegen spielt es nicht so eine große Rolle, ob XHTML oder HTML benutzt wird.

Die Webseiten sollten in **korrektem (X)HTML/CSS** erstellt sein, d. h. mit dem Validator (vgl. Kapitel 20) überprüft werden.

Eine etwas andere Auffassung vertritt in diesem Punkt die WCAG 2. WCAG sind die Zugänglichkeitsrichtlinien für Webinhalte, die vom W3C herausgegeben werden. WCAG 1 bildet auch die Basis für die deutsche BITV. Der Arbeitsentwurf von WCAG 2 fordert im Gegensatz zu WCAG 1 nicht mehr, dass Webseiten standardkonform sein müssen. Dies hat aber auch Empörung ausgelöst, und es wird sich zeigen, wie es in der endgültigen Version gehandhabt wird.

Wichtig ist die Benutzbarkeit der Seite auch bei **ausgeschalteten Stylesheets**. Dafür müssen die (X)HTML-Elemente in ihrer ursprünglichen Bedeutung eingesetzt werden, d. h. Überschriften-Elemente, Listen etc. und keine »div-Suppe«. Testen lässt sich das über die Web Developer Toolbar (siehe Kapitel 21), mit der Sie Stylesheets mit einem Klick deaktivieren können. Die Inhalte sollten ohne CSS-Formatierungen auch noch strukturiert erscheinen, und Hervorhebungen sollten erkennbar sein.

Eine andere Möglichkeit ist es, einen Textbrowser wie Lynx herunterzuladen und mit diesem die Seiten zu prüfen. Lynx gibt es auch in einer Online-Version, aber inzwischen können Sie dort nicht mehr beliebige Seiten überprüfen, sondern müssen die zu überprüfende Seite unter dem Namen `delorie.htm` abgespeichert haben (*http://www.delorie.com/web/lynxview.html*).

Eine wichtige Forderung bei der Barrierefreiheit ist die **Skalierbarkeit**. Deswegen sollten unbedingt für Schriftgrößen relative Angaben eingesetzt werden, d. h. insbesondere die dafür vorgesehenen Schlüsselwörter, em oder Prozent. In Pixeln angegebene Schriftgrößen lassen sich in den meisten Browsern zwar auch vergrößern, nicht jedoch im am häufigsten benutzten Internet Explorer. Andere absolute Einheiten wie Punkt, cm etc. sollten für Schriftgrößen nicht verwendet werden.

Barrierefreiheit heißt auch, dass eine Webseite auf möglichst vielen Ausgabegeräten funktioniert – auch bei den unterschiedlichen Bildschirmauflösungen, d.h., ein **barrierefreies Layout ist flexibel** gestaltet. Vermeiden Sie es auf jeden Fall, dass ein Benutzer bei geringerer Auflösung horizontal scrollen muss, da kein flüssiges Lesen möglich ist, wenn innerhalb jeder Zeile gescrollt werden muss.

Es gibt jedoch Ausnahmen von der prinzipiellen Regel der Skalierbarkeit, so bei Grafiken, deren Größe üblicherweise in Pixeln angegeben wird, und bei per se schon übergroßen Schriften. Ebenfalls bei Rahmen und Abständen sind absolute Einheiten nicht hinderlich. Andererseits gibt es inzwischen auch Layouts, die ganz auf die Einheit em setzen – da wachsen bei einer Schriftgrößenänderung die Bilder ebenfalls mit (z. B. bei *http://www.br-online.de/*).

Bilder können bei Webseiten über das `img`-Element oder als **Hintergrundbilder** über CSS eingebunden werden. Welches die bessere Methode ist, hängt davon ab, ob die Bilder eher dekorativen Zwecken dienen oder wichtige Informationen transportieren. Ist Letzteres der Fall, sollte das `img`-Element verwendet werden, da dort die relevanten Informationen über die dafür vorgesehenen `img`-Attribute vermittelt werden können – d. h. `alt`, `longdesc` und `title`. Dies ist bei als Hintergrundbild eingebundenen Bildern nicht in dieser Weise möglich.

Werden Hintergrundbilder per CSS eingebunden, muss man dort, wo dies notwendig ist, dafür Sorge tragen, dass diese Informationen auch ohne CSS vermittelt werden. Dafür existieren mehrere Möglichkeiten, die teilweise parallel angewendet werden können. So lassen sich Informationen im `title`-Attribut des übergeordneten Elements unterbringen. Außerdem können Sie eine der verschiedene Image Replacement-Techniken einsetzen, um einen Text bei aktivierten Bildern durch ein Hintergrundbild zu ersetzen. Gerade die Image Replacement-Techniken unterscheiden sich aber in ihrer Zugänglichkeit, mehr dazu finden Sie bei der Aufstellung von *http://meiert.com/de/publications/articles/20050513/*.

Genauso, wie man nicht davon ausgehen kann, dass alle Surfer die Bildinformationen wahrnehmen können, kann man auch nicht voraussetzen, dass alle Surfer mit der Maus unterwegs sind. Bei der Formatierung von Links ist für Benutzer, die den

Computer per Tastatur bedienen, `a:focus` eine wichtige Hilfe zur Kennzeichnung des gerade gewählten Links. Deswegen sollte `a:focus` in Kombination mit `a:hover` und `a:active` bei Verlinkungen eingesetzt werden. Einen raffinierten Trick, wie Sie einen deutlichen Fokus auch bei Bildern erstellen, finden Sie im Artikel *http://www.einfach-fuer-alle.de/artikel/tastaturfokus/* beschrieben.

Über CSS erstellte Layouts erlauben – in gewissen Grenzen – die freie Anordnung der einzelnen Bereiche, wie Kopfbereich, Navigationsspalte, Inhaltsbereich, Informationsleiste etc. Bei der Erstellung eines CSS-Layouts sollte man auch gleich die Linearisierbarkeit der Inhalte berücksichtigen und überlegen, welche **Reihenfolge der (X)HTML-Elemente** sinnvoll und erwünscht ist, damit die Seite bei ausgeschalteten Stylesheets komfortabel zu benutzen ist – unabhängig davon, wie das Ganze bei eingeschalteten Stylesheets präsentiert wird.

Mithilfe von Stylesheets können außerdem zusätzliche hilfreiche Elemente auf der Webseite speziell für Benutzer von **besonderen Hilfsmitteln** angeboten werden, die für andere Benutzer mit eingeschalteten Stylesheets nicht sichtbar und nicht störend sind. So kann ein Skip Link sinnvoll sein, das ist ein Link, mit dem man direkt zum Inhalt oder zur Navigation springen kann. Üblicherweise wird dieser so erstellt, dass er nur beim Durchsteppen mit der Tabulator-Taste sichtbar wird. Ein Beispiel hierzu finden Sie bei *http://www.einfach-fuer-alle.de/*. Wenn Sie die Tabulatortaste verwenden, um die einzelnen Links anzuspringen, taucht dieser auf.

Abb. 19.4: Der Link »Zur Navigation springen« erscheint nur, wenn man mit der Tabulatortaste durch die Seite springt.

TIPP

Wenn Sie mehr über das Thema barrierefreie Webseiten erfahren möchten, finden Sie viele Erläuterungen und Workshops auf der Seite *http://www.einfach-fuer-alle.de/*. Ebenfalls empfehlenswert ist die Webseite von *http://www.barrierefreies-webdesign.de/*.

19.5 Zukunftsmusik

CSS 2.0 stammt aus dem Jahre 1998, und CSS 2.1 ist kurz vor der endgültigen Verabschiedung. Aber auch an CSS 3 wird schon fleißig gearbeitet. Was wird diese neue Version bringen?

19.5.1 Modular

Der erste auffälligste Unterschied ist, dass CSS 3 modularisiert worden ist, also nicht mehr aus einem einheitlichen Block besteht, sondern aus mehreren Modulen. Dadurch können einzelne Teile von CSS 3 unabhängig von anderen modifiziert und erweitert werden. Ein Browser für die akustische Wiedergabe braucht auch nur die auralen Eigenschaften zu unterstützen, ein visueller nur die visuellen etc.

Einige Module bilden den Kern von CSS 3, wie die Module zu den Selektoren, zu den Maßeinheiten und zur Kaskadierung. Auch darüber hinaus finden sich viele aus CSS 2.x bekannte Komponenten wie Module zum Boxmodell, zur Positionierung und zu Farben. Die meisten schon in den vorherigen Versionen verwendeten Konzepte haben jedoch eine Erweiterung erfahren; so wird für die Druckversionen die Definition von Kopf- und Fußzeilen, von Seitenzahlen und von internen Verweisen vorgesehen.

19.5.2 Media Queries

Besonders interessant ist das Modul »Media Queries«, mit dem sich bestimmte Stylesheet-Angaben in Abhängigkeit einzelner Parameter des Ausgabegeräts realisieren lassen. Parameter können beispielsweise die maximale Breite des Fensters sein oder die Fähigkeit, Farben dazustellen. Damit sind Media Queries besonders geeignet, um auf die unterschiedlichen Anforderungen von mobilen Endgeräten zu reagieren. Media Queries werden bereits in Opera seit Version 8 und im Webkit (Open Source-Browser, der die Basis für Safari bildet) seit Sommer 2006 teilweise unterstützt. (Beispiele hierfür unter *http://www.css3.info/preview/media-queries/*).

19.5.3 Per CSS rechnen

Eine schöne Funktion, die ebenfalls für CSS 3 vorgesehen ist: Sie können über calc die Breiten oder die Position berechnen lassen. Erlaubt ist es überall, wo Sie auch sonst Maßangaben machen können. So ließe sich dann definieren, dass ein Bereich ein Drittel des Browser-Fensters (oder des anderen Bezugspunkts) einnehmen soll minus 2em und 2px.

```
width: calc(100%/3 - 2*1em - 2*1px);
```

Mehr Infos dazu unter *http://aktuell.de.selfhtml.org/weblog/css3-calc-vs-box-sizing*.

19.5.4 Mehr Transparenz

Sehr schön sind beispielsweise auch die neuen Möglichkeiten zur Angabe von Farben: So können Sie über `rgba()` neben der Farbe im RGB-Format auch noch die Transparenz angeben:

```
p { color: rgba(0,0,255,0.5) }  /* halb-transparentes Blau */
```

Firefox 3 und Safari 3.x können das bereits.

Die einzelnen Module sind unterschiedlich weit gediehen, manche liegen derzeit als Arbeitsentwurf (Working Draft) vor, andere sind schon weiter und befinden sich als Candidate Recommendation bereits auf der letzten Stufe vor der offiziellen Verabschiedung. Über den aktuellen Stand können Sie sich auf *http://www.w3.org/Style/CSS/current-work.html* informieren.

TIPP

Wenn Sie erfahren möchten, welche Komponenten von CSS 3 bereits in welchen Browsern implementiert sind, so ist *http://www.css3.info/* die richtige Anlaufstelle.

19.5.5 CSS 3-Selektoren

Was CSS 3 an Neuem bringt, soll hier am Beispiel einiger CSS 3-Selektoren gezeigt werden.

Erinnern Sie sich noch an die Gestaltung einer Datentabelle durch die unterschiedliche Einfärbung der geraden und ungeraden Tabellenzeilen in Kapitel 10? Dafür hatten wir Klassen benutzt. Eigentlich umständlich – besonders, wenn Zeilen vertauscht oder neue Zeilen ergänzt werden müssen. In CSS 3 gibt es für solche Fälle den Selektor `:nth-child`, mit dem man das soundsovielte Kindelement auswählen kann und auch gerade oder ungerade Kindelemente.

```
tr:nth-child(2n+1) /* ungerade Zeile */
tr:nth-child(2n)   /* gerade Zeile */
```

Statt der Angabe der Zahl in Klammen können auch die Schlüsselwörter `odd` (ungerade) und `even` (gerade) angegeben werden:

```
tr:nth-child(odd)  /* ungerade Zeile */
tr:nth-child(even) /* gerade Zeile */
```

Ähnliche Arbeitserleichterung versprechen die weiteren Selektoren, die einen gezielten Zugriff auf einzelne Elemente des Dokuments gestatten, ohne dass diese dafür durch Klassen oder IDs ausgezeichnet werden müssen.

Auch soll es mit Pseudoklassen möglich sein, nach Inhalten zu filtern. Der folgende Ausdruck wählt alle Absätze aus, in denen das Wort »Oktoberfest« vorkommt.

```
p:contains("Oktoberfest")
```

In CSS 3 ist auch die Auswahl per Negation vorgesehen. Mit der Negations-Pseudoklasse kann man beispielsweise folgende Bedingung formulieren: alle Elemente außer den Elementen mit der Klasse `aktuell`:

```
*:not(:.aktuell)
```

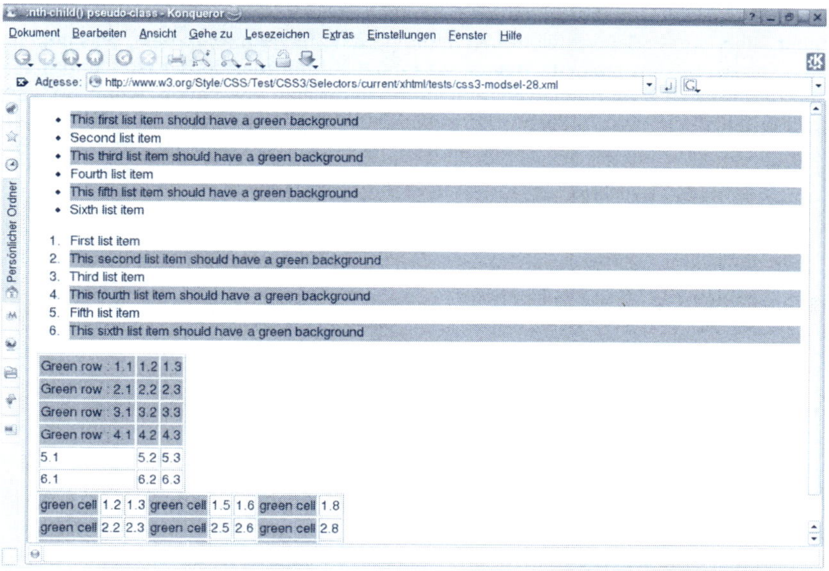

Abb. 19.5: Da müssen andere Browser vor Neid erblassen: Konqueror unterstützt die Pseudoklasse `:nth-child()`*. Hier sehen Sie das Beispiel aus der Testsuite des W3C (http://www.w3.org/Style/CSS/Test/CSS3/Selectors/current/xhtml/tests/css3-modsel-28.xml).*

Bei den Pseudoelementen hingegen sind derzeit keine Neuerungen geplant. Zur besseren Unterscheidung von den Pseudoklassen sollen sie jedoch mit zwei Doppelpunkten geschrieben werden, also z. B. `p::first-letter` anstelle von `p:first-letter`. Diese Schreibweise wird beispielsweise von Opera in der Version 9 bereits unterstützt.

Folgende neue Attributselektoren sind in CSS 3 ergänzt worden und werden von neueren Browsern auch relativ gut unterstützt (Internet Explorer ab Version 7, Opera 9, Firefox etc.):

- `[attribut^="wert"]`: das Attribut `attribut`, dessen Wert mit `wert` beginnt.
- `[attribut$="wert"]`: das Attribut `attribut`, dessen Wert mit `wert` endet.
- `[attribut*="wert"]`: das Attribut `attribut`, dessen Wert zumindest einmal den Wert `wert` enthält.

Eine Anwendung für den ersten Attributselektor haben Sie bereits in Kapitel 8 kennen gelernt. Hier wurden über `a[href^="http"]` alle Verlinkungen ausgewählt, bei denen bei `href` ein Wert steht, der mit `http` beginnt – und damit alle Verweise auf externe Linkziele. In der Referenz in Kapitel 23 finden Sie weitere CSS 3-Selektoren aufgeführt und sehen auch, von welchen Browsern sie bereits unterstützt werden.

Apropos Zukunftsmusik: Eigenschaften für die Sprachausgabe beispielsweise sind bereits in CSS 2 definiert. Darüber lässt sich die »akustische Seite« genauso gestalten wie die visuelle Präsentation: statt Hintergrundbildern bestimmt man Hintergrundgeräusche, anstelle von verschiedenen Schriftarten gibt es unterschiedliche Sprecherstimmen. Der Schriftgröße bei der Bildschirmausgabe würde wohl das Stimmvolumen bei der akustischen Ausgabe entsprechen, und die Positionierungen finden ihre Entsprechung in den Angaben, woher der Klang kommen soll ... Leider nur unterstützt dies kein Browser.

Das Beispiel der Sprachausgabe zeigt deutlich, dass die Zukunft von CSS natürlich nicht allein von CSS-Spezifikationen abhängt, d.h., nicht nur von dem, was geplant ist, sondern (leider) vielmehr davon, was möglich und realisierbar ist – und damit von den Browsern. Auf neue CSS-Selektoren kann man erst bauen, wenn sie auch in den meistbenutzten Browsern zuverlässig implementiert sind. Und da sind wir wieder bei dem Spagat zwischen der Theorie und dem Machbaren, den man bei der Beschäftigung mit CSS ständig machen muss.

Kapitel 20

jetzt lerne ich

Fehler finden und Probleme lösen

Nicht immer machen Stylesheet-Angaben das, was sie sollen. In diesem Kapitel geht es darum, wie Sie Fehler aufspüren können und welche Werkzeuge Ihnen dabei helfen. Ein eigenes Unterkapitel gibt Ihnen Strategien an die Hand, um Probleme zu lösen, die beim Internet Explorer auftauchen.

20.1 Der (X)HTML-Validator des W3C

Eine korrekte (X)HTML-Dokumentstruktur ist Vorbedingung für eine korrekte Formatierung mit CSS. Um Fehler in der (X)HTML-Datei zu finden und beheben zu können, sollten Sie einen Validator benutzen.

Was heißt »validieren«? Bei XML-Dokumenten unterscheidet man zwischen syntaktischer und semantischer Korrektheit. Ist ein Dokument syntaktisch korrekt, wird es als **wohlgeformt** bezeichnet. Entspricht es hingegen auch einer Dokumenttypdefinition, ist es gültig, auf Englisch »valid«. Der Vorgang, die Gültigkeit eines Dokuments zu überprüfen, wird Validierung genannt.

Den Validator des W3C finden Sie unter der Adresse *http://validator.w3.org/*. Sie können ihn einerseits verwenden, um Seiten zu überprüfen, die sich im Internet befinden. Andererseits lassen sich auch lokal auf der Festplatte gespeicherte Dateien hochladen und checken. Als dritte Möglichkeit können Sie eine Datei auch in ein Textfeld kopieren. Der Validator gibt Ihnen dann entweder die Meldung aus, dass das Dokument korrekt ist, oder er listet die gefundenen Fehler auf.

Damit eine Überprüfung stattfinden kann, müssen Sie eine korrekte Dokumenttypangabe am Anfang Ihres Dokuments stehen haben, und es sollte auch immer die Kodierung gesetzt sein.

Die Fehlermeldungen des Validators sind etwas gewöhnungsbedürftig. Ein Beispiel hierzu: Wenn Sie sich bei einem Anfangs-Tag verschreiben, erhalten Sie gleich mehrere Fehlermeldungen. So erzeugt der folgende Tippfehler in

```
<dvi>Ein Bereich ... </div>
```

drei Fehlermeldungen:

- »element 'dvi' undefined«: Damit wird darauf hingewiesen, dass in der angegebenen Dokumenttypdefinition kein entsprechendes Element vorgesehen ist. Dies ist natürlich korrekt, `dvi` gibt es nicht in XHTML.
- »end tag for element 'div' which is not open«: Der Parser erzeugt eine weitere Fehlermeldung, wenn er auf `</div>` stößt – ein End-Tag ohne zugehöriges Anfangs-Tag, was in XML nicht zugelassen ist.
- »end tag for 'dvi' omitted, but OMITTAG NO was specified«: Wieder ein Hinweis auf die nicht korrekte XML-Syntax, denn das Element `<dvi>` wurde nicht geschlossen.

Sie sehen, dass der an sich kleine Tippfehler eine große Wirkung hat. Lassen Sie sich daher nicht von der manchmal großen Anzahl von Fehlermeldungen abschrecken, häufig sind es wesentlich weniger Fehler als Fehlermeldungen.

Übrigens überprüft der Validator nicht den Inhalt von CSS-Angaben, auch wenn sie im Dokument selbst angegeben sind. So würde bei einer ansonsten korrekten Datei, die im `style`-Element fehlerhafte Angaben enthält, keine Fehlermeldung ausgegeben. Verwenden Sie deswegen, nachdem Sie Ihre Dokumente mit dem Validator validiert haben, noch den CSS-Validator.

20.2 Validome

Ebenfalls zur Überprüfung von (X)HTML-Dokumenten dient Validome, *http://www.validome.org/*. Auch hier können Sie URLs oder lokale Dateien, die hochgeladen werden, validieren. Validome hat im Vergleich zum W3C-Validator unter anderen den Vorteil, dass die Fehlermeldungen auf Deutsch angegeben werden und auch Inhalte von Attributen überprüft werden.

Der letzte Punkt kann nützlich sein. Wenn Sie beispielsweise in einem Dokument Folgendes schreiben:

```
<img src="bild.gif" height="ww" width="20" alt="Bild" />
```

so gibt der W3C-Validator keine Fehlermeldung aus, weil er die Überprüfung anhand einer Dokumenttypdefinition durchführt, die keine Mechanismen zur exakten Beschreibung von Attributwerten vorsieht. Anders bei Validome: Er liefert die Fehlermeldung: »Ungültiger Wert ww im Attribut `height`. Es sind nur ganze Zahlen oder prozentuale Angaben (z. B. 10%) erlaubt.«

Allerdings ist Validome eventuell in manchen Punkten auch überstreng. So liefert er beispielsweise eine Fehlermeldung, wenn Sie bei einem Element das `style`-Attribut einsetzen, ohne die entsprechende Metaangabe zu verwenden (siehe hierzu auch Kapitel 2.2.1.). Da hat er an sich Recht, aber die gängige Praxis – auch bei Verfechtern der Standardkonformität – ist eine andere.

Lassen Sie sich nicht durch die Warnung am Anfang der Ausgabe irritieren: »XML-Deklaration nicht vorhanden! Es wird ausdrücklich empfohlen, eine XML-Deklaration dem Dokument hinzuzufügen.« Es kann sehr gute Gründe geben, die XML-Deklaration wegzulassen – denn wenn man sie verwendet, wechselt der Internet Explorer 6 automatisch in den Quirks-Modus (vgl. Kapitel 13).

Neben dem Validator des W3C und Validome gibt es weitere nützliche HTML-Validatoren – so hat z.B. `http://www.htmlhelp.com/` der Web Design Group den Vorteil, dass er mehrere Seiten auf einmal überprüfen kann.

20.3 CSS-Validator

Speziell zur Überprüfung von Stylesheets dient der CSS-Validator des W3C (*http://jigsaw.w3.org/css-validator/*). Genauso wie beim (X)HTML-Validator können Sie Ihre Stylesheets per URL, Hochladen oder direkt in ein Textfeld kopiert validieren. Die letzte Möglichkeit ist besonders praktisch, wenn Sie bei der Entwicklung mit Inline-Stylesheets arbeiten und diese überprüfen möchten.

Der CSS-Validator überprüft die Stylesheet-Angaben auf syntaktische Korrektheit, mahnt vergessene Klammern an und reagiert auf falsch geschriebene CSS-Schlüsselwörter. Wenn Sie hingegen einen Klassennamen falsch schreiben – in Ihrem Dokument setzen Sie `class="wichtig"` ein, aber im Stylesheet schreiben Sie `.wchtig {}` –, wird der CSS-Validator keinen Fehler melden, da der Klassenname syntaktisch korrekt ist.

20.4 Tipps zum Fehlerfinden

Folgende Tipps helfen bei der Fehlersuche:

(X)HTML checken: Überprüfen Sie mithilfe eines der oben beschriebenen Validatoren, ob Ihr Dokument valides (X)HTML ist. Browser sind recht fehlertolerant – Sie wissen aber nicht, was die Browser aus fehlerhaftem Code machen. Deswegen ist es wichtig, durch Validierung auszuschließen, dass die fehlerhafte Darstellung im (X)HTMl-Code begründet ist.

CSS prüfen: Validieren Sie auch den CSS-Teil. Häufig hat man sich einfach verschrieben. Falls Sie einmal `#inhalt { floating: left; }` anstelle von `#inhalt { float: left; }` schreiben, so sieht das zwar sehr CSS-mäßig aus – bewirkt aber leider nichts. Besonders leicht vertut man sich bei CSS-Eigenschaften, die sehr ähnlich lauten wie ihre (X)HTML-Pendants.

Tippfehler suchen: Bei falsch geschriebenen Klassen- oder ID-Namen gibt der Validator keine Fehlermeldung aus, diese muss man selbst prüfen. Leichter tut man sich durch ein einheitliches Schema bei der Vergabe von Klassen- und ID-Namen.

Eingebettete Stylesheets: Bemerkenswert ist, dass häufig Fehler primitiv bleiben, auch wenn man sich mit komplexen Dingen beschäftigt. Das heißt, prüfen Sie immer, ob Sie auch an der richtigen Datei arbeiten, deren Ausgabe Sie kontrollieren. Arbeiten Sie am besten beim Entwurf mit eingebetteten Stylesheets, die Sie erst danach auslagern.

Korrekte Dokumenttypangabe: Wenn Sie ein Beispiel aus dem Internet ausprobieren und es bei Ihnen nicht funktioniert, dann überprüfen Sie unbedingt, ob Sie den richtigen Dokumenttyp einsetzen. Mehr zu den Dokumenttypen und ihrer Auswirkung auf das Layout können Sie in Kapitel 13 nachlesen.

Komplexe Spezifität: Wenn eine Angabe nicht die erwartete Wirkung zeigt, kann es außerdem sein, dass es eine konkurrierende Angabe gibt, die sich durchsetzt. Um das auszuschließen, brauchen Sie nur bei der gewünschten Angabe `!important` zu notieren. Wenn es nun funktioniert, gibt es eine konkurrierende Anweisung an einer anderen Stelle, und Ihre Angabe zeigt deswegen keine Auswirkung. Erhöhen Sie dann die Spezifität, z. B. durch Ergänzung weiterer Elemente (vgl. Kapitel 12).

Explizite Angaben: Setzen Sie für die Elemente, die Sie gestalten wollen, explizit Angaben. Verlassen Sie sich nicht auf die browserinternen Formatierungen, da diese sehr unterschiedlich sind. So empfiehlt es sich beispielsweise, für `body` und `html` die Eigenschaften `margin` und `padding` auf `0` zu setzen. Kein Browser benötigt all diese Angaben – aber jeder Browser braucht hier andere.

Standardkonforme Browser zuerst: Sorgen Sie zuerst dafür, dass Ihre Angaben in den standardkonformen Browsern (Opera, Firefox) funktionieren. Kümmern Sie sich danach um die weniger standardkonformen. Notieren Sie die benötigten Hacks separat, und kommentieren Sie sie ausreichend.

Kompatibilität prüfen: Vergewissern Sie sich, dass die gewünschte Eigenschaft überhaupt vom entsprechenden Browser unterstützt wird.

Fehler eingrenzen: Versuchen Sie, den Fehler so weit wie möglich einzugrenzen. Das heißt, erstellen Sie eine reduzierte Version, in der man nur den Fehler sieht. Ebenfalls hilfreich kann es sein, einzelne Teile so lange auszukommentieren, bis man die fehlerhafte Zeile entdeckt hat.

Übersicht: Verwenden Sie einen Editor, der zumindest durch Syntax-Highlighting Ihnen eine gute Übersicht über Ihr Stylesheet ermöglicht. Gestalten Sie Ihren CSS-Quellcode durch Einrückungen und Kommentare so klar wie möglich.

Elemente markieren: Beim Erstellen eines Grundlayouts empfiehlt es sich, den einzelnen Bereichen gut unterscheidbare Hintergrundfarben zu geben, die nichts mit den späteren Farbschemata zu tun haben müssen, sondern nur der Verdeutlichung dienen. Teilweise ist es ebenso nützlich, Rahmen temporär zuzuweisen, damit man genau erkennt, wie weit ein Element geht.

Probleme mit der Breite von Bereichen: Sind Bereiche im Internet Explorer schmaler als in den anderen Browsern, liegt das an der unterschiedlichen Interpretation des Boxmodells. Dann müssen Sie dem Internet Explorer einen eigenen (größeren) Wert für `width` zuweisen. Wie das geht, lesen Sie in Kapitel 14.

Kürze und Lesbarkeit sind manchmal gegensätzliche Konzepte. Eine zusammengefasste und kurze CSS-Datei ist schneller durchgelesen – aber häufig auch schwerer verständlich. Optimieren Sie Ihr Stylesheet, und fassen Sie CSS-Deklarationen zusammen, wo es geht, aber immer nur so weit, dass die Lesbarkeit nicht darunter leidet.

Hilfreich bei der Fehlersuche ist auch die Firefox-Erweiterung Firebug. Damit lassen sich einzelne Bereiche inspizieren und direkt editieren. Mehr dazu in Kapitel 21.

TIPP

20.5 Probleme mit dem Internet Explorer

Häufig tritt die Situation auf, dass eine Webseite in Firefox und Konsorten wie gewünscht angezeigt wird, im Internet Explorer hingegen nicht. Besonders oft sind es Probleme mit dem Internet Explorer 6, mit denen man bei der Entwicklung von CSS-Layouts zu kämpfen hat.

Der Internet Explorer 6 hat viele ärgerliche Bugs. Die wichtigsten finden Sie bei *http://www.positioniseverything.net/explorer.html* beschrieben. Dort steht auch jeweils eine Lösung des Problems.

Viele der Probleme, die im Internet Explorer 6 auftauchen, lassen sich dadurch beheben, dass man einem Element »Layout gibt«. Die Eigenschaft HasLayout, um die es hier geht, ist eine Microsoft spezifische Erfindung und sie ist implizit. HasLayout beeinflusst die Darstellung von Elementen und wie sie sich zu anderen Elementen verhalten. »Layout« im Sinne von HasLayout haben manche (X)HTML-Elemente von Haus aus, beispielsweise `html`, `body`, `table`, `tr`, `td`, `img`, `hr`.

Elemente, die nicht per se Layout haben, können dieses erhalten, indem man ihnen bestimmte CSS-Eigenschaften zuweist: Dazu zählen `position: absolute`, `display: inline-block`, `width` oder `height` mit einem anderen Wert als `auto`, und ebenfalls die beiden Microsoft-proprietären Eigenschaft `zoom`.

Wenn Sie die IE Toolbar verwenden, können Sie sich anzeigen lassen, ob ein Element Layout hat oder nicht. Hat es »Layout«, so erscheint hier `hasLayout: -1`. Bei einem Element ohne »Layout« steht hingegen `hasLayout: 0` (mehr zu dieser Toolbar in Kapitel 21).

TIPP

Wichtig ist dieses HasLayout, da viele Probleme im Internet Explorer in dem Moment nicht mehr auftauchen, in dem ein Element »Layout« erhält. Das betrifft insbesondere manche Bugs in Zusammenhang mit `float` wie etwa den 3-Pixel-Bug: Hier kommt es zu einer Verschiebung um 3 Pixel bei Elementen, die direkt an ein mit `float` versehenes Element angrenzen.

Sie können einfach herausfinden, ob ein bestimmtes Problem mit der Microsoft-Eigenschaft »Layout« zu tun hat. Schreiben Sie testweise bei einem Element `zoom: 1`. Verschwindet das Problem, ist es ein Layout-Problem gewesen.

Damit Ihr Dokument aber standardkonform ist, sollten Sie `zoom: 1` zum Schluss wieder entfernen und durch eine standardkonforme Angabe ersetzen, die ebenfalls dafür sorgt, dass das Element Layout erhält.

Ein probates Mittel ist es, einem Element eine Höhe zuzuweisen. Da man in vielen Fällen die echte Höhe nicht kennt, muss man hier zu einem Trick greifen, der sich einen anderen Bug zunutze macht: Der Internet Explorer dehnt die Box aus, wenn der Inhalt größer ist als die bei `height` angegebene Höhe. Deswegen genügt es, bei `height` einen sehr geringen Wert anzugeben, beispielsweise `height: 1%`. Diese Angabe muss jedoch vor neueren Browsern versteckt werden, da diese sie korrekt interpretieren würden, was zu einer nicht gewünschten Darstellung führt. Dafür können Sie für die schnelle Lösung den `* html`-Hack verwenden oder – besser – gleich mit konditionalen Kommentaren arbeiten (siehe hierzu Kapitel 14).

Dieses seltsame Konzept `HasLayout` ist jedoch nur in zwei Internet Explorer-Versionen relevant: im Internet Explorer 6 und im Internet Explorer 7. Beim Internet Explorer 8 wurde es abgeschafft. Da der Internet Explorer 8 jedoch wesentlich standardkonformer ist als die vorherigen Browser, sollten Sie auch kaum Probleme mit diesem Browser haben.

Genaue Informationen zu HasLayout liefert ein Artikel: *http://www.satzansatz.de/cssd/onhavinglayout.html*.

20.6 Mailinglisten/Foren

Wenn Sie bei einem Problem nicht weiterkommen, sind Mailinglisten oder Foren oft die beste Anlaufstelle für kompetente Unterstützung.

Bevor Sie dort ein Problem posten, sollten Sie folgende Dinge schon selbst unternommen haben:

- Validieren Sie Ihr Dokument vorher. Ansonsten riskieren Sie, dass Sie als Antwort nur die Anzahl der Fehler präsentiert bekommen, die der Validator ausgespuckt hat.
- Recherchieren Sie im Listenarchiv, ob es nicht bereits ein ähnliches Problem gab. Vielleicht hilft Ihnen die damalige Lösung weiter, außerdem sind manche Listenmitglieder ungehalten, wenn immer wieder dieselben Fragen gestellt werden.
- Informieren Sie sich über die auf der Liste üblichen Formalia und über den Kommunikationsstil. Meist gibt es Vorgaben, wie andere Mails oder Äußerungen zitiert werden sollen. Wird beispielsweise mehr als notwendig in einer Äußerung zitiert, kann das für Digest-Leser, die sich nur Zusammenfassungen zustellen lassen, sehr störend sein.
- Wenn Sie auf einer Mailingliste eine neue Mail verfassen, erstellen Sie wirklich eine neue leere Mail, und verwenden Sie nicht eine bestehende, bei der Sie nur den Betreff ändern. Letzteres bringt die Anzeige durcheinander, wenn jemand sich die Mails in einer Baumstruktur darstellen lässt, was für Mailinglisten eine praktische Ansicht ist.

Zwei empfehlenswerte deutschsprachige Mailinglisten/Foren zu CSS sind: *http://xhtmlforum.de/* und die Mailingliste CSS-Design *http://www.webwriting-magazin.de/css-design/listhome.php*.

20.7 Wiederholungsfragen und Übungen

1. **Validieren Sie das folgende Dokument – sowohl den eingebetteten CSS-Teil als auch das XHTML-Dokument –, und führen Sie die notwendigen Korrekturen durch.**

Listing 20.1: Noch mit Fehlern ...

```
<!DOCTYPE html PUBLIC "-//W3C//DTD XHTML 1.0 Strict//EN"
"http://www.w3.org/TR/xhtml1/DTD/xhtml1-strict.dtd">
<html xmlns="http://www.w3.org/1999/xhtml" xml:lang="de" lang="de">
```

```
<head>
<meta http-equiv="Content-Type" content="text/html; charset=iso-8859-
1" />
<title>HTML in XHTML umwandeln</title>
<style type="text/css">
/*<![CDATA[*/
h1 { color: #CC0133; }
body {
   color: #000080;
   bgcolor: white;
}
/*]]>*/
</style>
</head>
<body>
<h1 align="center">HTML nach XHTML umwandeln</h1>
<p>Dieses HTML-Dokument soll in XHTML konvertiert werden. Mehr
Informationen zu XHTML beim <a href="http://www.w3.org/"
target="_blank">W3C</a></p>
<ul>
  <li>Punkt 1</li>
  <li>Punkt 2</li>
  <li>Punkt 3</li>
</ul>
</body></html>
```

2. **Auch das folgende Beispiel bietet Material für die Fehlersuche. Neben dem prinzipiell nicht korrekten Layout sind u. a. folgende Punkte zu klären:**
   - Die Schriftart und -größe sind nicht korrekt.
   - Der externe Link wird nicht fett angezeigt.
   - Die Klasse `.betont` soll mit grüner Schrift formatiert werden, wird derzeit jedoch rot angezeigt.

Listing 20.2: Auch hier sind noch einige Fehler vorhanden ...

```
<!DOCTYPE html PUBLIC "-//W3C//DTD XHTML 1.0 Transitional//EN"
"http://www.w3.org/TR/xhtml1/DTD/xhtml1-transitional.dtd">
<html xmlns="http://www.w3.org/1999/xhtml" xml:lang="de" lang="de">
<head>
<meta http-equiv="content-type" content="text/html; charset=ISO-8859-
1" />
<title>Zweispalter</title>
<style type="text/css">
/* <![CDATA[ */
body, html, #navigation, #inhalt {
   margin: 0;
   padding: 0;
}
#inhalt p span { color: red; }
body {
   font: sans-serif 100.01%;
   background: url(hg_zweispalter2.gif) repeat-y 0 0;
}
```

```
#navigation {
   width: 200px;
   float: links;
   background-color: #E6B873;
   color: #3054BF;
}
#inhalt{
   background-color: #E6DCCF;
   margin-left: 200px;
   color: #806640;
}
h1,p {
   margin: 25px;
h1 {
   margin-top: 0;
   padding-top: 25px;
   font-size: 1.3;
}
a:link, a:visited { text-decoration: no; }
a:hover { text-decoration: underline; }
a[href^="http"] { font-weigth: bold; }
.betont { color: green; }
/* ]]> */
</style>
</head>
<body>
<div id="navigation">
<h1>Navigation</h1>
<ul>
<li><a href="#">Ein Men&uuml;punkt</a></li>
<li><a href="#">Ein Men&uuml;punkt</a></li>
</ul>
</div>
<div id="inhalt">
<h1>Lorem ipsum dolor</h1>
<p>Lorem <span class="betont">ipsum dolor sit amet</span>,
consectetuer adipiscing elit, sed diam nonummy nibh euismod tincidunt
ut laoreet dolore magna aliquam erat volutpat. Ut wisi enim ad minim
veniam, quis nostrud exerci tation ullamcorper suscipit lobortis nisl
ut aliquip ex ea commodo consequat.<a
href="http://www.google.de/">Externer Verweis</a> </p>
<p>Duis <span style="background-color: #333">autem vel eum</span>
iriure dolor in hendrerit in vulputate velit esse molestie consequat
... </p>
</div>
</body>
</html>
```

Kapitel 21

jetzt lerne ich

Tools

Verschiedene Tools helfen Ihnen bei der Arbeit mit CSS. Mit Tidy können Sie fehlerhafte HTML-Dateien in wohlgeformte XHTML-Dokumente verwandeln. Nützlich sind auch die mehrfach erwähnten Firefox-Erweiterungen Firebug oder Web Developer. Diese helfen Ihnen, die Struktur von fremden Stylesheets und Webseiten zu verstehen oder Änderungen am eigenen Stylesheet auszutesten.

Bei der Erstellung und Bearbeitung von Stylesheets helfen spezielle CSS-Editoren wie Top Style oder Style Studio. Auch ein Webseiten-Editor wie Dreamweaver leistet gute Dienste bei der Arbeit mit CSS.

21.1 Aus HTML mach XHTML: Tidy

Wenn Sie bereits viele in HTML erstellte Dateien haben, die Sie in XHTML transformieren möchten, kann das eine mühsame Angelegenheit sein. Unterstützung bietet das Universalwerkzeug Tidy. Der »Saubermacher« stammt ursprünglich von Dave Raggett, einem Mitarbeiter des W3C, und steht kostenlos zur Verfügung.

Tidy kann beispielsweise folgende notwendigen Ergänzungen bzw. Änderungen vornehmen:

- Die Dokumenttypangabe wird ergänzt.
- Das HTML-Start-Tag wird mit der Namensraumangabe für XHTML vervollständigt.
- Großgeschriebene Elementnamen werden durch Kleinbuchstaben ersetzt.
- Fehlende End-Tags werden hinzugefügt.
- Falsch verschachtelte Tags werden korrigiert.

Tidy ist ursprünglich ein Kommandozeilen-Tool. Dokumentation und das Tool selbst erhalten Sie unter *http://www.w3.org/People/Raggett/tidy/*. Nützlich ist auch die Projektseite von Tidy bei Sourceforge: *http://tidy.sourceforge.net/*. Einen Einstieg in die Bedienung von Tidy auf der Kommandozeile finden Sie unter *http://www.maurice-web.de/xhtml_tidy.php*.

Neben dieser Kommandozeilen-Version existiert auch eine Version mit grafischer Oberfläche für Windows, die Sie unter *http://users.rcn.com/creitzel/tidy.html#tidyui* herunterladen können. Sehr komfortabel können Sie hier durch Doppelklick auf die verschiedenen Parameter Tidy ganz nach Wunsch konfigurieren. Tidy ist auch in verschiedenen Editoren integriert, so bei Dreamweaver oder bei Top Style.

21.2 Universelles Hilfsmittel: Die Firefox-Erweiterung Firebug

Firebug ist eine geniale Erweiterung für Firefox. Damit können Sie (X)HTML- und CSS-Code inspizieren und gleichzeitig auch direkt editieren. Daneben bietet Firebird auch viele nützliche Funktionen beim Einsatz von JavaScript, die aber hier nicht besprochen werden.

Firebird erhalten Sie unter der Adresse *http://www.getfirebug.com/* oder auf der Buch-DVD.

> Zum Installieren von Erweiterungen unter Firefox klicken Sie auf den vorbereiteten Link auf der Webseite. Standardmäßig verbieten die Sicherheitseinstellungen von Firefox das Installieren von Software, d.h., Sie müssen es explizit der entsprechenden Seite, die natürlich wirklich vertrauenswürdig sein sollte, gestatten. Nach dem Neustart von Firefox steht die Erweiterung dann zur Verfügung.
>
> Wenn Sie die Datei von der Buch-DVD kopieren, dann können Sie sie über DATEI/DATEI ÖFFNEN in Firefox öffnen und müssen dann bestätigen, dass Sie sie installieren möchten.

Sie aktivieren Firebug über ANSICHT/FIREBUG oder [F12]. Es erscheint jetzt am unteren Bildschirmrand das Fenster von Firebug.

Standardmäßig ist das Tab HTML aktiviert. Sie sehen links den HTML-Code und rechts die dazugehörigen CSS-Eigenschaften. Durch Klick auf die einzelnen Elemente im linken Bereich öffnen Sie diese und erhalten so auch einen Überblick über die Struktur. Die Art, wie die Elemente verschachtelt sind, wird Ihnen auch in der Symbolleiste von Firebug angezeigt.

Abb. 21.1: `li` ist ein Kindelement von `ul`, das ein Kindelement eines `div` mit `id="navi«` ist, das wiederum ein Kindelement von `body` ist, das ein Kindelement von `html` ist: Firebug zeigt es genau.

Zu jedem markierten Element sehen Sie im rechten Bereich die CSS-Informationen. Zuerst stehen die diesem Element direkt zugewiesenen CSS-Eigenschaften, darunter bei INHERITED FROM ... die Eigenschaften, die von Elternelementen an dieses Element vererbt werden. Durchgestrichene Eigenschaften bedeuten, dass diese Eigenschaften zwar vererbt werden, aber von anderen Werten beim Element selbst überschrieben werden. Über OPTION können Sie sich auch die berechneten Werte (COMPUTED STYLES) anzeigen lassen – dann sehen Sie beispielsweise bei verschachtelten Elementen mit relativen Angaben wie em deren tatsächliche Größe.

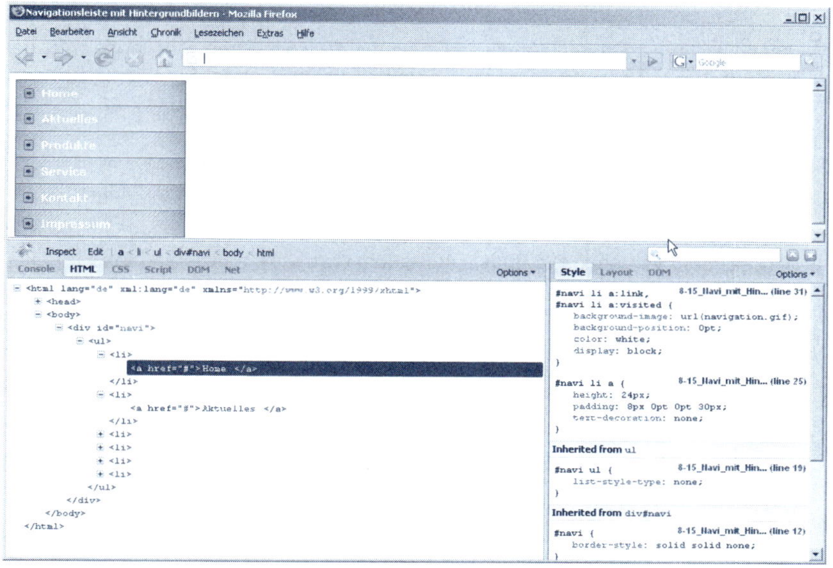

Abb. 21.2: Firebug: Links die (X)HTML-Struktur, rechts die zum markierten Element gehörenden CSS-Anweisungen

TIPP

Wenn CSS-Eigenschaften hier nicht auftauchen, dann kann das zwei Gründe haben:

- Die Eigenschaft wird von Firefox noch nicht interpretiert oder
- Sie haben sich bei der Eigenschaft verschrieben.

Verwenden Sie beispielsweise `colour` anstelle von `color`, so verschwindet die entsprechende Eigenschaft einfach aus der Ansicht. Denn diese CSS-Ansicht zeigt nur das, was Firefox auch interpretiert.

21.2.1 Code editieren

Sie können nun im rechten Bereich die CSS-Eigenschaften direkt editieren, um auszutesten, was eine Veränderung bewirkt. Klicken Sie dafür einfach in eine Eigenschaft und Sie können diese editieren.

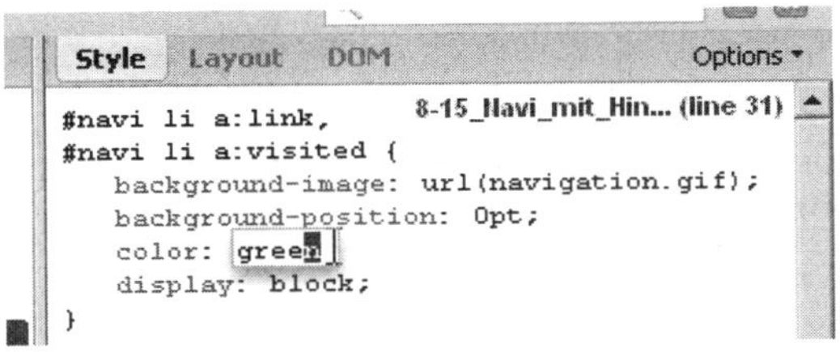

Abb. 21.3: CSS-Eigenschaften lassen sich live editieren.

Möchten Sie eine weitere Eigenschaft hinzufügen, so klicken Sie doppelt an das Ende einer Anweisung und es erscheint eine neue Zeile, in der Sie Eigenschaft und Wert eingeben können. Die Auswirkung können Sie sofort im oberen Teil des Browser-Fensters sehen.

Noch drei sehr nützliche Features des rechten Bereichs sind folgende:

- Wenn Sie über eine Farbe hovern, wird Ihnen der Farbton eingeblendet.
- Beim Hovern über eine `background`-Eigenschaft sehen Sie in einem kleinen Fenster eine Vorschau des Bildes. Außerdem wird die Größe eingeblendet.

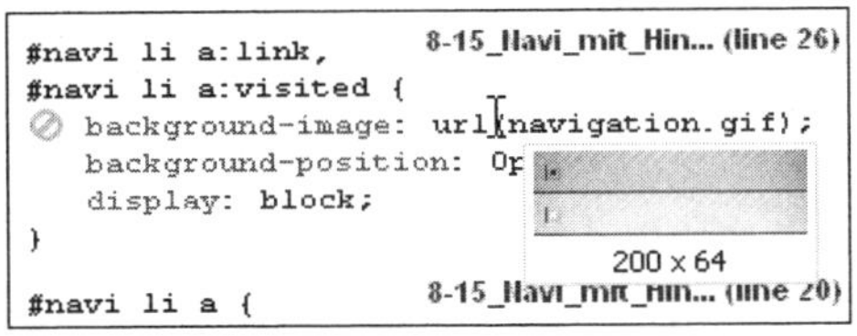

Abb. 21.4: Hintergrundbilder werden in einer Vorschau eingeblendet.

- Schalten Sie hingegen im rechten Bereich von STYLE auf LAYOUT um, sehen Sie das Boxmodell für den angegebenen Bereich.

Auch der (X)HTML-Code im linken Bereich lässt sich direkt bearbeiten. Manchmal geht das komfortabler, wenn Sie zusätzlich auf den Reiter EDIT klicken. Dann wird Ihnen das gerade markierte Element separat angezeigt und Sie können es bearbeiten. Zurück gelangen Sie wieder durch einen erneuten Klick auf EDIT.

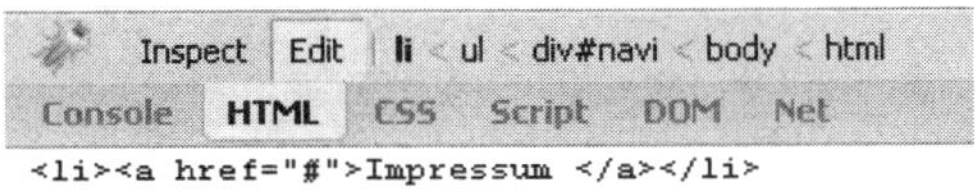

Abb. 21.5: Einzelne Elemente lassen sich über EDIT wie im Texteditor bearbeiten.

Auf diese Art können Sie auch Webseiten im Internet editieren, um zu testen, wie sich Änderungen auswirken. Diese Änderungen werden aber natürlich nicht gespeichert, d. h. sie sind nur in Ihrer temporären Ansicht der Webseite sichtbar.

21.2.2 Webseite inspizieren

Sie haben eben gesehen, wie Sie einzelne (X)HTML-Elemente in der linken Seite öffnen können, um zu untergeordneten Elementen zu gelangen, und Elemente auch markieren. Wenn Sie hingegen mit der Maus über Elemente nur fahren, ohne diese anzuklicken, werden diese im oberen Teil des Browser-Fensters hellblau markiert. Auf diese Weise sehen Sie schnell, welche Elemente im (X)HTML-Code für welche Stellen auf der Seite verantwortlich sind.

Auch der umgekehrte Weg ist möglich. Klicken Sie einmal auf den Reiter INSPECT. Wenn Sie jetzt im oberen Teil des Browser-Fensters über einzelne Bereiche fahren, werden diese automatisch im unteren Code-Teil blau markiert.

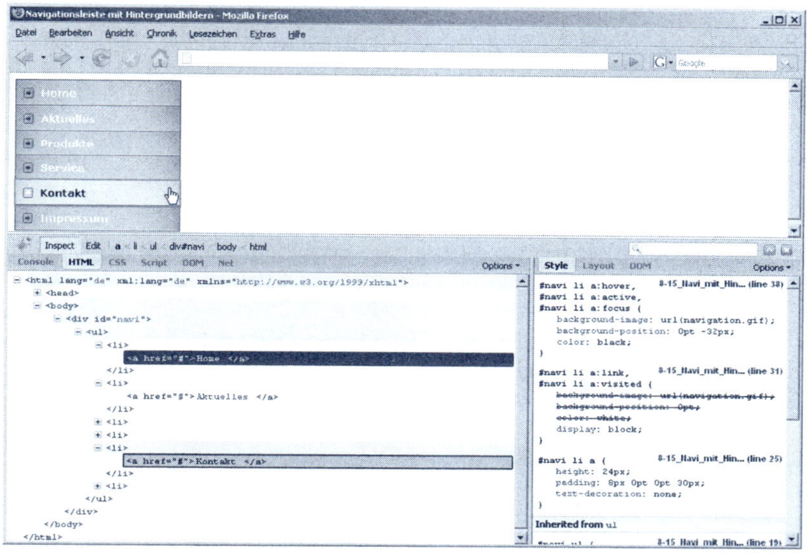

Abb. 21.6: Inspect-Modus: Bereiche, über die Sie oben fahren, werden automatisch im unteren Code-Teil markiert.

Der Inspect-Modus lässt sich über einen erneuten Klick auf den INSPECT-Reiter wieder deaktivieren.

Diese Funktionen waren jetzt sichtbar, wenn Sie im HTML-Modus arbeiten. Aktivieren Sie hingegen den Button CSS, der sich neben HTML befindet, sehen Sie das Stylesheet pur. Die Angaben werden aber so übersetzt, wie sie sich auswirken. Das zeigt sich deutlich bei der Kurzschreibung von Eigenschaften.

Haben Sie beispielsweise notiert:

```
body  { font: bold 80% Verdana, Arial, Helvetica, sans-serif; }
```

Dann sehen Sie hier die ausführliche Version:

```
body {
   font-family:Verdana,Arial,Helvetica,sans-serif;
   font-size:80%;
   font-size-adjust:none;
   font-stretch:normal;
   font-style:normal;
```

```
    font-variant:normal;
    font-weight:bold;
    line-height:normal;
}
```

Ihr eigentliches Stylesheet sehen Sie hingegen, wenn Sie zusätzlich auf EDIT klicken. Es lässt sich dann bearbeiten – in dem anderen Modus aber ebenfalls.

Insgesamt ist Firebug ein sehr nützliches Tool, das man nicht mehr missen möchte, wenn man es einmal ausprobiert hat!

21.3 Firefox-Erweiterung Web Developer

Ebenfalls eine kostenlose Erweiterung für den Firefox ist der Web Developer: (*http://www.erweiterungen.de/detail/Web_Developer/*). Er enthält eine unglaubliche Fülle von nützlichen Helferlein für den Webentwickleralltag, und Sie finden ihn ebenfalls auf der DVD.

Nach der Installation zeigt sich eine neue Symbolleiste, die Sie über ANSICHT/SYMBOLLEISTEN/WEB DEVELOPER-SYMBOLLEISTE ein- oder ausblenden.

Hier eine kleine Auswahl aus den wichtigen Menüs:

- CSS/STYLES DEAKTIVIEREN/ALLE STYLES: Hier sehen Sie schnell, wie Ihre Seite ohne Stylesheets aussieht und ob sie dann noch benutzbar ist. Das ist ein wichtiger Punkt für die Zugänglichkeit der Webseite.
- CSS/STYLEINFORMATIONEN anzeigen: Wenn Sie jetzt auf ein Element klicken, sehen Sie oben die Verschachtelung angezeigt und im unteren Teil werden die auf dieses Element wirkenden CSS-Angaben dargestellt.

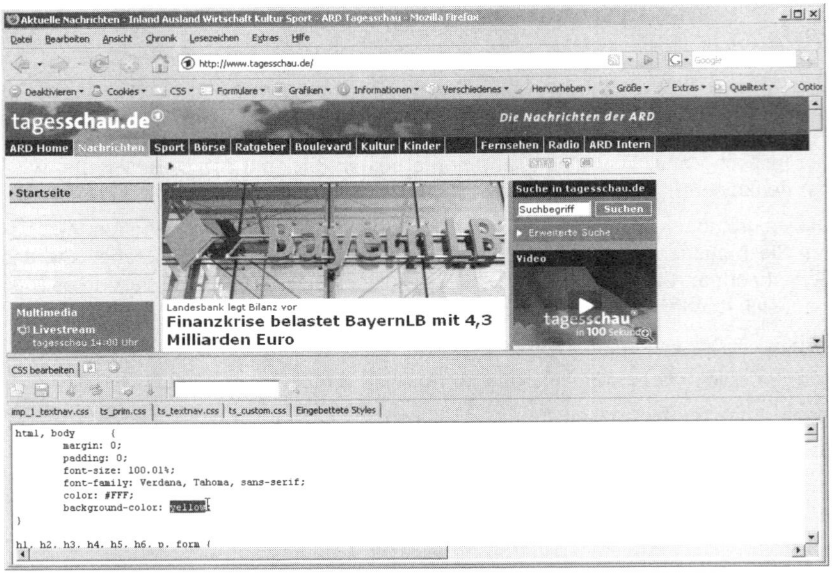

Abb. 21.7: CSS live editieren kann man auch mit dem Web Developer.

- CSS/CSS BEARBEITEN: Das Browser-Fenster wird zweigeteilt, unten sehen Sie die Stylesheets und können sie live editieren – ganz wie im normalen Texteditor. Mehrere Stylesheets sind über Reiter erreichbar. Nützlich ist die Symbolleiste, mit der Sie umfangreiche Änderungen durch Klick auf das Diskettensymbol lokal abspeichern können. Ein Klick auf die doppelten grünen Pfeile nimmt Änderungen wieder zurück.
- INFORMATIONEN/ID- UND KLASSENDETAILS EINBLENDEN: So verschaffen Sie sich einen schnellen Überblick darüber, welche IDs und Klassen wo eingesetzt sind.
- VERSCHIEDENES/MAẞWERKZEUG EINBLENDEN: Messen Sie nach, wie groß einzelne Bereiche sind.
- VERSCHIEDENES/HTML BEARBEITEN: Auch der (X)HTML-Code kann bearbeitet werden. Die Optionen entsprechen denen bei der Bearbeitung von CSS.
- VERSCHIEDENES/BESUCHTE LINKS MARKIEREN/ALLE LINKS ALS NICHT BESUCHT: Diese Option ist nützlich, wenn Sie noch einmal sehen wollen, wie die Links aussehen, wenn sie nicht besucht sind.
- GRÖẞE: Hier haben Sie verschiedene Optionen, um sich anzeigen zu lassen, wie die Webseite bei unterschiedlich großen Browser-Fenstern aussieht. Lassen Sie sich beispielsweise die AKTUELLE FENSTERGRÖẞE IM TITEL ANZEIGEN und ziehen Sie das Fenster in verschiedene Größen.
- EXTRAS. Hier können Sie direkt Ihren (X)HTML- und Ihren CSS-Code beim Validator des W3C überprüfen. Das funktioniert allerdings nur, wenn sich die Seite bereits im Internet befindet.

Das war nur ein kleiner Ausschnitt aus den Funktionen von Web Developer; ausprobieren lohnt sich!

21.4 Internet Explorer Toolbar für Entwickler

Viele attraktive Features für Web-Entwickler bietet für den Internet Explorer die »IE Developer Toolbar«. Ebenfalls am besten installieren und ausprobieren!

Sie finden die Toolbar, wenn Sie auf der Startseite von Microsoft im Suchfeld »Internet Explorer Toolbar« eingeben. Dieses nützliche Werkzeug funktioniert im Internet Explorer 6 und 7.

Im Internet Explorer 8 wird eine Toolbar für die Entwicklung direkt integriert sein. In der Beta-Version war sie erreichbar über EXTRAS/ENTWICKLERTOOLS. Sehr nützlich übrigens ist die Möglichkeit, über ANSICHT/KOMPATIBILITÄTSMODUS ÄNDERN anzusehen, wie die Webseite im Quirks-Modus oder im Internet Explorer 7 aussieht.

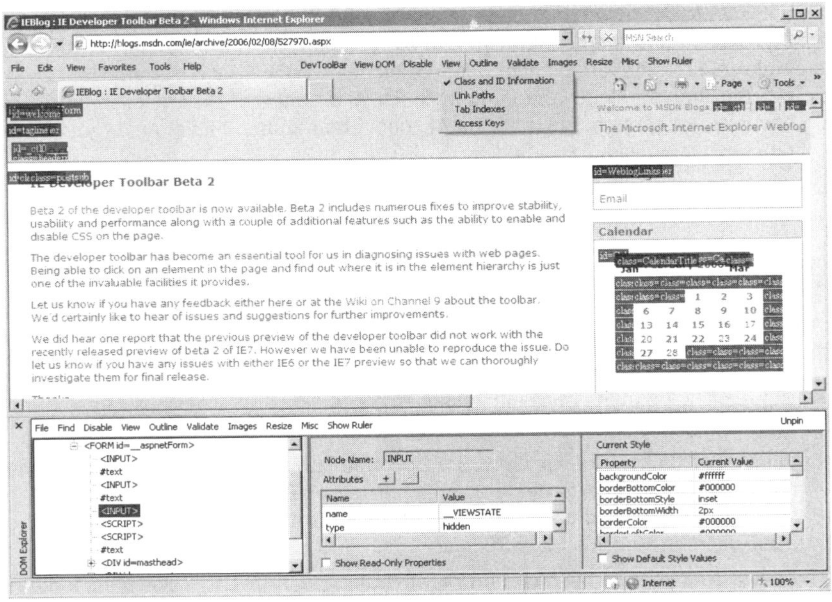

Abb. 21.8: IE Developer Toolbar – unten eingeblendet »View Dom«, im oberen Fenster wurden `id` und `class`-Attribute sichtbar gemacht. Das ist aber natürlich nur ein kleiner Ausschnitt aus den gebotenen Funktionen.

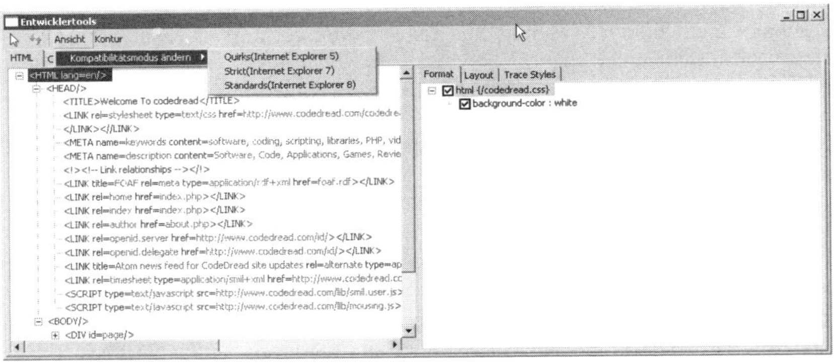

Abb. 21.9: Entwicklertools sind ein Bestandteil vom Internet Explorer 8.

21.5 Toolbars für andere Browser

Auch für Opera gibt es eine Toolbar mit nützlichen Funktionen für die Webentwicklung: *http://operawiki.info/WebDevToolbar.*

Wer unter Mac OS X $\geq$ 10.4 Tiger entwickelt, kann unter Safari 3.1 im Menü EINSTELLUNGEN auf dem Reiter ERWEITERT das Menü DEVELOP in der Safari-Menüleiste einblenden lassen. Damit stehen einige wertvolle Analyse-Funktionen zur Verfügung. Wer nicht mit Safari 3.1 arbeiten möchte oder kann, sollte unbedingt einmal einen Blick auf den Web Inspector für Webkit (einen Open Source-Browser, der die Basis für Safari bildet) werfen, der durch eine Fülle von optisch gut aufbereiteten

Informationen über das auf einer Seite eingesetzte CSS/HTML besticht (*http://webkit.org/blog/?p=41*).

Übrigens gibt es Firebug Lite auch für andere Browser als Firefox. Mehr Informationen unter: *http://www.getfirebug.com/lite.html.*

21.6 SelectOracle: Selektoren richtig verstehen

Selektoren werden in CSS mitunter komplex. Wenn Sie bei einem Ausdruck einmal unsicher sind, ob Sie ihn richtig interpretiert haben, können Sie sich vom Select-Oracle helfen lassen: *http://gallery.theopalgroup.com/selectoracle/*

Geben Sie beispielsweise Folgendes ein:

```
body > ol > li p
```

So erklärt Ihnen Selektoracle die Bedeutung »Selektiert jedes `p`-Element das ein direktes oder indirektes Unterelement ist von einem `li`-Element, das ein direktes Unterelement ist von einem `ol`-Element, das ein direktes Unterelement ist von einem `body`-Element.«

21.7 CSS-Editoren

Spezielle CSS-Editoren nehmen Ihnen bei der Erstellung von Stylesheets viel Arbeit ab. Sie bieten alle wichtigen Funktionen in einer geteilten Ansicht – üblicherweise Editorfenster, Vorschau, Selektorenübersicht und Referenz.

Durch Syntax-Highlighting haben Sie eine größere Übersicht bei komplexen Stylesheets, und die Auto-Vervollständigung ermöglicht ein schnelles Arbeiten und schützt vor Tippfehlern. Apropos Tippfehler: Fehler werden üblicherweise gleich besonders markiert. Um die Übersicht auch bei umfangreichen Stylesheets zu bewahren, zeigen CSS-Editoren die im aktuellen Stylesheet verwendeten Selektoren, und man kann so schnell auch zu bestimmten Stellen navigieren. Die Vorschau bietet eine direkte Kontrolle über die Formatierungen während der Erstellung des Stylesheets. Die integrierte Referenz erspart Ihnen das Nachschlagen in weiteren Quellen. Darüber hinaus helfen Assistenten bei speziellen Aufgaben wie bei der Positionierung.

Dafür sind sie jedoch nicht kostenlos, und leider sind die hier vorgestellten CSS-Editoren nur in englischen Versionen zu erhalten. Zuerst wird TopStyle Pro vorgestellt, dann folgen die wichtigsten Informationen über Style Master, Style Studio und Rapid CSS.

Von Style Master, Style Studio und Rapid CSS finden Sie auf der Buch-DVD eine Testversion, die Sie in Ruhe ausprobieren können.

21.7.1 TopStyle Pro

TopStyle Pro ist einer der bekanntesten CSS-Editoren. Mit ihm lassen sich CSS-Dateien komfortabel editieren und auch gleich in einer Vorschau ansehen. Darüber hinaus eignet er sich auch als HTML-Editor.

Sie können Ihr Stylesheet direkt validieren und den HTML-Code auch mit dem integrierten Tidy überprüfen und »bereinigen«. Im Stylesheet-Inspektor werden die möglichen Eigenschaften und Attribute angezeigt. Sie bestimmen dabei selbst, ob die Eigenschaften von CSS Level 2, Level 1 oder von bestimmten Browsern präsentiert werden sollen.

Auch im Nachhinein lässt sich das erstellte Stylesheet über den Style Checker überprüfen. Was genau getestet werden soll, legen Sie dabei selbst fest. So können Sie sich auch Warnungen anzeigen lassen, wenn Sie Eigenschaften verwenden, die in bestimmten Browsern nicht funktionieren. In der Testversion lassen sich zwar nur zwei Browser bzw. Kriterien ankreuzen, diese Beschränkung existiert in der normalen Version jedoch nicht.

Nützlich ist auch die Funktion, Stylesheets zu upgraden, dabei werden veraltete der Formatierung dienende HTML-Attribute durch die entsprechenden CSS-Eigenschaften ersetzt.

Abb. 21.10: Unterstützung bei Stylesheets durch TopStyle Pro

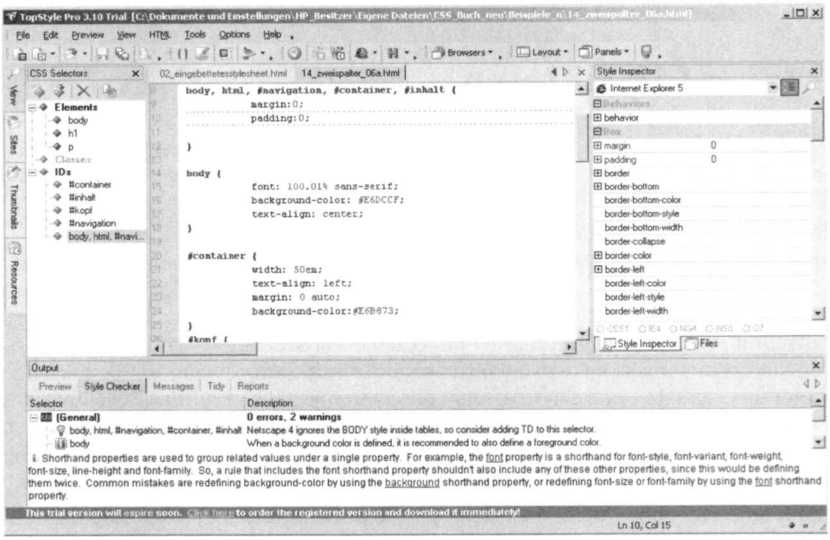

Betriebssystem: Windows
Internetadresse: *http://www.bradsoft.com/*
Testversion: Download unter *http://www.bradsoft.com/download/.*
Preis: ca. 80 US$

TIPP

Neben Topstyle Pro gibt es auch eine kostenlose Lite-Version, die sich lohnt auszuprobieren. Sie finden sie unter *http://www.bradsoft.com/topstyle/tslite/.*

21.7.2 Style Master

Besonderheiten: Reiner CSS-Editor. Besonders nützlich ist der Support-Watcher mit detaillierten Informationen zu den einzelnen CSS-Eigenschaften, inklusive Tipps und Details zur Browser-Kompatibilität.

Betriebssystem: Windows und Mac OS X ab Version 10.3

Internetadresse: *http://www.westciv.com/*

Testversion: Auf der Buch-DVD. Ansonsten Download unter *http://www.westciv.com/westciv/downloads.html.*

Preis: ca. 60 US$. Eine Version für Mac OS 9 ist als Freeware erhältlich.

21.7.3 Style Studio

Besonderheiten: Große Auswahl an Assistenten. Praktisch ist auch die automatische Formatierung der Stylesheets.

Betriebssystem: Windows

Internetadresse: *http://www.style-sheets.com/*

Testversion: Auf der DVD. Ansonsten Download unter *http://www.highdots.com/css-editor/download.html.*

Preis: ca. 50 US$

21.7.4 RapidCSS 2007

Besonderheiten: Günstiger als die anderen CSS-Editoren, dafür von der Funktionalität eher ein erweiterter Texteditor.

Betriebssystem: Windows

Internetadresse: *http://www.blumentals.net/*

Testversion: Auf der Buch-DVD. Ansonsten Download unter *http://www.blumentals.net/rapidcss/download.php*

Preis: ca. 20 US$

Vom Funktionsumfang bietet TopStyle Pro sicher am meisten – nicht zuletzt auch durch den integrierten HTML-Editor. Style Studio und Style Master sind jedoch dabei aufzuholen. Sehr praktisch sind die Tipps und Hinweise zur Browser-Unterstützung bei Style Master. RapidCSS hingegen eignet sich eher als erweiterter Texteditor.

An manchen Stellen hilft jedoch keiner der Editoren weiter, so gibt es beispielsweise keinerlei Hinweis zu der anderen Interpretation des Boxmodells in manchen Versionen des Internet Explorers.

21.8 Dreamweaver als CSS-Editor

Dreamweaver ist ein bei Webentwicklern beliebter Webseiten-Editor, der ein komfortables Arbeiten im WYSIWYG-Modus erlaubt und gleichzeitig auch die gezielte Modifizierung im (X)HTML-Quellcode ermöglicht. Auch zum Editieren von Stylesheets ist Dreamweaver gut geeignet, die Arbeit mit CSS wird in jeder Version komfortabler. Das Bedienkonzept von Dreamweaver sieht mehrere Fenster vor, und eines davon dient zur Arbeit mit Stylesheets (FENSTER/CSS-STILE).

Oben sind zwei Reiter, die die Ansicht steuern:

- ALLE zeigt alle CSS-Definitionen.
- AKTUELL zeigt die CSS-Definitionen für die aktuelle Auswahl.

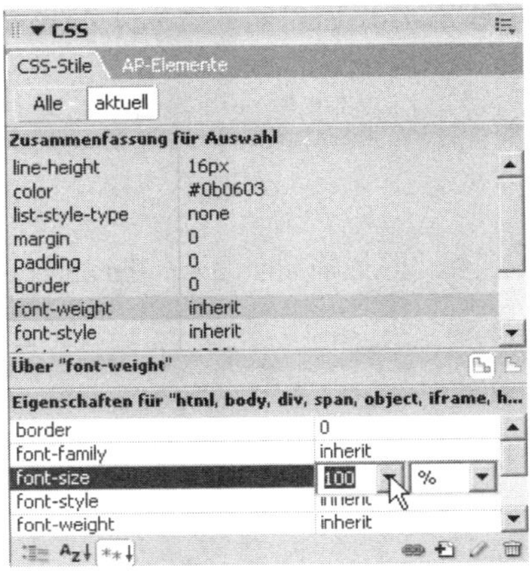

Abb. 21.11: CSS-Stile in Dreamweaver

In diesem Fenster lassen sich CSS-Befehle direkt editieren.

Über die Symbole in der Statusleiste des Fensters können neue Stile erstellt, bestehende bearbeitet oder ein neues Stylesheet angelegt werden.

Abb. 21.12: Icons für CSS: Stylesheet anfügen, neuen Stil ergänzen, bestehenden bearbeiten oder löschen

Beim Anlegen eines neuen Stils wählen Sie zuerst den SELEKTOR-TYP, ob es ein Klassenselektor (KLASSE), Elementselektor (TAG) sein soll. Die dritte Option umfasst ID-Selektoren und Pseudoklassen (ERWEITERT). Außerdem können Sie bestimmen, ob die Definitionen in einem externen Stylesheet (*Angabe der Datei*) oder einem eingebetteten Stylesheet (NUR DIESES DOKUMENT) erstellt werden sollen.

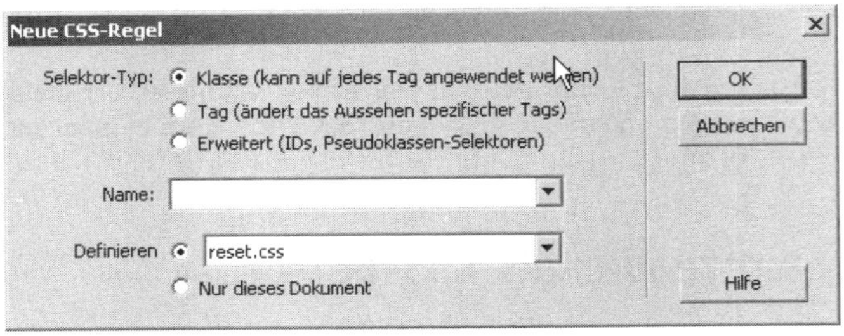

Abb. 21.13: Neue CSS-Regel in Dreamweaver erstellen

Bei der Zuweisung von CSS-Deklarationen können Sie dann in einem Menü komfortabel die einzelnen Formatierungen festlegen. In Abbildung 21.14 sehen Sie das

Bedienfeld für die Zeichenformatierung. Aber auch hier sind Kenntnisse der zugrunde liegenden Benennung der CSS-Eigenschaften vorteilhaft – ansonsten würde man Kapitälchen kaum unter Variante vermuten und auch nicht unbedingt Kursiv unter Stil.

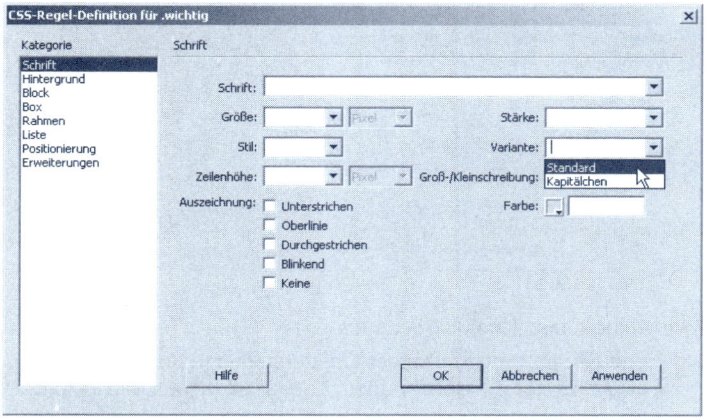

Abb. 21.14: CSS-Eigenschaften festlegen

Manchmal ist die Übersetzung etwas gewöhnungsbedürftig. So würde man nicht auf Anhieb vermuten, dass sich beim Punkt Box die in CSS als `float` bekannte Eigenschaft als schwebend wiederfindet und die CSS-Eigenschaft `clear` als frei.

Wenn Sie einem Element eine vorher erstellte Klasse zuweisen möchten, so können Sie dies über den Eigenschaftsinspektor beim Aufklappmenü Stil vornehmen oder über das Menü Text/CSS-Stile.

TIPP

Eingebettete Stylesheets lassen sich in Dreamweaver einfach exportieren. Kontrollieren Sie zuerst, ob im Fenster CSS-Stile der Reiter Alle aktiviert ist. Markieren Sie dann die CSS-Befehle, die Sie exportieren möchten. Wählen Sie als Nächstes im Kontextmenü CSS-Regeln verschieben. Dann brauchen Sie nur noch anzugeben, wohin diese verschoben werden sollen.

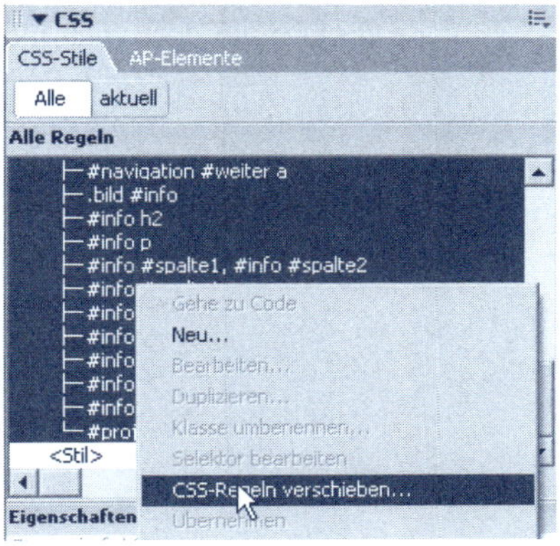

Abb. 21.15: CSS-Befehle lassen sich einfach in ein anderes oder ein neues Stylesheet verschieben.

Externe Stylesheet-Dateien können einzelnen (X)HTML-Dokumenten ebenfalls über das erwähnte Stil-Fenster hinzugefügt werden. Sie haben dann die Wahl zwischen dem Einbinden per Link (Verknüpfung) oder über `@import` (Import). Außerdem lässt sich hier auch angeben, für welches Medium (`print`, `screen` etc.) das Stylesheet gelten soll.

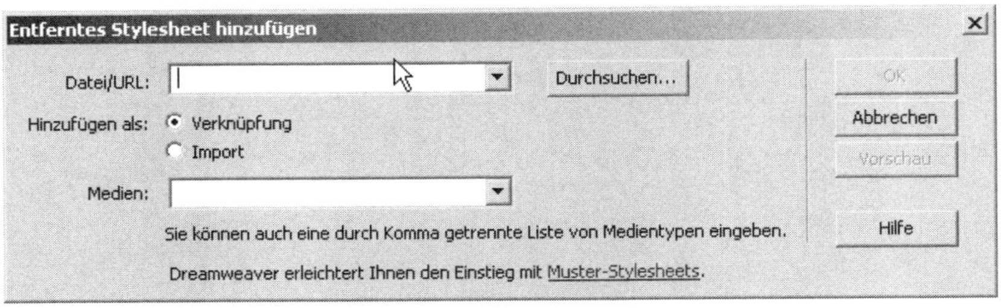

Abb. 21.16: Externe Stylesheets einbinden

Zwei weitere nützliche CSS-Features:

- Wenn Sie am Druckstylesheet arbeiten, können Sie sich dieses auch in Dreamweaver anzeigen lassen. Wählen Sie Ansicht/Stilwiedergabe/Druckmedientyp.
- Dreamweaver kann Ihnen Informationen zu Problemen Ihres Stylesheets in einzelnen Browsern bereitstellen. Überprüfen Sie das Stylesheet über Seite überprüfen/Browserkompatibilität prüfen. Es erscheint eine Liste mit bekannten Kompatibilitätsproblemen. Zu manchen Problemen finden Sie Details beim CSS-Advisor auf der Adobe-Webseite über den Link Weitere Informationen.

Sie finden eine 30-Tage-Testversion von Dreamweaver CS3 auf der Buch-DVD.

Bitte beachten Sie, dass Sie diese Testversion aufgrund eines Bugs nicht im Juni 2008 installieren sollten – sie würde nur einen Tag funktionieren. Adobe veröffentlichte dazu im Mai 2008 die folgende Meldung:

Aufgrund eines technischen Fehlers werden 30-Tage-Testversionen von Adobe-Softwareprodukten im Juni nur einen Tag lang funktionieren. Dieser Fehler tritt nur dann auf, wenn die jeweilige Testversion zwischen dem 1. und 30. Juni 2008 das erste Mal gestartet wird. Wurde die Trial beispielsweise schon im Mai installiert und im Mai das erste Mal gestartet, verhält sich die Software wie gewohnt.

Kapitel 22

jetzt lerne ich

CSS-Frameworks

Für JavaScript oder inzwischen auch PHP gibt es schon länger Frameworks: Frameworks sind Code-Bibliotheken, die bestimmte Standardaufgaben vereinfachen. Seit Kurzem gibt es nun auch Frameworks für CSS: YUI (Yahoo User Interface) bietet neben umfangreichen JavaScript-Tools ein eigenes CSS-Framework zur schnellen Erstellung von Mehrspaltenlayouts. YAML (Yet Another Multicolumn Layout) ist ein sehr flexibles Framework von Dirk Jesse. Frameworks bedeuten eine Arbeitserleichterung, wenn Sie sich erst einmal mit der Arbeitsweise des jeweiligen Frameworks vertraut gemacht haben. Von einem verkürzten Entwicklungsaufwand werden Sie vor allem profitieren, wenn Sie das Framework dann bei mehreren Projekten einsetzen.

Mit diesem Kapitel können Sie einen Einstieg in YAML und YUI unternehmen – die Frameworks finden Sie übrigens auch auf der Buch-DVD, so dass Sie gleich loslegen können.

22.1 CSS-Framework YUI von Yahoo

Die Yahoo User Interface Library (YUI) ist eine vollständige JavaScript-Bibliothek. Darüber hinaus beinhaltet sie aber auch vier CSS-Tools in Form von CSS-Dateien. YUI wird unter der BSD-Lizenz publiziert, d. h. Sie können es frei einsetzen.

TIPP

BSD steht dabei für Berkeley Software Distribution. Software unter der BSD-Lizenz darf frei verwendet werden und es ist erlaubt, sie zu kopieren, zu verändern und zu verbreiten.

Sie finden YUI auch auf der Buch-DVD. Und erschrecken Sie nicht über die Größe. Das CSS-Framework sind nur vier schmale Dateien, der Großteil von YUI beinhaltet die JavaScript-Funktionalität.

Die vier Dateien des CSS-Frameworks haben folgende Funktion:

- **Reset CSS** nimmt alle von Browsern vorgegebenen Formatierungen zurück.
- **Base CSS** vergibt sinnvolle Vorgaben für die einzelnen Elemente, nachdem alle Browser-Formatierungen per Reset CSS neutralisiert wurden.
- **Fonts CSS** setzt die Basisschrift auf Arial und als Größe eine Entsprechung von 13px.
- **Grids CSS** dient zur Erstellung von CSS-Layouts.

22.1.1 Erste Schritte mit YUI CSS

Jetzt erfahren Sie, wie Sie mit Grids CSS Layouts erstellen. Laden Sie hierfür erst einmal die YUI-Dateien von *http://developer.yahoo.com/yui/download/* herunter oder kopieren Sie die Zip-Datei von der Buch-DVD. Entpacken Sie sie dann in einem Ordner.

Erstellen Sie anschließend eine neue XHTML-Datei. Damit Sie YUI einsetzen können, müssen Sie einen Link auf die Datei `reset-font-grids.css` erstellen. Diese befindet sich im `yui`-Ordner im Unterordner `build/reset-fonts-grids`:

```
<link rel="stylesheet" type="text/css" href="yui/build/reset-fonts-
grids/reset-fonts-grids.css" />
```

Um jetzt mit YUI Grids arbeiten zu können, müssen Sie `div`-Container mit vorgegebenen IDs bzw. Klassen benutzen.

- Der umfassende Container erhält als `id="doc"`.
- Für den Kopfbereich ist `id="hd"` vorgesehen.
- Der Hauptbereich wird mit `id="bd"` ausgezeichnet.
- Die Fußzeile benötigt entsprechend `id="ft"`.

Damit ergibt sich folgende Grundstruktur:

```
<div id="doc">
   <div id="hd">Kopfbereich</div>
   <div id="bd">Hauptbereich</div>
   <div id="ft">Fußbereich</div>
</div>
```

Durch weitere Klassen legen Sie den prinzipiellen Aufbau fest. Durch die Klasse `.yui-t1` definieren Sie zwei Spalten: Die eine Spalte ist 160px breit und links angeordnet, die andere Spalte nimmt den Rest des Platzes ein.

```
<div id="doc" class="yui-t1">
```

Dann muss noch der Hauptbereich aufgeteilt werden. Dazu werden zwei weitere Container mit der Klasse `yui-b` ergänzt. Außerdem sollte der Hauptbereich in einen weiteren Container mit der `id="yui-main"` eingebettet werden.

Damit ergibt sich folgende Grundstruktur:

```
<div id="doc" class="yui-t1">
   <div id="hd">Kopfbereich</div>
   <div id="bd">
      <div id="yui-main">
         <div class="yui-b"><h2>Inhaltsbereich</h2>
         </div>
      </div>
      <div class="yui-b">Sidebar</div>
   </div>
   <div id="ft">Fußbereich</div>
</div>
```

Listing 22.1: Ein einfacher Zweispalter mit YUI

Wenn Sie die einzelnen Bereiche dann noch in unterschiedlichen Hintergrundfarben einfärben, sieht das aus wie in Abbildung 22.1.

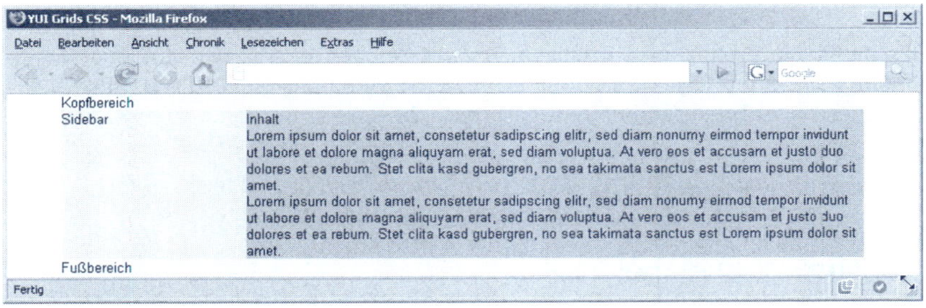

Abb. 22.1: Schnell zum Zweispalter per YUI Grid CSS

22.2 Mehr Variationen – andere Breite, andere Aufteilung

Im Beispiel wurde `id="doc"` verwendet. Damit haben Sie ein 750px breites zentriertes Layout. Daneben stehen noch andere IDs zur Verfügung, wodurch das Layout eine andere Breite erhält. Insgesamt stehen folgende zur Auswahl:

`<div id="doc">`	750px zentriert
`<div id="doc2">`	950px zentriert
`<div id="doc3">`	100% breit
`<div id="doc4">`	974px zentriert

Tabelle 22.1: Layouts unterschiedlicher Größe über vorgegebene IDs

Die Breite wird an dieser Stelle immer in Pixeln benannt. Intern arbeitet YUI Grid CSS jedoch mit em als Einheit. Das bedeutet: Eine Breite von 750px bei `id="doc"` haben Sie nur bei einer Standardschriftgröße. Hat der Benutzer die Schriftgröße höher gestellt, wird das Layout entsprechend breiter.

Außerdem wurde oben die Klasse `yui-t1` eingesetzt. Dadurch wird die schmalere Spalte 160px breit und links angeordnet. Das lässt sich ebenfalls ändern. Es stehen Ihnen insgesamt folgende Klassen zur Verfügung. Die Breitenangabe bezieht sich immer auf die schmalere Spalte.

Tabelle 22.2: Vorgegebene Klassen zur prinzipiellen Aufteilung des Layouts in zwei Bereiche

`class="yui-t1"`	160px breit, links
`class="yui-t2"`	180px breit, links
`class="yui-t3"`	300px breit, links
`class="yui-t4"`	180px breit, rechts
`class="yui-t5"`	240px breit, rechts
`class="yui-t6"`	300px breit, rechts

Das heißt, Sie ergänzen in Ihrem Code zwei Zeichen und haben aus dem 750px breiten zentrierten Layout mit einer schmalen Spalte links ein 100% breites Layout mit einer etwas breiteren Spalte rechts gemacht.

Statt

```
<div id="doc" class="yui-t1">
```

benutzen Sie

```
<div id="doc3" class="yui-t6">
```

und schon ist es eine ganz andere Aufteilung (Abbildung 22.2).

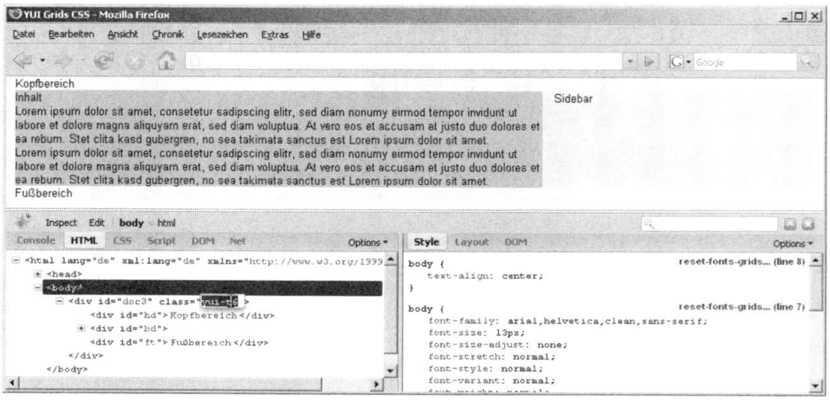

Abb. 22.2: Zwei kleine Änderungen bewirken eine ganz andere Aufteilung.

TIPP: Sehr schnell lassen sich solche Tests in der Firefox-Erweiterung Firebug durchführen. Einfach den (X)HTML-Code editieren und die Veränderungen bestaunen.

22.2.1 Dreispalter erstellen

Noch ein letztes Beispiel. Selbstverständlich können Sie auch Dreispalter erstellen. Hierfür werden einfach weitere div-Container mit vordefinierten Klassen eingefügt. Der umfassende Container erhält yui-g. Die darin enthaltenen beiden div-Container erhalten yui-u. Der erste erhält zusätzlich noch die Klasse first.

Listing 22.2: Ein Dreispalter mit YUI.

```
<div id="yui-main">
   <div class="yui-b">
      <div class="yui-gc">
         <div class="yui-u first">Inhalt</div>
          <div class="yui-u">Sidebar</div>
       </div>
      </div>
   </div>
   <div class="yui-b">Navigation</div>
</div>
```

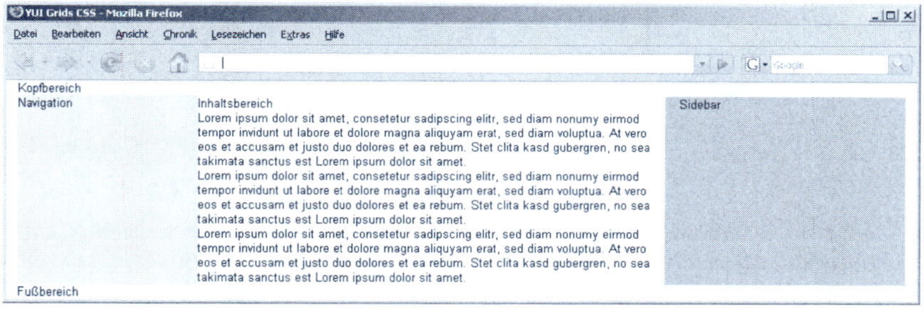

Abb. 22.3: Schnell ist auch ein Dreispalter erstellt.

Im Beispiel wurde yui-gc zur weiteren Unterteilung der Spalten eingesetzt. Diese Klasse bewirkt, dass die beiden darin befindlichen div-Container gleich breit sind. Daneben gibt es noch folgende Klassen für eine andere Aufteilung:

Tabelle 22.3: Weitere Aufteilung der Spalten

yui-g	zwei Spalten, Verhältnis 1/2 zu 1/2
yui-gb	drei Spalten, Verhältnis 1/3 zu 1/3 zu 1/3
yui-gc	zwei Spalten, Verhältnis 2/3 zu 1/3
yui-gd	zwei Spalten, Verhältnis 1/3 zu 2/3
yui-ge	zwei Spalten, Verhältnis 3/4 zu 1/4
yui-gf	zwei Spalten, Verhältnis 1/4 zu 3/4

22.2.2 YUI CSS Grid Builder

Für YUI Grids gibt es einen Builder, mit dem Sie sich Ihr Layout zusammenklicken können: *http://developer.yahoo.com/yui/grids/builder/*.

Bei Erstellung eines Dreispaltenlayouts ist bei YUI Grid CSS immer eine besondere Herangehensweise zu berücksichtigen. Erst wird eine Aufteilung des Layouts in zwei Spalten vorgenommen. Dann kann über weitere Befehle (im Builder SPLIT CONTENT) die größere Spalte weiter unterteilt werden.

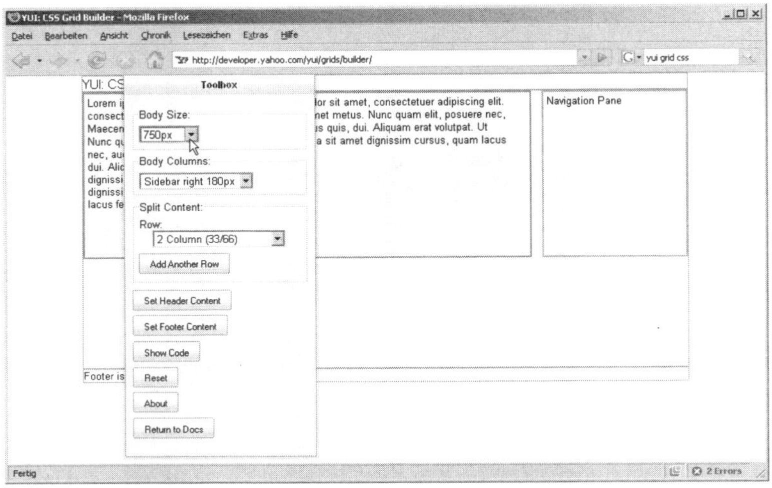

Abb. 22.4: Mit dem Builder von Yahoo können Sie sich schnell Ihre Layouts zusammenklicken.

Mehr Informationen zu YUI finden Sie unter *http://developer.yahoo.com/yui/grids/*. Hilfreich sind auch die vielen Beispiele unter *http://developer.yahoo.com/yui/examples/grids/index.html*.

Nun wechseln wir das Framework: YAML ist komplexer in der Anwendung als YUI, dafür haben Sie auch mehr Freiheiten als bei YUI.

22.3 Erste Schritte mit YAML

Mit YAML lassen sich flexible Mehrspaltenlayouts realisieren. YAML bietet mehrere Vorteile, unter anderem:

- Sie können als Einheit für Ihr Layout Pixel, em oder Prozent wählen.
- Die Browser-Bugs der verschiedenen Internet Explorer-Versionen sind berücksichtigt.
- Die Spalten lassen sich per CSS in einer beliebigen Reihenfolge anordnen – unabhängig davon, in welcher Reihenfolge sie im Quellcode stehen.
- YAML ist gut dokumentiert und es gibt viele Beispiellayouts.

YAML wird unter der Creative Commons-Lizenz publiziert. Das bedeutet: Sofern Sie einen Link auf die YAML-Homepage einfügen, können Sie es kostenlos einsetzen. Möchten Sie es ohne Link verwenden, brauchen Sie eine entsprechende Lizenz. Die Lizenz kostet im Frühjahr 2008 für ein einzelnes Projekt ca. 60 Euro, für eine unbeschränkte Nutzung 120 Euro.

22.3.1 Grundlegender Aufbau

Die CSS-Dateien für YAML sind modular aufgebaut. Das heißt, es sind mehrere Dateien, von denen Sie einige bei allen YAML-Projekten brauchen, andere wiederum benötigen Sie nur für spezielle Aufgaben. Neben den YAML-Dateien gibt es noch Vorlagen für Sie, die Sie benutzen können, um Ihre individuellen Anpassungen vorzunehmen.

Bei so vielen Dateien und Möglichkeiten ist eine gute Organisation wichtig. Wichtig ist besonders, dass Sie Ihre Änderungen nur an den vorgesehenen Stellen durchführen und nicht die Basis-Dateien von YAML selbst modifizieren. Nur dann können Sie problemlos auf neue Versionen von YAML updaten.

Am einfachsten gelingt der Einstieg in YAML mit der Projektvorlage *Simple Project*: Hier befinden sich alle Dateien an der richtigen Stelle und Sie können sofort beginnen.

Laden Sie Simple Project von *http://www.yaml.de/fileadmin/download/addons/yaml_simple_project_102.zip* herunter oder nehmen Sie die Version von der DVD. Entpacken Sie es in einen eigenen Ordner.

Im Ordner finden Sie die XHTML-Datei *my_layout.html*. Dies ist die XHTML-Basis für Ihr Layout. Am besten öffnen Sie sie einmal in einem Browser, um sie anzusehen.

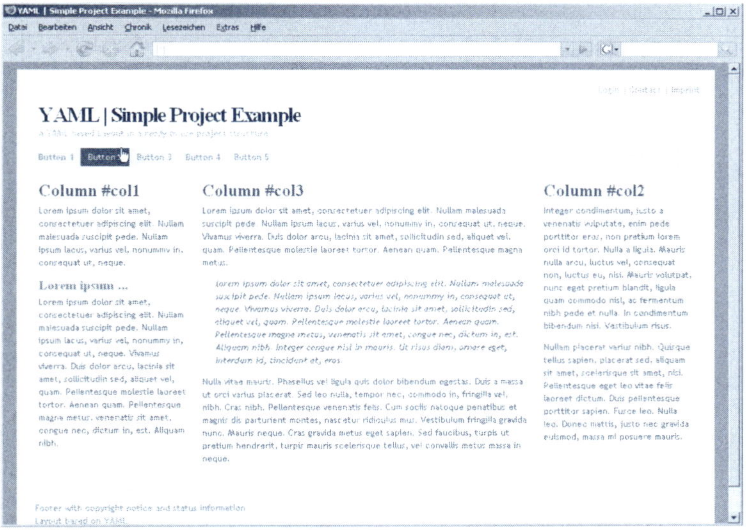

Abb. 22.5: Das Beispielprojekt ist ein guter Einstieg.

Neben *my_layout.html* befinden sich in Ihrem Hauptordner noch zwei Ordner mit Unterordnern.

- Der Ordner *css* enthält Ihre CSS-Dateien. An diesen Dateien können Sie Änderungen durchführen. Hier stehen folgende Dateien:
  - *my_layout.css* bindet die anderen benötigten CSS-Dateien per `@import` ein.
  - Der Unterordner *patches* beinhaltet *patch_my_layout.css*. Hierüber wird die immer benötigte Patch-Datei für den Internet Explorer eingebunden und außerdem stehen direkt in dieser Datei die Patch-Anweisungen für das spezielle Layout.

  - Im Ordner *screen* stehen zwei Dateien: *basemod.css* beinhaltet die Layoutanpassungen für Ihr individuelles Layout, *content.css* bietet eine Basisformatierung für alle Elemente.
- Ordner *yaml*: Hier sind die Dateien von YAML selbst. Beim Simple Project werden vier hiervon benötigt:
  - *yaml/core/base.css*: In dieser Datei stehen die grundlegenden CSS-Formatierungen. Dies ist die Hauptdatei von YAML, die bei allen Projekten benötigt wird.
  - *yaml/navigation/nav_shinybutton.css* ist die Datei für die Navigation.
  - *yaml/print/print_003_draft.css* ist das Stylesheet für das Drucklayout.
  - *yaml/core/iehacks.css* beinhaltet die wichtigsten CSS-Hacks für den Internet Explorer.

TIPP

Im Ordner *yaml* befinden sich neben den Basisdateien von YAML auch mehrere Dateien, die in ihrem Namen den Bestandteil *draft* tragen, wie beispielsweise *markup_draft.html*. Diese würden Sie als Vorlage nehmen, wenn Sie nicht mit dem Simple Project arbeiten, sondern sich die Ordnerstruktur und die Dateien selbst erstellen.

Sie sehen, eine ganze Reihe von Dateien spielt bei der Erstellung von Layouts zusammen. Sie werden aber nicht mit allen zu tun haben: Die wichtigsten sind:

- *my_layout.html*: Hier fügen Sie Ihre Texte ein.
- *basemod.css*: Hier bestimmen Sie den grundlegenden Aufbau Ihres Layouts
- *content.css*: Hier formatieren Sie die einzelnen Elemente.

Beginnen wir einmal mit *my_layout.html*. Diese Datei besteht aus mehreren verschachtelten `div`-Containern mit vorgegebenen `id`-Bezeichnern. Der grundlegende Aufbau ist folgender:

```
<!DOCTYPE html PUBLIC "-//W3C//DTD XHTML 1.0 Transitional//EN"
   "http://www.w3.org/TR/xhtml1/DTD/xhtml1-transitional.dtd">
<html xmlns="http://www.w3.org/1999/xhtml" xml:lang="en" lang="en">
<head>
<title>YAML | Simple Project Example</title>
<meta http-equiv="Content-Type" content="text/html; charset=utf-8"/>
<link href="css/my_layout.css" rel="stylesheet" type="text/css"/>
<!--[if lte IE 7]>
<link href="css/patches/patch_my_layout.css" rel="stylesheet"
type="text/css" />
<![endif]-->
</head>
<body>
<div id="page_margins">
   <div id="page">
      <div id="header"></div>
      <div id="nav"></div>
      <div id="main">
         <div id="col1"></div>
         <div id="col2"></div>
```

```
            <div id="col3"></div>
        </div>
        <div id="footer"></div>
    </div>
</div>
</body>
</html>
```

Die Dokumenttypangabe zu Beginn des Dokuments sorgt dafür, dass die Browser das Dokument im Standard-Modus darstellen. Neben XHTML Transitional können Sie auch XHTML Strict oder eine gültige HTML-Variante benutzen.

Danach werden zwei CSS-Dateien eingebunden:

- *css/my_layout.css* für alle Browser
- *css/patches/patch_my_layout.css* steht innerhalb von konditionalen Kommentaren, die dafür sorgen, dass diese Datei nur vom Internet Explorer bis einschließlich Version 7 gelesen wird.

Im `body` folgen mehrere `div`-Bereiche:

- `#page_margins` und `#page` umfassen den ganzen Bereich.
- `#header` für den Kopfbereich
- `#nav` für die Navigation
- `#main` beinhaltet die drei Spalten `#col1`, `#col2` und `#col3`.
- Zum Schluss folgt die Fußzeile `#footer`.

Einen guten Überblick über die einzelnen IDs verschaffen Sie sich mit der Web Developer-Erweiterung für den Firefox (vgl. Kapitel 21). Wählen Sie hier INFORMATIONEN/ID- UND KLASSEN-DETAILS EINBLENDEN.

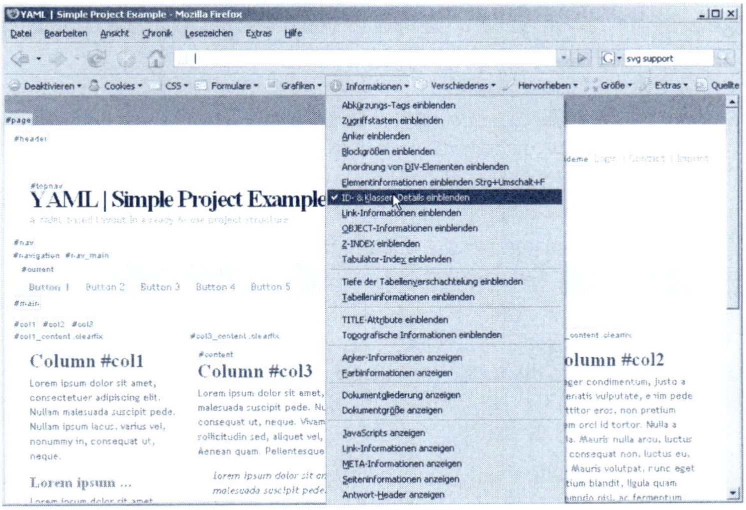

Abb. 22.6: Das Simple Project mit eingeblendeten IDs und Klassen

Wenn Sie sich die ID-Informationen mit der Firefox-Erweiterung anzeigen lassen, merken Sie, dass neben den eben vorgestellten IDs noch weitere zu finden sind, deren Name am Ende `_content` trägt: `#col1` enthält noch einen Bereich `#col1_content`, `#col2` noch einen Bereich `#col2_content` etc.

Bei den CSS-Formatierungen gilt das Prinzip: `#col1` erhält die benötigte Breite zugewiesen, `#col1_content` den gewünschten Innenabstand (`padding`) und die eigentlichen Inhalte. Diese Herangehensweise hat den Vorteil, dass die andere Interpretation des Boxmodells des Internet Explorers 5.x nicht zum Tragen kommt (vgl. Kapitel 6). Und außerdem können Sie so auch den Spalten eine Breite in Prozent zuweisen und das `padding` den darin verschachtelten Bereichen auch in Pixeln oder einer anderen Einheit.

Außerdem werden noch zwei Klassen eingesetzt: `.clearfix` und `.ie_clearing`. Diese sorgen für ein automatisches Clearen der darin enthaltenen Floats (siehe auch Kapitel 11) und bewirken darüber hinaus, dass die Spalte `#col3` immer die längste ist.

Damit Sie Ihr Layout jetzt individuell modifizieren können, ist es wichtig, wie die Anordnung der drei Spalten bei YAML realisiert wird. Die entsprechende Stelle im `base.css`, die dafür verantwortlich ist, lautet:

```
#col1 { float: left; width: 200px }
#col2 { float:right; width: 200px }
#col3 { width:auto; margin: 0 200px }
```

Das heißt, `#col1` wird links gefloatet, `#col2` rechts. `#col3` wird zwischen `#col1` und `#col2` platziert. Dies geschieht dadurch, dass `#col3` Außenränder (`margin`) in der Breite von `#col1` und `#col2` erhält.

Das ist das Standardlayout, das Sie nun in *basemod.css* überschreiben können und das auch beim Simple Project bereits überschrieben wird.

22.3.2 Layout anpassen

Wenn Sie das Layout ändern möchten, so editieren Sie dafür die Datei *basemod.css*, die sich im Ordner *css/screen* befindet.

TIPP

> Sie können erste Schritte mit YAML auch bequem mit der Firefox-Erweiterung Web Developer machen. Einfach CSS/BEARBEITEN aufrufen und die Datei *basemod.css* editieren.

Nun zu den wichtigsten Punkte aus *basemod.css* – es helfen Ihnen aber auch die Kommentare in der Datei selbst:

```
body { background: #4d87c7 url("../../../images/bg_blue.gif") repeat-x
top left fixed; padding: 10px 0; }
```

Hier bestimmen Sie die Hintergrundfarbe oder Bild und definieren die Abstände.

```
#page_margins { min-width: 740px; max-width: 80em; margin: 0 auto;
border: 0px #889 solid; }
```

Damit wird die Breite des Layouts definiert. Das Simple Project erstreckt sich über den gesamten Bildschirm (keine Breitenangabe entspricht einer Breite von 100%), wird aber über eine Mindestbreite und eine Maximalbreite beschränkt. Selbstverständlich können Sie auch eine feste Breite vorgeben. Außerdem ist das Standardlayout zentriert über `margin: 0 auto;`.

Sie wenden ein, dass `min-width` und `max-width` erst ab Internet Explorer 7 interpretiert werden? Korrekt. Damit der Internet Explorer 6 diese ebenfalls interpretiert, werden bei YAML in der Datei *patch_my_layout.css* IE Expressions eingesetzt. Sie können diese an Ihre Mindest- und Maximalbreite anpassen – oder dass vom YAML-Builder machen lassen, der weiter unten vorgestellt wird.

```
#page{ background: #fff; border: 10px #fff solid; }
```

Hierüber wird der eigentliche Inhaltsbereich mit einer Hintergrundfarbe versehen.

```
body { text-align: center }
#page_margins { text-align:left }
```

Diese zwei Zeilen bewirken, dass die Zentrierung auch im Internet Explorer kleiner Version 6 funktioniert.

Dann folgt noch die Formatierung des Kopfbereichs und des Fußbereichs, hier können Sie die Farben an Ihren Bedarf anpassen.

Nun geht es zu ganz entscheidenden Anweisungen, in der die Aufteilung der Spalten definiert ist:

```
#col1 { width: 25% }
#col1_content { padding: 10px 10px 10px 20px; }
#col2 { width: 25% }
#col2_content { padding: 10px 20px 10px 10px; }
#col3 { margin: 0 25% }
#col3_content { padding: 10px }
```

Im Simple Project nehmen also sowohl linke Spalte (`#col1`) als auch rechte Spalte (`#col2`) jeweils 25% des verfügbaren Platzes ein. Die mittlere Spalte erhält den Rest. Das lässt sich ändern.

Soll jetzt die linke Spalte 30% breit sein und die rechte 20% breit, so wird das beispielsweise folgendermaßen realisiert:

```
#col1 { width: 30% }
#col2 { width: 20% }
#col3 { margin: 0 20% 0 30%}
```

Wichtig ist also, dass Sie dann auch die Außenabstände von `#col3` so anpassen, dass die linke (`#col1`) und die rechte (`#col2`) Spalte hineinpassen.

Diese Aufteilung können Sie jetzt ganz nach Belieben gestalten – und selbstverständlich auch Pixelwerte nehmen.

Möchten Sie hingegen nur einen Zweispalter realisieren, so müssen Sie dafür die Spalte `#col2` ausblenden. Ein Zweispalter mit einer linken Spalte von 300px Breite lässt sich so erstellen:

```
#col1 { width: 300px }
#col1_content { padding: 10px 10px 10px 20px; }
#col2 { display: none; }
#col2_content { display: none; }
```

```
#col3 { margin: 0 0 0 300px; }
#col3_content { padding: 10px }
```

Sehr schön ist Folgendes: Sie können ebenfalls rein per CSS die Spaltenhintergründe einfärben: Hierfür ändern Sie die Angaben bei `#col3`: Definieren Sie einen Rahmen (`border`) in der Farbe Ihrer Wahl und in der Breite, die für die beiden äußeren Spalten jeweils benötigt wird. Entfernen Sie außerdem die Angaben von `margin`:

```
#col1 { width: 300px }
#col1_content { padding: 10px 10px 10px 20px; }
#col2 { width: 200px}
#col2_content { padding: 10px 20px 10px 10px; }
#col3 { border-left: 300px solid #ddd; border-right: 200px solid #777;
margin: 0;}
#col3_content { padding: 10px }
```

Abb. 22.7: Simple Project mit eingefärbten Spalten ...

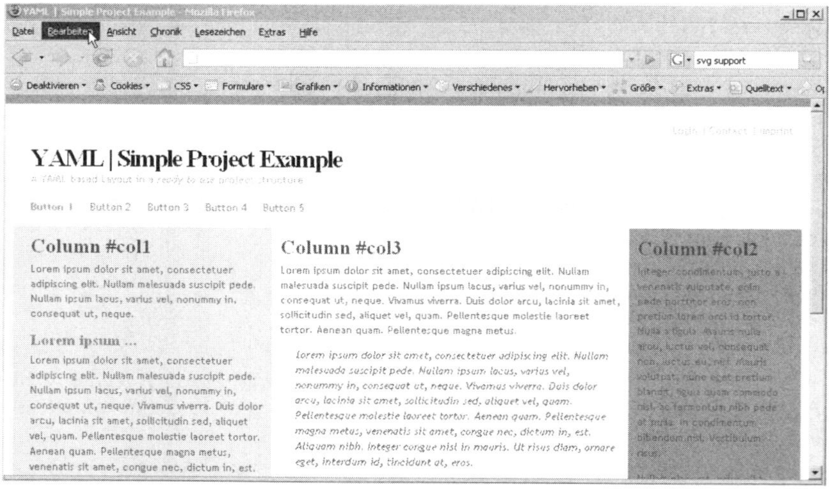

Dies funktioniert allerdings im Internet Explorer nur, wenn der Hack gegen 3Pixel Jog nicht benutzt wird. Dazu gleich mehr.

22.3.3 Patchdatei für den Internet Explorer

Der Internet Explorer 6 verschiebt die Inhalte neben gefloateten Elementen gerne um 3px. Dieser Bug ist auch unter dem Namen 3 Pixel-Jog Bug bekannt. Dies und andere Bugs werden bei YAML selbstverständlich berücksichtigt. Dabei wird unterschieden zwischen Hacks, die bei allen Layouts benötigt werden, und Hacks, die nur bei bestimmten Layouts notwendig sind.

Innerhalb von `my_layout.html` wird, wie Sie bereits gesehen haben, über konditionale Kommentare eine gesonderte Patchdatei für den Internet Explorer eingebunden:

```
<!--[if lte IE 7]>
<link href="css/patches/patch_my_layout.css" rel="stylesheet"
type="text/css" />
<![endif]-->
```

Innerhalb von *patch_my_layout.css* wird zuerst die allgemeine Patch-Datei eingebunden:

```
@import url(../../yaml/core/iehacks.css);
```

Diese sollte bei allen Layouts verwendet werden. Danach stehen noch die Anweisungen, die layoutabhängig sind. Beim Beispielprojekt sind das folgende Zeilen:

```
* html #col3 { height: 1%; }
* html #col1 {margin-right: -3px;}
* html #col2 {margin-left: -3px;}
* html #col3 { margin-left: 24%; margin-right: 24%; }
```

Dadurch wird der eben erwähnte 3 Pixel-Jog unterbunden.

Für Sie bedeutet das:

- Am besten kommentieren Sie diese Zeilen einmal aus und sehen sich das Layout im Internet Explorer 6 an. Ist der 3 Pixel Bug sehr störend? Wenn nicht, so löschen Sie diese Zeilen. Das hat den Vorteil, dass Sie die Spaltenhintergründe wie oben beschrieben per `border` einfärben können, sonst geht das leider nicht und Sie müssen zu der universelleren Methode mit den Hintergrundbildern greifen, die in Kapitel 15 beschrieben ist.
- Falls der 3 Pixel Bug im IE6 hingegen störend ist, lassen Sie diese Zeilen stehen, aber passen Sie die Breite für `margin-left` und `margin-right` an Ihr Layout an – das heißt an die Breite, die Sie für die Spalten vergeben haben. Bei Prozentwerten sollten Sie aufgrund von möglichen Rundungsfehlern einen Prozentpunkt abziehen, wie das oben auch der Fall ist.

22.3.4 Inhalte formatieren

Sie haben einen ersten Einblick erhalten, wie Sie das Grundlayout von YAML anpassen können. Danach wollen Sie sicher auch die Inhalte formatieren. Bearbeiten Sie hierfür die Datei *css/screen/content.css*. Diese Datei bietet Ihnen schon Formatierungsvorschläge für die einzelnen Elemente. Durch die vielen expliziten Formatierungen werden alle Elemente soweit es geht, browserübergreifend einheitlich gestaltet.

Außerdem werden noch mehrere Standardklassen definiert wie `.note`, `.important`, `.warning`, `.float_left`, `.float_right` oder `.center`. Das alles können Sie direkt einsetzen oder weiter an Ihre Bedürfnisse anpassen.

22.3.5 Fortgeschrittene Möglichkeiten

YAML bietet selbstverständlich mehr als die hier vorgestellten Anpassungsmöglichkeiten. Sie erhalten im Folgenden jeweils den Link auf die Dokumentation, wo die entsprechenden Techniken genau beschrieben sind. Alternativ können Sie auch den YAML Builder, um den es gleich geht, zur Realisierung benutzen.

Freie Anordnung der Spalten unabhängig vom Quellcode

Sehr schön ist beispielsweise, dass Sie die Anordnung der Spalten per CSS ganz frei steuern können. Das heißt: Sie platzieren Ihre Inhalte in den einzelnen Spalten `#col1`, `#col2` oder `#col3` – so wie Sie Ihnen am besten angeordnet scheinen. Für die Suchmaschinenoptimierung heißt es beispielsweise, dass es gut ist, wenn die Inhalte möglichst weit oben platziert werden. Das hieße, Sie platzieren Ihre Inhalte in `#col1`. Gleichzeitig ist der beste Platz für die Inhalte am Bildschirm eher die mittlere Spalte. Deswegen sollen die Spalten beispielsweise am Bildschirm in der Reihenfolge `#col2 – #col1 – #col3` angeordnet werden. Dieses Beispiel zeigt, wie praktisch es ist, wenn die Anordnung von Inhalten im Quellcode unabhängig ist von der Anordnung am Bildschirm.

Bei drei Spalten gibt es theoretisch neun verschiedene Anordnungen am Bildschirm. Und alle lassen sich bei YAML realisieren.

Wie das geht, finden Sie in der YAML-Dokumentation online unter *http://www.yaml.de/de/dokumentation/anwendung/freie-spaltenanordnung.html* beschrieben. Diese Dokumentation können Sie übrigens auch als PDF-Datei herunterladen.

Subtemplates – weitere Unterteilung der Spalten

Bei komplexeren Layouts brauchen Sie wahrscheinlich eine Möglichkeit, um einzelne Spalten weiter aufzuteilen. Hierfür sind bei YAML Subtemplates vorgesehen. Dazu werden in der (X)HTML-Basis-Datei in einzelnen Spalten weitere `div`-Container mit vordefinierten Klassennamen eingefügt. Details unter: *http://www.yaml.de/de/dokumentation/anwendung/subtemplates.html.*

Vorbereitete Printstylesheets für den Ausdruck

Für den Ausdruck sind eigene Printstylesheets vorgesehen. Wie häufig bei YAML, sind die Formatierungen auf zwei Stylesheets aufgeteilt.

- *print_base.css* nimmt die grundlegenden Formatierungen vor. Diese Datei sollte nicht verändert werden.
- Daneben gibt es noch mehrere vorbereitete Dateien wie *print_003_draft.css* beim Simple Project. Durch diese werden einzelne nicht benötigte Spalten ausgeblendet und Sie können Ihre weiteren Formatierungen ergänzen.

Mehr zu den Printstylesheets unter *http://www.yaml.de/de/dokumentation/css-bausteine/das-drucklayout.html.*

Mehrmals wurde bereits auf die Dokumentation verwiesen: Diese ist sehr ausführlich und gut beschrieben, so dass damit der tiefere Einstieg gut gelingt.

22.3.6 Anpassungen einfach zusammenklicken mit dem YAML Builder

Einen guten Einstieg bietet der YAML Builder, den Sie online unter *http://builder.yaml.de/* erreichen. Mit diesem können Sie Ihr YAML-Layout zusammenklicken – und erhalten dann den benötigten Code.

Der YAML-Builder hat mehrere Reiter:

Basics: Hier treffen Sie die grundlegenden Entscheidungen über die Art des Layouts und welche Navigation benutzt werden soll. Außerdem können Sie bei Layout Properties die Breite festlegen. Unter Columns Properties bestimmen Sie die Anordnung der Spalten am Bildschirm und wie breit die einzelnen Spalten sein sollen.

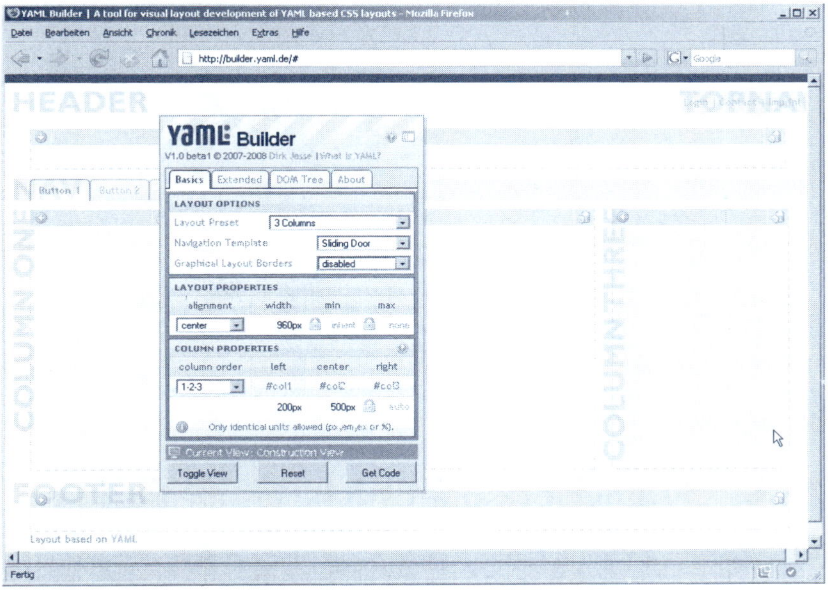

Abb. 22.8: Dieses Mal soll es ein Layout mit fester Breite von 960px sein und die Spaltenreihenfolge ist 1-2-3.

Wechseln Sie dann in den Reiter Extended: Damit bestimmen Sie die Inhalte der einzelnen Spalten. Unter Optional Layout Elements können Sie einzelne Elemente ausblenden. Bei Droppable Content Elements lassen sich weitere Inhalte ergänzen. Dafür müssen Sie zuerst die Spalte markieren. Klicken Sie dafür auf das weiße Kreuz auf dem grünen Kreis im Spaltenkopf. Dieser verwandelt sich in ein rotes Kreuz und Sie können Überschriften oder andere Elemente wie Text per Drag und Drop ergänzen.

Wenn Sie ein paar Inhalte ergänzt haben, klicken Sie auf Toggle View für eine Vorschau. Ein erneuter Klick auf Toggle View wechselt wieder in den Construction View.

Ein Klick auf Get Code erzeugt Ihnen alle benötigten Dateien. Am einfachsten kopieren Sie diese und speichern sie unter den angegebenen Namen ab. Dann ersetzen Sie die Dateien aus dem Simple Project durch die vom YAML Builder erstellten.

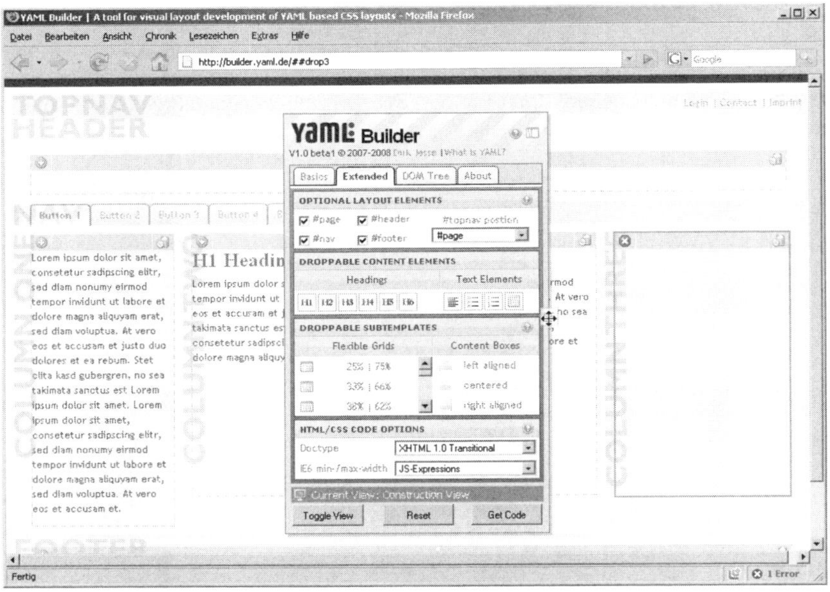

Abb. 22.9: Erst Spalte durch Klick auf den Kreis im Spaltenkopf markieren, dann lassen sich Elemente ergänzen.

22.4 Framework oder nicht Framework

Wenn man die beiden vorgestellten Frameworks – YUI und YAML – vergleicht, so lässt sich sagen, dass diese unterschiedlicher kaum sein können. Bei YUI geschehen die Dinge ganz magisch von selbst. Wenn das Layout, das Sie erstellen wollen in das Schema von YUI passt, so kommen Sie damit rasant schnell zum Ziel. Bei YAML hingegen müssen Sie sich auf die relativ komplexe Struktur einlassen und in die Logik hineindenken. Dafür bietet Ihnen YAML eine wesentlich größere Flexibilität. Außerdem kann die Beschäftigung damit zu einem tieferen Verständnis von CSS führen.

Und ist es denn prinzipiell nicht besser, alles selbst zu machen? Darüber gibt es viele Diskussionen. Am besten ist es, Sie entscheiden das für sich selbst, wenn Sie beide Herangehensweisen kennen.

Kapitel 23

jetzt lerne ich

Referenz

In diesem letzten Kapitel erhalten Sie einen Überblick über die CSS-Eigenschaften und darüber, wie es mit der Unterstützung in den wichtigsten Browsern aussieht. Ein eigenes Unterkapitel (23.2) fasst die Neuerungen im Internet Explorer 7 und 8 zusammen. Zum Schluss finden Sie im Abschnitt 23.4 weiterführende Links zur Browser-Kompatibilität.

23.1 Erläuterung der Referenz

Die nun folgende Referenz bietet eine alphabetische Übersicht über die CSS-Eigenschaften. Sie erfahren, welche Werte die Eigenschaft annehmen kann, was der Standardwert ist und ob die jeweilige Eigenschaft vererbt wird. Wenn Sie wissen möchten, welche Einheiten Sie bei *Längenangaben* verwenden können, so finden Sie die Information in Kapitel 3.2, dort ist ebenfalls eine Auflistung der möglichen *Farbangaben* (Kapitel 3.5).

Unter **Besonderheiten** stehen wichtige Details zur Browser-Kompatibilität.

Basis der Referenz ist CSS 2.1, wobei Änderungen gegenüber CSS 2 vermerkt sind. Der in CSS 2 eingeführte Wert `inherit`, der bei allen Eigenschaften als Wert möglich ist, wurde hingegen nicht einzeln angegeben. `inherit` wird erst vom Internet Explorer 8 unterstützt.

Nicht aufgenommen wurden die folgenden – wegen mangelnder Browser-Unterstützung – aus CSS 2.1 entfernten Eigenschaften für:

- seitenbasierte Medien: `marks`, `page` und `size`
- visuelle Medien: `font-size-adjust`, `font-stretch`, `marker-offset` und `text-shadow`

Außerdem wurden alle akustischen Charakterisierungen per CSS – wie `voice-family` zur Angabe einer Stimmfamilie – nicht aufgenommen, da sie derzeit so gut wie in keinem Browser implementiert sind und deswegen praktisch nicht eingesetzt werden können. In der Spezifikation zu CSS 2.1 an der Stelle, wo die »aural style sheets« beschrieben werden, steht explizit, dass die Browser diese Eigenschaften nicht implementieren müssen, um konform zu CSS 2.1 zu sein (*http://www.w3.org/TR/CSS21/aural.html*).

Die Tabelle bei jeder Eigenschaft bietet Ihnen einen ersten Überblick über die Unterstützung in den einzelnen Browsern, und in Abschnitt 23.4 finden Sie Links für weitergehende Informationen. Die einzelnen Quellen kommen bei der Browser-Unterstützung häufig zu unterschiedlichen Ergebnissen, so gibt es einen Ermessensspielraum zwischen »gar nicht unterstützt« und »teilweise«. Ebenfalls ist es fraglich, wann man von einem Bug sprechen muss (Fehler, der unter bestimmten Umständen auftritt) und wann man eine Abweichung eher der mangelnden/teilweisen Unterstützung zuschreibt. Weiterhin ist zu berücksichtigen, dass Browser-Hersteller selbst dazu tendieren, die Unterstützung des eigenen Produkts positiv darzustellen.

Im ersten Abschnitt stehen die CSS-Selektoren. Vollständig aufgeführt sind die Selektoren aus den Versionen 1, 2 und 2.1. Außerdem finden Sie eine Auswahl an CSS3-Selektoren, wobei nur die aufgenommen wurden, die in mindestens zwei gängigen Browsern implementiert sind.

Folgende Abkürzungen werden in der Referenz verwendet:

- *CSS* steht für die CSS-Version, in der die Eigenschaft eingeführt/verändert wurde.
- *IE* ist die Abkürzung für Internet Explorer. Die Mac-Version ist durch *IE Mac* angegeben, die anderen sind die Windows-Versionen.

Die Angaben bei IE8 beziehen sich auf die Beta 1 und auf die Ankündigungen von Microsoft. Es kann hier also danach noch Änderungen gegeben haben, die hier nicht berücksichtigt sind.

- *NN* bedeutet Netscape Navigator. Berücksichtigt sind Netscape 4.x und Netscape 7.x. Bedenken Sie aber, dass Netscape 4.x nur noch von weniger als 2% der Surfer eingesetzt wird.
- *FF/M* steht für Firefox 1.x und Mozilla 1.7x.
- *K/S* bedeutet Konqueror 3.5x und Safari 2.x.
- *j/n/t* geben an, ob die betreffende Eigenschaft vom jeweiligen Browser unterstützt wird: j – ja, n– nein, t – teilweise.

Bevor jetzt die eigentliche Referenz folgt, finden Sie einen kurzen Überblick über die Neuerungen im Internet Explorer 7 und 8.

23.2 Die wichtigsten Neuerungen im Internet Explorer 7 und 8 auf einen Blick

23.2.1 Selektoren

Bei den CSS-Selektoren finden sich wichtige Neuerungen. Der Internet Explorer 7 unterstützt im Gegensatz zu seinem Vorgänger folgende **allgemeinen Selektoren**:

- Kindselektor `element > element`
- Folgeelementselektor `element + element`
- Allgemeiner Folgeelementselektor `element ~ element`

Neu eingeführt ist ebenfalls die Unterstützung für **Attributselektoren** – Erklärungen und Beispiele zu den einzelnen Selektoren erhalten Sie in der Referenz.

- `element[attribut]`
- `element[attribut="wert"]`
- `element[attribut~="wert"]`
- `element[attribut|="wert"]`
- `element[attribut^="wert"]`
- `element[attribut$="wert"]`
- `element[attribut*="wert"]`

Auch bei den **Pseudoklassen** ergeben sich Veränderungen:

- Unterstützt wird auch `:first-child`.
- `:hover` wird auch interpretiert, wenn es bei anderen Elementen als bei Links benutzt wird. `:active` hingegen bleibt weiter auf Links beschränkt.

Der Internet Explorer 8 unterstützt nun endlich die Pseudoklassen `:before` und `:after` für per CSS erzeugte Inhalte und außerdem `:focus`.

23.2.2 CSS-Eigenschaften

Bei den CSS-Eigenschaften werden im Internet Explorer 7 neu unterstützt:

- `min-width` und `max-width`
- `position: fixed`
- `background-position: fixed` funktioniert auch bei anderen Elementen als `body`.
- Der Wert `transparent` bei Rahmen.

Der Internet Explorer 8 unterstützt folgende Eigenschaften neu:

- `outline` für Hervorhebungen
- `border-spacing` zur Bestimmung des Abstands zwischen angrenzenden Zellenrahmen
- `page-break-inside`, `widows` und `orphans` zur Steuerungen des Printlayouts
- `caption-side` zur Platzierung von Tabellenbeschriftungen

23.2.3 Sonstiges

Internet Explorer 7

- Der Internet Explorer 7 schaltet bei vorhandener XML-Deklaration (<?xml version="1.0" ?>) nicht mehr automatisch in den Quirks-Modus wie sein Vorgänger.
- Angaben hinter dem unsinnigen Selektor `* html` werden im Standard-Modus ignoriert.
- Alphatransparenz bei PNG wird nun unterstützt.
- Viele Bugs, die dem CSS-Designer das Leben schwer machten, sind im Internet Explorer 7 behoben, darunter Bugs mit so schönen Namen wie der Guillotine Bug oder der Phantom Box Bug. Eine Liste mit behobenen Bugs liefert Ihnen Microsoft unter *http://blogs.msdn.com/ie/archive/2006/08/22/712830.aspx*.

All diese Neuerungen – bis auf die Alphatransparenz bei PNG – funktionieren jedoch nur, wenn sich der Internet Explorer 7 im Standard-Modus befindet (mehr zum Standard- und Quirks-Modus finden Sie in Kapitel 13).

Internet Explorer 8

Viele Fehler bei der Eigenschaft `float` sowie bei den zusammenfallenden Außenabständen (`margin`) sind nun behoben. Das Microsoft proprietäre Konzept `hasLayout` ist außerdem für den Internet Explorer 8 nicht relevant. Der Internet Explorer 8 soll CSS 2.1 ganz standardkonform unterstützen.

23.3 Referenz

Sie finden die vollständigen Beispiele zu den CSS-Selektoren auf der Buch-DVD.

23.3.1 Allgemeine CSS-Selektoren

Elementselektor element

Mit dem Elementselektor (auch Typselektor genannt) lassen sich einzelne Elementtypen auswählen. Im folgenden Beispiel wird für alle h3-Überschriften eine andere Farbe festgelegt:

Listing 23.1: Elementselektor

```
h3 { color: #999; }
```

CSS	IE 5.0	IE 5.5	IE 5.x Mac	IE 6	IE 7	IE 8	NN 4.x	NN 7.x	FF/M	O7	O8+	K/S
1	j	j	j	j	j	j	j	j	j	j	j	j

Klassenselektor .name oder element.name

Mit dem Klassenselektor können einzelne Elemente gezielt anders formatiert und auch Formatierungen unabhängig von Elementen gestaltet werden.

```
h3.wichtig { color: #444; } /*nur h3-Elemente mit class="wichtig" */
.bet { color: yellow; } /*alle Elemente mit class="bet" */
```

Listing 23.2: Klassenselektor

CSS	IE 5.0	IE 5.5	IE 5.x Mac	IE 6	IE 7	IE 8	NN 4.x	NN 7.x	FF/M	O7	O8+	K/S
1	j	j	j	j	j	j	j	j	j	j	j	j

Mehrfache Klassenselektoren (»Multiple Class Selector«) .name.name

Mehrfache Klassenselektoren werden aneinandergehängt:

```
.wichtig.bet { color: #999; }
<p class="wichtig bet">zwei Klassen zugewiesen</p>
```

Listing 23.3: Mehrfache Klassenselektoren

Besonderheit: Im IE < 7 wird bei mehrfachen Klassenselektoren nur der letzte berücksichtigt, IE interpretiert also `.wichtig.bet` wie `.bet`.

CSS	IE 5.0	IE 5.5	IE 5.x Mac	IE 6	IE 7	IE 8	NN 4.x	NN 7.x	FF/M	O7	O8+	K/S
2	n	n	j	n	j	j	n	j	j	j	j	j

ID-Selektoren #name oder element#name

Mit dem ID-Selektor lassen sich einzelne Elemente gezielt formatieren, die mit `id="name"` ausgezeichnet sind.

```
#aktuell{ color: red;; } /*formatiert Element mit id="aktuell" */
```

Listing 23.4: ID-Selektoren

Im jeweiligen Dokument sollte es nur ein Element mit `id="aktuell"` geben.

CSS	IE 5.0	IE 5.5	IE 5.x Mac	IE 6	IE 7	IE 8	NN 4.x	NN 7.x	FF/M	O7	O8+	K/S
1	j	j	j	j	j	j	j	j	j	j	j	j

Universalselektor *

Mit dem Universalselektor * werden alle Elemente ausgewählt. So kann man über

```
* { font-size: 14px; }
```

Listing 23.5: Universalselektor

die Schriftgröße auf 14px setzen. Verwendet man hier hingegen `body { font-size: 14px; }`, so werden die Angaben nur für diejenigen Elemente gesetzt, die durch das browserinterne Stylesheet keine Vorgaben haben.

CSS	IE 5.0	IE 5.5	IE 5.x Mac	IE 6	IE 7	IE 8	NN 4.x	NN 7.x	FF/M	O7	O8+	K/S
2	j	j	j	j	j	j	n	j	j	j	j	j

Kindselektor element > element

Wählt ein Element aus, das ein direktes Kind eines anderen Elements ist, z. B.:

```
body > p { color: red;}
```

Mit `body > p` wird nur das Element `p` gewählt, das ein direktes Kind von `body` ist. Im folgenden Beispiel wird deswegen nur das zweite `p` rot:

Listing 23.6: Kindselektor

```
<body>
   <div><p>Ein Absatz innerhalb von div</p></div>
   <p>Absatz au&szlig;erhalb von div</p>
</body>
```

CSS	IE 5.0	IE 5.5	IE 5.x Mac	IE 6	IE 7	IE 8	NN 4.x	NN 7.x	FF/M	O7	O8+	K/S
2	n	n	j	n	j	j	n	j	j	j	j	j

Nachfahrenselektor (»Descendant Selector«) element element

Wählt ein Element aus, das ein Nachkomme eines anderen Elements ist. Mit `div em` wird das Element `em` gewählt, das Nachkomme von `div` ist. Im folgenden Beispiel beide Elemente `em`.

Listing 23.7: Nachfahrenselektor

```
div em { color: red; }

<div>Hier steht wichtiger <em>Text</em> etc. etc. </div>
<div><p>Hier steht wichtiger <em>Text</em> etc. etc. </p></div>
```

CSS	IE 5.0	IE 5.5	IE 5.x Mac	IE 6	IE 7	IE 8	NN 4.x	NN 7.x	FF/M	O7	O8+	K/S
1	j	j	j	j	j	j	j	j	j	j	j	j

Folgeelementselektor (»Adjacent Sibling Selector«) element + element

Wählt ein Element aus, das direkt auf ein anderes folgt. Beide Elemente müssen dabei dasselbe Elternelement besitzen. Mit `div + p` wird das Element `p` gewählt, das direkt auf `div` folgt:

```
div + p { color: red;}
```

Im folgenden Beispiel wird der zweite Absatz rot:

```
<div><p>Erster Absatz </p></div>
<p>Zweiter Absatz</p>
<p>Dritter Absatz</p>
```

Listing 23.8: Folgeelementselektor

CSS	IE 5.0	IE 5.5	IE 5.x Mac	IE 6	IE 7	IE 8	NN 4.x	NN 7.x	FF/M	O7	O8+	K/S
2	n	n	j	n	j	j	n	j	j	j	j	j

Allgemeiner Folgeelementselektor (General Sibling Combinator) element ~ element

Wählt ein Element aus, das auf ein anderes, aber nicht unbedingt direkt folgt:

```
h1 ~ p { color: red; }
```

Dieser wählt alle `p`-Elemente aus, die auf `h1` folgen.

```
<p>Nicht rot</p>
<h1>Titel der Story</h1>
<div>Weiterer Inhalt</div>
<p>Und dieser Absatz wird rot</p>
```

Listing 23.9: Folgeelementselektor

CSS	IE 5.0	IE 5.5	IE 5.x Mac	IE 6	IE 7	IE 8	NN 4.x	NN 7.x	FF/M	O7	O8+	K/S
3	n	n	n	n	j	j	n	ab 7.2	j	n	ab 9	j

23.3.2 Attributselektoren

Attributselektor element[attribut]

Wählt die Elemente aus, die das angegebene Attribut besitzen.

```
a[title] { text-decoration: none; }
```

Damit würde im folgenden Beispiel nur das erste `a`-Element ausgewählt, das zweite `a`-Element hingegen nicht, da es kein `title`-Attribut besitzt.

Listing 23.10: Attributselektor

```
<a href="http://www.google.de/" title="Extern">Zu Google</a> <br />
<a href="http://www.google.de/">Ohne title</a>
```

CSS	IE 5.0	IE 5.5	IE 5.x Mac	IE 6	IE 7	IE 8	NN 4.x	NN 7.x	FF/M	O7	O8+	K/S
2	n	n	n	n	j	j	n	j	j	j	j	j

Attributselektor element[attribut=»wert«]

Wählt die Elemente aus, die das Attribut mit dem angegebenen Wert besitzen.

```
a[href="home.html"] { text-decoration: none; }
```

Durch den angegebenen Selektor würde im folgenden Beispiel nur das erste a-Element ausgewählt:

Listing 23.11: Attributselektor

```
<a href="home.html">Startseite</a> <br />
<a href="training.html">Training</a>
```

CSS	IE 5.0	IE 5.5	IE 5.x Mac	IE 6	IE 7	IE 8	NN 4.x	NN 7.x	FF/M	O7	O8+	K/S
2	n	n	n	n	j	j	n	j	j	j	j	j

Attributselektor element[attribut~=»wert«]

Wählt die Elemente aus, die ein Attribut besitzen, das eine durch Leerzeichen getrennte Liste von Werten enthält, von denen einer genau mit wert übereinstimmt, z. B. wählt

Listing 23.12: Attributselektor

```
a[title~="Externer"] { color: red; }
```

alle a-Elemente aus, die ein Attribut mit dem Namen title besitzen, in dessen Wert auch das Wort »Externer« vorkommt. Ausgewählt würde `<a title="Externer Link auf Google" ...>`, aber nicht `<a title="Verlinkung auf Google" ...>`.

CSS	IE 5.0	IE 5.5	IE 5.x Mac	IE 6	IE 7	IE 8	NN 4.x	NN 7.x	FF/M	O7	O8+	K/S
2	n	n	n	n	j	j	n	j	j	j	j	j

Attributselektor element[attribut|=»wert«]

Wählt die Elemente aus, die ein Attribut besitzen, das einen Wert enthält, der mit dem angegebenen wert, gefolgt von einem Bindestrich beginnt, z. B.:

```
span[lang|="en"] { font-style: italic; }
```

So würden in folgendem Beispiel alle span-Elemente ausgewählt, bei denen der Wert von lang mit en- beginnt.

```
<p>Die Farbbezeichnung grau wird unterschiedlich geschrieben <span
lang="en-US">gray</span> oder auch <span lang="en-UK">grey</span></p>
```

Listing 23.13: Attributselektor

CSS	IE 5.0	IE 5.5	IE 5.x Mac	IE 6	IE 7	IE 8	NN 4.x	NN 7.x	FF/M	O7	O8+	K/S
2	n	n	n	n	j	j	n	j	j	j	j	j

Attributselektor element[attribut^=»wert«]

Wählt die Elemente aus, die ein Attribut besitzen, das mit dem bei `wert` angegebenen Text beginnt. So wählt

```
a[href^="http"] { color: red; }
```

alle `a`-Elemente aus, die ein Attribut mit dem Namen `href` besitzen, dessen Wert mit `http` beginnt. Das sind üblicherweise die externen Links. Im folgenden Beispiel wird nur der zweite Link ausgewählt:

```
<a href="index.html">zur Startseite</a>
<a href="http://www.google.de/">zu Google</a>
```

Listing 23.14: Attributselektor

CSS	IE 5.0	IE 5.5	IE 5.x Mac	IE 6	IE 7	IE 8	NN 4.x	NN 7.x	FF/M	O7	O8+	K/S
3	n	n	n	n	j	j	n	j	j	n	ab 9	j

Attributselektor element[attribut$=»wert«]

Wählt die Elemente aus, die ein Attribut besitzen, das mit dem bei `wert` angegebenen Text endet. So wählt

```
a[href$="de/"] { color: red; }
```

alle `a`-Elemente aus, die ein Attribut mit dem Namen `href` besitzen, dessen Wert mit `de/` endet. Im folgenden Beispiel wird nur der zweite Link ausgewählt:

```
<a href="index.html">zur Startseite</a>
<a href="http://www.google.de/">zu Google</a>
```

Listing 23.15: Attributselektor

CSS	IE 5.0	IE 5.5	IE 5.x Mac	IE 6	IE 7	IE 8	NN 4.x	NN 7.x	FF/M	O7	O8+	K/S
3	n	n	n	n	j	j	n	j	j	n	ab 9	j

Attributselektor element[attribut*=»wert«]

Wählt die Elemente aus, die ein Attribut besitzen, das den bei `wert` angegebenen Text beinhaltet. So wählt

```
a[title*="Informationen"] { color: red; }
```

alle a-Elemente aus, die ein Attribut mit dem Namen `title` besitzen, dessen Wert `Informationen` beinhaltet. Im folgenden Beispiel wird nur der erste Link ausgewählt:

Listing 23.16: Attributselektor

```
<a href="http://www.google.fr/" title="Weitere Informationen hierzu bei
..">zu Google Frankreich</a><br />
<a href="http://www.google.de/" title="Zur Suchmaschine Google">zu Google
Deutschland</a>
```

CSS	IE 5.0	IE 5.5	IE 5.x Mac	IE 6	IE 7	IE 8	NN 4.x	NN 7.x	FF/M	O7	O8+	K/S
3	n	n	n	n	j	j	n	j	j	n	ab 9	j

23.3.3 Pseudoklassen

:active

gehört zu den dynamischen Pseudoklassen und wird angewendet, wenn ein Element gerade aktiviert ist, beispielsweise während man auf einen Link klickt, bis zu dem Moment, wo man die Maus wieder loslässt.

```
a:active { color: red; }
```

Besonderheiten: Die in CSS 1 geltende Beschränkung von `:active` auf Links existiert in CSS 2 nicht mehr. Der Internet Explorer einschließlich Version 7 unterstützt jedoch `:active` nur bei Links.

CSS	IE 5.0	IE 5.5	IE 5.x Mac	IE 6	IE 7	IE 8	NN 4.x	NN 7.x	FF/M	O7	O8+	K/S
1/2	t	t	t	t	t	j	n	j	j	j	j	j

:checked, :disabled und :enabled

Diese Pseudoklassen beziehen sich auf das Verhalten von Elementen der Benutzeroberfläche, sprich Formulare. Über `:disabled` sprechen Sie Elemente an, die durch das Attribut `disabled` deaktiviert sind, was eigentlich nur beim Einsatz einer Skriptsprache sinnvoll ist. Umgekehrt können Sie mit `:enabled` alle Formularelemente formatieren, die nicht `disabled` sind. Über `:checked` lassen sich eigene Formatierungen für aktivierte (angekreuzte, angeklickte) Radiobuttons oder Kontrollkästchen definieren. Im folgenden Beispiel werden für diese drei Zustände unterschiedliche Hintergrundfarben definiert:

```
:enabled { background-color: #ccc; }
:disabled { background-color: black;}
:checked { background-color: red; }
```

Und hier der Ausschnitt aus dem XHTML-Dokument, auf das die Formatierungen angewendet werden. Wie das aussehen kann, zeigt Abbildung 23.1 – in Opera

Version 9, der diese Pseudoklassen und außerdem Hintergrundfarben bei den Formularelementen unterstützt.

Listing 23.17: Pseudoklassen zur Steuerung des Verhaltens

```
<form action="" method="get" >
Farbe<input type="radio" name="farbe" value="rot" />rot
<input type="radio" name="farbe" value="blau" />blau
<input type="radio" name="farbe" value="gelb" />gelb<br />
<input type="text" disabled="disabled" value="derzeit disabled" /><br />
Name: <br /><input type="text" /><br />
Infomaterial: <input type="checkbox" name="infos" /><br />
Newsletter: <input type="checkbox" name="infos" /><br />
<input type="reset" />
</form>
```

Abb. 23.1: `disabled`, `:enabled` und `:checked` in Opera 9

CSS	IE 5.0	IE 5.5	IE 5.x Mac	IE 6	IE 7	IE 8	NN 4.x	NN 7.x	FF/M	O7	O8+	K/S
3	n	n	n	n	n	n	n	n	j	n	ab 9	j

:empty

Wählt ein Element aus, das leer ist, also keinen Text oder andere Elemente enthält. Alle leeren `p`-Absätze erhalten einen roten Rahmen:

```
p:empty { border: solid medium red; }
```

Das trifft im folgenden Code-Ausschnitt auf den zweiten Absatz zu:

Listing 23.18: Pseudoklasse `:empty`

```
<p>Ein Absatz</p>
<p></p>
```

CSS	IE 5.0	IE 5.5	IE 5.x Mac	IE 6	IE 7	IE 8	NN 4.x	NN 7.x	FF/M	O7	O8+	K/S
3	n	n	n	n	n	n	n	j	j	n	n	j

:first-child

Mit `first-child` kann man das erste Kindelement eines Elements auswählen. Über die nächste Zeile wird beispielsweise festgelegt, dass jeweils nur das erste Element einer Liste fett formatiert wird:

Listing 23.19: first-child

```
li:first-child { font-weight: bold; }
```

CSS	IE 5.0	IE 5.5	IE 5.x Mac	IE 6	IE 7	IE 8	NN 4.x	NN 7.x	FF/M	O7	O8+	K/S
2	n	n	j	n	j	j	n	j	j	j	j	j

:focus

gehört zu den dynamischen Pseudoklassen und wird angewendet, wenn ein Element gerade per Tastatureingabe aktiviert ist, beispielsweise wenn man mit der Tabulatortaste durch Links steppt. Im Opera-Browser muss man hierfür hingegen den Buchstaben [A] drücken.

```
a:focus { color: red; }
```

CSS	IE 5.0	IE 5.5	IE 5.x Mac	IE 6	IE 7	IE 8	NN 4.x	NN 7.x	FF/M	O7	O8+	K/S
2	n	n	t	n	n	j	n	j	j	j	j	j

:hover

gehört zu den dynamischen Pseudoklassen und wird angewendet, wenn man mit der Maus über ein Element fährt.

```
a:hover { color: red; }
```

Besonderheiten: Der Internet Explorer bis einschließlich Version 6 unterstützt `:hover` nur bei Links, ab Version 7 existiert diese Beschränkung nicht mehr.

CSS	IE 5.0	IE 5.5	IE 5.x Mac	IE 6	IE 7	IE 8	NN 4.x	NN 7.x	FF/M	O7	O8+	K/S
2	t	t	t	t	j	j	n	j	j	j	j	j

:lang(Sprachkürzel)

Werden in einem Dokument Elementen bestimmte Sprachen zugewiesen, so kann man diese per `:lang(Sprachkürzel)` ansprechen, z. B. sorgt

```
:lang(fr) { font-style: italic; }
```

für die kursive Darstellung des als französisch gekennzeichneten Teils:

```
<p>Der erste Satz von Prousts <span lang="fr">A la recherche du temp
perdu</span> lautet ... </p>
```

Listing 23.20: Pseudoklasse :lang

CSS	IE 5.0	IE 5.5	IE 5.x Mac	IE 6	IE 7	IE 8	NN 4.x	NN 7.x	FF/M	O7	O8+	K/S
2	n	n	j	n	n	j	n	ab 7.1	j	n	j	j

:last-child

Wählt das letzte Kindelement aus, es ist damit also das Gegenstück zu `first-child`.

```
li:last-child { background-color: yellow; }
```

Im folgenden Beispiel erhält der letzte Punkt – Banane – einen gelben Hintergrund.

```
<ol>
<li>Apfel</li>
<li>Birne</li>
<li>Banane</li>
</ol>
```

Listing 23.21: Pseudoklasse :last-child

CSS	IE 5.0	IE 5.5	IE 5.x Mac	IE 6	IE 7	IE 8	NN 4.x	NN 7.x	FF/M	O7	O8+	K/S
3	n	n	n	n	n	n	n	j	j	n	n	j

:link, :visited

Dies sind die zwei Pseudoklassen für Links. Mit `a:link` sprechen Sie einen »normalen« Link an, mit `a:visited` einen besuchten. Die korrekte Reihenfolge für die Formatierung von Links ist die folgende:

```
a:link { color: red; }
a:visited { color: green; }
a:focus { color: white; }
a:hover { color: blue; }
a:active { color: yellow; }
```

Listing 23.22: Pseudoklassen für Links

CSS	IE 5.0	IE 5.5	IE 5.x Mac	IE 6	IE 7	IE 8	NN 4.x	NN 7.x	FF/M	O7	O8+	K/S
1	j	j	j	j	j	j	j	j	j	j	j	j

:not

Hiermit wird ein Element ausgewählt, das eine bestimmte Eigenschaft nicht hat. Durch die folgende Regel erhalten beispielsweise alle Bilder ohne `title`-Attribut einen roten Rahmen:

Listing 23.23: Pseudoklasse :not

```
img:not([title]) { border: solid medium red; }
```

CSS	IE 5.0	IE 5.5	IE 5.x Mac	IE 6	IE 7	IE 8	NN 4.x	NN 7.x	FF/M	O7	O8+	K/S
3	n	n	n	n	n	n	n	j	j	n	n	j

:only-child

Hiermit wird ein Element ausgewählt, sofern es das einzige Kindelement seines Elternelements ist:

```
p:only-child { color: red; }
```

Im folgenden Beispiel wird damit der Absatz `p` innerhalb des zweiten `divs` ausgewählt, da `p` hier das einzige Kindelement ist.

Listing 23.24: Pseudoklasse only-child

```
<div>Bereich mit zwei Kindelementen<p>Kindelement 1</p><p>Kindelement 2
</p></div>
<div>Bereich mit einem Kindelement<p>Kindelement 1</p></div>
```

CSS	IE 5.0	IE 5.5	IE 5.x Mac	IE 6	IE 7	IE 8	NN 4.x	NN 7.x	FF/M	O7	O8+	K/S
3	n	n	n	n	n	n	n	n	ab FF 1.5	n	ab 9	j

:root

Dient dazu, das Wurzelelement auszuwählen. In (X)HTML erreichen Sie dasselbe, wenn Sie das Element `html` als Selektor einsetzen.

Listing 23.25: Pseudoklasse root

```
:root { background-color: yellow; }
```

CSS	IE 5.0	IE 5.5	IE 5.x Mac	IE 6	IE 7	IE 8	NN 4.x	NN 7.x	FF/M	O7	O8+	K/S
3	n	n	n	n	n	n	n	j	j	n	n	j

:target

Dient dazu, das Ziel eines seiteninternen Verweises zu markieren. Durch folgenden Code wird das Ziel mit einem roten Rahmen versehen:

```
:target { border: solid medium red; }
```

Klickt man auf den Verweis »nach unten«, wird der entsprechende Link angesprungen und erhält zusätzlich die oben angegebene Formatierung, d. h. einen roten Rahmen.

```
<p><a href="#unten">nach unten</a></p>
<p><a name="unten" id="unten">Copyright</a></p>
```

Listing 23.26: Einsatz der Pseudoklasse `:target`

Probieren Sie am besten das Listing, das Sie auf der Buch-DVD finden, mit einem aktuellen Gecko-Browser aus.

CSS	IE 5.0	IE 5.5	IE 5.x Mac	IE 6	IE 7	IE 8	NN 4.x	NN 7.x	FF/M	O7	O8+	K/S
3	n	n	n	n	n	n	n	j	j	n	n	j

:visited, siehe :link

23.3.4 Pseudoelemente

:after, :before

`:before` und `:after` dienen dazu, zusätzliche Inhalte vor oder nach einem Element einzufügen und werden zusammen mit der Eigenschaft `content` benutzt.

```
p.wichtig:before { content: "Achtung "; }
p.wichtig:after { content: "!!!"; }
```

Listing 23.27: Pseudoelemente `:after` und `:before`

CSS	IE 5.0	IE 5.5	IE 5.x Mac	IE 6	IE 7	IE 8	NN 4.x	NN 7.x	FF/M	O7	O8+	K/S
2	n	n	n	n	n	j	n	j	j	j	j	j

:first-line

Mit `:first-line` kann man die erste Zeile eines Absatzes ansprechen:

```
p:first-line { font-weight: bold; }
```

Listing 23.28: Pseudoelement `:first-line`

CSS	IE 5.0	IE 5.5	IE 5.x Mac	IE 6	IE 7	IE 8	NN 4.x	NN 7.x	FF/M	O7	O8+	K/S
2	n	j	j	j	j	j	n	j	j	j	j	j

:first-letter

Das Pseudoelement `:first-letter` dient dazu, eine besondere Formatierung für den ersten Buchstaben eines Textes festzulegen. So lassen sich beispielsweise mit `p:first-letter` Initiale nachbilden:

Listing 23.29: Pseudoelement `:first-letter`

```
p:first-letter { font-weight: bold; }
```

CSS	IE 5.0	IE 5.5	IE 5.x Mac	IE 6	IE 7	IE 8	NN 4.x	NN 7.x	FF/M	O7	O8+	K/S
2	n	j	j	j	j	j	n	j	j	j	j	j

23.3.5 CSS-Eigenschaften

background

Kurzschreibweise für `background-attachment` `background-color` `background-image` `background-position` `background-repeat`

Standard: siehe Einzeleigenschaften

Vererbt: nein

Beschreibung: Bestimmt die Hintergrundeigenschaften eines Elements.

Besonderheiten: Alle Browser unterstützen an sich `background`, jedoch nur insoweit, wie auch die Einzeleigenschaften unterstützt werden.

CSS	IE 5.0	IE 5.5	IE 5.x Mac	IE 6	IE 7	IE 8	NN 4.x	NN 7.x	FF/M	O7	O8+	K/S
1	j	j	j	j	j	j	j	j	j	j	j	j

background-attachment

Mögliche Werte: `scroll` | `fixed`

Standard: `scroll`

Vererbt: nein

Beschreibung: Bestimmt, ob ein Element beim Scrollen mitgescrollt werden soll.

Besonderheiten: Der Internet Explorer (Windows) einschließlich Version 6 unterstützt `background-attachment` nur für das body-Element, ab Internet Explorer 7 gilt diese Einschränkung nicht mehr.

CSS	IE 5.0	IE 5.5	IE 5.x Mac	IE 6	IE 7	IE 8	NN 4.x	NN 7.x	FF/M	O7	O8+	K/S
1	t	t	j	t	j	j	n	j	j	j	j	j

background-color

Mögliche Werte: Farbangabe | `transparent`

Standard: `transparent`

Vererbt: nein

Beschreibung: Legt die Hintergrundfarbe eines Elements fest.

CSS	IE 5.0	IE 5.5	IE 5.x Mac	IE 6	IE 7	IE 8	NN 4.x	NN 7.x	FF/M	O7	O8+	K/S
1	j	j	j	j	j	j	t	j	j	j	j	j

background-image

Mögliche Werte: URL | `none`

Standard: `none`

Vererbt: nein

Beschreibung: Dient zum Einbinden eines Hintergrundbilds.

Besonderheiten: Netscape 4.x interpretiert `url` relativ zum HTML-Dokument, nicht wie vorgesehen relativ zum Stylesheet.

```
body { background-image: url(bild.gif); }
```

CSS	IE 5.0	IE 5.5	IE 5x Mac	IE 6	IE 7	IE 8	NN 4.x	NN 7.x	FF/M	O7	O8+	K/S
1	j	j	j	j	j	j	j	j	j	j	j	j

background-position

Mögliche Werte: Horizontalwert (`left` | `center` | `right`), Vertikalwert (`top` | `center` | `bottom`). Ebenfalls möglich sind Prozentwerte oder andere Längenangaben.

Standard: 0% 0%

Vererbt: nein

Beschreibung: Bestimmt bei eingebundenen Hintergrundbildern deren Position.

Besonderheiten: In Version CSS 2.1 ist auch vorgesehen, dass Prozentwerte oder Längenangaben mit Schlüsselwörtern gemischt werden können.

```
body { background-image: url(b.gif); background-position: left top; }
```

CSS	IE 5.0	IE 5.5	IE 5.x Mac	IE 6	IE 7	IE 8	NN 4.x	NN 7.x	FF/M	O7	O8+	K/S
1	j	j	j	j	j	j	n	j	j	j	j	j

background-repeat

Mögliche Werte: repeat | repeat-x | repeat-y | no-repeat

Standard: repeat

Vererbt: nein

Beschreibung: Legt fest, ob und wie ein per background-image eingebundenes Hintergrundbild wiederholt werden soll. Dabei steht repeat-x für eine horizontale, repeat-y für eine vertikale Wiederholung. no-repeat bewirkt keine Wiederholung, repeat einen Kacheleffekt.

CSS	IE 5.0	IE 5.5	IE 5.x Mac	IE 6	IE 7	IE 8	NN 4.x	NN 7.x	FF/M	O7	O8+	K/S
1	j	j	j	j	j	j	j	j	j	j	j	j

border

Kurzschreibweise für border-color border-style borderwidth

Standard: siehe Einzeleigenschaften

Vererbt: nein

Beschreibung: Erlaubt die Festlegung eines Rahmens

```
p { border: 2px dotted black; }
```

Besonderheiten: Prinzipiell wird border von allen Browsern unterstützt, aber nur so weit, wie auch die Einzeleigenschaften unterstützt werden.

CSS	IE 5.0	IE 5.5	IE 5.x Mac	IE 6	IE 7	IE 8	NN 4.x	NN 7.x	FF/M	O7	O8+	K/S
1	j	j	j	j	j	j	j	j	j	j	j	j

border-bottom

Kurzschreibweise für border-bottom-width border-bottom-color border-bottom-style

Standard: siehe Einzeleigenschaften

Für die anderen Teilbereiche der Rahmen existieren entsprechend border-left, border-right, border-top.

Vererbt: nein

Beschreibung: Kurzschreibweise, um den unteren Teil des Rahmens zu formatieren. Entsprechend lassen sich der obere (border-top), der rechte (border-right) und der linke (border-left) Teilbereich des Rahmens formatieren.

Besonderheiten: IE5.0 kann die Rahmenstile dashed und dotted nicht interpretieren und zeigt stattdessen solid als Rahmenstil. IE5.5 und IE6 zeigen dotted wie dashed, wenn der Rahmen nur 1px breit ist. Dieser Fehler ist im IE7 behoben.

CSS	IE 5.0	IE 5.5	IE 5.x Mac	IE 6	IE 7	IE 8	NN 4.x	NN 7.x	FF/M	O7	O8+	K/S
1	t	j	j	j	j	j	n	j	j	j	j	j

border-bottom-color

Für die anderen Teilbereiche der Rahmen existieren entsprechend `border-left-color`, `border-right-color`, `border-top-color`.

Mögliche Werte: Farbangabe

Standard: Vordergrundfarbe

Vererbt: nein

Beschreibung: Damit lässt sich die Farbe von einzelnen Teilen des Rahmens definieren: des oberen (`border-top-color`), des rechten (`border-right-color`), des unteren (`border-bottom-color`) und des linken (`border-left-color`).

CSS	IE 5.0	IE 5.5	IE 5.x Mac	IE 6	IE 7	IE 8	NN 4.x	NN 7.x	FF/M	O7	O8+	K/S
2	j	j	j	j	j	j	n	j	j	j	j	j

border-bottom-style

Für die anderen Teilbereiche der Rahmen existieren entsprechend `border-left-style`, `border-right-style`, `border-top-style`.

Mögliche Werte: `none` | `hidden` | `dotted` | `dashed` | `solid` | `double` | `groove` | `ridge` | `inset` | `outset`

Standard: `none`

Vererbt: nein

Beschreibung: Damit lässt sich der Stil von einzelnen Teilen des Rahmens definieren: des oberen (`border-top-style`), des rechten (`border-right-style`), des unteren (`border-bottom-style`) und des linken (`border-left-style`). Zu den möglichen Rahmenstilen vgl. border-style.

Besonderheiten: IE5.0 kann `dashed` und `dotted` nicht interpretieren und zeigt stattdessen `solid` an. IE5.5 und IE6 zeigen `dotted` wie `dashed`, wenn der Rahmen nur 1px breit ist. Dieser Fehler ist im IE7 behoben.

CSS	IE 5.0	IE 5.5	IE 5.x Mac	IE 6	IE 7	IE 8	NN 4.x	NN 7.x	FF/M	O7	O8+	K/S
2	t	j	j	j	j	j	n	j	j	j	j	j

border-bottom-width

Für die anderen Teilbereiche der Rahmen existieren entsprechend `border-left-width`, `border-right-width`, `border-top-width`.

Mögliche Werte: `thin` | `medium` | `thick` | Längenangabe (keine Prozentwerte)

Standard: `medium`

Vererbt: nein

Beschreibung: Damit lässt sich die Breite von einzelnen Teilen des Rahmens definieren: des oberen (`border-top-width`), des rechten (`border-right-width`), des unteren (`border-bottom-width`) und des linken (`border-left-width`).

CSS	IE 5.0	IE 5.5	IE 5.x Mac	IE 6	IE 7	IE 8	NN 4.x	NN 7.x	FF/M	O7	O8+	K/S
1	j	j	j	j	j	j	t	j	j	j	j	j

border-collapse

Mögliche Werte: `collapse` | `separate`

Standard: in CSS 2.1 `separate`, in CSS 2.0 `collapse`

Vererbt: ja

Beschreibung: Legt bei Tabellen fest, ob die Rahmen zwischen den Zellen zusammengefasst (`collapse`) oder separat (`separate`) sein sollen.

CSS	IE 5.0	IE 5.5	IE 5.x Mac	IE 6	IE 7	IE 8	NN 4.x	NN 7.x	FF/M	O7	O8+	K/S
2	j	j	j	j	j	j	n	j	j	j	j	j

border-color

Mögliche Werte: Farbangabe | `transparent`

Standard: Vordergrundfarbe

Vererbt: nein

Beschreibung: Mit `border-color` bestimmen Sie die Rahmenfarbe. Es können ein bis vier verschiedene Rahmenfarben angegeben werden. Die Interpretation von mehreren Werten ist genauso wie bei border-style (Tabelle 23.1).

CSS	IE 5.0	IE 5.5	IE 5.x Mac	IE 6	IE 7	IE 8	NN 4.x	NN 7.x	FF/M	O7	O8+	K/S
1	j	j	j	j	j	j	t	j	j	j	j	j

border-left, siehe border-bottom

border-left-color, siehe border-bottom-color

border-right, siehe border-bottom

border-right-color, siehe border-bottom-color

border-spacing

Mögliche Werte: Längenangabe

Standard: 0

Vererbt: nein

Beschreibung: Dient bei Tabellen zur Bestimmung des Abstands zwischen angrenzenden Zellenrahmen, wenn `border-collapse: separate` gewählt wurde.

CSS	IE 5.0	IE 5.5	IE 5.x Mac	IE 6	IE 7	IE 8	NN 4.x	NN 7.x	FF/M	O7	O8+	K/S
2	n	n	n	n	n	j	n	j	j	j	j	j

border-style

Mögliche Werte: `none` | `hidden` | `dotted` | `dashed` | `solid` | `double` | `groove` | `ridge` | `inset` | `outset`

Es können ein bis vier Rahmenstile angegeben werden. Diese werden dann folgendermaßen auf die einzelnen Teilrahmen bezogen:

Tabelle 23.1: Verteilung bei mehreren Werten

Anzahl der Werte	Bedeutung
1 Wert	Gilt für alle vier Teilrahmen.
2 Werte	Der erste Wert gilt für oben und unten, der zweite für rechts und links.
3 Werte	Der erste Wert gilt für oben, der zweite für rechts und links, der dritte für unten.
4 Werte	Der erste Wert gilt für oben, der zweite für rechts, der dritte für unten und der vierte für links (Uhrzeigersinn).

Die einzelnen Teilrahmen können auch gesondert über `border-bottom-style`, `border-top-style`, `border-left-style` und `border-right-style` definiert werden.

Standard: `none`

Vererbt: nein

Beschreibung: Damit lässt sich die Art des Rahmens bestimmen. Wie die einzelnen Rahmenstile aussehen, zeigt Abbildung 23.2.

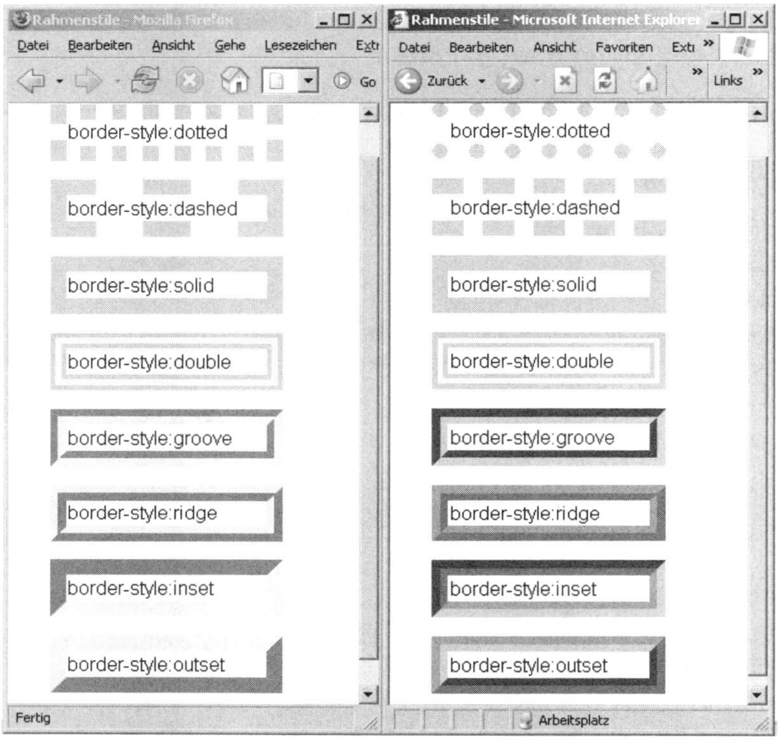

Abb. 23.2: Verschiedene Rahmenstile in Firefox (links) und im Internet Explorer (rechts)

Besonderheiten: IE5.0 kann `dashed` und `dotted` nicht interpretieren und zeigt stattdessen `solid` an. IE5.5 und IE6 zeigen `dotted` wie `dashed`, wenn der Rahmen nur 1px breit ist. Dieser Fehler ist im IE7 behoben.

CSS	IE 5.0	IE 5.5	IE 5.x Mac	IE 6	IE 7	IE 8	NN 4.x	NN 7.x	FF/M	O7	O8+	K/S
1	t	j	j	j	j	j	t	j	j	j	j	j

border-top, siehe border-bottom

border-top-color, siehe border-bottom-color

border-width

Mögliche Werte: `thin` | `medium` | `thick` | Längenangabe (keine Prozentwerte)

Es können ein bis vier verschiedene Werte für die Rahmenbreite angegeben werden. Die Interpretation von mehreren Werten ist genauso wie bei border-style (Tabelle 23.1).

Standard: `medium`

Vererbt: nein

Beschreibung: Damit lässt sich die Breite des Rahmens/der Teilrahmen bestimmen.

CSS	IE 5.0	IE 5.5	IE 5.x Mac	IE 6	IE 7	IE 8	NN 4.x	NN 7.x	FF/M	O7	O8+	K/S
1	j	j	j	j	j	j	t	j	j	j	j	j

bottom

Mögliche Werte: Längenangabe | `auto`

Standard: `auto`

Vererbt: nein

Beschreibung: Bestimmt bei positionierten Elementen (`position: absolute`, `relative` oder `fixed`) den Abstand vom unteren Rand zum umgebenden Element.

CSS	IE 5.0	IE 5.5	IE 5.x Mac	IE 6	IE 7	IE 8	NN 4.x	NN 7.x	FF/M	O7	O8+	K/S
2	n	j	j	j	j	j	n	j	j	j	j	j

caption-side

Mögliche Werte: `top` | `bottom`

in CSS 2.0 zusätzlich `left` | `right`

Standard: `top`

Vererbt: ja

Beschreibung: Bestimmt die Position des `caption`-Elements (Tabellenbeschriftung): `top` (oben), `bottom` (unten), `left` (links) oder `right` (rechts).

CSS	IE 5.0	IE 5.5	IE 5.x Mac	IE 6	IE 7	IE 8	NN 4.x	NN 7.x	FF/M	O7	O8+	K/S
2	n	n	n	n	n	j	n	j	j	j	j	j

clear

Mögliche Werte: `none` | `left` | `right` | `both`

Standard: `none`

Vererbt: nein

Beschreibung: Mit `clear: right` können Sie das vorher per `float: right` festgelegte Umfließen beenden. Dasselbe macht `clear: left` für `float: left`. Mit `clear: both` wird das Umfließen von beiden Seiten beendet.

CSS	IE 5.0	IE 5.5	IE 5.x Mac	IE 6	IE 7	IE 8	NN 4.x	NN 7.x	FF/M	O7	O8+	K/S
1	j	j	j	j	j	j	t	j	j	j	j	j

clip

Mögliche Werte: `rect`(oben rechts unten links) | `auto`

Standard: `auto`

Vererbt: nein

Beschreibung: Über `clip` kann der sichtbare Teil von absolut positionierten Elementen definiert werden. Darüber können Teile abgeschnitten werden.

```
.abgeschnitten { position: absolute; top: 0px; left: 0px; clip: rect(0px,
110px, 150px, 0px); }
```

```
<div class="abgeschnitten"><img src="katze.jpg" alt="Katze" /></div>
```

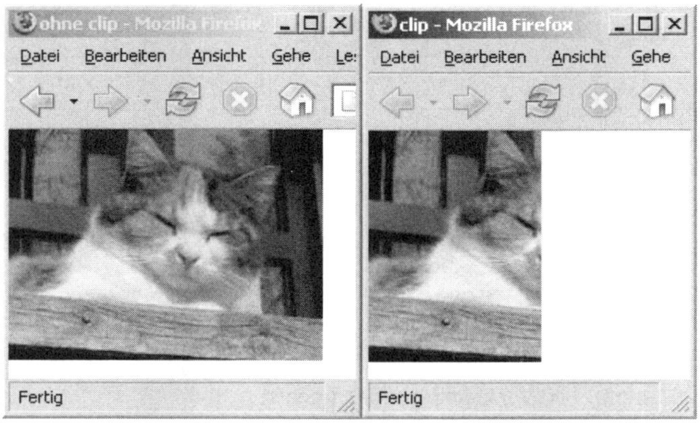

Abb. 23.3: Ganze Katze – halbe Katze: Rechts wurde das Bild durch `clip` beschnitten.

CSS	IE 5.0	IE 5.5	IE 5.x Mac	IE 6	IE 7	IE 8	NN 4.x	NN 7.x	FF/M	O7	O8+	K/S
2	j	j	j	j	j	j	t	j	j	j	j	j

color

Mögliche Werte: Farbangabe

Standard: hängt vom Browser und auch von den Benutzereinstellungen ab.

Vererbt: ja

Beschreibung: Bestimmt die Vordergrundfarbe des Dokuments, d. h. vor allem die Textfarbe. Wird für Rahmen (`border`) keine eigene Farbe angegeben, dann wird die bei `color` bestimmte Farbe benutzt.

CSS	IE 5.0	IE 5.5	IE 5.x Mac	IE 6	IE 7	IE 8	NN 4.x	NN 7.x	FF/M	O7	O8+	K/S
1	j	j	j	j	j	j	j	j	j	j	j	j

content

Mögliche Werte: `normal` | `none` | Text | URL | Zähler | `attr(attribute)` | `open-quote` | `close-quote` | `no-open-quote` | `no-close-quote`

Standard: `normal`

Vererbt: nein

Beschreibung: Ermöglicht die Inhaltserzeugung bei den Pseudoelementen `:before` und `:after`. Es kann beliebiger Text, eine Bilddatei oder auch der Wert eines Attributs (siehe Kapitel 16.2.2) eingefügt werden:

```
p.wichtig:before { content: "Achtung"; }
p.extern:after { content: url(bild.gif); }
a:after { content: " (" attr(href) ") ";}
```

Außerdem können Zähler definiert werden, vgl. hierzu `counter-increment`. Über `open-quote` und `close-quote` lassen sich Anführungszeichen bestimmen.

CSS	IE 5.0	IE 5.5	IE 5.x Mac	IE 6	IE 7	IE 8	NN 4.x	NN 7.x	FF/M	O7	O8+	K/S
2	n	n	n	n	n	j	n	j	j	j	j	j

counter-increment

Mögliche Werte: Zählername | Zahl | `none`

Standard: `none`

Vererbt: nein

Beschreibung: Die beiden `counter`-Eigenschaften werden in Zusammenhang mit erzeugtem Inhalt (`content`) eingesetzt und können dazu verwendet werden, Kapitel automatisch zu nummerieren. `counter-increment` dient zum Hochzählen oder Verringern eines Zählers. Wird keine Zahl angegeben, wird der Standardwert 1 verwendet.

Besonderheiten: Ab Version 1.5 unterstützt Firefox auch `counter-increment`, aber nur bei echten Elementen, nicht bei `:before` und `:after`.

CSS	IE 5.0	IE 5.5	IE 5.x Mac	IE 6	IE 7	IE 8	NN 4.x	NN 7.x	FF/M	O7	O8+	K/S
2	n	n	n	n	n	j	n	n	ab FF 1.5	j	j	j/n

counter-reset

Mögliche Werte: Zählername | Zahl | `none`

Standard: `none`

Vererbt: nein

Beschreibung: Die beiden `counter`-Eigenschaften werden in Zusammenhang mit erzeugtem Inhalt (`content`) eingesetzt und können dazu verwendet werden, Kapitel automatisch zu nummerieren. Mit `counter-reset` wird ein Zähler verändert, beispielsweise auf 0 gesetzt.

Besonderheiten: Ab Version 1.5 unterstützt Firefox auch `counter-reset`, aber nur bei echten Elementen, nicht bei `:before` und `:after`.

CSS	IE 5.0	IE 5.5	IE 5.x Mac	IE 6	IE 7	IE 8	NN 4.x	NN 7.x	FF/M	O7	O8+	K/S
2	n	n	n	n	n	j	n	n	ab FF 1.5	j	j	n

cursor

Mögliche Werte: URL | `auto` | `default` | `pointer` | `crosshair` | `move` | `e-resize` | `ne-resize` | `nw-resize` | `n-resize` | `se-resize` | `sw-resize` | `s-resize` | `w-resize` | `text` | `wait` | `help` | `progress`

In CSS 2.1 neu eingeführt: `progress`

Standard: `auto`

Vererbt: ja

Beschreibung: Dient zur Festlegung des Mauscursors; die Bedeutung der einzelnen Werte finden Sie in Kapitel 9.3 (Tabelle 9.2).

Besonderheiten: Nur der IE und Firefox ab Version 1.5 (SeaMonkey ab 1.0) unterstützen eigene Mauscursor, die per `url` eingebunden werden.

CSS	IE 5.0	IE 5.5	IE 5.x Mac	IE 6	IE 7	IE 8	NN 4.x	NN 7.x	FF/M	O7	O8+	K/S
2/2.1	t	t	t	j	j	j	n	t	t	t	t	t

direction

Mögliche Werte: `ltr` | `rtl`

Standard: `ltr`

Vererbt: ja

Beschreibung: Bestimmt die Darstellungsrichtung von Text an: `ltr` (links nach rechts) oder `rtl` (rechts nach links). Ausführliche Informationen dazu finden Sie unter *http://www.thestyleworks.de/basics/visual_format.shtml#direction*.

CSS	IE 5.0	IE 5.5	IE 5.x Mac	IE 6	IE 7	IE 8	NN 4.x	NN 7.x	FF/M	O7	O8+	K/S
2	j	j	n	j	j	j	n	j	j	n	j	j

display

Mögliche Werte: `inline` | `block` | `list-item` | `run-in` | `inline-block` | `table` | `inline-table` | `table-row-group` | `table-header-group` | `table-footer-group` | `table-row` | `table-column-group` | `table-column` | `table-cell` | `table-caption` | `none`

In CSS 2.1 gestrichen: `compact` | `marker`

In CSS 2.1 neu eingeführt: `inline-block`

Standard: `inline` (aber teilweise überschrieben von Browser-Stylesheets)

Vererbt: nein

Beschreibung: Definiert die Art der Darstellung. Die am häufigsten gebräuchlichen sind `none` (nicht dargestellt), `block` (wie ein Blockelement), `inline` (wie ein Inline-Element), `list-item` (wie ein Listenpunkt). Außerdem ermöglichen die Werte mit `table-*` eine Darstellung als Tabelle.

Besonderheiten: `table-*` wird erst ab IE8 unterstützt. NN4.x interpretiert nur `none` korrekt.

CSS	IE 5.0	IE 5.5	IE 5.x Mac	IE 6	IE 7	IE 8	NN 4.x	NN 7.x	FF/M	O7	O8+	K/S
2	t	t	t	t	t	j	t	t	t	j	j	t

empty-cells

Mögliche Werte: `show` | `hide`

Standard: `show`

Vererbt: ja

Beschreibung: `empty-cell` kommt bei Tabellenzellen oder per `display: table-cell` als Tabellenzelle definierten Elementen zum Einsatz. Damit lässt sich bestimmen, ob Tabellenzellen ohne Inhalt Rahmen und Hintergrund erhalten sollen (`show`) oder nicht (hide). Wenn alle Zellen einer Zeile leer sind und für sie die Eigenschaft auf hide gesetzt ist, soll dies dieselbe Wirkung wie display: none haben.

Besonderheiten: NN7.x, FF/M, Opera und K/S interpretieren hide bei einer ganzen Zeile mit leeren Zellen nicht korrekt, da hier trotzdem Platz reserviert bleibt, der sich als Lücke zeigt.

CSS	IE 5.0	IE 5.5	IE 5.x Mac	IE 6	IE 7	IE 8	NN 4.x	NN 7.x	FF/M	O7	O8+	K/S
2	n	n	n	n	n	j	n	t	t	t	t	t

float

Mögliche Werte: left | right | none

Standard: none

Vererbt: nein

Beschreibung: Ein mit float formatiertes Element kann von einem anderen Element »umflossen« werden. An sich kann jedes Element als float definiert werden. Bei anderen Elementen als Bildern sollte eine explizite Breite festgelegt werden.

CSS	IE 5.0	IE 5.5	IE 5.x Mac	IE 6	IE 7	IE 8	NN 4.x	NN 7.x	FF/M	O7	O8+	K/S
1	j	j	j	j	j	j	t	j	j	j	j	j

font

Kurzschreibweise für font-style, font-variant, font-weight, font-size/line-height, font-family. Anstelle dieser einzelnen Werte kann auch eine der folgenden Systemschriftarten angegeben werden: caption, icon, menu, message-box, small-caption, status-bar.

Standard: siehe Einzeleigenschaften

Vererbt: ja

Beschreibung: Kurzschreibweise. Nicht angegebene Werte erhalten den Wert normal. Es müssen zumindest Angaben für font-size und font-family gemacht werden. Die Reihenfolge der ersten Werte ist nicht relevant, die letzten zwei Werte müssen jedoch font-size und font-family sein. Soll eine Zeilenhöhe mit angegeben werden, wird diese nach einem/an den Wert von font-size gehängt.

```
p { font: bold 0.8em/1.2 sans-serif; }
h3 { font: menu; }
```

Besonderheiten: Prinzipiell unterstützen alle unten genannten Browser die Kurzschreibweise font. Es gelten jedoch dieselben Einschränkungen wie bei den Einzeleigenschaften.

CSS	IE 5.0	IE 5.5	IE 5.x Mac	IE 6	IE 7	IE 8	NN 4.x	NN 7.x	FF/M	O7	O8+	K/S
1	j	t	j	j	j	j	j	j	j	j	j	j

font-family

Mögliche Werte: Name der Schriftfamilie

Standard: hängt vom Browser ab

Vererbt: ja

Beschreibung: Bestimmt die Schriftfamilie

Besonderheiten: Sie sollten immer eine Schriftenliste durch Komma getrennt angeben. Der Browser verwendet die zweite Schrift in der Liste, wenn die erste nicht vorhanden ist. Am Schluss sollte ein generischer Schriftname (`serif`, `sans-serif`, `cursive`, `fantasy`, `monospace`) stehen.

```
p { font-family: "Courier New", Courier, monospace; }
```

CSS	IE 5.0	IE 5.5	IE 5.x Mac	IE 6	IE 7	IE 8	NN 4.x	NN 7.x	FF/M	O7	O8+	K/S
1	j	j	j	j	j	j	j	j	j	j	j	j

font-size

Mögliche Werte: Längenangabe | `xx-small` | `x-small` | `small` | `medium` | `large` | `x-large` | `xx-large` | `smaller` | `larger`

Standard: `medium`

Vererbt: ja

Beschreibung: Bestimmt die Schriftgröße

```
p { font-size: 0.9em; }
```

CSS	IE 5.0	IE 5.5	IE 5.x Mac	IE 6	IE 7	IE 8	NN 4.x	NN 7.x	FF/M	O7	O8+	K/S
1	j	j	j	j	j	j	j	j	j	j	j	j

font-style

Mögliche Werte: `normal` | `italic` | `oblique`

Standard: `normal`

Vererbt: ja

Beschreibung: Mit `italic` können Sie einen Text kursiv formatieren. Der Unterschied zwischen `italic` und `oblique` besteht darin, dass bei `italic` ein vorhandener kursiver Schriftschnitt verwendet, bei oblique hingegen die normale Schrift schräg gestellt wird. Wird italic eingesetzt und gibt es keinen vorhandenen kursiven Schriftschnitt, wird oblique benutzt. Sie sollten daher immer italic verwenden.

CSS	IE 5.0	IE 5.5	IE 5.x Mac	IE 6	IE 7	IE 8	NN 4.x	NN 7.x	FF/M	O7	O8+	K/S
1	j	j	j	j	j	j	j	j	j	j	j	j

font-variant

Mögliche Werte: normal | small-caps

Standard: normal

Vererbt: ja

Beschreibung: Mit font-variant: small-caps können Sie einen Text in Kapitälchen verwandeln.

Besonderheiten: IE 5.x (Windows) setzen den Text statt in Kapitälchen in Großbuchstaben.

CSS	IE 5.0	IE 5.5	IE 5.x Mac	IE 6	IE 7	IE 8	NN 4.x	NN 7.x	FF/M	O7	O8+	K/S
1	t	t	j	j	j	j	n	j	j	j	j	j

font-weight

Mögliche Werte: normal | bold | bolder | lighter | 100 | 200 | 300 | 400 | 500 | 600 | 700 | 800 | 900

Standard: normal

Vererbt: ja

Beschreibung: Bestimmt die Schriftgewichtung, d.h. fett (bold) oder normal. Bei den Zahlen entspricht normal 400 und bold 700. Die meisten Schriften erlauben keine neun Abstufungen, wie sie durch die Zahlenangaben möglich wären. Am häufigsten benutzt und am unproblematischsten sind normal und bold.

CSS	IE 5.0	IE 5.5	IE 5.x Mac	IE 6	IE 7	IE 8	NN 4.x	NN 7.x	FF/M	O7	O8+	K/S
1	j	j	j	j	j	j	j	j	j	j	j	j

height

Mögliche Werte: Längenangabe | auto

Standard: auto

Vererbt: nein

Beschreibung: Mit `height` lässt sich die Höhe eines Elements definieren. Nicht angewendet werden kann es auf nicht-ersetzte Inline-Elemente, wie beispielsweise `em`, `a`, `strong` etc.

CSS	IE 5.0	IE 5.5	IE 5.x Mac	IE 6	IE 7	IE 8	NN 4.x	NN 7.x	FF/M	O7	O8+	K/S
1	j	j	j	j	j	j	t	j	j	j	j	j

left

Mögliche Werte: Längenangabe | `auto`

Standard: `auto`

Vererbt: ja

Beschreibung: Bestimmt die Anordnung bei positionierten Elementen. Positionierte Elemente sind Elemente, die bei `position` die Werte `absolute`, `relative` oder `fixed` aufweisen. Mit `left` wird der Abstand des linken Rands des positionierten Elements zu seinem umgebenden Block definiert.

CSS	IE 5.0	IE 5.5	IE 5.x Mac	IE 6	IE 7	IE 8	NN 4.x	NN 7.x	FF/M	O7	O8+	K/S
2	j	j	j	j	j	j	j	j	j	j	j	j

letter-spacing

Mögliche Werte: `normal` | Längenangabe

Standard: `normal`

Vererbt: ja

Beschreibung: Mit `letter-spacing` legen Sie den Abstand zwischen Buchstaben fest.

CSS	IE 5.0	IE 5.5	IE 5.x Mac	IE 6	IE 7	IE 8	NN 4.x	NN 7.x	FF/M	O7	O8+	K/S
1	j	j	j	j	j	j	n	j	j	j	j	j

line-height

Mögliche Werte: Längenangabe | Faktor | `normal`

Standard: `normal`

Vererbt: ja

Beschreibung: Bestimmt die Zeilenhöhe. Ohne Maßeinheit wird die Zahl als Skalierungsfaktor interpretiert.

CSS	IE 5.0	IE 5.5	IE 5.x Mac	IE 6	IE 7	IE 8	NN 4.x	NN 7.x	FF/M	O7	O8+	K/S
1	j	j	j	j	j	j	t	j	j	j	j	j

list-style

Kurzschreibweise für `list-style-type` `list-style-position` `list-style-image`

Standard: siehe Einzeleigenschaften

Vererbt: ja

Beschreibung: Kurzschreibweise für die verschiedenen Eigenschaften zur Formatierung von Listen. Die Reihenfolge spielt dabei keine Rolle.

```
ul { list-style: url(pfeil.gif) disc outside; }
```

Besonderheiten: Alle unten aufgeführten Browser unterstützen prinzipiell `list-style`, jedoch gelten dieselben Einschränkungen wie bei den Einzeleigenschaften.

CSS	IE 5.0	IE 5.5	IE 5.x Mac	IE 6	IE 7	IE 8	NN 4.x	NN 7.x	FF/M	O7	O8+	K/S
1	j	j	j	j	j	j	j	j	j	j	j	j

list-style-image

Mögliche Werte: URL | `none`

Standard: `none`

Vererbt: ja

Beschreibung: Über `list-style-image` kann ein Bild als Aufzählungszeichen für Listen eingebunden werden.

```
ul { list-style-image: url(pfeil.gif); }
```

CSS	IE 5.0	IE 5.5	IE 5.x Mac	IE 6	IE 7	IE 8	NN 4.x	NN 7.x	FF/M	O7	O8+	K/S
1	j	j	j	j	j	j	n	j	j	j	j	j

list-style-position

Mögliche Werte: `inside` | `outside`

Standard: `outside`

Vererbt: ja

Beschreibung: Legt fest, ob Aufzählungszeichen in Listen innerhalb (inside) oder außerhalb (outside) des Listeninhalts platziert werden sollen.

CSS	IE 5.0	IE 5.5	IE 5.x Mac	IE 6	IE 7	IE 8	NN 4.x	NN 7.x	FF/M	O7	O8+	K/S
1	j	j	j	j	j	j	n	j	j	j	j	j

list-style-type

Mögliche Werte: disc | circle | square | decimal | decimal-leading-zero | lower-roman | upper-roman | lower-greek | lower-latin | upper-latin | armenian | georgian | lower-alpha | upper-alpha | none

In CSS 2.1 gestrichen: cjk-ideographic | hebrew | hiragana | hiragana-iroha | katakana | katakana-iroha

Standard: disc

Vererbt: ja

Beschreibung: Mit list-style-type bestimmen Sie bei ungeordneten (ul) und geordneten Listen (ol) die Art des Aufzählungszeichens (zu den einzelnen Werten siehe Kapitel 5).

Besonderheiten: none, circle, square, disc, decimal, lower-alpha, upper-alpha, lower-roman und upper-roman werden von allen Browsern unterstützt.

CSS	IE 5.0	IE 5.5	IE 5.x Mac	IE 6	IE 7	IE 8	NN 4.x	NN 7.x	FF/M	O7	O8+	K/S
1/2/2.1	t	t	t	t	t	j	t	j	j	t	j	j

margin

Kurzschreibweise für margin-left, margin-right, margin-bottom, margin-top

Mögliche Werte: Längenangabe(n)

Standard: 0

Vererbt: nein

Beschreibung: Dient zur Festlegung von Außenabständen. Es können ein bis vier verschiedene Werte angegeben werden. Die Interpretation von mehreren Werten ist genauso wie bei border-style (Tabelle 23.1).

Besonderheiten: IE 5.x hat Probleme, wenn margin bei Inline-Elementen benutzt wird.

CSS	IE 5.0	IE 5.5	IE 5.x Mac	IE 6	IE 7	IE 8	NN 4.x	NN 7.x	FF/M	O7	O8+	K/S
1	t	t	j	j	j	j	t	j	j	j	j	j

margin-bottom

Für die anderen Seiten existieren entsprechend `margin-left`, `margin-right` und `margin-top`.

Mögliche Werte: Längenangabe

Standard: 0

Vererbt: nein

Beschreibung: Mit `margin-bottom` definieren Sie den Außenabstand nach unten. Entsprechend legt `margin-left` den linken, `margin-right` den rechten und `margin-top` den oberen Abstand fest.

CSS	IE 5.0	IE 5.5	IE 5.x Mac	IE 6	IE 7	IE 8	NN 4.x	NN 7.x	FF/M	O7	O8+	K/S
1	t	t	j	j	j	j	t	j	j	j	j	j

margin-left, siehe margin-bottom

margin-top, siehe margin-bottom

margin-right, siehe margin-bottom

max-height

Mögliche Werte: Längenangabe | `none`

Standard: `none`

Vererbt: nein

Beschreibung: Mit `max-height` wird die maximale Höhe eines Elements bestimmt.

CSS	IE 5.0	IE 5.5	IE 5.x Mac	IE 6	IE 7	IE 8	NN 4.x	NN 7.x	FF/M	O7	O8+	K/S
2	n	n	n	n	j	j	n	j	j	j	j	j/t

max-width

Mögliche Werte: Längenangabe | `none`

Standard: `none`

Vererbt: nein

Beschreibung: Mit `max-width` wird die maximale Breite eines Elements bestimmt. Nicht angewendet werden kann es auf nicht-ersetzte Inline-Elemente, wie beispielsweise `em`, `a`, `strong` etc.

CSS	IE 5.0	IE 5.5	IE 5.x Mac	IE 6	IE 7	IE 8	NN 4.x	NN 7.x	FF/M	O7	O8+	K/S
2	n	n	n	n	j	j	n	j	j	j	j	j/t

min-height

Mögliche Werte: Längenangabe

Standard: 0

Vererbt: nein

Beschreibung: Mit `min-height` wird die Mindesthöhe eines Elements bestimmt. Nicht angewendet werden kann es auf nicht-ersetzte Inline-Elemente, wie beispielsweise `em`, `a`, `strong` etc.

CSS	IE 5.0	IE 5.5	IE 5.x Mac	IE 6	IE 7	IE 8	NN 4.x	NN 7.x	FF/M	O7	O8+	K/S
2	n	n	n	n	j	j	n	j	j	j	j	j/t

min-width

Mögliche Werte: Längenangabe

Standard: 0

Vererbt: nein

Beschreibung: Mit `min-width` wird die Mindestbreite eines Elements bestimmt. Nicht angewendet werden kann es auf nicht-ersetzte Inline-Elemente, wie beispielsweise `em`, `a`, `strong` etc.

CSS	IE 5.0	IE 5.5	IE 5.x Mac	IE 6	IE 7	IE 8	NN 4.x	NN 7.x	FF/M	O7	O8+	K/S
2	n	n	n	n	j	j	n	j	j	j	j	j/t

orphans

Mögliche Werte: Ganzzahl

Standard: 2

Vererbt: ja

Beschreibung: Mit `orphans` bestimmen Sie die minimale Anzahl von Textzeilen eines Blockelements, die am Ende einer Seite stehen dürfen. Dient zur Steuerung von Seitenumbrüchen für den Ausdruck.

CSS	IE 5.0	IE 5.5	IE 5.x Mac	IE 6	IE 7	IE 8	NN 4.x	NN 7.x	FF/M	O7	O8+	K/S
2	n	n	n	n	n	j	n	n	n	j	j	n

outline

Kurzschreibweise für `outline-color` `outline-width` `outline-style`

Standard: siehe Einzelwerte

Vererbt: nein

Beschreibung: Über `outline` werden Umrisse definiert. Umrisse sind so ähnlich wie Rahmen, beeinflussen den Textfluss jedoch nicht, machen das Element auch nicht breiter und sind (theoretisch) nicht notwendigerweise rechteckig. Für die einzelnen Teilbereiche können keine unterschiedlichen Werte definiert werden. Über `outline` können Sie auf einmal die Werte für `outline-color`, `outline-width` und `outline-style` angeben.

CSS	IE 5.0	IE 5.5	IE 5.x Mac	IE 6	IE 7	IE 8	NN 4.x	NN 7.x	FF/M	O7	O8+	K/S
2	n	n	j	n	n	j	n	n	ab FF 1.5	j	j	j

outline-color

Mögliche Werte: Farbangabe | `invert`

Standard: `invert`

Vererbt: nein

Beschreibung: Über `outline` werden Umrisse definiert, vgl. `outline`. Mit `outline-color` legen Sie die Farbe des Umrisses fest. `invert` sorgt für eine farbverkehrte Darstellung.

CSS	IE 5.0	IE 5.5	IE 5.x Mac	IE 6	IE 7	IE 8	NN 4.x	NN 7.x	FF/M	O7	O8+	K/S
2	n	n	j	n	n	j	n	n	ab FF 1.5	j	j	j

outline-style

Mögliche Werte: Dieselben wie bei border-style

Standard: `none`

Vererbt: nein

Beschreibung: Über `outline` werden Umrisse definiert, vgl. `outline`. Mit `outline-style` legen Sie die Art des Umrisses fest, wobei Sie die bei Rahmen (siehe `border-style`) üblichen Werte verwenden können.

CSS	IE 5.0	IE 5.5	IE 5.x Mac	IE 6	IE 7	IE 8	NN 4.x	NN 7.x	FF/M	O7	O8+	K/S
2	n	n	j	n	n	j	n	n	ab FF 1.5	j	j	j

outline-width

Mögliche Werte: Längenangabe | `thin` | `medium` | `thick`

Standard: `medium`

Vererbt: nein

Beschreibung: Über `outline` werden Umrisse definiert, vgl. outline. Mit `outline-width` legen Sie die Breite des Umrisses fest, wobei Sie die bei Rahmen üblichen Werte verwenden können.

CSS	IE 5.0	IE 5.5	IE 5.x Mac	IE 6	IE 7	IE 8	NN 4.x	NN 7.x	FF/M	O7	O8+	K/S
2	n	n	j	n	n	j	n	n	ab FF 1.5	j	j	j

overflow

Mögliche Werte: `visible` | `hidden` | `scroll` | `auto`

Standard: `visible`

Vererbt: nein

Beschreibung: Bestimmt, was mit Inhalt geschehen soll, der größer ist als die Dokumentbox: ob er angezeigt (`visible`), versteckt (`hidden`) oder mit Scrollleisten versehen werden soll (`scroll`). Die Bedeutung von `auto` ist browserabhängig.

Besonderheiten: Beim IE6 wird fälschlicherweise bei `visible` die Box des Elements an den überfließenden Inhalt angepasst. Konqueror interpretiert `scroll` und `auto` nicht.

CSS	IE 5.0	IE 5.5	IE 5.x Mac	IE 6	IE 7	IE 8	NN 4.x	NN 7.x	FF/M	O7	O8+	K/S
2	t	t	t	t	j	j	n	j	j	j	j	t/j

padding

Mögliche Werte: Längenangabe

Es können ein bis vier verschiedene Werte für den Innenabstand angegeben werden. Die Interpretation von mehreren Werten ist genauso wie bei `border-style` (Tabelle 23.1).

Standard: 0

Vererbt: nein

Beschreibung: Mit `padding` definieren Sie den Innenabstand bei Elementen. Dieser befindet sich zwischen dem eigentlichen Inhalt und dem Rahmen (`border`).

CSS	IE 5.0	IE 5.5	IE 5.x Mac	IE 6	IE 7	IE 8	NN 4.x	NN 7.x	FF/M	O7	O8+	K/S
1	t	j	j	j	j	j	t	j	j	j	j	j

padding-bottom

Für die anderen Seiten existieren entsprechend `padding-left`, `padding-right` und `padding-top`.

Mögliche Werte: Längenangabe

Standard: 0

Vererbt: nein

Beschreibung: Mit `padding-bottom` definieren Sie den Innenabstand nach unten bei Elementen. Entsprechend legt `padding-left` den linken, `padding-right` den rechten und `padding-top` den oberen Innenabstand fest. Der Innenabstand befindet sich zwischen dem eigentlichen Inhalt und dem Rahmen (`border`).

CSS	IE 5.0	IE 5.5	IE 5.x Mac	IE 6	IE 7	IE 8	NN 4.x	NN 7.x	FF/M	O7	O8+	K/S
1	t	j	j	j	j	j	t	j	j	j	j	j

padding-left, siehe padding-bottom

padding-right, siehe padding-bottom

padding-top, siehe padding-bottom

page-break-after, page-break-before

Mögliche Werte: `auto` | `always` | `avoid` | `left` | `right`

Standard: `auto`

Vererbt: nein

Beschreibung: Damit bestimmen Sie, ob vor einem Element (`page-break-before`) oder nach einem Element (`page-break-after`) ein Seitenumbruch durchgeführt werden darf. Es dient also zur Steuerung von Seitenumbrüchen für den Ausdruck. `always` bedeutet, dass immer ein Seitenumbruch stattfinden soll, mit `avoid` hingegen wird ein Seitenumbruch vermieden. Mit `left/right` legen Sie fest, dass vor/nach dem Element eine neue linke/rechte Seite begonnen wird.

Besonderheiten: IE bis einschließlich Version 7 interpretiert `left` und `right` nicht. K/S kennt nur `always` und `auto`.

CSS	IE 5.0	IE 5.5	IE 5.x Mac	IE 6	IE 7	IE 8	NN 4.x	NN 7.x	FF/M	O7	O8+	K/S
2	t	t	t	t	t	j	n	t	t	j	j	t

page-break-inside

Mögliche Werte: `avoid` | `auto`

Standard: `auto`

Vererbt: ja

Beschreibung: Dient zur Steuerung von Seitenumbrüchen für den Ausdruck. Mit `page-break-inside` bestimmen Sie, ob innerhalb eines Elements ein Seitenumbruch stattfinden darf (`auto`) oder nicht (`avoid`).

CSS	IE 5.0	IE 5.5	IE 5.x Mac	IE 6	IE 7	IE 8	NN 4.x	NN 7.x	FF/M	O7	O8+	K/S
2	n	n	n	n	n	j	n	n	n	j	j	n

position

Mögliche Werte: `static` | `relative` | `absolute` | `fixed`

Standard: `static`

Vererbt: nein

Beschreibung: Legt das Positionierungsschema fest. `static` ist die Standardeinstellung. Bei den anderen Positionierungsschemata kann dann die Position über `top`, `left`, `right` oder `bottom` definiert werden. Bei `relative` wird das Element relativ zu seiner ursprünglichen Position verschoben, und die folgenden Elemente verhalten sich, als habe keine Verschiebung stattgefunden. Bei `absolute` wird das Element aus dem Textfluss herausgenommen und in Relation zum umgebenden Block (dem ebenfalls positionierten Elternelement oder `body`) angeordnet. `fixed` macht dasselbe wie `absolute`, gleichzeitig bleibt das Element aber beim Scrollen stehen.

Besonderheiten: Der Internet Explorer für Windows einschließlich Version 6 interpretiert `fixed` nicht. Diese Einschränkung gilt für den Internet Explorer ab Version 7 nicht mehr.

CSS	IE 5.0	IE 5.5	IE 5.x Mac	IE 6	IE 7	IE 8	NN 4.x	NN 7.x	FF/M	O7	O8+	K/S
2	t	t	t	t	j	j	t	j	j	j	j	j

quotes

Mögliche Werte: schließendes Anführungszeichen öffnendes Anführungszeichen | none

Standard: abhängig von den länderspezifischen Einstellungen des Browsers

Vererbt: ja

Beschreibung: Mit der Eigenschaft quotes können Sie schließende und öffnende Anführungszeichen definieren, z. B. werden durch

```
q:lang(fr) { quotes: "\AB " "\BB"; }
```

für das Element q, wenn es als Französisch ausgezeichnet ist, die entsprechenden in hexadezimalen Unicode-Werten angegebenen Anführungszeichen definiert. Damit wird das folgende Zitat mit französischen Anführungszeichen versehen:

```
<q lang="fr">A la recherche du temps perdu</q> lautet ...
```

CSS	IE 5.0	IE 5.5	IE 5.x Mac	IE 6	IE 7	IE 8	NN 4.x	NN 7.x	FF/M	O7	O8+	K/S
2	n	n	n	n	n	j	n	j	j	j	j	j/n

right

Mögliche Werte: Längenangabe | auto

Standard: auto

Vererbt: nein

Beschreibung: Bestimmt die Anordnung bei positionierten Elementen. Positionierte Elemente sind Elemente, die bei position die Eigenschaft absolute, relative oder fixed aufweisen. Mit right wird der Abstand des rechten Rands des positionierten Elements zu seinem umgebenden Block definiert.

CSS	IE 5.0	IE 5.5	IE 5.x Mac	IE 6	IE 7	IE 8	NN 4.x	NN 7.x	FF/M	O7	O8+	K/S
2	n	j	j	j	j	j	n	j	j	j	j	j

scrollbar-3dlight-color, scrollbar-arrow-color, scrollbar-base-color, scrollbar-darkshadow-color, scrollbar-face-color, scrollbar-highlight-color, scrollbar-shadow-color, scrollbar-track-color

Mögliche Werte: Farbangabe

Beschreibung: Von Microsoft eingeführte, nicht standardkonforme Angaben zum Einfärben des Rollbalkens (zu den Werten siehe Kapitel 9).

CSS	IE 5.0	IE 5.5	IE 5.x Mac	IE 6	IE 7	IE 8	NN 4.x	NN 7.x	FF/M	O7	O8+	K/S
-	n	j	j	j	j	j	n	n	n	t	t	n

table-layout

Mögliche Werte: `fixed` | `auto`

Standard: `auto`

Vererbt: nein

Beschreibung: Damit bestimmen Sie, ob die Tabellenbreite von Ihnen explizit festgelegt (`fixed`) oder vom Browser selbst berechnet werden soll (`auto`). Bei `fixed` wird die angegebene Breite genommen und das Ganze nicht anhand des Inhalts kalkuliert.

CSS	IE 5.0	IE 5.5	IE 5.x Mac	IE 6	IE 7	IE 8	NN 4.x	NN 7.x	FF/M	O7	O8+	K/S
2	n	j	j	j	j	j	n	j	j	j	j	j

text-align

Mögliche Werte: `left` | `right` | `center` | `justify`

Standard: Hängt von der Schreibrichtung der verwendeten Sprache ab. Bei uns links.

Vererbt: ja

Beschreibung: Mit `text-align` können Sie Absätze links (`left`), rechts (`right`) oder zentriert (`center`) ausrichten. `justify` steht für Blocksatz.

CSS	IE 5.0	IE 5.5	IE 5.x Mac	IE 6	IE 7	IE 8	NN 4.x	NN 7.x	FF/M	O7	O8+	K/S
1	j	j	j	j	j	j	j	j	j	j	j	j

text-decoration

Mögliche Werte: `none` | `overline` | `underline` | `line-through` | `blink`

Standard: `none`

Vererbt: nein (de facto aber doch)

Beschreibung: `text-decoration` dient zur Verzierung von Text – überstrichen (`overline`), unterstrichen (`underline`), durchgestrichen (`line-trough`) oder blinkend (`blink`). `blink` muss laut Spezifikation nicht implementiert werden, und der Internet Explorer unterstützt es beispielsweise auch nicht. Wollen Sie die Unterstreichung von Links ausschalten, so erreichen Sie das über:

```
a:link { text-decoration: none; }
```

CSS	IE 5.0	IE 5.5	IE 5.x Mac	IE 6	IE 7	IE 8	NN 4.x	NN 7.x	FF/M	O7	O8+	K/S
1	j	j	j	j	j	j	t	j	j	j	j	j

text-indent

Mögliche Werte: Längenangabe

Standard: 0

Vererbt: ja

Beschreibung: Dient zum Einrücken der ersten Zeile von Absätzen. Mit einem negativen Wert erzeugen Sie einen so genannten hängenden Einzug.

CSS	IE 5.0	IE 5.5	IE 5.x Mac	IE 6	IE 7	IE 8	NN 4.x	NN 7.x	FF/M	O7	O8+	K/S
1	j	j	j	j	j	j	j	j	j	j	j	j

text-transform

Mögliche Werte: `capitalize` | `uppercase` | `lowercase` | `none`

Standard: `none`

Vererbt: ja

Beschreibung: Mit `text-transform` können Sie jeweils nur den ersten Buchstaben in Großbuchstaben (`capitalize`), alles in Großbuchstaben (`uppercase`) oder alles in Kleinbuchstaben (`lowercase`) umwandeln.

CSS	IE 5.0	IE 5.5	IE 5.x Mac	IE 6	IE 7	IE 8	NN 4.x	NN 7.x	FF/M	O7	O8+	K/S
1	j	j	j	j	j	j	j	j	j	j	j	j

top

Mögliche Werte: Längenangabe | `auto`

Standard: `auto`

Vererbt: nein

Beschreibung: Bestimmt die Anordnung bei positionierten Elementen. Positionierte Elemente sind Elemente, die bei `position` die Werte `absolute`, `relative` oder `fixed` aufweisen. Mit `top` wird der Abstand des oberen Rands des positionierten Elements zu seinem umgebenden Block definiert.

CSS	IE 5.0	IE 5.5	IE 5.x Mac	IE 6	IE 7	IE 8	NN 4.x	NN 7.x	FF/M	O7	O8+	K/S
2	j	j	j	j	j	j	j	j	j	j	j	j

unicode-bidi

Mögliche Werte: `normal` | `embed` | `bidi-overide`

Standard: `normal`

Vererbt: nein

Beschreibung: Wird zusammen mit `direction` verwendet, um bei Webseiten, die Texte in mindestens zwei Sprachen mit unterschiedlicher Schreibrichtung beinhalten, eine Änderung der Schreibrichtung darzustellen.

CSS	IE 5.0	IE 5.5	IE 5.x Mac	IE 6	IE 7	IE 8	NN 4.x	NN 7.x	FF/M	O7	O8+	K/S
2	j	j	n	j	j	j	n	j	j	n	j	j/n

vertical-align

Mögliche Werte: `baseline` | `sub` | `super` | `top` | `text-top` | `middle` | `bottom` | `text-bottom` | Längenangabe

Standard: `baseline`

Vererbt: nein

Beschreibung: `vertical-align` dient zur vertikalen Ausrichtung von Inline-Elementen oder Tabellenzellen (zu den Werten siehe Kapitel 3). Wie man auch andere Elemente zentriert, finden Sie in Kapitel 15.

CSS	IE 5.0	IE 5.5	IE 5.x Mac	IE 6	IE 7	IE 8	NN 4.x	NN 7.x	FF/M	O7	O8+	K/S
1	t	t	j	j	j	j	t	j	j	j	j	j

visibility

Mögliche Werte: visible | hidden | collapse

Standard: visible

Vererbt: ja

Beschreibung: Mit visibility können Sie festlegen, ob ein Element angezeigt (visible) oder versteckt (hidden) werden soll. Für ein verstecktes Element bleibt dennoch Platz reserviert. Um ein Element vollständig zu unterdrücken, benötigen Sie none. collapse ist nur bei Tabellen sinnvoll und steuert dann, ob die betreffenden Tabellenelemente angezeigt werden. Mit collapse wird das Tabellenelement ausgeblendet und der Platz steht für andere Elemente zur Verfügung.

Besonderheiten: collapse wird bei Tabellenelementen von Gecko-basierten Browsern, Opera und Konqueror als »hidden« angezeigt, was nicht korrekt ist. Andere Browser (IE) interpretieren es gar nicht. hidden und visible werden korrekt von allen Browsern außer NN4.x dargestellt.

CSS	IE 5.0	IE 5.5	IE 5.x Mac	IE 6	IE 7	IE 8	NN 4.x	NN 7.x	FF/M	O7	O8+	K/S
2	t	t	t	t	t	t	n	t	t	t	t	t

white-space

Mögliche Werte: normal | pre | nowrap | pre-wrap | pre-line

In CSS 2.1 neu eingeführt: pre-wrap und pre-line

Standard: normal

Vererbt: ja

Beschreibung: Dient zur Festlegung, wie Browser mit Zwischenräumen zwischen Wörtern und Textzeilen im Quelltext umgehen sollen. nowrap bedeutet kein Umbruch, bei pre werden Leerzeichen und Zeilenumbrüche nicht ignoriert. pre-wrap und pre-line sind zwei Mischformen. Bei pre-wrap werden Leerzeichen nicht ignoriert, Zeilenumbrüche schon. Umgekehrt ist es bei pre-line: Zeilenumbrüche werden nicht ignoriert, Leerzeichen schon.

Bemerkung: pre-wrap wird erst ab FF3 unterstützt, pre-line noch nicht. Der IE8 wird neben pre-wrap auch pre-line implementieren.

CSS	IE 5.0	IE 5.5	IE 5.x Mac	IE 6	IE 7	IE 8	NN 4.x	NN 7.x	FF/M	O7	O8+	K/S
1/2.1	n	t	t	t	t	j	t	t	t	t	t	t

widows

Mögliche Werte: Zahlenangabe

Standard: 2

Vererbt: ja

Beschreibung: Mit `widows` bestimmen Sie die minimale Anzahl von Textzeilen eines Blockelements, die am Anfang einer Seite stehen dürfen. Dient zur Steuerung von Seitenumbrüchen für den Ausdruck.

CSS	IE 5.0	IE 5.5	IE 5.x Mac	IE 6	IE 7	IE 8	NN 4.x	NN 7.x	FF/M	O7	O8+	K/S
2	n	n	n	n	n	j	n	n	n	j	j	n

width

Mögliche Werte: Längenangabe | `auto`

Standard: `auto`

Vererbt: nein

Beschreibung: Mit `width` kann die Breite eines Elements definiert werden. Bei nicht-ersetzten Inline-Elementen, wie beispielsweise `em`, `a`, `strong`, kann es nicht angewendet werden. `width` wird teilweise von den Browsern unterschiedlich interpretiert. Ausführliche Informationen dazu finden Sie in Kapitel 6 und Kapitel 14.

CSS	IE 5.0	IE 5.5	IE 5.x Mac	IE 6	IE 7	IE 8	NN 4.x	NN 7.x	FF/M	O7	O8+	K/S
1	j	j	j	j	j	j	t	j	j	j	j	j

word-spacing

Mögliche Werte: `normal` | Längenangabe

Standard: `normal`

Vererbt: ja

Beschreibung: Definiert den Abstand zwischen Wörtern

CSS	IE 5.0	IE 5.5	IE 5.x Mac	IE 6	IE 7	IE 8	NN 4.x	NN 7.x	FF/M	O7	O8+	K/S
1	n	n	j	j	j	j	n	j	j	j	j	j

z-index

Mögliche Werte: auto | Zahlenangabe

Standard: auto

Vererbt: nein

Beschreibung: Über z-index lässt sich bei sich überlappenden, positionierten (position: fixed | relative | absolute) Elementen die Stapelreihenfolge festlegen. Ein höherer Wert bedeutet weiter oben.

CSS	IE 5.0	IE 5.5	IE 5.x Mac	IE 6	IE 7	IE 8	NN 4.x	NN 7.x	FF/M	O7	O8+	K/S
2	j	j	j	j	j	j	j	j	j	j	j	j

23.4 Links zur Browser-Kompatibilität

Hier finden Sie wichtige Links zu weiteren Informationen zur Browser-Kompatibilität.

Gecko-Browser

http://developer.mozilla.org/en/docs/CSS-2_Quick_Reference
http://developer.mozilla.org/en/docs/Mozilla_CSS_support_chart

Besonderheiten des Internet Explorers 5 für Mac

http://macedition.com/cb/ie5macbugs/index.html
http://www.l-c-n.com/IE5tests/

Internet Explorer

http://msdn2.microsoft.com/en-us/library/cc351024(VS.85).aspx

Safari

http://developer.apple.com/internet/safari/safari_css.html

Konqueror

http://www.konqueror.org/css/

Opera

http://www.opera.com/docs/specs/css/

Übersichten über Browser-Support

http://www.css4you.de/browsercomp.html
http://www.thestyleworks.de/quickref/browser-support-12.shtml
http://www.westciv.com/style_master/academy/browser_support/
http://reference.sitepoint.com/
http://www.w3schools.com/css/css_reference.asp
http://www.webdevout.net/browser_support_summary.php

Übersichten über Browser-Bugs

http://www.positioniseverything.net/
http://www.quirksmode.org/
http://css-discuss.incutio.com/?page=CategoryBrowserBug

Anhang A

jetzt lerne ich

Anhang

A.1 Antworten auf die Wiederholungsfragen und Lösungen zu den Übungen

Kapitel 2

1. **Welche vier Möglichkeiten gibt es, Stylesheet-Angaben einzubinden?**

   Inline-Stile stehen direkt im Element als Wert des Attributs `style`. Außerdem können Stylesheet-Deklarationen noch im Dokument selbst innerhalb von `<style type="text/css">` und `</style>` angegeben werden. Die praktischste Variante ist jedoch die Verwendung von externen Stylesheets, die per `link` (innerhalb des `head`-Elements) oder per `@import` (als Erstes von mehreren Stylesheet-Angaben) eingebunden werden können.

2. **Wo muss die `@import`-Direktive stehen, damit sie funktioniert?**

   Am Anfang der Stylesheet-Deklaration: entweder als Erstes innerhalb von `<style type="text/css">` und `</style>` oder als Erstes vor allen anderen Deklarationen in einem externen Stylesheet.

3. **Welche Textfarbe erhält der zweite Absatz im folgenden Beispiel?**

```
<!DOCTYPE html PUBLIC "-//W3C//DTD XHTML 1.0 Transitional//EN"
"http://www.w3.org/TR/xhtml1/DTD/xhtml1-transitional.dtd">
<html xmlns="http://www.w3.org/1999/xhtml" xml:lang="de" lang="de">
<head>
<meta http-equiv="Content-Type" content="text/html; charset=iso-8859-
1" />
```

```
<title>Stilangaben</title>
<style type="text/css">
/*<![CDATA[*/
p { color: red; }
/*]]>*/
</style>
</head>
<body>
<p>Hier steht l&auml;ngerer Text. </p>
<p style="color: blue">Ein Teil davon ist besonders wichtig.</p>
</body>
</html>
```

Der zweite Absatz wird blau, denn Inline-Stile setzen sich gegenüber im Dokumentkopf definierten Stilen durch.

4. **Wie lautet die Syntax für Kommentare in CSS?**

   Kommentare beginnen in CSS mit /* und enden mit */.

5. **Was steht am Anfang eines XHTML-Dokuments?**

   Eventuell die XML-Deklaration:

   ```
   <?xml version="1.0" encoding="ISO-8859-1"?>
   ```

   Sonst beginnt das Dokument direkt mit einer der drei für XHTML möglichen Dokumenttypangaben.

6. **Was sind die verschiedenen Möglichkeiten, in XHTML die Kodierung anzugeben?**

   Sofern vorhanden, in der XML-Deklaration am Anfang des Dokuments, sonst über ein `meta`-Element im `head`-Teil. Außerdem lässt sich auch der Webserver so konfigurieren, dass er den entsprechenden Header sendet.

7. **Was muss am folgenden Dokument geändert werden, damit es gültiges XHTML wird?**

   ```
   <html>
   <head>
   <Title>HTML in XHTML umwandeln</title>
   <style>
   <!--
   h1 { color: #CC0133; }
   body {
      color: #000080;
      background-color: white;
   }
   -->
   </style>
   </head>
   <body>
   <H1 align="center">HTML nach XHTML umwandeln</h1>
   <p>Dieses HTML-Dokument soll in XHTML konvertiert werden.
   <ul>
     <Li>Punkt 1
     <Li>Punkt 2
   ```

```
  <Li>Punkt 3
</ul>
</body></html>
```

Es gibt zwei Varianten, je nachdem, ob das Dokument in XHTML Transitional oder XHTML Strict umgewandelt werden soll. In der Variante Transitional sieht es folgendermaßen aus (die veränderten Stellen wurden hervorgehoben):

```
<!DOCTYPE html PUBLIC "-//W3C//DTD XHTML 1.0 Transitional//EN"
"http://www.w3.org/TR/xhtml1/DTD/xhtml1-transitional.dtd">
<html xmlns="http://www.w3.org/1999/xhtml" xml:lang="de" lang="de">
<head>
<meta http-equiv="Content-Type" content="text/html; charset=iso-8859-
1" />
<title>HTML in XHTML umwandeln</title>
<style type="text/css">
/*<![CDATA[*/
h1 { color: #CC0133; }
body {
   color: #000080;
   background-color: white;
}
/*]]>*/
</style>
</head>
<body>
<h1 align="center">HTML nach XHTML umwandeln</h1>
<p>Dieses HTML-Dokument soll in XHTML konvertiert werden.</p>
<ul>
   <li>Punkt 1</li>
   <li>Punkt 2</li>
   <li>Punkt 3</li>
</ul>
</body></html>
```

Möchten Sie stattdessen XHTML Strict einsetzen, muss die entsprechende Dokumenttypangabe verwendet werden:

```
<!DOCTYPE html PUBLIC "-//W3C//DTD XHTML 1.0 Strict//EN"
"http://www.w3.org/TR/xhtml1/DTD/xhtml1-strict.dtd">
```

Jedoch ist das Attribut `align`, das ja rein der Formatierung dient, in XHTML Strict nicht mehr zugelassen. Es muss gestrichen und durch eine passende CSS-Angabe ersetzt werden. Um diese und weitere Formatierungen wird es in den nächsten Kapiteln gehen.

Kapitel 3

1. **Welchen Nachteil hat die Verwendung von Pixeln für die Schriftgröße?**

   Mit Pixel festgelegte Schriftgrößen lassen sich im Internet Explorer nicht über ANSICHT/SCHRIFTGRAD in der Größe ändern. Der Internet Explorer 7 verfügt jedoch zusätzlich über eine Zoom-Funktion, die unabhängig von der gewählten Einheit den gesamten Inhalt der Seite zoomt.

2. **Wie groß ist ein em?**

   Ein em entspricht der Größe des großen M in der aktuell verwendeten Schrift. Wird als Schriftgröße 20px verwendet, entspricht 1em 20px.

3. **Wie lässt sich die folgende Farbe #FF0000 (Rot) in CSS noch angeben?**

   Die Farbe Rot kann außer mit #FF0000 auf folgende Arten angegeben werden: red, #F00, rgb(100%, 0%, 0%) und rgb(255, 0,0).

4. **Wie lässt sich der folgende Ausdruck kürzer schreiben?**

```
p {
   font-family: Verdana, Arial, sans-serif;
   font-size: 0.8em;
   font-weight: bold;
   line-height: 1.2;
   color: red;
   background-color: white;
}
```

   Hinter font können die einzelnen Angaben bis auf Schrift- und Hintergrundfarbe direkt notiert werden. Dabei müssen zum Schluss die Schriftgröße und die Schriftfamilie angegeben werden. Ansonsten ist die Reihenfolge egal:

```
p {
   font: bold, 0.8em/1.2 Verdana, Arial, sans-serif;
   color: red;
   background-color: white;
}
```

5. **Wie schaltet man eine Unterstreichung aus?**

   Unterstreichungen und ähnliche so genannte Text-Dekorationen lassen sich über text-decoration: none ausschalten.

Kapitel 4

1. **Nennen Sie zwei CSS-Eigenschaften, die vererbt werden!**

   Beispielsweise die Schriftgröße (font-size) oder auch die Schriftart (font-family).

2. **Wie groß sind div, p und em im folgenden Beispiel?**

```
<!DOCTYPE html PUBLIC "-//W3C//DTD XHTML 1.0 Transitional//EN"
"http://www.w3.org/TR/xhtml1/DTD/xhtml1-transitional.dtd">
<html xmlns="http://www.w3.org/1999/xhtml" xml:lang="de" lang="de">
<head>
<meta http-equiv="content-type" content="text/html; charset=ISO-8859-
1" />
<title>Vererbung und relative Angaben</title>
<style type="text/css">
/* <![CDATA[ */
body { font-size: 30px; }
div, p, em { font-size: 0.6em; }
/* ]]> */
</style>
</head>
```

```
<body>
<div>Jetzt kommt gleich ein Absatz:<p>Ein Absatz mit
<em>Betonung</em>. Dann geht es normal weiter ...</p></div>
</body>
</html>
```

Die berechneten Werte werden bei der Schriftgröße vererbt. Damit ergibt sich für `div` 30px * 0.6 = 18px, für `p` hingegen 18px * 0.6 = 10.8px und schließlich für `em` 10.8px * 0.6 = 6.48px.

3. **Wie lassen sich Probleme mit relativen Maßeinheiten und der Vererbung wie im letzten Fall vermeiden?**

   Einerseits sollten für Inline-Elemente wie `em` keine Schriftgrößen vergeben werden. Im obigen Fall hätte man außerdem nur dem Element `div` die Schriftgröße zuweisen können. Dann hätten der darin enthaltene Absatz und `em` dieselbe Größe.

4. **Auf welche Elemente wirkt sich die Angabe `body { color: black; }` nicht aus?**

   Auf Verlinkungen, diese behalten die vom Browser vordefinierte Farbe. Wie man Links über CSS formatiert, wird in Kapitel 8 behandelt.

Kapitel 5

1. **Wie können Sie festlegen, dass als Aufzählungszeichen fortlaufende römische Zahlen verwendet werden sollen?**

   Römische Zahlen können über `list-style-type: upper-roman` bestimmt werden.

2. **Wie können die Aufzählungszeichen ganz entfernt werden?**

   Mit `list-style-type: none` werden Listen ohne Aufzählungszeichen formatiert.

3. **Was passiert, wenn Sie zusätzlich zu `list-style-type` auch noch `list-style-image` angeben?**

   Diese Vorgehensweise ist sogar die empfohlene: So wird das gewünschte Aufzählungszeichen eingesetzt, falls das Bild nicht geladen werden kann.

4. **Was ist der Unterschied zwischen Nachfahrenselektoren und Kindselektoren?**

   Kindselektoren gelten nur für direkte Nachfahren. Sie sind somit ein Spezialfall von Nachfahrenselektoren. Formal werden Kindselektoren dadurch gekennzeichnet, dass die beiden Elemente durch ein Größer-als-Zeichen getrennt werden.

Kapitel 6

1. **Wie breit ist ein Element insgesamt, dem im Standardboxmodell die Eigenschaft `width: 40px` zugewiesen wird? Welche Breite wird hingegen bei älteren Versionen des Internet Explorers genommen?**

   Die Breite des Elements hängt auch noch vom definierten Innenabstand (`padding`) und dem Rahmen (`border`) ab. Diese Werte werden – doppelt, da für jede Seite – noch zu `width` addiert, um die Gesamtbreite des Elements zu ergeben.

Bei älteren Versionen des Internet Explorers wird `width` als Gesamtbreite interpretiert, hier wäre sie also 40px.

2. **Welchen (X)HTML-Elementen kann keine Breite und keine Höhe zugewiesen werden?**

   Den normalen, nicht ersetzten Inline-Elementen können Sie keine Höhe und Breite zuweisen. Dazu zählten z. B. `a` oder `strong`. Benötigt man dennoch eine bestimmte Höhe und Breite, muss man die Elemente über `display: block` zu Blockelementen machen.

3. **Welche Außenabstände werden über `margin: 0 1px 2px 3px` genau definiert? Wie ließe sich das auch anders schreiben?**

   Der obere Abstand ist 0, der nach rechts 1px, der untere 2px und der linke 3px groß. Statt der Verkürzung über `margin` könnte man auch mit den speziellen Schlüsselwörtern `margin-top` etc. arbeiten.

4. **Wie groß ist der Abstand von zwei Boxen, bei denen die obere Box einen Abstand von 5px nach unten hat, die untere einen Abstand von 7px nach oben?**

   Außenabstände werden zusammengefasst, wobei der größere Abstand den kleineren »schluckt«. Die beiden Boxen sind also 7px voneinander entfernt.

5. **Welche Rahmeneigenschaft muss immer gesetzt werden, damit überhaupt ein Rahmen angezeigt wird?**

   Der Rahmenstil, da der Standardwert hierfür `none` ist.

6. **Wie lässt sich der folgende Ausdruck auch kürzer schreiben?**

   ```
   border-width: 20px 10px 20px 10px
   ```

   Dieser Ausdruck kann auch so verkürzt werden:

   ```
   border-width: 20px 10px
   ```

7. **Welche Werte sind hier eigentlich zu ergänzen?**

```
border: solid;
```

   Die Deklaration `border: solid` entspricht eigentlich `border: solid medium Standardvordergrundfarbe`.

8. **Wie können Sie eine andersfarbige Unterstreichung realisieren? (Tipp: Rahmen).**

   Rahmen lassen sich folgendermaßen für Unterstreichungen verwenden – Sie können auf diese Art nicht nur eine andere Farbe bestimmen, sondern auch beispielsweise statt durchgezogener Linien gepunktete etc. wählen.

   ```
   <p style="color: black;"><span style="border-bottom: red 1px
   dotted">Andersfarbige Unterstreichungen</span>. Und hier wieder ohne
   Unterstreichung</p>
   <p style="color: black;"><span style="border-bottom: red 1px
   dashed">Andersfarbige Unterstreichungen</span>. Und hier wieder ohne
   Unterstreichung</p>
   ```

Kapitel 7

1. **Warum ist es sinnvoll, neben dem Hintergrundbild auch eine Hintergrundfarbe anzugeben?**

   Falls das Hintergrundbild nicht geladen werden kann, bleibt der ursprünglich gewählte Kontrast erhalten.

2. **Wie kann man die Position von Hintergrundbildern festlegen?**

   Die Eigenschaft zur Positionierung von Hintergrundbildern ist `background-position`. Dahinter schreibt man entweder die entsprechenden Schlüsselwörter, Prozentangaben oder feste Werte.

3. **Im Beispiel zum Wasserzeicheneffekt steht folgende ausführliche Schreibweise. Wie ließe sich das verkürzen?**

```
body {
   font: 100.01% Verdana, Arial, sans-serif;
   color: #12127D;
   background-color: #FFF;
   background-image: url(wasserzeichen_vertikal.gif);
   background-repeat: no-repeat;
   background-position: 10px 10px;
   background-attachment: fixed;
   margin-left: 65px;
}
```

   Verkürzen lässt sich dies durch den Einsatz der Eigenschaft `background`, hinter der die einzelnen Werte notiert werden, ohne sie durch Kommas zu trennen:

```
body {
   font: 100.01% Verdana, Arial, sans-serif;
   color: #12127D;
   background: #FFF url(wasserzeichen_vertikal.gif) no-repeat
   10px 10px fixed;
   margin-left: 65px;
}
```

Kapitel 8

1. **In welcher Farbe werden Links beim Überfahren mit der Maus durch folgende CSS-Angaben angezeigt?**

```
a:hover { color: #F00; }
a:link { color: #FFF; }
a:visited { color: #0F0; }
a:focus { color: #000; }
```

   Durch diese Definitionen verändern Links ihre Farbe beim Hovern nicht, da die Angabe durch die darauffolgende Deklaration `a:link` überschrieben wird. Sie sind damit weiß, wie auch die anderen Verlinkungen. Damit der Hover-Effekt funktioniert, muss folgende Reihenfolge gewählt werden: `link-visited-focus-hover-active`.

2. **Sind Links Inline- oder Blockelemente? Warum ist diese Unterscheidung relevant?**

   Links sind Inline-Elemente. Man kann ihnen dadurch keine Breite über `width` zuweisen (vgl. Kapitel 6), und anklickbar ist immer nur der Textbereich. Wenn man das anders haben möchte, weil bei einer Navigationsleiste beispielsweise alle Menüpunkte gleich breit sein sollen, dann benötigt man `display: block`. Dadurch verhalten sich dann Links wie Blockelemente.

Kapitel 9

1. **Wozu dient das Element `label`?**

   Innerhalb von `label` kann die Beschriftung eines Formularfeldes untergebracht werden. Wenn man über `for` (als Attribut von `label`) zu `id` (als Attribut beim Formularfeld) eine Beziehung herstellt, genügt ein Klick auf die Beschriftung, um das entsprechende Formularelement auszuwählen. Außerdem kann `label` als Selektor für CSS-Formatierungen benutzt werden.

2. **Kann man mehrzeiligen Formularfeldern eine besondere Farbe zuweisen, die angezeigt wird, wenn der Benutzer ins Formular klickt?**

   Ja, das geht, wird jedoch im Internet Explorer bis einschließlich Version 7 nicht angezeigt. Man weist hierfür `textarea` eine Hintergrundfarbe zu und `textarea:focus` eine andere.

3. **Erstellen Sie ein Textfeld, dem Sie ein Hintergrundbild zuweisen!**

   Textfeldern können auch Hintergrundbilder zugewiesen werden: `<input type="text" name="vorname" style="background: url(pfeil.gif) left no-repeat" />`.

4. **Erstellen Sie einen Link, der zu einer Hilfedatei führt. Wenn man mit der Maus über ihn fährt, soll sich der Cursor in das Fragezeichen verwandeln.**

   Dafür wird eine entsprechende Klasse `.hilfe { cursor: help; }` definiert, die dann wo gewünscht nur zugewiesen werden muss: `<a href="hilfe.html" class="hilfe">Zur Hilfe</a>`.

Kapitel 10

1. **Wozu dient `tfoot`, und wo wird es eingesetzt?**

   `tfoot` ist eines von drei Elementen (`thead`, `tfoot`, `tbody`), um Tabellen in Bereiche zu unterteilen. Es dient dazu, den unteren Tabellenbereich zu kennzeichnen. Im Quelltext steht es nach `thead`, wird aber unterhalb von `tbody` angezeigt.

2. **Wie können Sie einen Zelleninhalt vertikal und horizontal zentrieren?**

   Ein Zelleninhalt kann folgendermaßen zentriert werden:

   ```
   td { text-align: center; vertical-align: middle; }
   ```

3. **Welche unterschiedlichen Werte kann `border-collapse` annehmen, und wie wirken sie sich aus?**

   `border-collapse` kann die Werte `separate` und `collapse` annehmen. `collapse` erzeugt durchgehende Gitternetzlinien, mit `separate` kann hingegen jede Zelle ihren eigenen Rahmen haben.

Kapitel 11

1. **Was ist der Standardwert von `position`, und was bewirkt diese Einstellung?**

   `position: static` ist der Standardwert. Mit dieser Einstellung werden die Elemente im normalen Textfluss des Dokuments angeordnet.

2. **Was ist der Bezugspunkt von `left: 10px` bei einem mit `position: relative` positionierten Element?**

   Mit `position: relative` wird ein Element relativ zu seiner ursprünglichen Position um 10px nach rechts (`left`: von links) verschoben.

3. **Was ist der Bezugspunkt von `left: 10px` bei einem per `position: absolute` positionierten Element?**

   Bei `position: absolute` gibt es zwei verschiedene Bezugspunkte. Ist das Elternelement ebenfalls über `position` platziert, wird das Element um 10px nach rechts vom Elternelement ausgehend verschoben. Ansonsten ist der Bezugspunkt das Browser-Fenster.

4. **Bei welchen Positionierungsarten kann angegeben werden, um wie viel ein Element verschoben werden soll?**

   Diese Angaben sind nur bei den Positionierungsarten `absolute`, `relative` und `fixed` möglich.

5. **An welcher Seite umfließt ein Text ein Bild, das die Eigenschaft `float: right` zugewiesen erhält?**

   Mit `float: right` wird das Bild rechts platziert, der Text fließt links davon.

6. **Wie hebt man das Floaten auf?**

   Über die Eigenschaft `clear` kann das Umfließen gestoppt werden. Dies kann für die Seiten einzeln mit `left` und `right` oder gesamt für beide mit `both` vorgenommen werden.

Kapitel 12

1. **Was bewirkt die Angabe `margin-top: 10px` bei `div` in folgendem Beispiel?**

   ```
   #inhalt { margin: 0; }
   #navigation { margin: 0; }
   div { margin-top: 10px; }
   ```

   Und hier werden die Angaben angewendet:

   ```
   <div id="navigation"> ... </div>
   <div id="inhalt"> ... </div>
   ```

   ID-Selektoren haben eine höhere Spezifität als Elementselektoren, deswegen bewirkt `div { margin-top: 10px; }` hier nichts.

2. **Warum wird im folgenden Beispiel die für die Klasse `aktuell` bestimmte Formatierung nicht angewendet? Bestimmen Sie die Spezifitäten der beiden Deklarationen. Was muss man tun, damit der zweite Link rot dargestellt wird?**

   ```
   #navigation a:link { color: green; }
   a.aktuell:link { color: red; }
   ```

Hier ein Ausschnitt aus dem Dokument:

```
<div id="navigation">
<a href="gibtsnicht.html">Link</a> <a href="gibtsnicht.html"
class="aktuell">Link</a></div>
```

Die Spezifitäten sind folgendermaßen:

```
#navigation a:link { color: green; } /*Spezifität 0,1,0,1 */
a.aktuell:link {color: red; } /*Spezifität 0,0,1,1 */
```

Die höhere Spezifität des ID-Selektors bewirkt, dass beide Links grün dargestellt werden. Damit die Klassenformatierung zum Tragen kommt, muss die Spezifität erhöht werden, z. B. über `#navigation a.aktuell:link {} /* 0,1,1,1 */`.

Kapitel 13

1. **Wie viele Dokumenttypen gibt es für XHML 1.0? Worin unterscheiden sie sich?**

   Für XHTML gibt es drei Dokumenttypdefinitionen: Strict, Transitional und Frameset. Frameset dient für Frames und entspricht ansonsten Transitional. Strict erlaubt keine Elemente oder Attribute, die zur Gestaltung dienen.

2. **Wie wird einem Dokument eine Dokumenttypdefinition zugewiesen?**

   Über die Dokumenttypangabe am Anfang des Dokuments.

3. **Was ändert es, ob Sie Ihr XHTML-Dokument mit der XML-Deklaration beginnen oder nicht?**

   Wenn die XML-Deklaration am Anfang steht, wechselt der Internet Explorer 6 in den Quirks-Modus.

4. **Wie viele unterschiedliche Modi kennen Internet Explorer 6 und Firefox?**

   Der Internet Explorer kennt nur Standard- und Quirks-Modus, bei Gecko-Browsern existiert zusätzlich eine Zwischenstufe »Almost Standard«.

5. **Wann schaltet der Internet Explorer 6 in den Quirks-Modus, Opera und Internet Explorer 7 hingegen nicht?**

   Ab Versionen größer als 7.0 schaltet Opera bei vorhandener XML-Deklaration nicht in den Quirks-Modus. Der Internet Explorer 6 hingegen wechselt immer in den Quirks-Modus, wenn irgendetwas vor der Dokumenttypangabe steht. Dieser Fehler ist im Internet Explorer 7 behoben.

6. **Welchen weiteren Modus führ der Internet Explorer 8 ein?**

   Der Internet Explorer 8 führ den IE7-Standard-Modus ein. In diesem stellt er Webseiten dar wie der Internet Explorer 7. Ausgelöst wird das durch die folgende Metaangabe, die im Kopf des Dokuments ergänzt wird: `<meta http-equiv="X-UA-Compatible" content="IE=7" />`.

Kapitel 14

1. **Welche Selektoren können Sie verwenden, wenn Sie Angaben vor dem Internet Explorer einschließlich Version 6 verstecken wollen?**

   Den Kindselektor (`html>body`) oder auch den Attributselektor `a[href]`.

2. **Welchen Trick können Sie einsetzen, um Angaben nur für den Internet Explorer einschließlich Version 6 zu machen?**

   Beispielsweise den `html`-Sternchen-Hack `* html` oder Conditional Comments.

3. **Wie kann man Stylesheets vor dem Netscape 4.x verbergen?**

   Indem man sie beispielsweise mit `@import` einbindet.

4. **Schreiben Sie das erste Beispiel (Listing 14.1) unter Verwendung des Tantek-Hacks um, und testen Sie das Ergebnis!**

   Wichtig ist beim Einsatz des Tantek-Hacks, dass sich der Internet Explorer 6 im Standard-Modus befinden muss. Eine Lösung könnte folgendermaßen aussehen (das zusätzlich eingebaute `div`-Element dient nur zur Überprüfung, ob die Box wirklich die gewünschte Breite aufweist):

```
<!DOCTYPE html PUBLIC "-//W3C//DTD XHTML 1.0 Transitional//EN"
"http://www.w3.org/TR/xhtml1/DTD/xhtml1-transitional.dtd">
<html xmlns="http://www.w3.org/1999/xhtml" xml:lang="de" lang="de">
<head>
<title>Boxmodell - Browserhacks</title>
<meta http-equiv="Content-Type" content="text/html; charset=iso-8859-
1" />
<style type="text/css">
/* <![CDATA[ */
body { font: 100.01% sans-serif; }
#box {
   width: 14em;
   background-color: #FFC266;
   border: 1em solid #F90;
   padding: 1em;
   margin: 2em;
   voice-family: "\"}\"";
   voice-family:inherit;
   width: 10em;
}
html>body #box { width: 10em; }
#inhalt {
   background-color: #FFF5E6;
   text-align: center;
}
/* ]]> */
</style>
</head>
<body>
<div id="box">
   <div id="inhalt">Inhalt</div>
</div>
<div style="width: 14em; background-color: black; height: 0.5em;
margin: 2em "></div>
</body>
</html>
```

Kapitel 15

1. **In Listing 15.18 wird extensiv der Sternchen-Hack (`* html`) eingesetzt, um für den Internet Explorer kleiner als Version 7 besondere Angaben zu machen. Wie ließe sich das über Conditional Comments (vgl. Kapitel 14) bewerkstelligen?**

   Hierfür werden die Sonderangaben für den Internet Explorer vor Version 7 in den per CC eingeleiteten Teil ausgelagert, der nach den anderen Stylesheet-Angaben stehen muss. Bei einem internen Stylesheet könnte das beispielsweise folgendermaßen aussehen:

```
<!--[if lt IE 7]>
<style type="text/css">
body {
   height: 100%;
   width: 100%;
   overflow: hidden;
}
body #container {
   height: 100%;
   width: 100%;
   overflow: auto;
}
#navigation {
   position: absolute;
}
</style>
<![endif]-->
```

   Sie finden das Listing unter dem Namen `15_19_fixes_menue_cc.html` zur Lösung auch auf der DVD.

Kapitel 16

1. **Welche unterschiedlichen Methoden kennen Sie, um Stylesheet-Angaben für andere Medien einzubinden?**

   Beim `link`-Element über `<link rel="stylesheet" type="text/css" media="print" href="druckversion.css" />`; für `@import`: `@import url(druckversion.css) print`. Auch bei eingebetteten Stylesheets können Medienangaben gemacht werden: `<style type="text/css" media="print ">`. Zuletzt existieren noch die `@media`-Deklarationen.

Kapitel 20

1. **Validieren Sie das folgende Dokument – sowohl den eingebetteten CSS-Teil als auch das XHTML-Dokument –, und führen Sie die notwendigen Korrekturen durch.**

```
<!DOCTYPE html PUBLIC "-//W3C//DTD XHTML 1.0 Strict//EN"
"http://www.w3.org/TR/xhtml1/DTD/xhtml1-strict.dtd">
<html xmlns="http://www.w3.org/1999/xhtml" xml:lang="de" lang="de">
<head>
```

```
<meta http-equiv="Content-Type" content="text/html; charset=iso-8859-
1" />
<title>HTML in XHTML umwandeln</title>
<style type="text/css">
/*<![CDATA[*/
h1 { color: #CC0133; }
body {
   color: #000080;
   bgcolor: white;
}
/*]]>*/
</style>
</head>
<body>
<h1 align="center">HTML nach XHTML umwandeln</h1>
<p>Dieses HTML-Dokument soll in XHTML konvertiert werden. Mehr
Informationen zu XHTML beim <a href="http://www.w3.org/"
target="_blank">W3C</a></p>
<ul>
  <li>Punkt 1</li>
  <li>Punkt 2</li>
  <li>Punkt 3</li>
</ul>
</body></html>
```

Im XHTML-Teil bemängelt der Validator die Attribute `align` und `target`, die beide im angegebenen Dokumenttyp XHTML Strict nicht erlaubt sind. `align` kann gelöscht und durch eine entsprechende CSS-Angabe ersetzt werden (`h1 { text-align: center; }`). Für `target` gibt es keine CSS-Lösung, es muss gestrichen werden, wenn man diesen Dokumenttyp beibehalten möchte. Beide Attribute bereiten hingegen bei XHTML Transitional keine Probleme.

Im CSS-Teil steht fälschlicherweise `bgcolor` anstelle von `background-color`. Außerdem gibt der Validator eine Warnung aus, da eine Vordergrundfarbe ohne Hintergrundfarbe definiert wird.

Es ist an sich immer zu empfehlen, Vorder- und Hintergrundfarbe zugleich zu bestimmen, da es sonst zu einer unleserlichen Ausgabe kommen kann, falls der Benutzer eigene Angaben in seinem User-Stylesheet gemacht hat.

Diese Anmerkungen erhält man aber nur im CSS-Validator. In diesem Fall kopiert man am besten den Teil des eingebetteten Stylesheets in das Textfeld des CSS-Validators zur Validierung.

2. **Auch das folgende Beispiel bietet Material für die Fehlersuche. Neben dem prinzipiell nicht korrekten Layout sind u. a. folgende Punkte zu klären:**
   - Die Schriftart und -größe sind nicht korrekt.
   - Der externe Link wird nicht fett angezeigt.
   - Die Klasse `betont` soll mit grüner Schrift formatiert werden, wird derzeit jedoch rot angezeigt.

```
<!DOCTYPE html PUBLIC "-//W3C//DTD XHTML 1.0 Transitional//EN"
"http://www.w3.org/TR/xhtml1/DTD/xhtml1-transitional.dtd">
<html xmlns="http://www.w3.org/1999/xhtml" xml:lang="de" lang="de">
```

```
<head>
<meta http-equiv="content-type" content="text/html; charset=ISO-8859-
1" />
<title>Zweispalter</title>
<style type="text/css">
/* <![CDATA[ */
body, html, #navigation, #inhalt {
   margin: 0;
   padding: 0;
}
#inhalt p span { color: red; }

body {
   font: sans-serif 100.01%;
   background: url(hg_zweispalter2.gif) repeat-y 0 0;
}

#navigation {
   width: 200px;
   float: links;
   background-color: #E6B873;
   color: #3054BF;
}
#inhalt{
   background-color: #E6DCCF;
   margin-left: 200px;
   color: #806640;
}
h1,p {
   margin: 25px;
h1 {
   margin-top: 0;
   padding-top: 25px;
   font-size: 1.3;
}
a:link, a:visited { text-decoration: no; }
a:hover { text-decoration: underline; }
a[href^="http"] { font-weigth: bold; }
.betont { color: green; }
/* ]]> */
</style>
</head>
<body>
<div id="navigation">
<h1>Navigation</h1>
<ul>
<li><a href="#">Ein Men&uuml;punkt</a></li>
<li><a href="#">Ein Men&uuml;punkt</a></li>
</ul>
</div>
```

```
<div id="inhalt">
<h1>Lorem ipsum dolor</h1>
<p>Lorem <span class="betont">ipsum dolor sit amet</span>,
consectetuer adipiscing elit, sed diam nonummy nibh euismod tincidunt
ut laoreet dolore magna aliquam erat volutpat. Ut wisi enim ad minim
veniam, quis nostrud exerci tation ullamcorper suscipit lobortis nisl
ut aliquip ex ea commodo consequat.<a
href="http://www.google.de/">Externer Verweis</a> </p>

<p>Duis <span style="background-color: #333">autem vel eum</span>
iriure dolor in hendrerit in vulputate velit esse molestie consequat
... </p>

</div>
</body>
</html>
```

Hier waren die Fehler alle im CSS-Teil. Die Korrekturen sind im folgenden Listing hervorgehoben:

```
body, html, #navigation, #inhalt {
   margin: 0;
   padding: 0;
}
#inhalt p span { color: red; background-color: #E6DCCF;}

body {
   font: 100.01% sans-serif;
   background: url(hg_zweispalter2.gif) repeat-y 0 0;
}

#navigation {
   width: 200px;
   float: left;
   background-color: #E6B873;
   color: #3054BF;
}
#inhalt{
   background-color: #E6DCCF;
   margin-left: 200px;
   color: #806640;
}
h1,p {
   margin: 25px;
}
h1 {
   margin-top: 0;
   padding-top: 25px;
   font-size: 1.3em;
}
a:link, a:visited { text-decoration: none; }
a:hover { text-decoration: underline; }
```

```
a[href^="http"] { font-weight: bold; }
#inhalt p .betont { color: green; background-color: #E6DCCF; }
```

Erläuterungsbedürftig sind zwei Fälle: So muss, damit der mit der Klasse `betont` versehene Absatz auch wirklich grün dargestellt wird, dessen Spezifität erhöht werden (siehe hierzu auch Kapitel 12). Der CSS-Validator hilft nicht, dieses Problem zu erkennen, da die Angaben an sich korrekt sind.

Dass externe Links nicht fett dargestellt wurden, lag zum einen an der falschen Schreibung des Schlüsselworts `font-weight` – zum anderen werden jedoch Attributselektoren vom Internet Explorer bis einschließlich Version 6 nicht interpretiert, so dass dieser Browser den externen Link auch mit richtiger Schreibung nicht fett darstellen wird. Hier müsste man zu weiteren Techniken greifen, wie zur Definition einer eigenen Klasse für externe Links.

A.2 Inhalte der Buch-DVD

Auf der Buch-DVD haben wir für Sie neben den Listings der einzelnen Beispiele verschiedene nützliche Programme und Dateien zusammengestellt:

A.2.1 Referenz

- Offizielle Spezifikation von CSS 1 vom W3C
- Offizielle Spezifikation von CSS 2 vom W3C
- Offizielle Spezifikation von CSS 2.1 vom W3C. Dies ist eine in Details erweiterte Version von CSS 2, außerdem sind ein paar Fehler korrigiert.
- Offizielle Spezifikation von HTML 4.01 vom W3C
- Offizielle Spezifikation von XHTML 1.0 vom W3C

A.2.2 Browser

Auf der Buch-DVD finden Sie folgende Browser jeweils in Versionen für Windows, Mac OS X und Linux:

- Firefox 2
- Opera 9 ohne Werbeeinblendungen (für Linux finden Sie spezielle Versionen für die einzelnen Distributionen auch bei Opera selbst: *http://www.opera.com/download/index.dml?platform=linux*).
- SeaMonkey

A.2.3 Tools

Die überaus nützlichen Firefox-Erweiterungen »Web Developer« und »Firebug« befinden sich auf der DVD.

Eine gute Basis für die Gestaltung von Navigationen bietet Ihnen der CSS Tab Designer.

A.2.4 Frameworks

Auf der Buch-DVD finden Sie auch die beiden vorgestellten Frameworks: YAML und YUI.

A.2.5 Testversionen

Von folgenden CSS-Editoren sind Testversionen integriert:

- Style Master
- RapidCSS
- Style Studio

Außerdem gibt es eine Testversion des WYSIWYG-Editors Dreamweaver:

- Dreamweaver CS3

Bitte beachten Sie, dass Sie diese Testversion von Dreamweaver CS3 nicht im Juni 2008 installieren sollten – aufgrund eines Bugs würde die Version nur einen Tag laufen. In einer Meldung vom Mai 2008 schrieb Adobe hierzu:

Aufgrund eines technischen Fehlers werden 30-Tage-Testversionen von Adobe-Softwareprodukten im Juni nur einen Tag lang funktionieren. Dieser Fehler tritt nur dann auf, wenn die jeweilige Testversion zwischen dem 1. und 30. Juni 2008 das erste Mal gestartet wird. Wurde die Trial beispielsweise schon im Mai installiert und im Mai das erste Mal gestartet, verhält sich die Software wie gewohnt.

Stichwortverzeichnis

T

X

Y

Z

informit.de
Home
Deutsche Bücher
Englische Bücher
eBooks
Videotraining
Service
Newsletter
Kontakt
Hallo und Herzlich Willkommen bei informit.de
Computer
Zertifizierungen
Studium & Wirtschaft
Sachbuch
Ratgeber
Video-Training & Software
Weitere Themen
Industrie+Behöden
Partnerprogramm
Seite empfehlen
Aus unserem Computerlexikon
Unsere aktuellen Empfehlungen für Sie
Download des Tages
Dreamweaver CS3
English Book des Tag